企业财务管理

主　编　刘小海　王志伟　刘小阳
副主编　刘　萍　陆　婧　贺嘉文　贺旭红
主　审　何万能　谭秋云

中国财经出版传媒集团
中国财政经济出版社

图书在版编目（CIP）数据

企业财务管理／刘小海，王志伟，刘小阳主编．—北京：中国财政经济出版社，2021.4

财政部规划教材　全国财政职业教育教学指导委员会推荐教材　全国高职高专院校会计专业立体化教材

ISBN 978-7-5223-0464-9

Ⅰ．①企…　Ⅱ．①刘…　②王…　③刘…　Ⅲ．①企业管理-财务管理-高等职业教育-教材　Ⅳ．①F275

中国版本图书馆 CIP 数据核字（2021）第 053973 号

责任编辑：钱红叶　　　　责任校对：唐　堂

封面设计：育林华夏　　　责任印制：张　健

企业财务管理

QIYE CAIWU GUANLI

中国财政经济出版社 出版

URL：http：//www. cfeph. cn

E-mail：cfeph@ cfeph. cn

社址：北京市海淀区阜成路甲 28 号　邮政编码：100142

营销中心电话：010-88191522

天猫网店：中国财政经济出版社旗舰店

网址：https：//zgczjjcbs. tmall. com

廊坊佳艺印务有限公司印刷　各地新华书店经销

成品尺寸：185mm×260mm　16 开　25 印张　612 000 字

2021 年 4 月第 1 版　2021 年 4 月北京第 1 次印刷

定价：63. 00 元

ISBN 978-7-5223-0464-9

（图书出现印装问题，本社负责调换，电话：010-88190548）

本社质量投诉电话：010-88190744

打击盗版举报热线：010-88191661　QQ：2242791300

前　言

《企业财务管理》是高职高专财经类专业的必修核心课程，本教材以培养适应社会需要的高素质、高技能财务管理人才为出发点，注重高职高专学生适用性、实践性的特点，以培养学生财务管理综合职业能力，强化职业道德、熟悉财务管理环境和工作流程为目标。同时，以立德树人、理实一体、“1 + X 证书”建设为指导，融合了企业实际财务管理工作、全国职业院校会计技能大赛的相关内容，经过全国职业院校技能大赛优秀指导教师和上市公司董事、财务总监、“1 + X 证书”标准制定专家等成员反复研究编撰而成。

本教材具有五大特点：

一、构建了课程思政的育人大格局。本教材将思想政治教育以思政故事、思政人物、思政理念、思政视频等方式融入相应知识点，实现了思政与专业知识的有机融合，让学生在润物细无声的知识学习中融入理想信念层面的精神指引。

二、坚持问题导向的引入式学习方法。本教材每一个项目活动均以【工作情景】作为切入点，以【理论知识】作为基本内容，以【实务训练】作为基础能力，以【思维培养】作为扩展能力，实现了“教、学、做、思”一体化。

三、做到了“课实”“课技”“课赛”“课证”相互融通。本教材结合新三板上市公司广东幸美化妆品股份有限公司、湖南中世天合集团等企业实际财务管理经验、湖南中德安普大数据网络科技有限公司组织制定的业财税融合大数据投融资分析职业技能等级标准及全国职业院校会计技能竞赛的内容和形式，做到了“课实”“课技”“课赛”“课证”相互融通，实现了高职学生精核算、会分析、能决策、重管理的培养目标，使学生从技能型向发展后劲足的高素质技术技能人才转变。

四、融入了学科前沿知识，培养学生创新能力的提升。本教材以【职业拓展】的形式将财务管理改革前沿观点和内容融入了课程内容，让学生全面了解学科前沿理论和发展方向，促进学生综合素质的全面发展和创新能力的培养。

五、实行了线上线下混合式教学模式。本教材建立了线上网络教学资源库，本课程已在智慧职教 MOOC 学院、专一网等平台上线，并结合职教云、专一网等平台开展线下课堂教学。

本教材以项目教学为主，按“项目——工作任务——项目活动”分为三级，根据财务管理的基本原理和工作内容分为七个项目，每个项目按需解决和掌握的问题分为不同的工作任务，按完成工作任务所需掌握的基本知识和能力分为项目活动。

本教材由湖南财经工业职业技术学院全国职业院校技能大赛优秀指导教师结合多年的教学经验和新三板上市公司广东幸美化妆品股份有限公司、湖南中世天合集团、湖南中德安普大数据网络科技有限公司根据企业实践工作、业财税融合大数据投融资分析职业技能等级标准及全国职业院校会计技能竞赛的内容和形式编写而成。其中湖南财经工业职业技术学院刘小海、王志伟及广东幸美化妆品股份有限公司董事兼财务总监、湖南中世天合集团财务总监刘小阳任主编，湖南财经工业职业技术学院刘萍、陆婧、贺嘉文、贺旭红任副主编，湖南财经工业职业技术学院谭丹凤、颜榕、颜笑还、李嘉佩、刘赛、颜青、马雪金、张菁菁、湖南中德安普大数据网络科技有限公司姚芳、段军参与编写，最后由湖南财经工业职业技术学院何万能教授、湖南中德安普大数据网络科技有限公司董事长谭秋云审定，在编写过程中得到了湖南财经工业职业技术学院、广东幸美化妆品股份有限公司、湖南中世天合集团和湖南中德安普大数据网络科技有限公司领导的大力支持，在此表示衷心的感谢。

本书为用书学校任课老师提供了习题答案和配套资源，如需要习题答案，请以电子邮件形式向中国财政经济出版社索取，Email：caijingjiaocai@163.com（请注明学校、全书名、ISBN、版次）。本书配套数字资源请扫本书封底“本书微网站”二维码获取。

《企业财务管理》智慧职教 MOOC 学院学习网址：https://mooc.icve.com.cn/course.html?cid=CWGHN264834。

编　者

2021 年 3 月

目　录

项目一 财务管理总论

【知识目标】

要求理解财务管理的含义，掌握财务管理活动的基本内容及财务管理关系，熟悉财务管理的环节。掌握财务管理目标的几种观点，了解相关利益者之间的关系，掌握财务管理的环境。

【能力目标】

能按照财务管理的主要内容和步骤开展工作，能确定企业财务管理的目标，能对财务管理工作的环境因素进行分析并判断其对企业生产经营活动的影响。

【思政目标】

培养求真务实、科学管理、开源节流的工作作风，树立良好的财经职业道德观念。

工作任务一　财务管理概述

任务描述

通过学习，学生对企业财务管理活动的内容有全面的了解，并对企业生产经营状况进行相关分析和判断。

项目活动一　财务管理的内容

工作情景

小张是财务管理专业毕业的大学生，通过招聘进入衡阳梦幻电器有限公司财务部门工作，当天公司财务经理给出了该公司2020年度财务报表，要求小张完成下列工作任务。

思考：1. 对公司2020年生产经营情况进行分析。

2. 对公司2021年生产经营情况进行规划。

理论知识

一、财务管理的概念

企业资金的实质是生产经营过程中运动着的价值。在企业生产经营过程中，实物商品或服务在不断地变化，它们的价值形态也不断地发生变化，由一种形态转化为另一种形态，周而复始，不断循环，形成了资金运动。所以，企业的生产经营过程，一方面表现为实物商品或服务的运动过程，另一方面表现为资金的运动过程；资金运动不仅以资金循环的形式存在，而且伴随生产经营过程的不断进行，因此资金运动也表现为一个周而复始的周转过程。资金运动是企业生产经营过程在价值方面的表现，它以价值形式综合地反映着企业的生产经营过程。企业的资金运动，构成企业生产经营活动的一个独立方面，具有自己的运动规律，这就是企业的财务活动。同时，企业的资金运动和财务活动离不开人与人之间的经济利益关系。

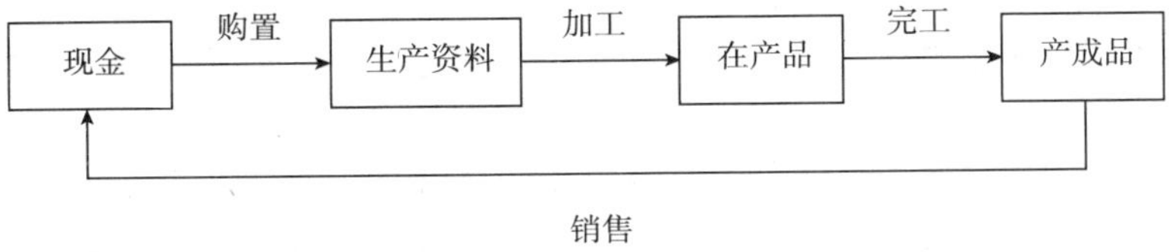

企业生产过程循环图

企业财务，是指企业在生产经营过程中客观存在的资金运动及其所体现的经济利益关系。前者称为财务活动，后者称为财务关系。

财务管理是企业组织财务活动、处理财务关系的一项综合性的管理工作。财务管理与会计既有联系，又有区别，可以说，会计是财务管理的基础。

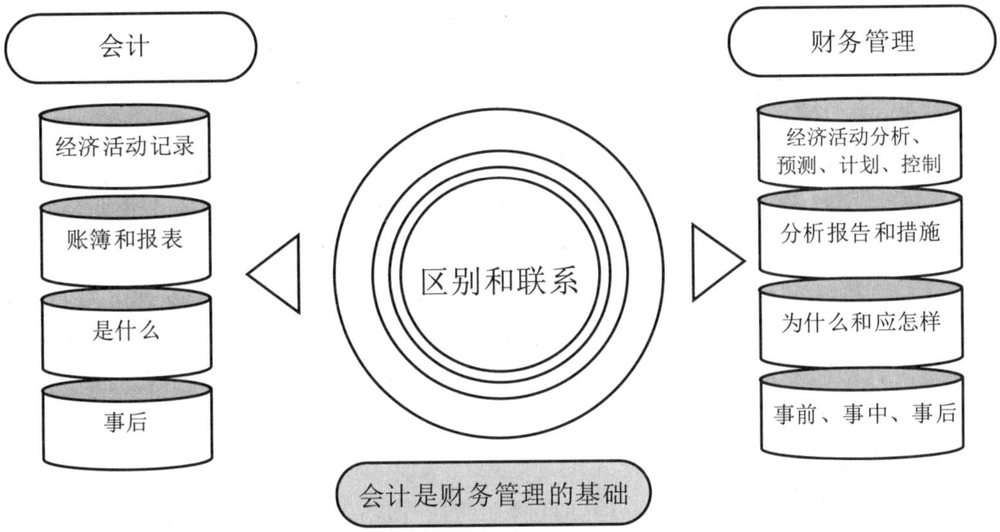

会计与财务管理的关系图

二、财务管理的内容

（一）财务活动

企业的财务活动包括筹资、投资、资金营运和资金分配等一系列行为。

1. 筹资活动

筹资是指企业为了满足投资和资金营运的需要，筹集所需资金的行为。

在筹资过程中，一方面，企业需要根据企业战略发展的需要和投资计划来确定各个时期企业总体的筹资规模，以保证投资所需的资金；另一方面，要通过筹资渠道、筹资方式或工具的选择，合理确定筹资结构，降低筹资成本和风险，提高企业价值。

企业通过筹资通常可以形成两种不同性质的资金来源：一是企业权益资金；二是企业债务资金。

2. 投资活动

投资是指企业根据项目资金需要投出资金的行为。企业投资可分为广义的投资和狭义的投资两种。

广义的投资包括对外投资（如购买其他公司股票、债券，或与其他企业联营，或投资于外部项目）和对内投资（如购置固定资产、无形资产、流动资产等）。狭义的投资仅指对外投资。

企业在投资过程中，须考虑投资规模（即为确保获取最佳投资效益，企业应投入的资金数额）；同时须通过投资方向和投资方式的选择，来确定合理的投资结构，提高投资效益、降低投资风险。

3. 资金营运活动

企业在日常生产经营活动中，会发生一系列的资金收付行为。首先，企业需要采购材料或商品，一边从事生产和销售活动，一边还要支付工资和其他营业费用；其次，当企业把商品或产品售出后，便可取得收入、收回资金；最后，如果资金不能满足企业经营需要，还要采取短期借款方式来筹集所需资金。为满足企业日常经营活动的需要而垫支的资金，称为营运资金。因企业日常经营而引起的财务活动，也称为资金营运活动。

在一定时期内，营运资金周转速度越快，资金的利用效率就越高，企业就可能生产出更多的产品，取得更多的收入，获取更多的利润。

企业需要确定营运资金的持有政策、营运资金融资政策以及营运资金管理策略，包括：现金和交易性金融资产持有计划的确定；应收账款的信用标准、信用条件和收账政策的确定；存货周期、存货数量、订货计划的制订；短期借款计划、商业信用筹资计划的确定等等。

4. 资金分配活动

企业通过投资和资金营运活动可以取得相应的收入，并实现资金的增值。企业取得的各种收入在补偿成本、缴纳税金后，还应依据有关法律对剩余收益进行分配。广义的分配是指对企业各种收入进行分割和分派的行为；而狭义的分配仅指对企业净利润的分配。

企业实现的净利润可作为投资者的收益，分配给投资者或暂时留存企业（作为投资者的追加投资）。企业需要依据法律的有关规定，合理确定分配规模和分配方式，确保企业取得最大的长期利益。

（二）财务关系

企业资金的投放在投资活动、资金营运活动、筹资活动和资金分配活动中，与企业各方面有着广泛的财务关系。这些财务关系主要包括以下几个方面：

（1）企业与投资者之间的财务关系，主要是企业的投资者向企业投入资金，企业向其投资者支付投资报酬所形成的经济关系。

（2）企业与债权人之间的财务关系，主要是指企业向债权人借入资金，并按合同的约定支付利息和归还本金所形成的经济关系。

（3）企业与受资者之间的财务关系，主要是指企业以购买股票或直接投资的形式向其他企业投资所形成的经济关系。

（4）企业与债务人之间的财务关系，主要是指企业将其资金以购买债券、提供借款或商业信用等形式出借给其他单位所形成的经济关系。

（5）企业与供货商、企业与客户之间的关系，主要是指企业购买供货商的商品或劳务，以及向客户销售商品或提供服务过程中形成的经济关系。

（6）企业与政府之间的财务关系，主要指政府作为社会管理者，通过收缴各种税款的方式与企业发生经济关系。

（7）企业内部各单位之间的财务关系，是指企业内部各单位之间在生产经营各环节中互相提供产品或劳务所形成的经济关系。

（8）企业与职工之间的财务关系，主要是指企业向职工支付劳动报酬过程中所形成的经济利益关系。

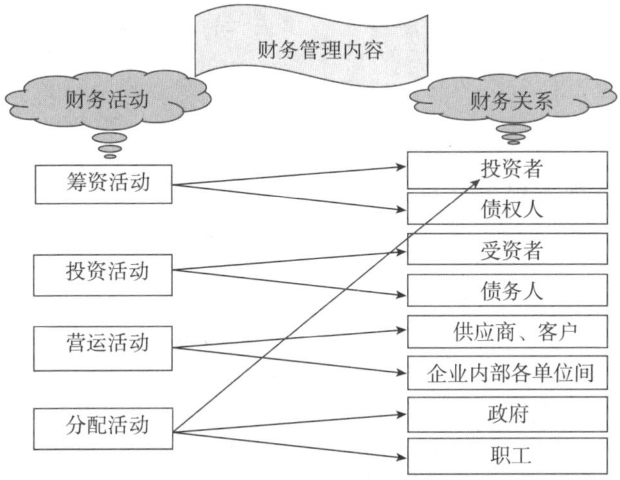

财务活动与财务关系图

思政视频：用 GDP 见证中国经济发展崛起

视频链接：https：//haokan. baidu. com/v？ vid =4654625508297310501&pd = bjh&fr = bjhauthor&type = video

实务训练

将班级学生分成若干小组（5 ~8 人为一组），每个小组收集一个上市公司的资料，组织讨论，分析该企业的财务活动和财务关系，以及各企业财务活动所采用的方式和具备的特点。

思维培养

1. 财务管理人员如何为公司经营决策提供思路？
2. 如何将财务管理工作深入运用到公司经营活动中？

3. “企业生产过程循环图”表明企业生产经营主要有哪些环节？这些环节出现问题说明企业处于什么状况？其现实表现是什么？

项目活动二　财务管理的环节

工作情景

衡阳梦幻电器有限公司召开了年度工作总结大会，对本年度的工作进行了总结，并对下一年度的工作进行了部署安排。根据大会精神，财务经理要求本部门员工制定新年度工作计划。小张的岗位是财务管理，他该如何制定计划并开展工作呢？

理论知识

财务管理环节是企业财务管理的工作步骤与一般工作程序。一般而言，企业财务管理包括以下几个环节。

一、计划与预算

（一）财务预测

财务预测是根据企业财务活动的历史资料，考虑现实的要求和条件，对企业未来的财务活动做出较为具体的预计和测算的过程。财务预测可以测算各项生产经营方案的经济效益，为决策提供可靠的依据；可以预计财务收支的发展变化情况，以确定经营目标；可以测算各项定额和标准，为布置计划、分解计划指标服务。

财务预测的工作程序包括：确定预测对象和目的，搜集和整理信息资料，实施预测，产生预测结果。财务预测的方法分为定性预测和定量预测两种。定性预测，是指主要利用现实信息资料、依靠个人经验和分析判断能力进行预测的方法；定量预测是指主要利用现实和非现实信息资料、运用数学方法和模型进行预测的方法。

（二）财务计划

财务计划是根据企业整体战略目标和规划，结合财务预测的结果，对财务活动进行规划，并以指标形式落实到每一计划期间的过程。财务计划主要通过指标和表格，以货币形式反映在一定的计划期内企业生产经营活动所需要的资金及其来源、财务收支、财务成果及其分配情况。

确定财务计划指标的方法主要有平衡法、因素法、比例法和定额法等。

（三）财务预算

财务预算是根据财务战略、财务计划和各种预测信息，确定预算期内各种预算指标的过程。它是财务战略的具体化，是财务计划的分解和落实。

财务预算的方法主要包括固定预算与弹性预算，增量预算与零基预算，定期预算和滚动预算等。

二、决策与控制

（一）财务决策

财务决策是按照财务战略目标的总体要求，利用专门的方法对各种备选方案进行比较和分析，从中选出最佳方案的过程。财务决策是财务管理的核心，决策的成功与否直接关系到企业的兴衰成败。

财务决策的方法主要有：

(1) 经验判断法。如淘汰法、排队法、归类法等；

(2) 定量分析方法。如优选对比法、数学微分法、线性规划法、概率决策法等。

（二）财务控制

财务控制是利用有关信息和特定手段，对企业的财务活动施加影响或调节，以便实现计划所规定的财务目标的整个过程。财务控制的方法主要有前馈控制、过程控制和反馈控制。

三、分析与考核

（一）财务分析

财务分析是根据企业财务报表等信息资料，采用专门方法，系统分析和评价企业财务状况、经营成果以及未来趋势的过程。财务分析的方法主要有比较分析、比率分析和综合分析等。

（二）财务考核

财务考核是将报告期实际完成数与规定的考核指标进行对比，确定有关责任单位和个人是否完成任务的过程。财务考核与奖惩密切联系，是贯彻责任制原则的要求，也是构建激励与约束机制的关键环节。

财务考核的形式是多种多样的，可以用绝对指标、相对指标、完成百分比考核，也可用多种财务指标进行综合评价考核。

思政故事：北京国家会计学院校训

北京国家会计学院成立于1998年，是财政部直属事业单位，由朱镕基同志亲自倡导和推动成立。2001年10月，朱镕基同志视察学院时为学院题写了校训：“诚信为本，操守为重，坚持准则，不做假账”。

实务训练

将班级学生分成若干小组（5～8人为一组），不同的小组分别扮演规划和预测、财务决策、财务预算、财务控制、财务分析和业绩评价等工作岗位角色，每组分析讨论本工作岗位的工作职责、承担任务、工作方法、面临问题等。每个小组推荐一位代表汇报本组讨论情况，并说明解决相关问题的思路和方法。

思维培养

小李准备开设一家超市，现需要准备如下前期工作：

（1）保本点分析：最低销售为多少才能赚钱？

（2）目标业绩的确定：我希望公司能达到什么水平？

（3）盈利模型的确定：如何确定收入、成本结构，实现目标业绩？

（4）风险评估：会遇到什么风险？如何应对？

（5）工程投资管理：要花多少钱？

（6）开办费管理：要花多少钱？

（7）现金投资预算：要花多少钱才能开起这家店？

思考：你认为小李的这些准备工作涉及财务管理的哪些功能？

案例分析

“人人参与财务管理”的模式

南京仁杰电子公司是一家私营企业，该公司的经营范围是代理国内和国际品牌的通信产品，属于商品流通单位，也负责对终极用户的安装。这个公司财务部有4名财务人员。虽然很少，但他们的财务工作却对公司的整体运作起了强大的约束作用。南京仁杰电子公司推行的是“人人参与财务管理”的模式。在公司的走廊以板报的形式，由财务人员每天按照合同的具体条目更新现金回收状况。它的出现，引起了公司每个人的关注：业务人员经常来查对，讨论并通过它来跟进自己负责合同的收款进度；主管也可以通过它来获得对二级经销商回款情况的估计。这样，每个人都可以从这里获得重要的信息。在公司，应收账款在收回前只不过被看成是一项市场费用，如果还没有收到货款，就不能算销售已经完成，也没有客户满意度而言，当然也不会给相应的销售人员支付佣金。“人人参与财务管理”的模式，极大地调动了销售人员的积极性，杜绝了销售人员只管签订合同而不管实际收款的情况。

很多企业建立了销售收款责任制，销售人员不但要推销产品，还要负责收款，并把催讨货款与销售人员的奖金挂起钩来，这是防范应收账款风险的有效措施，但需注意激励和约束的平衡关系。如果企业的业务量较大，可以建立应收账款的计算机管理系统，利用计算机对客户实施实时监控。

南京仁杰电子公司对每月的销量进行细致的统计记录，并设定了管理软件中的库存模式，一旦存货低于警戒线即立即补货。长期经营的经验使他们公司的存货占用资金非常低。也因为他们的业务主要是订制机器，所以和厂家的协调非常重要。该公司和长期合作的生产企业均有详细的协议。付款比例是按照与买方合同的收款比例同步设置的，这样就大大降低了由于付款时间差距引起的对现金大量占用的风险，也对厂家为机器设备安装期间提供的售后服务起到了一定的牵制作用。而对于小型设备突然出现的需求量浮动，他们采用向同行调货的方式实现，虽然比直接从供货商调货价高，但由于次数少，相比起来也比囤积大量库存占用流动资金要合算得多。该公司规模不大，但却注重吸收先进技术，运用管理软件进行库存管理，在保证存货供应的同时，节约了存货上占用的资金。目前大多数的贸易类企业采取零存货的方式，按单订制直接供应给客户，避免了存货因价格变动导致损失的风险。也有很多企业实施企业流程再造（BPR）、企业资源计划系统（ERP），这些都是提高企业运转速度的手段。

（资料来源：http：//www.360doc.com/content/10/0710/09/1574492_38000696.shtml）

分析： 1. 上述资料中南京仁杰电子公司财务管理活动体现在哪些方面？

2. 公司在面对财务困境时，财务管理应做些什么？

职业拓展

CF0（财务总监）介绍

财务总监一词的用法和含义在中国很不统一。许多人直接将 CFO 称为“财务总监”。目前我国对此尚无明确权威的解释，理论界也没有统一的认识。企业的财务总监是履行所有者财务职能的。从理论上说，任何企业都可设置财务总监，因为这是企业的所有者为解决“内部人控制”问题，监督企业财务会计活动的需要。因此，财务总监必定是由企业的所有者或所有者代表来决定的。

从专业素质来看，企业财务管理是一个专业性要求非常高的工作，大量业务需要运用专业知识进行判断，没有系统的财务、会计和审计知识是不可能完成这项工作的。除此之外，还必须掌握企业计划、价值链管理、产品、人力资源等。而在财务工作过程中，还会涉及大量的经济法律事务。这些都给 CFO 提出了新的要求，仅有财务专业知识是远远不能成为职业 CFO 的。除了是企业财务方面的综合管理者，CFO 也像其他任何一个管理者一样，必须具备综合的管理能力。

财务总监不仅要对企业的财务活动的合法性、真实性、有效性等进行监督，而且应对企业会计核算的合规性、真实性、可比性、一致性等进行监督，因为会计核算的财务成果显然是与企业所有者的利益密切相关的。另外，虽然财务总监的主要职能是财务监督，但是监督总是寓于管理之中的，财务总监在行使对企业筹资、投资、用资、耗资等一系列财务活动的监督职能时，总是要与财务计划、成本控制、会计核算、财务分析等许多财务、会计的具体组织管理工作紧密结合起来，因而财务总监也必然具有一定的管理职能。因此，从普遍意义上说，财务总监是指由企业的所有者或所有者代表决定的，体现所有者意志的，负责对企业的财务、会计活动进行全面监督与管理的高级管理人员。

（资料来源：https：//baike.baidu.com/item/%E9%A6%96%E5%B8%AD%E8%B4%A2%E5%8A%A1%E5%AE%98/21422？fromtitle=%E8%B4%A2%E5%8A%A1%E6%80%BB%E7%9B%91&fromid=4900215&fr=aladdin）

工作任务二　财务管理的目标

任务描述

通过学习，学生掌握财务管理目标的主要类型，能科学、合理地确定企业财务管理的目标，并有效协调企业各种利益冲突，保证企业正常经营。

项目活动一　财务管理的主要目标

工作情景

2019 年 12 月 20 日衡阳梦幻电器有限公司召开了管理层会议，会议决议提出 2020 年公司的利润增长目标要达到 10%。公司要求财务人员小张从以下几个方面分析公司既定目标的可行性：

（1）从销售角度，根据公司目前产品的销售情况，预估公司产品的销量；

（2）从生产角度，根据公司目前产品的生产情况，预估公司产品的产量；

（3）从财务角度，根据公司目前的资金状况，做出财务预测。

思考： 财务人员小张应如何根据财务目标来做财务预测？公司的经营除了考虑实现利润，是否还需要考虑社会责任？如何做到利润目标和社会责任的平衡？

理论知识

一、企业财务管理目标概述

（一）企业财务管理目标的概念

企业财务管理目标是企业财务管理活动所希望实现的结果。它是评价企业财务活动是否合理有效的基本标准，是企业财务管理工作的行为导向，是财务人员工作实践的出发点和归宿。

（二）企业财务管理目标的设置原则

（1）须与企业整体发展战略相一致。财务管理目标须符合企业长期发展战略的需要，体现企业发展战略的意图。

（2）应具有相对稳定性。随着一定的政治、经济环境的变化，财务管理目标可能会发生变化，人们对财务管理目标的认识也会不断深化。但是财务管理目标是财务管理的根本目的，是与企业长期发展战略相匹配的。因此，在一定时期内，应保持相对稳定。

（3）应具有层次性。可把企业财务的总目标分解到企业的各部门，形成部门目标，甚至再进一步分解到小组和岗位。企业财务目标的分解应该与企业战略目标分解同时进行，以保证财务目标的落实与企业战略目标的落实相一致。

二、企业财务管理目标理论

（一）利润最大化目标

将利润最大化作为企业财务管理的目标，其主要原因有三：一是人类从事生产经营活动的目的是为了创造更多的剩余产品，在商品经济条件下，剩余产品的多少可以利用利润这个价值指标来衡量；二是在自由竞争的资本市场中，资本的使用权最终属于获利最多的企业；三是只有每个企业都最大限度地获得利润，整个社会的财富才可能实现最大化，从而带来社会的进步和发展。在社会主义市场经济条件下，企业作为自主经营的主体，所创造的利润是企业在一定期间全部收入和全部费用的差额，是按照收入与费用配比原则加以计算的。它不仅可以直接反映企业创造剩余产品的多少，而且也从一定程度上反映出企业经济效益的高低和对社会贡献的大小。同时，利润是企业补充资本、扩大经营规模的源泉。

但是，以利润最大化作为财务管理目标存在以下缺陷：

（1）没有考虑利润实现的时间和资金时间价值。现在的 100 万元利润和 10 年以后的 100 万元利润其实际价值是不同的，10 年内它会有时间价值的增加。

（2）没有考虑风险因素。高额利润往往要承担过大的风险。

（3）没有反映创造的利润与投入资本之间的关系，难以对不同资本规模的企业进行比较。

（4）可能导致企业短期财务决策倾向，与企业发展的战略目标相背离，影响企业长期发展。

（二）股东财富最大化目标

股东财富是由公司所拥有的股票数量和股票市场价格两方面决定的。在股票数量一定时，股票价格达到最高，股东财富也就达到最大。

与利润最大化目标相比，股东财富最大化的主要优点是：

（1）考虑了风险因素，因为通常股价会对风险做出较敏感的反映。

（2）在一定程度上能避免企业短期行为，因为不仅目前的利润会影响股票价格，预期未来的利润同样会对股价产生重要影响。

（3）对上市公司而言，股东财富最大化目标比较容易量化，便于考核和奖惩。

以股东财富最大化作为财务管理目标也存在以下缺点：

（1）通常只适用于上市公司，非上市公司难以应用，因为非上市公司无法像上市公司一样准确获得公司股价。

（2）股价受众多因素影响，特别是企业外部的因素，有些还可能是非正常因素。

股价不能完全准确地反映出企业财务管理状况，如有的上市公司处于破产的边缘，但由于可能存在资产重组等机会，其股票市价还可能走高。

（3）它强调股东利益，忽视了其他相关者的利益。

（三）企业价值最大化目标

企业价值可以理解为企业所有者权益的市场价值，或者是企业所能创造的预计未来现金流量的现值。它要求企业通过采用最优的财务政策，充分考虑资金的时间价值和风险与报酬的关系，在保证企业长期稳定发展的基础上使企业总价值达到最大。

以企业价值最大化作为财务管理目标，具有以下优点：

（1）考虑了取得报酬的时间，并用时间价值的原理进行了计量。因为未来现金流量这一概念，包含了资金的时间价值和风险价值两个方面的因素。

（2）考虑了风险与报酬的关系，强调了风险与报酬的均衡。

（3）将企业长期、稳定的发展和持续的获利能力放在首位，科学地强调并注重企业在发展中应考虑各方的利益关系。

（4）用价值代替价格，能够克服企业在追求利润上的短期行为，有利于社会资源的合理配置。

以企业价值最大化作为企业财务管理目标也存在一些需要注意的问题。

（1）对于上市企业，虽然可以通过股票价格的变动反映企业价值，但是股票价格受多种因素影响，特别是在即期市场上的股票价格，不一定能够直接反映企业的获利能力，只有长期趋势才能做到。

（2）现代企业为了控股或稳定购销关系，往往采用环行持股的方式，即相互持股。因此，法人股东对股票市价的敏感程度远不及个人股东，他们对股票价格最大化目标没有足够的兴趣。

（3）对于非上市企业，只有对企业进行专门的评估才能真正确定其价值，而在评估企业资产时，由于受评估标准和评估方式的影响，这种评估不易做到客观、准确，这也导致了企业价值确定的困难。

尽管如此，基于企业价值最大化最能体现企业管理的目标，更能揭示市场认可的企业价值，并且它也考虑了资金的时间价值和风险价值，所以它通常被认为是一个较为合理的财务目标。

（四）相关者利益最大化目标

企业是所有相关利益方之间的一系列多边契约，利益相关者即是契约的主体，可以是管理者、雇员、顾客、供应商等多种主体。每一种契约参与者都向公司提供了特殊资源，均享有平等谈判的权利，这样才能确保契约多方主体的利益受到保护。利益相关者在企业中投入了其他实物资本、人力资本、财务资本或其他有价值的东西，并由此而承担了某些形式的风险；或者说，他们因企业活动而承受风险。因此在确定科学的财务管理目标时，必须考虑那些利益相关者。相关者利益最大化目标是企业价值最大化目标的进一步发展，它要求企业经营中应充分考虑股东及其他利益相关者的利益，通过合作共赢促使企业实现利益相关者利益最大。相关者利益最大化目标是财务管理最理想的目标。

以相关者利益最大化作为财务管理目标，具有以下优点：

（1）有利于企业长期稳定发展。这一目标注重企业在发展过程中考虑并满足各利益相关者的利益关系，避免只站在股东的角度考虑问题而导致出现一系列问题。

（2）体现了合作共赢的价值理念，有利于实现企业经济效益和社会效益的统一。由于兼顾了企业、股东、政府、客户等的利益，企业就不仅仅是一个单纯牟利的组织，还承担了一定的社会责任。企业在寻求其自身的发展和利益最大化的过程中，由于涉及客户及其他利益相关者的利益，就会依法经营，依法管理，正确处理各种财务关系，自觉维护和切实保障国家、集体和社会公众的合法权益。

（3）这一目标是一个多元化、多层次的目标体系，较好地兼顾了各利益主体的利益。这一目标可使企业各相关利益主体相互作用、相互协调，并使企业利益、股东利益在达到最大化的同时，也使其他利益相关者利益达到最大化。

（4）体现了前瞻性和现实性的统一。不同的利益相关者有各自的指标，只要合理合法、互利互惠、相互协调，就可以实现所有相关者利益最大化。

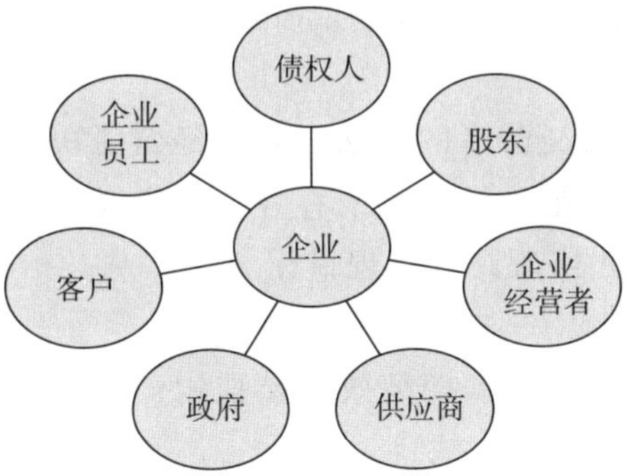

企业相关利益图

思政人物：阎志

2020年初，新冠肺炎病毒席卷全国，社会各界纷纷捐款捐物共同“抗疫”。阎志是湖北卓尔集团的老板。疫情期间，卓尔集团启动全球供应体系，从全球各地采购口罩、护目镜、防护服等医疗设备价值5 000多万元，捐赠现金2 000多万元，同时捐赠了3座方舱医院和7座临时医院，总计提供了9 500个床位，甚至把自己价值100多亿元的武汉客厅会展中心都贡献出来了。阎志却说自己没做什么，企业家不单单只是想着赚钱，而是应该承担起一定的社会责任。

三、利益冲突的协调

将相关者利益最大化作为财务管理目标，其首要要求就是要协调相关者的利益关系，化解他们之间的利益冲突。协调相关利益者的冲突，要把握的原则是：尽可能使企业相关者的利益分配在数量上和时间上达到动态的协调平衡。在协调所有的利益冲突中，所有者与经营者的利益冲突、所有者与债权人的利益冲突又至关重要。

（一）所有者与经营者利益冲突的协调

在现代企业中，经营者一般不拥有占支配地位的股权，他们只是所有者的代理人。所有者期望经营者代表他们的利益工作，实现所有者财富最大化。而经营者则有自己的利益考虑，两者的目标经常不一致。经营者和所有者的主要利益冲突，就是经营者希望在创造财富的同时，能够获取更多的报酬、更多的享受；而所有者则希望以较小的代价（报酬）实现更多的财富增值。协调所有者与经营者利益冲突的方式有解聘、接收、激励。

1. 解聘

这是一种通过所有者约束经营者的办法。所有者对经营者予以监督，如果经营者绩效不佳，就解聘经营者；经营者为了不被解聘就需要努力工作，为实现财务管理目标服务。

2. 接收

这是一种通过市场约束经营者的办法。如果经营者决策失误，经营不利，绩效不佳，该企业就可能被其他企业强行接收或吞并，相应经营者也会被解聘。经营者为了避免这种接收，就必须努力实现财务管理目标。

3. 激励

激励就是将经营者的报酬与预期绩效直接挂钩，以使经营者自觉采取能提高所有者财富的措施。激励通常有两种方式：

（1）经理股票期权（Employee Stock Owner，ESO），即企业在与经理人签订合同时，授予经理人未来以签订合同时约定的价格购买一定数量公司普通股的选择权，经理人有权在一定时期后出售这些股票，获得股票市价和行权价之间的差价，但在合同期内，期权不可转让，也不能得到股息。在这种情况下，经理人的个人利益就同公司股价表现紧密地联系起来。股票期权制度是上市公司的股东以股票期权方式来激励公司经理人员实现预定经营目标的一套制度。

（2）绩效股。它是企业运用每股收益、资产收益率等指标来评价经营者绩效，并视其绩效的多少给予经营者数量不等的股票作为报酬。如果经营者绩效未能达到规定目标，经营者将丧失原先持有的部分绩效股。这种方式使经营者不仅为了多得绩效股而不断采取措施提高经营绩效，而且为了使每股市价最大化，也会采取各种措施使股票市价稳定上升，从而增加所有者财富。但即使由于客观原因股价并未提高，经营者也会因为获取绩效股而获利。

（二）所有者与债权人的利益冲突协调

所有者的目标可能与债权人期望实现的目标发生矛盾。所有者可能要求经营者改变举债资金的原定用途，将其用于风险更高的项目，从而增加了偿债的风险，债权人的负债价值也必然会降低，造成债权人风险与收益的不对称。因为高风险的项目一旦成功，额外的利润就会被所有者独享；但若失败，债权人却要与所有者共同承担由此而造成的损失。其次，所有者可能在未征得现有债权人同意的情况下要求经营者举借新债，偿债风险增大，从而导致原有债权的价值降低。

协调所有者与债权人的利益冲突的方式有：

（1）限制性借债。债权人通过事先规定借债用途、借债担保条款和借债信用条件，使所有者不能通过以上方式削弱债权人的债权价值。

（2）收回借款或停止借款。当债权人风险企业有侵蚀其债权价值的意图时，采取收回债权或不再给予新的借款的措施，从而保护自身利益。

实务训练

1. 学生收集特斯拉汽车公司与比亚迪汽车公司的经营资料，并进行分析，说明两个企业的目标和核心价值观是什么？企业存在的意义是什么？如何建立企业的核心竞争力？

2. 各班学生以小组为单位，为某个企业制定一套利益平衡方案。

思维培养

企业选择财务管理目标，必须要考虑自身肩负的社会责任，把社会责任融入财务管理目标中来，这有利于企业未来的发展。“三聚氰胺”事件导致三鹿集团的分崩离析，以及“锦湖”轮胎造假等事件表明，企业在追求经济利益的同时，如果抛弃了自身肩负的社会责任，会不利于企业长远发展，甚至面临破产倒闭的下场。因此，选择什么样的财务管理目标就决定了企业选择什么样的命运和发展方向，而企业社会责任承担对企业财务管理目标的选择有着重要影响。

思考： 1. 企业哪些财务管理目标是与企业社会责任相违背的？

2. 基于社会责任考虑，哪种财务管理目标是企业的最优选择？

案例分析

臻景公司财务管理目标与利益冲突案例

臻景公司是一家从事 IT 产品开发的企业。由三位志同道合的朋友共同出资 100 万元，三人平均分配股权比例共同创立。企业发展初期，创始股东都以企业的长远发展为目标，关注企业的持续增长能力，所以，他们注重加大研发力度，不断开发新产品，这些措施有力地提高了企业的竞争力，使企业实现了营业收入的高速增长。在开始的几年间，销售业绩以每年 60% 的速度提升。然而，随着利润的持续快速增长，三位创始股东开始在收益分配上产生了分歧。股东张景、张臻倾向于分红，而股东赵常则认为应将企业取得的利益用于扩大再生产，以提高企业的持续发展能力，实现长远利益的最大化。由此产生的矛盾不断升级，最终导致坚持企业长期发展的赵常被迫退出，出让持有的1/3股份后离开企业。

但是，此结果引起了与企业有密切联系的广大供货商和分销商的不满，因为许多人的业务发展壮大都与臻景公司密切相关，他们深信臻景公司的持续增长能力将为他们带来更多的机会。于是，他们威胁如果赵常离开企业，他们将断绝与企业的业务往来。面对这一情况，企业两位股东提出他们可以离开企业，条件是赵常必须收购他们的股份。赵常的长远发展战略需要较多投资，这样做将导致企业陷入没有资金维持生产的境地。这时，众多供应商和分销商伸出了援助之手，他们或者主动延长应收账款的期限，或者预付货款，最终使赵常又重新回到了企业，成为公司的掌门人。

经历了股权风波后，臻景公司在赵常的领导下，不断加大投入，实现了企业规模化发展，在同行业中处于领先地位，企业的竞争力和价值不断提升。

（资料来源：https：//wenku. baidu. com/view/df366104af1ffc4ffe47ac78. html）

分析： 1. 赵常坚持企业长远发展，而其他股东要求更多分红，你认为赵常的目标是否与股东财富最大化的目标相矛盾？

2. 拥有控制权的大股东与供应商和客户等利益相关者之间的利益是否矛盾，如何协调？

3. 臻景公司所有权和经营权是合二为一的，这对企业的发展有什么利弊？

4. 重要利益相关者能否对企业的控制权产生影响？

职业拓展

财务共享服务中心

财务共享服务中心（Financial Shared Service Center，简称FSSC）是近年来出现并流行起来的会计和报告业务管理方式。它是将不同国家、地点的实体的会计业务拿到一个共享服务中心（SSC）来记账和报告，这样做的好处是保证了会计记录和报告的规范、结构统一，而且不需要在集团的每个公司和办事处都设会计。

财务共享中心一般为人员素质较高的制造业企业所属各分支机构、办事处服务。这些分支机构、办事处往往只承担销售任务，而无复杂的财务核算需求。例如DELL在中国各个地区的销售网点，这些网点仅由一个销售团队及服务人员构成，通过设在厦门的总部标准订单统一处理业务，财务信息则可以共享至厦门。

适合建立财务共享服务中心的企业包括：金融企业、服务企业、制造业的销售网点、连锁企业、通信服务业等；

技术条件下不适合建立财务共享服务中心的企业包括：制造业的工厂、勘探业、信息化程度较低的企业等。

（资料来源：https：//baike. baidu. com/item/% E8% B4% A2% E5% 8A% A1% E5% 85% B1% E4% BA% AB% E6% 9C% 8D% E5% 8A% A1% E4% B8% AD% E5% BF% 83/1206065? fromtitle = % E8% B4% A2% E5% 8A% A1% E5% 85% B1% E4% BA% AB% E4% B8% AD% E5% BF% 83&fromid = 16942830&fr = aladdin）

工作任务三　财务管理的环境

任务描述

通过学习，学生掌握财务管理环境分析的主要内容，能对企业面临的财务管理环境进行审视和评估，并根据其所处的具体财务管理环境的特点，采取与之相适应的财务管理手段和管理方法。

工作情景

随着衡阳梦幻电器有限公司业务不断发展，公司规模在不断扩大，各项规章制度也不断完善，公司的相应成本支出不断增加。近期由于中国人民银行连续加息，使公司贷款成本也在增加，针对公司面临的内外环境，财务经理要求小张做一份公司的财务管理环境分析报告。

思考： 1. 小张应从哪几个方面来对公司的财务管理环境进行分析？
2. 外部环境对企业的影响通常具有不可控性，有哪些措施可以应对企业外部环境变化对企业财务管理的影响？
3. 企业财务管理面临哪些法律条款的约束？

理论知识

财务管理环境，或称理财环境，是指对企业财务活动和财务管理产生影响的企业内外各种条件的统称。

一、技术环境

财务管理的技术环境，是财务管理得以实现的技术手段和技术条件，它决定着财务管理的效率和效果。当前，以网络技术为主的各种信息技术为企业的财务管理提供了更广阔更先进的技术手段与方法：企业可以以柔性技术为基础保持技术的领先；以信息网络为依托实现资源整合，将网络与财务相结合形成网络财务，并且开发网络财务软件，实现动态的、实时的财务管理。

二、经济环境

在影响财务管理的各种外部环境中，经济环境是最为重要的。经济环境包括经济体制、经济周期、经济发展水平、宏观经济政策、通货膨胀水平、市场竞争等。

（一）经济体制

不同经济体制下，企业财务管理有显著区别。经济体制是制约企业财务管理的重要环境因素之一。计划经济体制下，国家统筹企业资本、统一投资、统付盈亏，企业利润统一上缴、亏损全部由国家补贴，企业虽然是一个独立的核算单位，但无独立的理财权利。财务管理活动的内容单一，财务管理方法比较简单。在市场经济体制下，企业是“自主经营、自负盈亏”的经济实体，有独立的经营权，同时也有独立的理财权。企业可以从其自身的需要出发，合理确定资本需要量，然后到资本市场上去筹集资本，再把筹资的资本投放到高效益的项目上获取更大的收益，最后根据需要对收益加以分配，保证财务活动自始至终根据自身条件和外部环境做出各种财务管理决策并组织实施。因此，财务管理活动的内容比较丰富，方法也复杂多样。

（二）经济周期

市场经济条件下，经济发展与运行带有一定的波动性。经济运行大体上经历复苏、繁荣、衰退和萧条几个阶段的循环，这种循环叫做经济周期。在不同的经济周期，企业应采用不同的财务管理战略（如表 1－1）。

表 1－1　　各经济周期财务管理战略分析表

周期	复苏	繁荣	衰退	萧条
财务管理战略	1. 增加厂房设备 2. 实行长期租赁 3. 建立存货 4. 开发新产品 5. 增加劳动力	1. 扩充厂房设备 2. 继续建立存货 3. 提高产品价格 4. 开展营销规划 5. 增加劳动力	1. 停止扩张 2. 出售多余设备 3. 停产不利产品 4. 停止长期采购 5. 削减存货 6. 停止扩招雇员	1. 建立投资标准 2. 保持市场份额 3. 压缩管理费用 4. 放弃次要利益 5. 削减存货 6. 裁减雇员

（三）经济发展水平

财务管理的发展水平是和经济发展水平密切相关的，经济发展水平越高，财务管理水平也越好。财务管理水平的提高，将推动企业降低成本，提高效率，增加效益，从而促进经济发展水平的提高；而经济发展水平的提高，将改变企业的财务战略、财务理念、财务管理模式和财务管理的方法手段，从而促进企业财务管理水平的提高。财务管理应当以经济发展水平为基础，以宏观经济发展目标为导向，从业务工作角度保证企业经营目标和经营战略的实现。

（四）宏观经济政策

不同的宏观经济政策，对企业财务管理影响不同。国家的产业政策、金融政策、财税政策对企业的筹资活动、投资活动和分配活动都会产生重要影响。金融政策中的货币发行量、信贷规模会影响企业投资的资金来源和投资的预期收益；财税政策会影响企业的资金结构和投资项目的选择等；价格政策会影响资金的投向和投资的回收期及预期收益；会计制度的改革会影响会计要素的确认和计量，进而对企业财务活动的事前预测、决策及事后的评价产生影响等。

思政视频：应对“新冠”疫情，16条政策帮扶中小微企业

视频链接：https：//haokan. baidu. com/v? vid =4186431196246865317&pd = bjh&fr = bjhauthor&type = video

（五）通货膨胀水平

通货膨胀对企业财务活动的影响是多方面的：①会引起资本占用的迅速增加；②会引起利率的上升，增加企业筹资成本；③会引起有价证券价格的不断下降，给筹资带来较大的困难；④会引起利润的虚增，造成企业的资本流失。

为了减轻通货膨胀对企业造成的不利影响，企业应当采取措施予以防范。在通货膨胀初期，货币面临着贬值的风险，这时企业进行投资可以避免风险，实现资本保值；与客户应签订长期购货合同，以减少物价上涨造成的损失；取得长期负债，保持资本成本的稳定。在通货膨胀持续期，企业可以采用比较严格的信用条件，减少企业债权；调整财务政策，防止和减少企业资本流失等。

（六）市场竞争

市场环境包括：完全垄断市场、完全竞争市场、不完全竞争市场和寡头垄断市场。不同的市场环境对财务管理有不同影响：

处于完全垄断市场的企业，销售一般都不成问题，价格波动不大，利润稳中有升，经营风险较小，企业可利用较多的债务资本。

处于完全竞争市场的企业，销售价格完全由市场来决定，企业利润随价格波动而波动，企业不宜过多用负债方式去筹集资本。

处于不完全竞争市场和寡头垄断市场的企业，关键是要使企业的产品具有优势、具有特色、具有品牌效应，要求在研究与开发上投入大量资本，研制出新的优质产品，并做好广告，搞好售后服务，给予优惠的信用条件。

三、金融环境

（一）金融机构

金融机构主要指银行和非银行金融机构。银行是通过存款、贷款、汇兑、储蓄等业务，承担信用中介的金融机构，我国的银行包括商业银行和政策性银行。非银行金融机构主要包括保险公司、信托投资公司、证券公司、财务公司、金融资产管理公司和金融租赁公司等。

（二）金融工具

金融工具是融通资金的双方在金融市场上进行资金交易、转让的工具，具体分为基本金融工具和衍生金融工具两大类。常见的基本金融工具有货币、票据、债券、股票、期货等；衍生金融工具又称派生金融工具，是在基本金融工具的基础上通过特定

技术设计形成的新的融资工具，如远期合约、货币互换和利率互换、掉期交易、资产证券化和期权等，种类非常复杂、繁多，具有高杠杆和高风险的特点。

（三）金融市场

金融市场是指资金供应者和资金需求者双方通过一定的金融工具进行交易而融通资金的场所。与实际的商品市场一样，金融交易产生了金融资产和金融负债，而各种金融资产和金融负债的产生和转让就形成了金融市场。

金融市场可以按照不同的标准如按期限、功能、融资对象、交易金融工具的属性或地理范围等进行分类。

（1）金融市场按交易期限的长短可以划分为短期金融市场和长期金融市场。

短期金融市场是指由金融债权买卖在一年内到期的交易组成的市场，又叫货币市场，如短期存货市场、大额定期存单市场（CD市场）、银行同业拆借市场、商业票据市场、短期债券市场等。货币市场主要是满足交易者对资金流动性的需求。

长期金融市场则是指期限在一年以上的交易组成的市场，也叫资本市场，如长期存贷款市场、长期债券市场、股票市场和融资租赁市场等。资本市场主要是满足交易者对长期资金融通的需求。

（2）金融市场按交易的性质可以划分为发行市场和流通市场。

发行市场是指从事新的证券和票据等金融工具买卖的转让市场，也叫初级市场或一级市场，如股票债券的发行市场。初级市场的交易会增加经济系统中可流通的金融资产的存量。流通市场是指从事已经上市的证券或票据等金融工具买卖的转让市场，又叫次级市场或二级市场。

（3）金融市场按交易交割的时间可以划分为现货市场和期货市场。

现货市场是指买卖双方成交后，当场或几天内就办理款项和证券交割的交易市场。期货市场则是指买卖双方成交后，在双方约定的未来某一特定的时间才办理交割的交易市场。

（4）按照交易金融工具的属性，金融市场可分为基础性金融市场和金融衍生品市场。

（5）按照地理范围，金融市场可分为地方性金融市场、全国性金融市场和国际性金融市场。

此外，金融市场还可以按交易的直接对象划分为资金市场、有价证券市场、黄金市场、外汇市场及票据承兑和贴现市场等。

（四）利率

利率也称利息率，是利息占本金的百分比指标。从资金的借贷关系看，利率是一定时期内运用资金资源的交易价格。资金作为一种特殊商品，以利率为价格标准进行融通，实质上是资源通过利率实行的再分配。因此利率在资金分配及企业财务决策中起着重要作用。

1. 利率的类型

利率可按照不同的标准进行分类：

（1）按利率之间的变动关系，分为基准利率和套算利率。

基准利率又称基本利率，是指在多种利率并存的条件下起决定作用的利率。所谓起决定作用是指，这种利率变动，其他利率也相应变动。因此，了解基准利率水平的变化趋势，就可了解全部利率的变化趋势。基准利率在西方通常是中央银行的再贴现率，在我国是中国人民银行对商业银行贷款的利率。

套算利率是指在基准利率确定后，各金融机构根据基准利率和借贷款项的特点而换算出的利率。例如，某金融机构规定，贷款 AAA 级、AA 级、A 级企业的利率，应分别在基准利率基础上加 0.5%、1%、1.5%，加总计算所得的利率便是套算利率。

（2）按利率与市场资金供求情况的关系，分为固定利率和浮动利率。

固定利率是指在借贷期内固定不变的利率。受通货膨胀的影响，实行固定利率会使债权人利益受到损害。

浮动利率是指在借贷期内可以调整的利率。在通货膨胀条件下采用浮动利率，可使债权人减少损失。

（3）按利率形成机制不同，分为市场利率和法定利率。

市场利率是指根据资金市场上的供求关系，随着市场而自由变动的利率。

法定利率是指由政府金融管理部门或者中央银行确定的利率。

2. 利率的一般计算公式

正如任何商品的价格均由供应和需求两方面来决定一样，资金这种特殊商品的价格—利率，也主要是由供给与需求来决定。但除这两个因素外，经济周期、通货膨胀、国家货币政策和财政政策、国际经济政治关系、国家利率管制程度等，对利率的变动均有不同程度的影响。因此，资金的利率通常由三部分组成：（1）纯利率；（2）通货膨胀补偿率（或称通货膨胀贴水）；（3）风险收益率。利率的一般计算公式可表示如下：

利率 = 纯利率 + 通货膨胀补偿率 + 风险收益率

纯利率是指没有风险和通货膨胀情况下的社会平均资金利润率；通货膨胀补偿率是指由于持续的通货膨胀会不断降低货币的实际购买力，为补偿其购买力损失而要求提高的利率；风险收益率包括违约风险收益率、流动性风险收益率和期限风险收益率。其中，违约风险收益率是指为了弥补因债务人无法按时还本付息而带来的风险，由债权人要求提高的利率；流动性风险收益率是指为了弥补因债务人资产流动性不好而带来的风险，由债权人要求提高的利率；期限风险收益率是指为了弥补因偿债期长而带来的风险，由债权人要求提高的利率。

四、法律环境

（一）法律环境的范畴

市场经济是法制经济，企业的经济活动总是在一定法律规范内进行的。法律既约束企业的非法经济行为，也为企业从事各种合法经济活动提供保护。

按照对财务管理内容的影响情况，相关法律法规可分为以下几类：

（1）影响企业筹资的各种法规，如公司法、金融法、证券法、证券交易法、合同法等；

（2）影响企业投资的各种法规，如公司法、证券交易法等；

（3）影响企业收益分配的各种法规，如税法、公司法等。

（二）法律环境对企业财务管理的影响

法律环境对企业的影响是多方面的，影响范围包括企业组织形式、公司治理结构、投融资活动、日常经营、收益分配等。《公司法》规定，企业可以采用独资、合伙和公司制的企业组织形式。企业组织形式不同，股东权利责任、企业投融资、收益分配、纳税和信息披露、公司治理结构等也不同。不同种类的法律，分别从不同方面约束企业的经济行为，对企业财务管理产生影响。

实务训练

学生收集相关资料，分析 2020 年新冠疫情暴发时，中国政府采取了哪些应对措施？对企业带来了哪些影响？效果如何？

思维培养

下图为 2020 年 01～09 月中国通货膨胀率数据图：

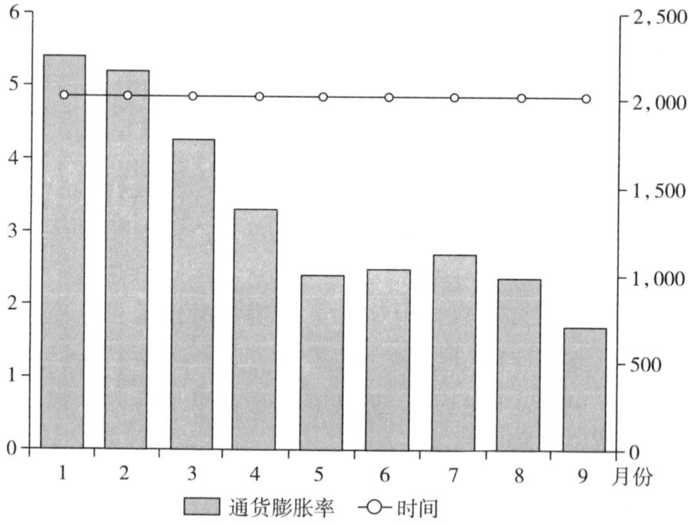

思考：1. 通货膨胀率下降会给企业带来什么影响？

2. 利率高低影响企业哪些方面？

案例分析

“老干妈”式财务管理

“老干妈”（陶华碧）牌油制辣椒是贵州地区传统风味食品之一。近几十年来，一直沿用传统工艺精心酿造，具有优雅细腻、香辣突出、回味悠长等特点。1984 年，陶华碧女士凭借自己独特的炒制工艺，推出了别具风味的佐餐调料，令广大顾客大饱口福，津津乐道。1996 年批量生产后在全国迅速成为热销品。老干妈是国内生产及销售量最大的辣椒制品生产企业，主要生产风味豆豉、风味鸡油辣椒、香辣菜、风味腐乳等 20 余个系列产品。

在大多数国外购物网站上老干妈都直接译成“Lao GanMa”，也有译成“The godmother”，2012 年 7 月，美国奢侈品电商 Gilt 把老干妈奉为尊贵调味品，限时抢购价 11.95 美元两瓶（约 7.74 英镑，折合约 79.1 人民币元）。美国“老干妈”绝对算得上是“来自中国的进口奢侈品”。

在很长的一段时间里，老干妈完全是被市场推动着前进的。公司在建立伊始，一直采取现金流的传统交易模式，公司也只有简单的财务报表，秉持“不融资、不贷款、不上市”的原则，形成了自己独特的财务管理理念，有效调节了企业人、财、物三者间的关系。对于员工的管理依靠的是最传统的道德观念和亲情方法。

但是，随着企业所处的内外环境的变化，老干妈市场覆盖的单纯性增长已近极致的情况下，其落后的营销观念和产品保护，以及销售渠道过于单一等问题使得老干妈面临着极大的考验。

首先，老干妈产品的核心技术保密问题。去年 5 月，贵阳南明老干妈风味食品有限责任公司发生了商业机密泄密的事情。据悉，“老干妈”工作人员在 2016 年 5 月发现本地另一家食品加工公司的一款产品与本公司产品相似度极高。经调查确认，此公司在生产经营中使用了“老干妈”公司的商业机密，而泄露机密的则是“老干妈”公司已离职的一名技术员贾某。

虽然“老干妈”及时采取措施避免企业损失扩大，但层出不穷的“冒牌货”还是让企业应接不暇。自企业出名以来，来自市场上其他企业的“模仿”从未终止。为此，“老干妈”多年来一直专注于“打假”业务，在“打假”行动中投入很多但始终无法完全解决。继“湖南老干妈”事件后，“老干妈”的技术保密制度受到了质疑。

其次，老干妈在产品营销、品牌创新方面仍存有大量不足。调查显示，“老干妈”企业仍旧采取签合约、走团队或者促销等传统经营手段。在发展过程中只注重顾客的购买量，而对消费者的科学统计研究却少之又少。因为少了科学的统计，导致无法从有效数据中获取用户的相关信息，进而无法做针对性的产品营销和创新。

“老干妈”企业原来的“坐等经销商上门”“酒香不怕巷子深”的营销模式已过时。要想继续保持在市场中的“女王”地位，建立明确科学的营销观念和体系是必不可少的。除此之外，老干妈销售渠道单一。这不仅导致营销效率不高，也导致市场信息无法及时反馈，以至于企业在市场上相对被动。

最后，老干妈在危机处理方面需要加强。2017 年 3 月，德国某著名第三方消费品检测机构对老干妈、老干爹、海天等几个品牌共十款最受中国人喜爱的油辣椒产品进行评测。出乎意料的是，本次参与测评的几个产品包括老干妈辣酱在内的最终评分只有 D（差），并且都有致癌风险。由此“老干妈”被推上了风口浪尖，但与其他企业不同的是，老干妈并未对此做出任何回应，一时间众说纷纭。

虽然这一次事件并未对企业产生大的影响，但谁能保证未来不会再发生类似的事情呢？并且，目前老干妈所倚仗的大众情感标签依旧是陶华碧，但是早在 2014 年，老干妈就进行了股权分配，陶华碧已不再是公司股东。再加上此前传出“深交所正联合贵州方面调研老干妈等三家企业的上市培育”的消息，这家企业正慢慢褪去“陶华碧”的标签。

由此可见，光是依靠消费者们的“情分”是不长久的，难以推动企业的长期发展。加上现今正处于互联网时代，财务管理作为企业管理的一个不可缺少的组成部分，在促进企业发展中起着重要的作用，而老干妈的特色财务管理与未来市场的发展可能会有冲突。

（资料来源：http：//dy. 163. com/v2/article/detail/E5FK4RT70516CO4C. html
https：//baike. so. com/doc/157216 – 166114. html）

分析： 1. “老干妈”式财务管理存在的环境条件有哪些？
2. “老干妈”式财务管理模式对企业未来有什么影响？
3. “老干妈”式财务管理模式面临什么挑战？

职业拓展

金蝶智能会计平台

智能会计平台是自动生成凭证的工具，是业务数据与财务数据的对接平台，并通过会计政策、会计核算体系的架构对业务进行财务监控、分类、记账。能与各业务模块紧密集成，能更加准确便捷地采集企业的经济活动信息；并由系统自动生成凭证，大大减少手工录入凭证的工作量，降低出错率，能有效提高账务处理工作的质量和效率。

课后训练

一、单项选择题

1. 下列财务管理目标中，容易导致企业短期行为的是（　　）。

A. 相关者利益最大化　　B. 企业价值最大化

C. 股东财富最大化　　D. 利润最大化

2. 下列各项中，不属于股东财富最大化目标优点的是（　　）。

A. 考虑了风险因素

B. 在一定程度上能避免企业追求短期行为

C. 有利于量化非上市公司的股东财富

D. 对上市公司而言，股东财富最大化目标比较容易量化，便于考核和奖惩

3. 在协调所有者与经营者矛盾的方法中，通过所有者来约束经营者的方法是（　　）。

A. 解聘　　B. 接收　　C. 股票期权　　D. 绩效股

4. 在经济周期的不同阶段，企业应采用不同的财务管理战略。在经济衰退阶段，企业不应选择的战略是（　　）。

A. 出售多余设备　　B. 停止扩招雇员

C. 压缩管理费用　　D. 停止长期采购

5. 当经济处于通货膨胀持续期时，下列选项中，不属于企业应该采取的措施是（　　）。

A. 延长信用期间

B. 减少企业债权

C. 调整财务政策，防止企业资本流失

D. 采用比较严格的信用条件

6. 财务管理环节是企业财务管理的工作步骤与一般工作程序，在诸多环节中，最核心的环节是（　　）。

A. 财务预测　　B. 财务预算　　C. 财务决策　　D. 财务控制

7. 下列各项中，属于基本金融工具的是（　　）。

A. 票据　　B. 互换

C. 各种远期合约　　D. 资产支持证券

8. 财务管理的具体内容包括五部分，分别是投资管理、筹资管理、营运资金管理、成本管理、收入与分配管理。下列关于财务管理具体内容的表述中，不正确的是（　　）。

A. 财务管理的五部分内容是相互联系、相互制约的

B. 筹资是基础

C. 收入与分配管理贯穿于投资、筹资和营运活动的全过程

D. 收入与分配影响着筹资、投资、营运资金和成本管理的各个方面

9. 在企业内部，会计信息主要是提供给（　　）决策使用。

A. 管理层　　B. 投资者　　C. 债权人　　D. 会计师事务所

10. 假定市场上的平均利润率为 11%，通货膨胀补偿率为 0.8%，风险收益率为 2.2%，那么计算出纯利率应为（　　）。

A. 13%　　B. 8%　　C. 5%　　D. 9%

二、多项选择题

1. 下列各项措施中，有助于企业应对通货膨胀的是（　　）。

A. 发行固定利率债券　　B. 以固定租金融资租入设备

C. 签订固定价格长期购货合同　　D. 签订固定价格长期销货合同

2. 下列有关企业财务管理目标的表述中，以下正确的有（　　）。

A. 企业价值最大化目标弥补了股东财富最大化目标过于强调股东利益的不足

B. 相关者利益最大化目标认为应当将除股东之外的其他利益相关者置于首要地位

C. 利润最大化目标要求企业提高资源配置效率

D. 股东财富最大化目标比较适用于上市公司

3. 财务管理环境中经济环境内容十分广泛，主要包括（　　）。

A. 通货膨胀　　B. 宏观经济政策

C. 经济周期　　D. 经济体制

4. 下列各项中，属于债权人与所有者利益冲突表现的有（　　）。

A. 所有者可能要求经营者改变举债资金的原定用途，增大了偿债风险，降低了债权人的负债价值

B. 债权人希望在创造财富的同时，能获得更多的报酬、更多的享受

C. 所有者希望以较小的代价实现更多的财富

D. 举借新债，增大了偿债风险，致使原有债权的价值降低

5. 关于财务管理环节，下列说法中，正确的有（　　）。

A. 财务预测为决策提供可靠的依据

B. 财务预算是财务战略的具体化

C. 财务考核是构建激励与约束机制的关键环节

D. 财务控制的方法有前馈控制、过程控制、反馈控制

6. 下列选项中，属于财务决策中定量分析方法的有（　　）。

A. 归类法　　B. 排队法　　C. 线性规划法　　D. 概率决策法

7. 下列关于财务预测的表述中，正确的有（　　）。

A. 财务预测可以测算各项生产经营方案的经济效益，为决策提供可靠的依据

B. 财务预测可以预计财务收支的发展变化情况，以确定经营目标

C. 财务预测可以测算各项定额和标准，为编制计划、分解计划指标服务

D. 财务预测的方法主要有定性预测和定量预测两类

8. 对上市公司来说，决定股东财富的因素包括（　　）。

A. 股票数量　　B. 股票市场价格

C. 股票价值　　D. 每股收益

9. 以下关于财务管理各内容的说法中，正确的有（　　）。

A. 企业的根本目的是盈利，而盈利是通过投资实现的，所以投资管理是基础

B. 企业的筹资活动决定了投资的规模和时间

C. 成本管理渗透在企业财务管理的每个环节中

D. 收入与分配管理会影响企业的成本管理

10. 公司制企业可能存在经营者和股东之间的利益冲突，解决这一冲突的方式有（　　）。

A. 解聘　　B. 接收　　C. 收回借款　　D. 授予股票期权

三、判断题

1. 企业财务管理的目标理论包括利润最大化、股东财富最大化、公司价值最大化和相关者利益最大化等理论。其中，公司价值最大化、股东财富最大化和相关者利益最大化都是以股东财富最大化为基础的。（　　）

2. 债权人可以通过事先规定借款用途，使经营者不能削弱债权人的利益。（　　）

3. 市场经济条件下，经济发展与运行带有一定的波动性，大体上要经历复苏、繁荣、衰退和萧条几个阶段的循环，这种循环叫作经济周期。（　　）

4. 财务管理的内容包括投资管理、筹资管理、营运资金管理以及收入与分配管理四部分内容。

5. 在影响财务管理的各种外部环境中，经济环境是最为重要的。（　　）

6. 财务考核是指将报告期实际完成数与规定的考核指标进行对比。通常只能使用绝对指标和完成百分比来考核。（　　）

7. 企业财务管理的目标就是规范企业财务运作，为企业实现目标利润服务。（　　）

8. 相关者利益最大化，要求重视相关利益群体的利益，因此将股东放到了次要地位。（　　）

9. 财务预算是财务管理的核心，预算的准确与否直接关系到企业的兴衰成败。（　　）

10. 通货膨胀水平对企业的影响属于金融环境的范畴。（　　）

项目二 资金时间价值和风险与收益分析

【知识目标】

要求理解资金时间价值的含义及实质，掌握单利与复利的含义、终值和现值的计算与应用，名义利率和实际利率的计算与应用，年金的含义、种类、计算。了解收益率的概念、构成和类型，掌握风险的概念、类型、度量，理解风险与收益的关系。

【能力目标】

能进行资金时间价值的计算并应用其进行相关决策；能利用内插法进行利率和期间的计算；能进行名义利率和实际利率的换算；能通过计算风险衡量指标评价企业的风险及应获得的收益率。

【思政目标】

培养理性消费观念，树立金融理念，提升信用意识和契约精神，弘扬中华传统美德。

工作任务一　分析资金时间价值

任务描述

资金时间价值是企业财务管理人员必须掌握的基本技能，通过学习，学生能够熟练计算和运用货币时间价值的相关指标，并对企业生产经营状况进行相关分析和判断。

项目活动一　单　利

工作情景

衡阳梦幻电器有限公司在建设银行存了一张100万的三年期定期存单，年利率4.1%，现已到期。

思考： 1. 该张存单利息为多少？

2. 财务如何进行账务处理？

理论知识

一、资金时间价值的概述

（一）资金时间价值的概念

在市场经济中，有这样一种现象：即现在的100元钱和一年后的100元钱其经济价值不相等，或者说其经济效用不同。比如，若银行存款年利率为10%，现在将100元钱存入银行，一年后可得110元钱。这100元经过一年时间增加了10元，现在的100元和一年后的110元等值，这就是资金的时间价值。

资金时间价值是指一定量资金在不同时点上价值量的差额，即资金在使用过程中随着时间的推移而发生增值的现象。

（二）资金时间价值的性质

（1）资金时间价值是资金周转使用中产生的，是资金所有者让渡资金使用权而参与社会财富分配的一种形式。时间价值的真正来源是劳动者创造的剩余价值，而且不是所有货币都有时间价值，只有投入生产经营才能产生时间价值。在市场经济条件下，资金的使用权与所有权分离，资金的所有者把资金使用权转让给使用者，使用者必须把资金增值的一部分支付给资金的所有者作为报酬，使用资金的数额越大、时间越长，所有者所要求的报酬越高。

（2）资金时间价值相当于在没有风险、没有通货膨胀条件下的社会平均资金利润率，一般以存款的纯利率为准。由于竞争，市场经济中各部门投资的利润趋于平均化，每个企业在投资时，至少要取得社会平均的利润率。

（3）资金时间价值在通货膨胀率很低的情况下以政府债券（国库券）利率表示。

（三）资金时间价值的表示

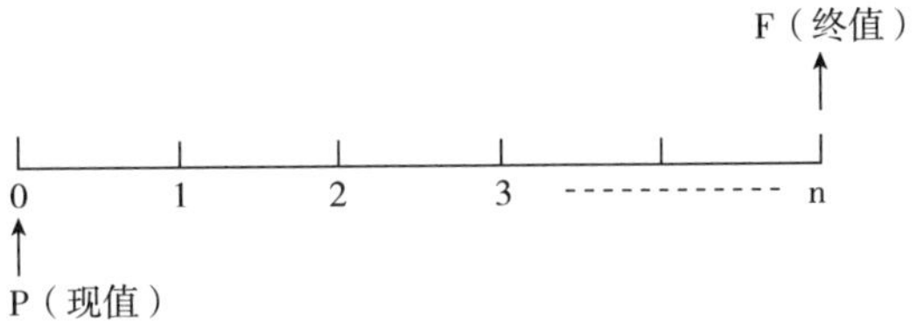

资金时间价值图

（1）现值 P（本金）：未来某一时点上的一定量现金折合为现在的价值。

（2）终值 F（将来值、本利和）：现在一定量现金在未来某一时点上的价值。

根据资金具有时间价值理论，可以将某一时点的资金金额折算为其他时点的金额。

二、单利

单利：指每期都按初始本金计算利息，当期利息即使不取出也不计入下期本金，计算基础不变。

特征：只对本金计提利息，计息基础就是本金，每期利息相同。

（一）单利终值

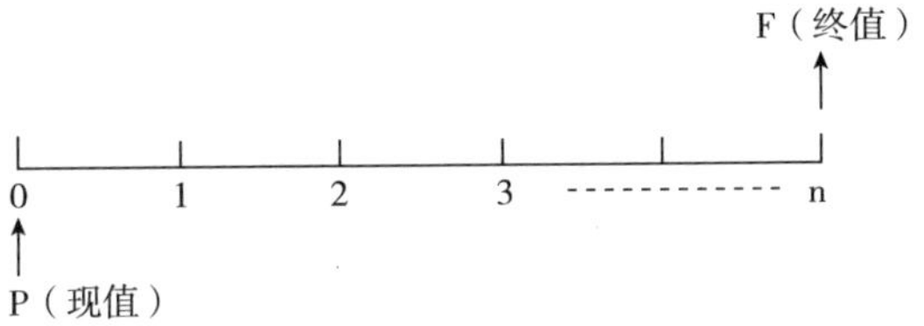

单利终值图

单利终值　$F = P\ (1 + n \cdot i)$　（其中 P 为本金，i 为利率，n 为期数）

利息　$I = P \cdot i \cdot n = F - P$

表 2－1　单利各期计算表

期数	利息	本利和
1	pi	$F_1 = P + Pi = P\ (1 + i)$

续表

期数	利息	本利和
2	pi	$F_2 = F_1 + Pi = P\ (1+2i)$
3	pi	$F_3 = F_2 + Pi = P\ (1+3i)$
………	………	………
n	pi	$F_n = F_{n-1} + Pi = P\ (1+ni)$

（二）单利现值

$$P = \frac{F}{1 + n \cdot i} = F - I$$

【例 2－1】 衡阳梦幻电器有限公司由于资金周转困难，向银行申请贷款，假设该笔贷款按单利计算，年利率为 8%。

1. 假设 2019 年 1 月向银行借入 200 万元，期限为 5 年，到期一次还本付息，5 年后应向银行支付本利和为多少元？

2. 2019 年 1 月归还 2014 年 1 月向银行所借到期一次还本付息款项，本利和为 140 万元，

该公司在 2014 年 1 月向银行借入了多少款项？

解：1.

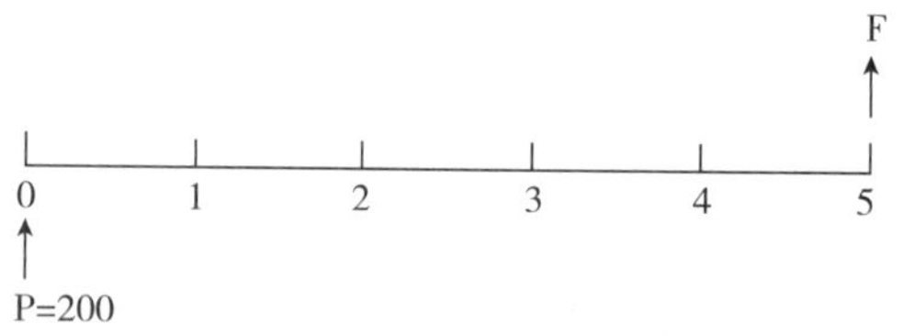

$F = 200\ (1+5\times 8\%) = 280$（万元）

2.

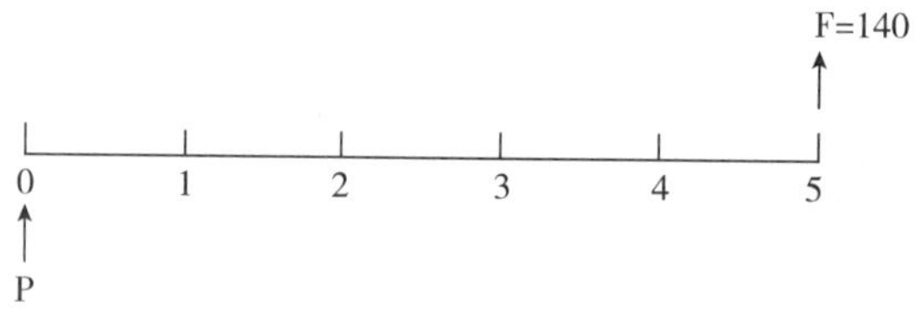

$P = 140/\ (1+5\times 8\%) = 100$（万元）

思政故事： 抗疫特别国债

2020 年 5 月 22 日提请十三届全国人大三次会议审议的政府工作报告提出，今年，我国将发行 1 万亿元抗疫特别国债。

“疫情之下，经济社会发展面临的挑战前所未有，财政政策必须要有力度。”全国政协委员、中国财政科学研究院院长刘尚希表示，发行抗疫特别国债，是特殊时期的

特殊举措，将有效拓展财政政策空间，积极对冲疫情影响。

抗疫特别国债要怎么用？根据当日提交十三届全国人大三次会议审查的预算报告，抗疫特别国债主要用于地方公共卫生等基础设施建设和抗疫相关支出，并预留部分资金用于地方解决基层特殊困难。

此外，政府工作报告提出，今年拟安排地方政府专项债券3.75万亿元，比去年增加1.6万亿元，提高专项债券可用作项目资本金的比例。

中国社科院财经战略研究院副院长杨志勇表示，今年以来，地方政府专项债券发行“快马加鞭”，规模已超万亿元。政府工作报告明确增加地方政府专项债券规模，将进一步释放积极信号。

“无论是发行抗疫特别国债，还是增加地方政府专项债券规模，都是积极的财政政策更加积极有为的重要体现，有助于稳定预期、提振信心、稳住经济基本盘。”杨志勇说，下一步，要用好这些宝贵的“真金白银”，充分发挥资金应有的效用。

（资料来源：http：//www.ce.cn/xwzx/gnsz/gdxw/202005/22/t20200522_34961156.shtml）

实务训练

1. 某企业每年年初投资1万元，共投4年，按单利计息，年利率为10%，则到第4年末本利和为多少？如为每年年末投入，则到第4年末本利和又为多少？

2. 某企业有一张带息票据，面额10万元，票面利率5%，出票日期3月15日，8月14日到期（150天），企业因急需用款，凭该期票于5月15日到银行办理贴现，贴现率10%（贴现期90天），按单利计算，银行应付企业多少钱？

思维培养

1. 企业发生的贷款业务在会计核算中如何进行账务处理？

2. 贷款利息如何影响企业的财务费用以及净利润？为了增加企业当期利润，企业逾期归还利息会对企业可持续发展造成什么影响？

项目活动二　复　利

工作情景

2018年9月4日，人民日报发表“部分校园出现回租贷、求职贷、培训贷、创业贷乱象”文章。

思考：1. “校园贷”和普通借款有何区别？

2. 进行“校园贷”活动是否构成犯罪？

3. 作为当代大学生，你们认为应该如何防范“校园贷”？

理论知识

复利是指以当期末本利和为计息基础计算下期利息，即利上加利（利滚利）。

特征：不仅要对本金计息，而且要对前期的利息计提利息，计息基础是前期的本利和，每期利息不相等。

注：本书在不特别说明的情况下，我们都是以复利方式计息。

一、复利终值

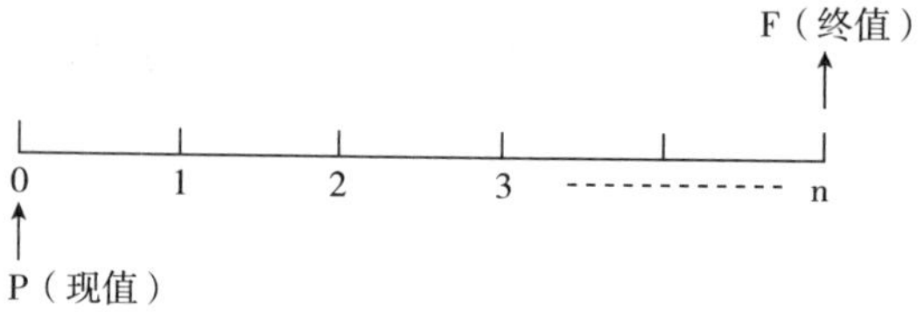

复利终值图

复利终值　$F=P(1+i)^n=P(F/P,i,n)$　（其中 P 为本金，i 为利率，n 为期数）

复利终值系数：$(F/P,i,n)=(1+i)^n$

利息　$I=F-P=P[(1+i)^n-1]$

表 2－2　**复利各期计算表**

期数	利息	本利和
1	Pi	$F_1=P+Pi=P(1+i)$
2	$F_1 i=Pi(1+i)$	$F_2=F_1+F_1 i=P(1+1i)^2$
3	$F_2 i=Pi(1+i)^2$	$F_3=F_2+F_2 i=P(1+i)^3$
………	………	………
n	$F_{n-1} i=Pi(1+i)^{n-1}$	$F_n=F_{n-1}+F_{n-1} i=P(1+i)^n$

二、复利现值

$P=\frac{F}{(1+i)^n}=F(P/F,i,n)$　　复利现值系数：$(P/F,i,n)=\frac{1}{(1+i)^n}$

注：复利终值系数与复利现值系数互为倒数关系。

【例 2－2】衡阳梦幻电器有限公司董事会决定将公司部分闲置资金存入银行，以获取稳定的收益。

（1）假设衡阳梦幻电器有限公司将 1 000 万元存入银行，银行采用复利计息，年利率4%，则5年后的本利和为多少万元？

（2）衡阳梦幻电器有限公司拟在5年后获得本利和1 000万元，在复利利率为4%的情况下，当前应存入多少万元？

解：（1）F = P ×（F/P，i，n）= 1 000 ×（F/P，4%，5）= 1 000 × 1.2167 = 1 216.7（万元）

即衡阳梦幻电器有限公司现将1 000万元存入银行，银行采用复利计息，年利率4%的情况下，5年后的本利和为1 216.70万元。

（2）P = F ×（P/F，i，n）= 1 000 ×（P/F，4%，5）= 1 000 × 0.8219 = 821.9（万元）

即衡阳梦幻电器有限公司拟在5年后获得本利和1 000万元，在复利利率为4%的情况下，现应存入821.90万元。

思政故事：校园贷

2017年9月7日，华商报报道，21岁的陕西大二学生朱毓迪贷款20多万，用于同学聚餐以及偿还贷款等，当无力偿还时跳江自杀。

2018年5月17日，西安大学生小森（化名）走出宾馆赴河北找工作，在保定市政府附近一个废品收购站服毒自杀。正当家人沉浸在悲痛中时，小森留下的电话却每天接到大量来自网贷平台的催款电话，小森借款均为分期贷，每期还款数百到一两千不等，其中有一笔总额为9000余元。

2019年8月31日，刚刚从南京一所著名的211大学毕业2个月的阳光大男孩小许（化名），原本风华正茂，却不幸坠亡，只留下一份遗书和留给亲人无尽的悲伤。9月2日，陷入悲痛中的爷爷奶奶还在收到贷款平台的催收电话。小许从青草贷借了3000元本金，至收到电话时有一天逾期。蓝猫金融则称小许在其平台一共有两次贷款，后一次是1100元，目前尚欠505元。

（资料来源：https：//baike.so.com/doc/24771641－25690912.html）

实务训练

1. 衡阳梦幻电器有限公司有一项付款业务，现有甲、乙两种付款方式，甲方案是现在支付10万元，一次性结清款项；乙方案分3年付款，每年年初分别支付3万元、4万元、4万元。如果现在银行存款利率为10%，试分析判断公司应采用哪种付款方式？

2. 衡阳梦幻电器有限公司2017年年初对B设备投资10万元，该项目2019年初完工投产。2019、2020、2021年末预期收益各为3万元、4万元、5万元，银行存款利率为10%。按复利计算，2019年初投资额的终值和2019年初各年预期收益的现值为多少？并分析该投资项目是否可行？

思维培养

在进行资金时间价值的计算时，不同时点的资金能不能直接进行比较？为什么？

项目活动三　年　金

工作情景

中国人寿保险公司向衡阳梦幻电器有限公司员工推荐了一款鸿福至尊分红型年金保险。具体情况如下：

<table>
<tr><th colspan="2">保险公司</th><th>中国人寿</th></tr>
<tr><td colspan="2">产品名称</td><td>鸿福至尊</td></tr>
<tr><td rowspan="3">投保条件</td><td>投保年龄</td><td>28 天 - 60 周岁</td></tr>
<tr><td>保障期限</td><td>20 年</td></tr>
<tr><td>缴费期限</td><td>3 年/5 年/10 年</td></tr>
<tr><td rowspan="6">保证责任</td><td rowspan="3">年金</td><td>交费期间为 3 年，每年获得保费的 3%</td></tr>
<tr><td>交费期间为 5 年，每年获得保费的 6%</td></tr>
<tr><td>交费期间为 10 年，每年获得保费的 12%</td></tr>
<tr><td>特别生存金</td><td>在第一个保单年度，获得 100% 基本保障</td></tr>
<tr><td>满期生存金</td><td>在第一个保单年度，获得 100% 基本保障</td></tr>
<tr><td>身故保障金</td><td>保险期间内出现身故，退还已交保费</td></tr>
<tr><td colspan="2" rowspan="2">其他保障</td><td>红利</td></tr>
<tr><td>年金转换权</td></tr>
</table>

（资料来源：https：//mp. weixin. qq. com/s？ src = 11&timestamp = 1601949978&ver = 2627&signature = rWfp6j9ZiuVBG * I82WqNRGEhWRw2PjCk7 - Loa8hM62EpWUeN7k4 * i2fO3aB0TXUKsTv * v05DU78IyWKqx8GC8ky20XI3iMdIVPvFZkTLSEsVC4giH * nZ - bJuKtGu - sf - &new = 1）

思考： 购买该分红型年金保险是否划算？

理论知识

年金（A）是指一定时期内每次等额收付的系列款项。其特点为：等额性、定期性、系列性。年金是复利的一种特殊形式。

根据年金收支的时间不同，年金可分为：

（1）普通年金（后付年金）：指从第一期起，每期期末收付的年金。（期数 1 ~ n）

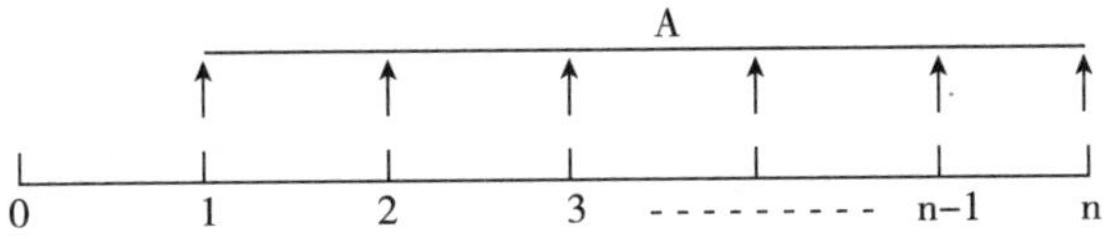

普通年金（后付年金）图

（2）即付年金（先付年金）：指从第一期起，每期期初收付的年金。（期数 0 ~ n - 1）

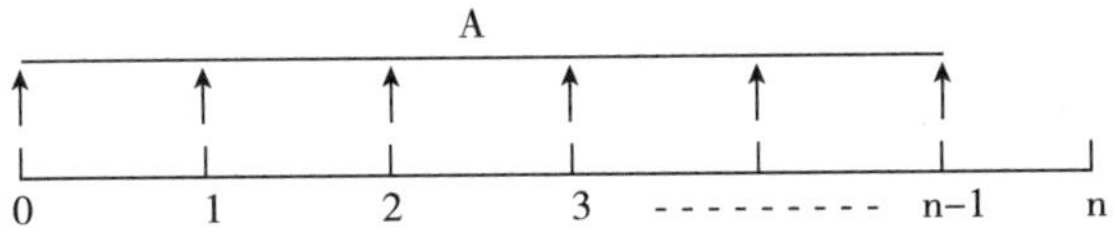

即付年金（先付年金）图

（3）递延年金：指从第二期或第二期以后收付的年金。（期数 s + 1 ~ n，s 为递延期）

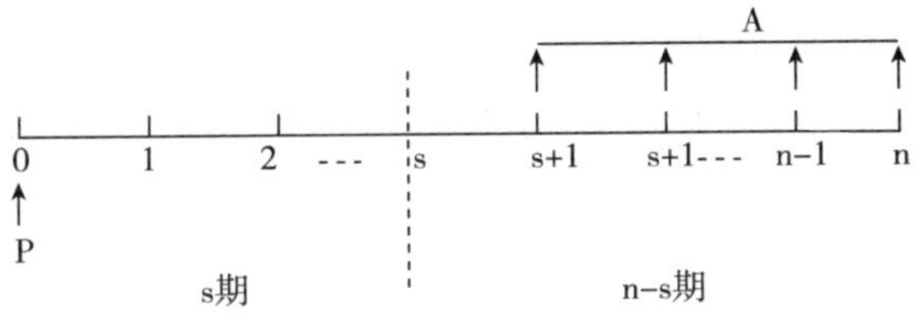

递延年金图

（4）永续年金：指从第一期起，每期期末收付款，但无限期的年金。（期数 1 ~ ∞）

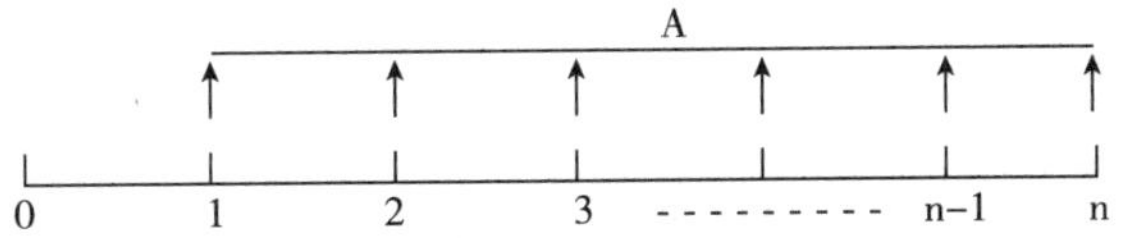

永续年金图（$n \to \infty$）

一、普通年金

（一）普通年金终值（已知 A，求 F）

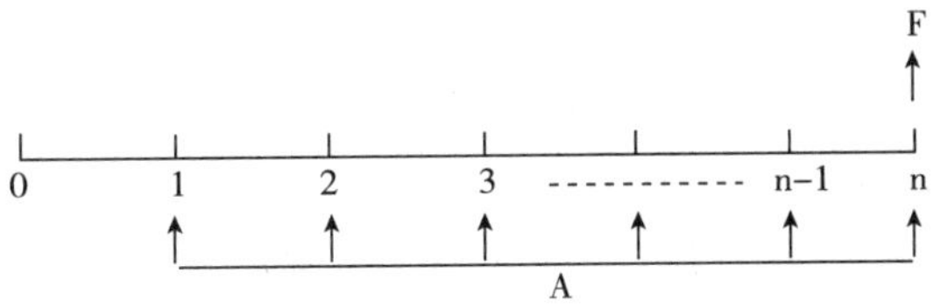

普通年金终值图

$$F = A \cdot \frac{(1+i)^n - 1}{i} = A\ (F/A,\ i,\ n)$$

普通年金终值系数：$(F/A,\ i,\ n)=\frac{(1+i)^n-1}{i}$

$$I=F-P=F-nA=A\left[\frac{(1+i)^n-1}{i}-n\right]$$

推导：

$F=F_1+F_2+F_3\cdots\cdots+F_{n-1}+F_n$

$F=A(1+i)^{n-1}+A(1+i)^{n-2}+A(1+i)^{n-3}+\cdots\cdots+A(1+i)+A$ ①

①式两边同乘以 $(1+i)$，得

$(1+i)F=A(1+i)^n+A(1+i)^{n-1}+A(1+i)^{n-2}+\cdots\cdots+A(1+i)^2+A(1+i)$ ②

将② - ①式得

$iF=A(1+i)^n-A$

$F=A\cdot\frac{(1+i)^n-1}{i}$

【例 2 -3】 衡阳梦幻电器有限公司由于成立不久，资金存在一定的困难，董事会决定向银行借款。假设未来 4 年每年末向银行借款 500 万元，年利率为 10% 的情况下，4 年后需偿还多少万元？

解：

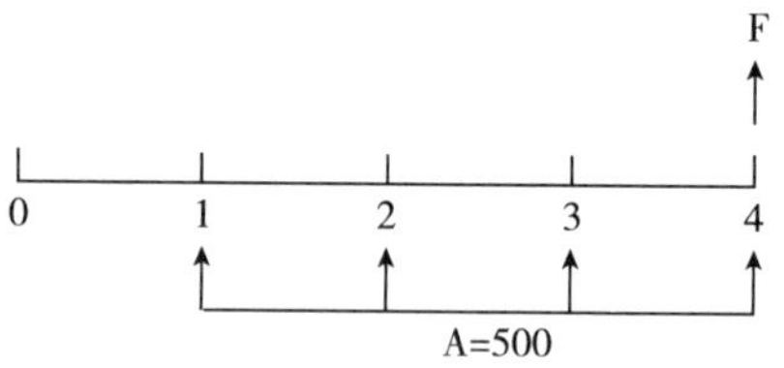

$F=500\times\frac{(1+10\%)^4-1}{10\%}=500\times(F/A,\ 10\%,\ 4)=500\times4.6410=2\ 320.5$（万元）

（二）偿债基金（已知 F，求 A）

偿债基金是指为了在约定的未来某一时点清偿某笔债务或积聚一定数额的资金而必须分次等额提取的存款准备金。

$$A=F\cdot\frac{i}{(1+i)^n-1}=\frac{F}{(F/A,i,n)}=F(A/F,i,n)$$

偿债基金系数：$(A/F,i,n)=\frac{i}{(1+i)^n-1}$

注：偿债基金系数与年金终值系数互为倒数关系。

【例 2 -4】 衡阳梦幻电器有限公司拟在 5 年后还清 1 万元债务，从现在起每年末等额存入银行一笔款项，银行存款利率为 10%，每年需存入多少万元？

解：

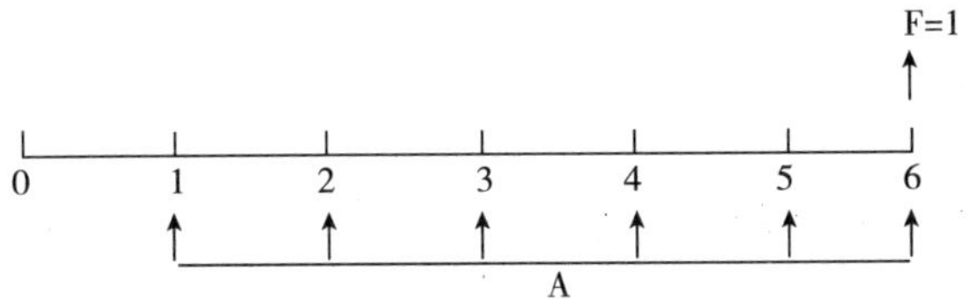

$$A = 1 \times \frac{10\%}{(1+10\%)^5 - 1} = \frac{1}{(F/A,\ 10\%,\ 5)} = \frac{1}{6.1051} = 0.1638\ (\text{万元})$$

（三）普通年金现值（知 A，求 P）

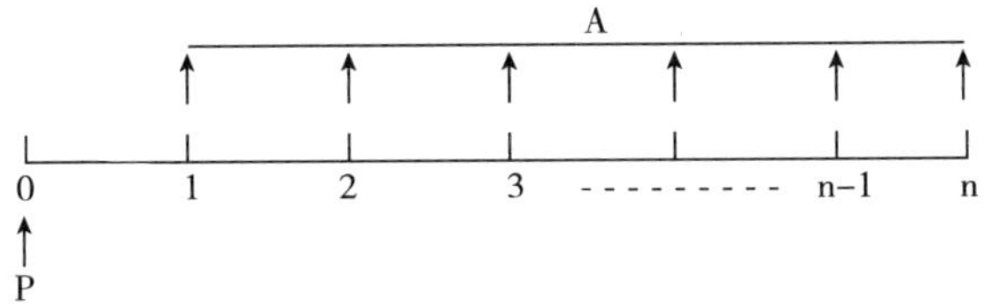

普通年金现值图

$$P = A \cdot \frac{1-(1+i)^{-n}}{i} = A(P/A, i, n)$$

普通年金现值系数：$(P/A,\ i,\ n) = \frac{1-(1+i)^{-n}}{i}$

推导：

$$P = P_1 + P_2 + P_3 \cdots\cdots + P_{n-1} + P_n$$

$$P = \frac{A}{1+i} + \frac{A}{(1+i)^2} + \frac{A}{(1+i)^3} + \cdots\cdots + \frac{A}{(1+i)^{n-1}} + \frac{A}{(1+i)^n} \qquad ①$$

①式两边同乘以 $(1+i)$，得

$$(1+i)P = A + \frac{A}{(1+i)^1} + \frac{A}{(1+i)^2} + \cdots\cdots + \frac{A}{(1+i)^{n-2}} + \frac{A}{(1+i)^{n-1}} \qquad ②$$

将② - ①式得

$$iP = A - \frac{A}{(1+i)^n} \qquad P = A \cdot \frac{1-(1+i)^{-n}}{i}$$

【例 2－5】 衡阳梦幻电器有限公司职工李菲准备出国学习 3 年，请王唯代付房租，每年租金 10 000 元，假设银行存款利率为 10%，李菲应当现在给王唯在银行存入多少元？

解：

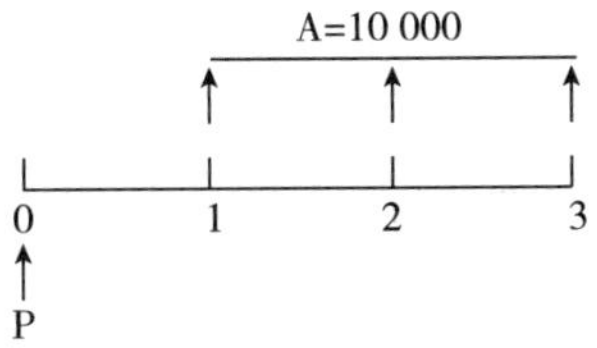

$P = 10\ 000 \times (P/A,10\%,3) = 10\ 000 \times 2.4869 = 24\ 869$（元）

（四）资本回收额（知 P，求 A）

资本回收额：指在约定年限内等额回收初始投入资本或清偿所欠债务的金额。

$$A = P \cdot \frac{i}{1-(1+i)^{-n}} = \frac{P}{(P/A,i,n)} = P(A/P,i,n)$$

资本回收系数：$(A/P,i,n) = \dfrac{i}{1-(1+i)^{-n}}$

注：资本回收系数与年金现值系数互为倒数关系。

【例 2－6】 为响应国家“大众创业、万众创新”的号召，衡阳梦幻电器有限公司职工张果准备以 10% 的利率向工商银行借入 2 万元，投资某个寿命为 10 年且每年收益相同的项目，则张果每年在该项目至少要收回多少现金才划算？

解：

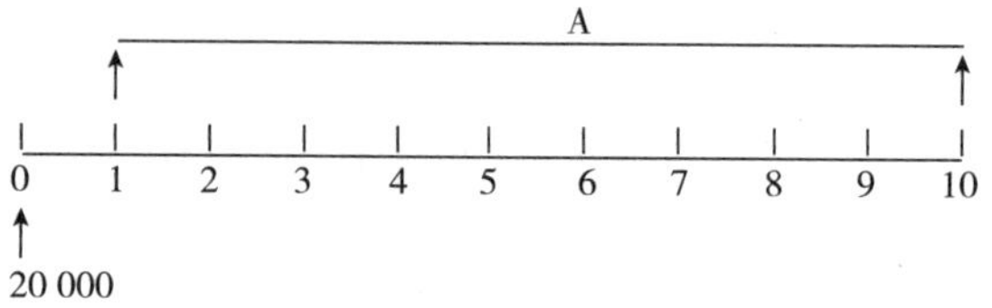

$$A = \frac{20\ 000}{(P/A,10\%,10)} = \frac{20\ 000}{6.1446} = 3\ 254.89\text{（元）}$$

二、即付年金

（一）即付年金终值

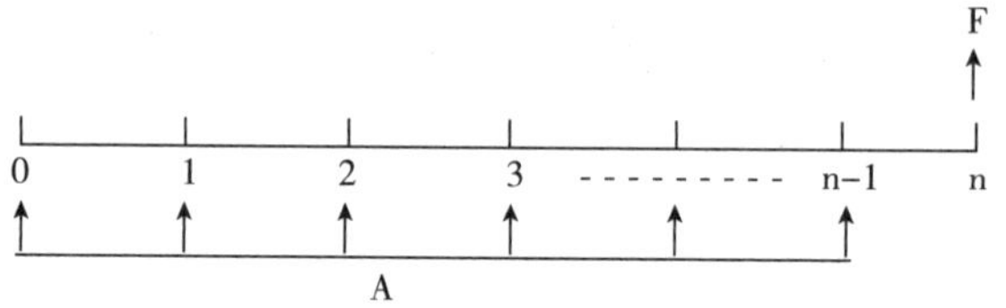

即付年金终值图

$$F = A\left[\frac{(1+i)^{n+1}-1}{i} - 1\right] = A[(F/A,i,n+1) - 1]$$

即付年金终值系数：$\left[\dfrac{(1+i)^{n+1}-1}{i} - 1\right] = [(F/A,i,n+1) - 1]$ ①式

$= (F/A,i,n)(1+i)$ ②式

注：即付年金终值系数 = n + 1 期普通年金终值系数 － 1 = 普通年金终值系数 $(1+i)$。

【例 2－7】 衡阳梦幻电器有限公司职工刘星每年年初存入银行 1 000 元，银行存款利率为 8%，则刘星的该项存款在第 10 年末的本利和为多少元？

解：

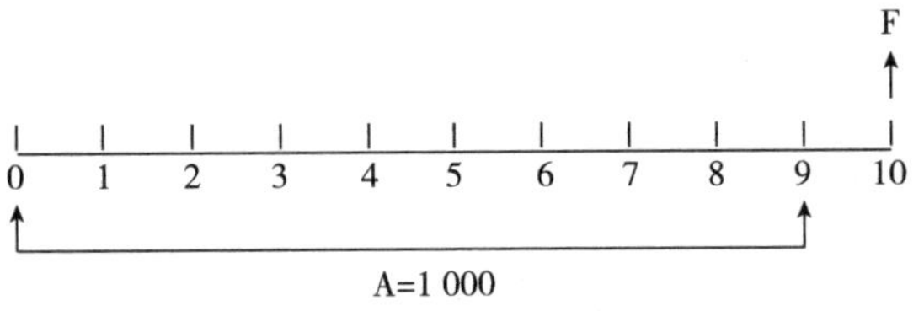

$F=1\ 000\times[(F/A,8\%,10+1)-1]=1\ 000\times[(F/A,8\%,11)-1]=1\ 000\times(16.645-1)=15\ 645$（元）

（二）即付年金现值

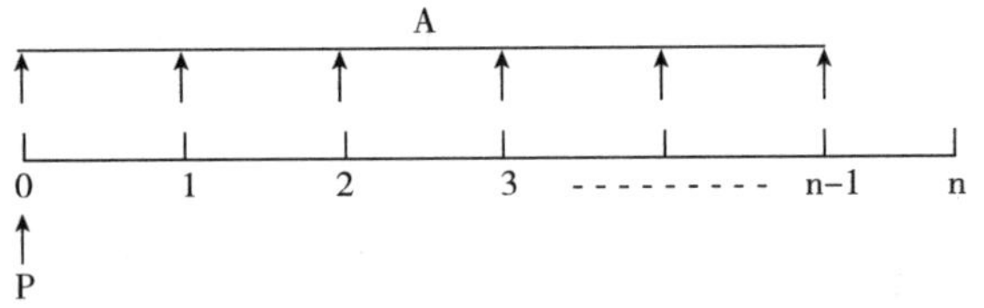

即付年金现值图

$$P=A\left[\frac{1-(1+i)^{-(n-1)}}{i}+1\right]=A[(P/A,i,n-1)+1]$$

即付年金现值系数：$\left[\frac{1-(1+i)^{-(n-1)}}{i}+1\right]=[(P/A,i,n-1)+1]$　①式

$=(P/A,i,n)(1+i)$　②式

注：即付年金现值系数 = n − 1 期普通年金现值系数 + 1 = 普通年金现值系数（1 + i）。

【例 2 − 8】衡阳梦幻电器有限公司职工孙珊珊拟购入一台华为 P30 手机，供货商提出款项可分 6 年支付，每年初付 1 000 元，假设银行利率为 10%，该项分期付款相当于一次性支付现金多少元？

解：

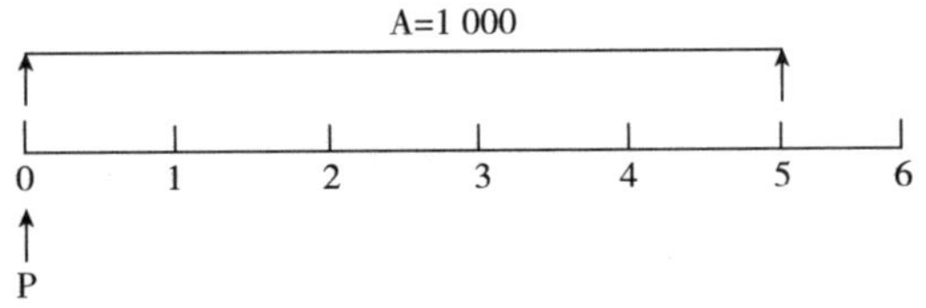

$P=1\ 000\times[(P/A,10\%,6-1)+1]=1\ 000\times[(P/A,10\%,5)+1]$

$=1\ 000\times(3.7908+1)=4\ 790.8$（元）

三、递延年金

$P=A(P/A,i,n-s)(P/F,i,s)$　①式

$=A[(P/A,i,n)-(P/A,i,s)]$　②式

$=A(F/A,i,n-s)(P/F,i,n)$　③式

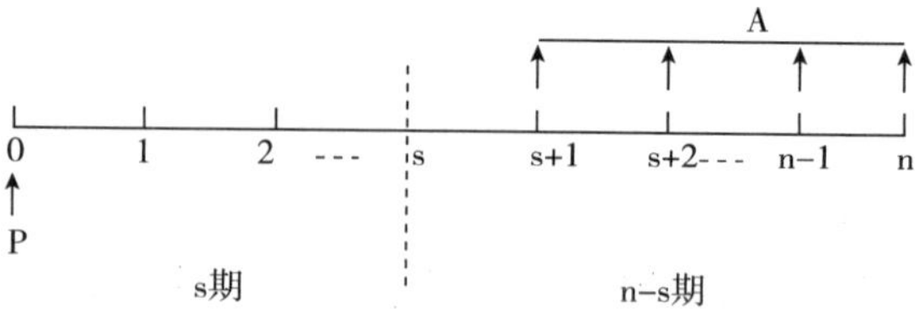

递延年金现值图

注：不需研究递延年金终值（按 n - s 期的普通年金终值算）。

【例 2 -9】衡阳梦幻电器有限公司职工郑成拟于今年年初存入一笔资金，存满 3 年后每年末取出 1 500 元，这笔款项于第 8 年末取完，利率 8%，则郑成应在最初一次存入多少现金？

解：

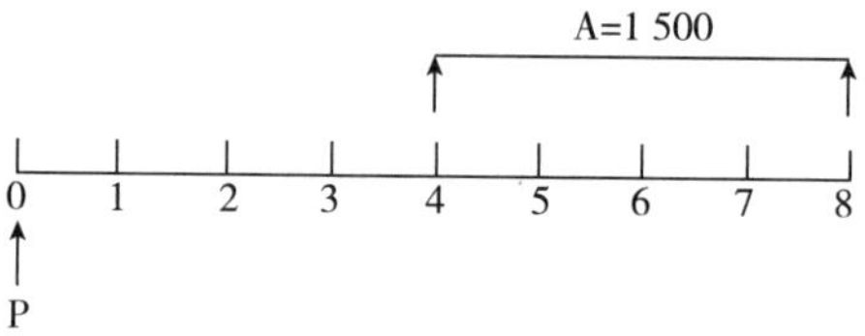

$$
\begin{aligned}
P &= 1\ 500 \times (P/A,8\%,5)(P/F,8\%,3) \\
&= 1\ 500 \times [(P/A,8\%,8) - (P/A,8\%,3)] \\
&= 1\ 500 \times (F/A,8\%,5)(P/F,8\%,8) \\
&= 4\ 754.25\text{（元）}
\end{aligned}
$$

四、永续年金

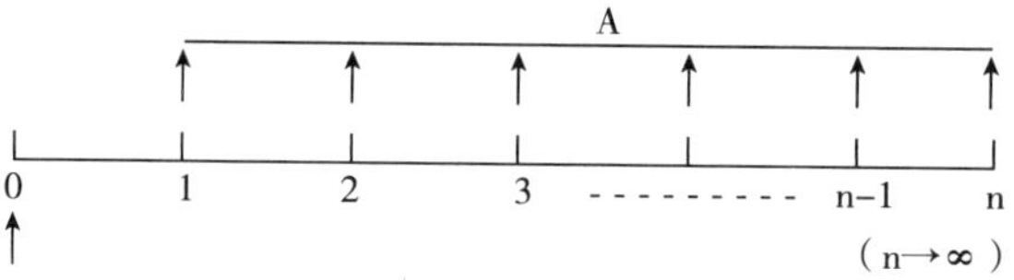

永续年金现值图

$$P = \frac{A}{i}$$

注：即只取利息，不动本金。

推导：

$$P = A \cdot \frac{1 - (1 + i)^{-n}}{i}$$

因 $n \to \infty$，$(1 + i)^{-n} \to 0$，所以 $P = \frac{A}{i}$

【例 2 -10】衡阳梦幻电器有限公司准备在衡阳某高职院校设立永久性奖学金，每年计划颁发 36 000 元奖学金，银行存款年利率为 12%，该公司现应向银行存入多少本金？

$$解：P = \frac{A}{i} = \frac{36\ 000}{12\%} = 300\ 000（元）$$

思政故事：诺贝尔奖

阿尔弗雷德·贝恩哈德·诺贝尔（Alfred Bernhard Nobel）生于瑞典的斯德哥尔摩，是杰出的化学家、工程师、发明家、企业家。他一生共获得技术发明专利 355 项，其中以硝化甘油制作炸药的发明最为闻名，他不仅从事研究发明，而且进行工业实践，兴办实业，在欧美等五大洲 20 个国家开设了约 100 家公司和工厂，积累了巨额财富。在即将辞世之际，诺贝尔立下了遗嘱："请将我的财产变做基金，每年用这个基金的利息作为奖金，奖励那些在前一年度为人类做出好的贡献的人。"

根据他的这个遗嘱，从 1901 年开始，具有国际性的诺贝尔奖成立了。并于 1901 年 12 月 10 日即诺贝尔逝世 5 周年时首次颁发。自此以后，除因战时中断外，每年的这一天分别在瑞典首都斯德哥尔摩和挪威首都奥斯陆由国王举行隆重的授奖仪式。

1968 年，瑞典国家银行（世界上最古老的中央银行）于成立 300 周年之际，提供资金增设诺贝尔经济奖（全称为瑞典中央银行纪念阿尔弗雷德·伯恩德·诺贝尔经济科学奖金，亦称纪念诺贝尔经济学奖），并于 1969 年开始与其他 5 项奖同时颁发。诺贝尔经济学奖的评选原则：是授予在经济科学研究领域做出有重大价值贡献的人，并优先奖励那些早期做出重大贡献者。

（资料来源：https：//baike. so. com/doc/1260720 – 1333248. html）

实务训练

1. 衡阳梦幻电器有限公司员工李四欲购买一幢房屋，按销售协议规定，如果购买方于购买时一次性付清房款，需支付房款 20 万元；如果采用 5 年分期付款方式，则每年需支付房款 5 万元；如采用 10 年分期付款，则每年需支付房款 3 万元。银行利率 10%。

要求：（1）如银行允许每年年末支付款项，李四应采用哪种付款方式？

（2）如银行允许每年年初支付款项，李四应采用哪种付款方式？

2. 衡阳梦幻电器有限公司计划投资 100 万元建设一项目，4 年后投产，预计该项目投产后使用 6 年，每年可获取收益 20 万元，银行利率 10%。问该项目是否可行？

思维培养

在个人住房公积金贷款中，以利率 10%，期限 10 年，贷款 12 万元，每年的还款构成如表 2 – 3。

表 2－3　　还款计划构成表

年份	本金	利息	合计	剩余本金
1	7529. 45	12000. 00	19529. 45	112470. 55
2	8282. 39	11247. 06	19529. 45	104188. 16
3	9110. 63	10418. 82	19529. 45	95077. 53
4	10021. 69	9507. 75	19529. 45	85055. 83
5	11023. 86	8505. 58	19529. 45	74031. 97
6	12126. 25	7403. 20	19529. 45	61905. 72
7	13338. 88	6190. 57	19529. 45	48566. 85
8	14672. 76	4856. 68	19529. 45	33894. 08
9	16140. 04	3389. 41	19529. 45	17754. 04
10	17754. 04	1775. 40	19529. 45	0. 00

思考： 1. 每年的利息计息基础是什么？
2. 你认为越到后面年份，应该提前还款吗？为什么？

项目活动四　利率和期间的换算

工作情景

衡阳梦幻电器有限公司目前年营业收入为 1 000 万元，根据公司五年规划，五年后计划营业收入达到 8 000 万元。

思考：为实现目标，公司每年销售收入增长率需达到多少？如何实现公司营业收入的增长目标？

理论知识

一、折现率（求 i）

在资金时间价值的应用中，如投资时要根据投入和收益计算资金收益率，这是要计算折现率 i。求折现率的方法主要有三种。

（1）公式法。根据资金时间价值公式进行计算，如对于一次性收付款项，$F = P(1+i)^n$，则 $i = \sqrt[n]{\frac{F}{P}} - 1$。但该方法在 n 较大或公式复杂时，计算麻烦。

（2）直接查表法。根据资金时间价值系数表，直接查表获得。如 $F = P(F/P, i,$

n)，则 $(F/P,i,n)=\dfrac{F}{P}$，查复利终值系数表。但该方法要求系数正好在表中有，一般不会出这种情况。

（3）内插法。首先进行试算，然后利用线性原理进行内插。

$$\left[\begin{array}{ll}\left[\begin{array}{ll} i_1 & \beta_1 \\ i & \alpha \end{array}\right] & \\ i_2 & \beta_2\end{array}\right]$$

利率内插图

$$\frac{i_1-i}{i_1-i_2}=\frac{\beta_1-\alpha}{\beta_1-\beta_2} \qquad i=i_1+\frac{\beta_1-\alpha}{\beta_1-\beta_2}(i_2-i_1)$$

注：在试算时一定要找出一个比原值大的和一个比原值小的（即 $\beta_1<\alpha<\beta_2$），不能都比原值大或都比原值小，不然精确度较小。

原理：一元一次线性方程

$y_1=a+bx_1$

$y=a+bx$

$y_2=a+bx_2$

$y_1-y=b(x_1-x)$

$y_1-y_2=b(x_1-x_2)$

$$\frac{y_1-y}{y_1-y_2}=\frac{x_1-x}{x_1-x_2}$$

【例 2－11】 某人把 100 元存入银行，10 年后可获本利和 300 元。问银行存款利率为多少？

解：

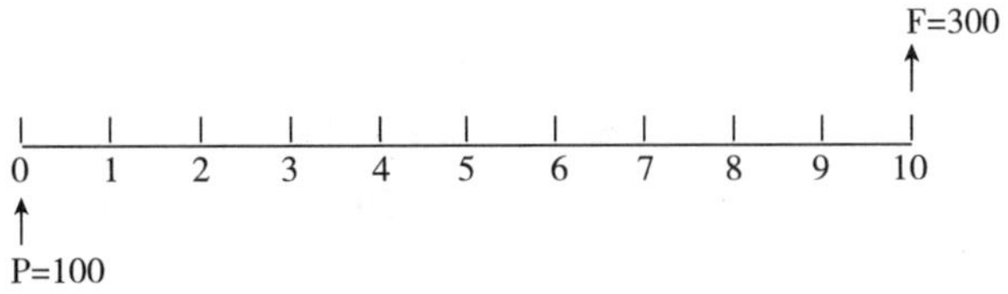

$300=100(F/P,i,10)$　　　$(F/P,i,10)=3$

查复利终值表：$(F/P,10\%,10)=2.5937$　$(F/P,12\%,10)=3.1058$

$$\left[\begin{array}{ll}\left[\begin{array}{ll} 10\% & 2.5937 \\ i & 3 \end{array}\right] & \\ 12\% & 3.1058\end{array}\right]$$

$$\frac{10\% - i}{10\% - 12\%} = \frac{2.5937 - 3}{2.5937 - 3.1058} \qquad i = 11.6\%$$

二、期间（求 n）

方法与求折现率的方法一样。

内插法：

$$\left[\begin{array}{ll} \left[\begin{array}{ll} n_1 & \beta_1 \\ n & \alpha \end{array}\right] \\ \quad n_2 & \quad \beta_2 \end{array}\right]$$

期间内插图

$$\frac{n_1 - n}{n_1 - n_2} = \frac{\beta_1 - \alpha}{\beta_1 - \beta_2} \qquad n = n_1 + \frac{\beta_1 - \alpha}{\beta_1 - \beta_2}(n_2 - n_1)$$

【例 2－12】衡阳梦幻电器有限公司职工胡莎向银行存入 14 万元，银行存款利率 8%。则

应存入多少年后可获得本利和 30 万元？

解：

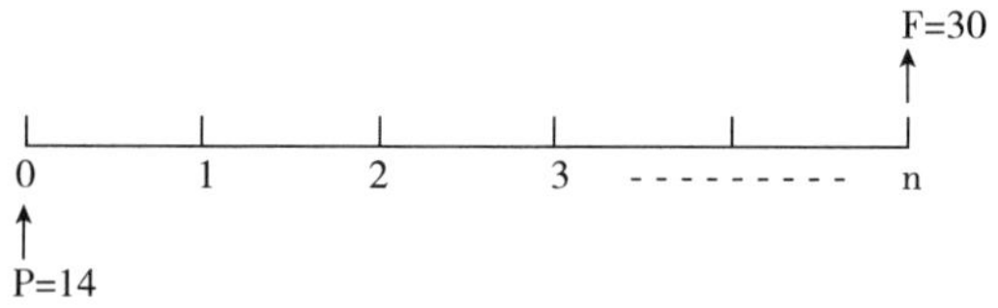

$$30 = 14(F/P, 8\%, n) \qquad (F/P, 8\%, n) = 2.143$$

查复利终值表：$(F/P, 8\%, 9) = 1.999 \quad (F/P, 8\%, 10) = 2.159$

$$\left[\begin{array}{ll} \left[\begin{array}{ll} 9 & 1.999 \\ n & 2.143 \end{array}\right] \\ \ 10 & \quad 2.159 \end{array}\right]$$

$$\frac{9 - n}{9 - 10} = \frac{1.999 - 2.143}{1.999 - 2.159} \qquad n = 9.9\ (年)$$

三、利率换算

前面我们都以每年复利一次的年利率作为计算标准。但在实际应用中，复利的计息期间不一定是一年，有可能是季度、月份或日，即每年会计息多次。这样就存在一个名义年利率与实际年利率的转换问题。

名义利率（r）：指每年只复利一次的利率。

实际利率（i）：指每年复利次数超过一次时的年利率。

$i=(1+\frac{r}{m})^{m}-1$　　（m：年内计息次数、年复利次数）

推导：

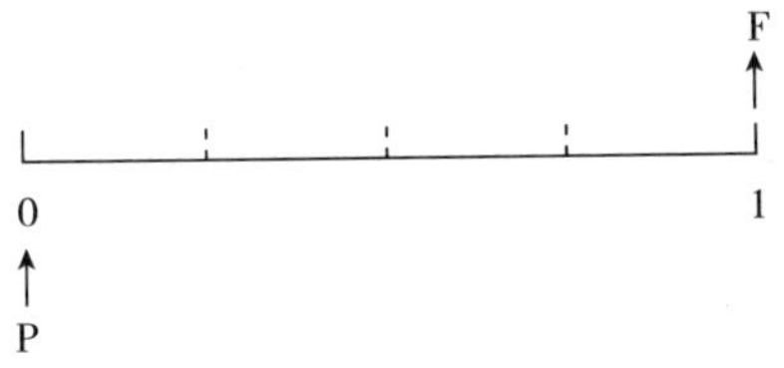

年名义利率 r，年计息次数 m 次，则每次计息利率 $\frac{r}{m}$

到年末的终值为：$F=P(1+\frac{r}{m})^{m}=P(1+i)$

【例 2－13】衡阳梦幻电器有限公司职工胡莎在年初存入 10 万元，年利率 10%，5 年后取出。试计算：

1. 每年计息一次，5 年后可获得多少钱？
2. 每半年计息一次，5 年后可获得多少钱？年实际利率为多少？

解：1. 每年计息一次

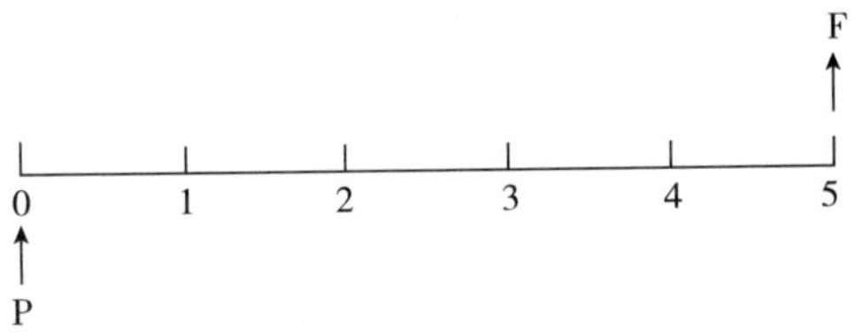

$F=10\times(F/P,10\%,5)=10\times1.6105=16.105$（万元）

2. 每半年计息一次

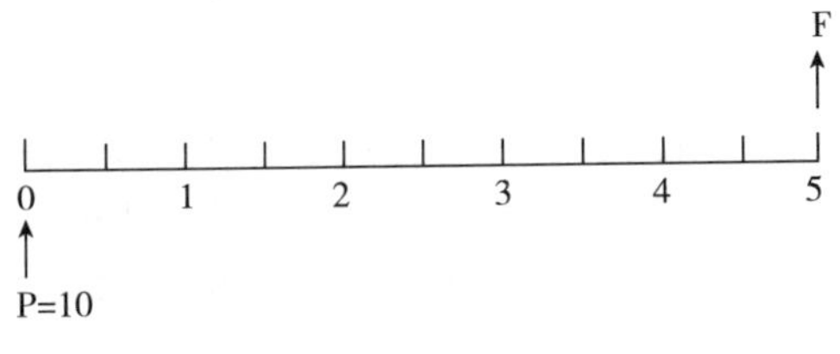

年实际利率：$i=(1+\frac{10\%}{2})^{2}-1=10.25\%$

方法一：

$F=10\times(F/P,10.25\%,5)=16.289$（万元）

该方法不能直接查表，计算繁杂，一般不用。

方法二：

$F=10\times(F/P,\frac{10\%}{2},5\times2)=10\times(F/P,5\%,10)=10\times1.6289=16.289$（万元）

思政人物：股神巴菲特

他的一举一动都能影响全球市场走势，40 年来，他的公司取得了 4000 多倍的投资收益率。2008 年，他的个人财富达到 620 亿美元，成为世界首富。巴菲特，一位极富传奇色彩的股市投资奇才，美国最成功的集团企业的塑造者，一举一动都会影响全球市场走势的投资大师，一个比杰克·韦尔奇更懂得管理的人，一个宣称在死后 50 年仍能管理和影响全球经济的人，以世界顶尖投资和令人难以企及的财富创造能力而赢得世人盛赞和追捧的人。与众多华尔街的暴利神话不同，从不以年取暴利为投资目标的巴菲特却创造了真正的神话。在不到半个世纪的时间里，他缔造了数以万计的百万富翁，他的资本金扩大了 3 万多倍，而同期的道琼斯 30 种工业股票平均价格指数仅仅上升了约 11 倍。巴菲特究竟如何从一个不名一文的普通人成长为世界上最伟大的投资者的？他是如何巧妙地寻找价值洼地，出其不意地挖掘潜在的投资价值的？他是如何凭正义和品德取胜了华尔街的尔虞我诈，并且用自己的执着甚至是顽固引领了瞬息万变的投资世界的？

（资料来源：https：//baike. so. com/doc/5390506 - 5627155. html）

实务训练

衡阳梦幻电器有限公司职工周益现有闲置资金 5 万元，拟选择一项回报比较稳定的投资，希望每一个季度能获得收益 1 000 元，则该项投资的年实际报酬率为多少？

思维培养

2019 年 8 月，央行宣布实行房贷利率的新政策，10 月 8 日起新发放的商业性个人住房贷款利率以最近一个月相应期限的贷款市场报价利率（LPR）为定价基准加点形成。对于老的住房贷款，推进存量浮动利率贷款定价基准转换，且要求原则上在今年 8 月 31 日前完成转换。

LPR 的全称为（Loan Prime Rate），即“贷款基础利率”，这个利率最开始是用于对公贷款，之后慢慢开始改革。它是金融机构对最优质客户提供的贷款利率，所以这对于普通的贷款者而言就是不用接受各种各样的利率变动，直接以最佳利率进行结算。对于贷款者以及企业而言就是降低融资成本，推进利率市场化。

思考：结合上述资料，你认为房贷利率转换为 LPR 好还是固定利率好？

职业拓展

古代中国 VS 古巴比伦，
复利起源竟是 4000 年前高利贷

现在的年轻人都喜欢用信用卡、白条、消费贷等方式提高自己的消费水平，都说 90 后是喜欢借钱消费的一代，其实人类在公元前，就很喜欢借贷消费了。

中学课本上的孟尝君就是一位年放贷收入高达 10 万贯的金融家，《战国策》中就记载了他派门客冯谖去薛地收债的故事，冯谖向薛地土豪追偿了债务，又烧掉了记录平民百姓债务的账本，免除了他们的债务，可见在公元前 4 世纪的中国，金融已经在社会的生产生活中起着很重要的作用。不过《战国策》《史记》等史书中，并没有借贷期限、利息等信息，这部分内容我们可以从公元前 186 年出版的《算术书》中窥得一二。书中有道应用题“贷钱百，息月三。今贷 60 钱，月未盈十六日归，计息几何?”意思是说，3%的月利下，60 单位的货币 16 天应该收多少利息。可见当时的贷款额度可以很低，期限可以很短，但小额短期贷款的月息却高达 3%，即使不进行复利计算年息已然高达 36%。

而早在公元前 2400 年的古巴比伦，复利思想就被记录在了一个黏土圆锥体上，乌玛占领拉格什的一块肥沃土地长达两代人之久，在拉格什的统治者夺回失地后，要求乌玛以 1 古鲁大麦作为借贷，古巴比伦人习惯上将谷物年利率定为 33.3%，算上利息，乌玛欠下拉格什 864 万古鲁大麦，换算成现代单位相当于 4.5 万亿升的谷物，是美国大麦年产量的 600 倍。这一惊人的数字正是使用复利的结果，格拉什的首领认为，今年获得的谷物可以投入到明年的种植中，高利贷加复利让债务滚出了天文数字，根据圆锥上的记载，乌玛人无法偿还这笔巨额债务，所以乌玛永远亏欠格拉什。而这份珍贵的文物，也是全世界最早的复利证据。

（资料来源：http：//t.10jqka.com.cn/pid_103840914.shtml）

工作任务二　风险与收益分析

任务描述

通过学习，学生能够了解风险和收益的概念，掌握风险和收益的关系，掌握资本资产定价模型，并对企业风险控制提出对策。

项目活动一　资产的收益

工作情景

假设衡阳梦幻电器公司为上市公司，该公司2019年的β系数为1.24，短期国债利率为3.5%。市场组合的收益率为8%，则投资者投资该公司股票的必要收益率是多少？

理论知识

一、资产的收益概念

资产的收益是指资产的价值在一定时期的增值。

资产的收益额通常来源于两个部分：

（1）一定期限内资产的现金净收入：如利息、红利或股息收益。

（2）期末资产的价值（或市场价格）相对于期初价值（或市场价格）的升值，即资本利得。

二、资产收益表述方式

（一）资产的收益额。以绝对数表示的资产价值的增值量。

资产收益额 = 期末资产价值 − 期初资产价值 = 红利（利息或股息）+ 资本利得

注：可用于同规模企业间的比较。

（二）资产的收益率或报酬率。以相对数表示的资产价值的增值率。

$$\text{资产收益率(报酬率)} = \frac{\text{资产增值量}}{\text{期初资产价值(价格)}} = \frac{\text{资产收益额}}{\text{期初资产价值(价格)}}$$

$$= \text{利息（或股息）收益率} + \text{资本利得收益率}$$

一般情况下，如果不作特殊说明的话，资产的收益均指资产的年收益率。对于计算期限短于或长于一年的资产，在计算收益率时一般将不同期限的收益率转化成年收益率。计算期限在一年以内的，一般不考虑资金时间价值，在一年以上的需考虑资金时间价值。

注：主要用于不同规模企业的比较。

三、资产收益率的类型

（一）实际收益率。已经实现或确定可以实现的资产收益率。

（二）名义收益率。在资产合约上标明的收益率。

（三）预期收益率（期望收益率）。在不确定条件下，预测的某种资产未来可能实现的收益率。

（四）必要收益率（最低必要报酬率）。投资者对某资产合理要求的最低收益率。

（五）无风险收益率。可以确定可知的无风险资产的收益率。无风险收益率 = 纯利率 + 通货膨胀率。满足条件：①不存在违约风险。②不存在再投资收益率的不确定性。

（六）风险收益率。资产持有者因承担该资产的风险，要求的超过无风险收益率的额外收益率。风险收益率 = 必要收益率 − 无风险收益率。影响因素：①风险大小。②投资者对风险的偏好。

【例 2－14】 衡阳梦幻电器有限公司股票一年前的价格为 10 元，一年中的税后股息为 0.25 元，现在的市价 12 元。在不考虑交易费用的情况下，该股票的收益率是多少？

解：资产收益额 = 0.25 +（12 − 10）= 2.25（元）

资产收益率 = 2.25/10 = 22.5%

思政理念： 严打股市造假

2020 年 5 月 4 日，国务院金融稳定发展委员会（简称金融委）召开第二十八次会议，指出，在全球金融市场剧烈动荡的形势下，我国股市、债市、汇市总体平稳运行，韧性较强。会议同时强调，必须坚决维护投资者利益、严肃市场纪律，对资本市场造假行为“零容忍”。坚持市场化、法治化原则，完善信息披露制度，坚决打击财务造假、内幕交易、操纵市场等违法违规行为，对造假的上市公司、中介机构和个人坚决彻查，严肃处理。

这是金融委一个月内第 3 次聚焦资本市场，第 2 次明确提出打击造假。既肯定 A 股韧性较强，安抚股市，又是对国内金融漏洞的一次自查。金融委再三声明依法加强投资者保护和对造假从严打击，释放一个强烈的信号，那就是加大资本市场基础制度改革和加大打击违法行为力度，剑指加速完善投融资良性生态。

（资料来源：http：//www. ce. cn/xwzx/gnsz/gdxw/202005/06/t20200506_34846209. shtml）

实务训练

衡阳梦幻电器有限公司张薄在 2020 年 1 月 3 日以 10 元/股的价格购买 A 公司股票 1 万股，在 6 月 1 日以 16 元/股的价格卖出，其中在 3 月 1 日获得现金股利 1.2 元/股。

要求：计算张薄购买A公司股票的年收益率为多少？

思维培养

如果考虑交易费用，对资产收益率会有什么样的影响？

项目活动二　资产的风险

工作情景

衡阳梦幻电器有限公司需要在A、B两种方案中做出决策，下表给出的四种状况下，两种方案相应可能的收益率和发生的概率，假设两种方案的投资额相同。

经济状况	出现概率	A方案收益率	B方案收益率
差	0.1	-3%	2%
稳定	0.3	3%	4%
适度增长	0.4	7%	10%
繁荣	0.2	10%	20%

要求：（1）计算两方案预期收益率的期望值；

（2）计算两方案预期收益率的标准差；

（3）计算两方案预期收益率的标准差率；

（4）说明哪个方案的风险更大。

理论知识

一、风险的概念

在财务管理中，风险是指企业在各项财务活动中，由于各种难以预料或无法控制的因素作用，使企业的实际收益与预期收益发生背离，从而蒙受经济损失的可能性。风险存在于企业财务活动的各个环节，并影响着企业的财务目标。

风险具有多样性和不确定性，其产生的原因是由于缺乏信息和决策者不能控制未来事物的发展过程而引发的。人们错误地认为亏损就是有风险，盈利就是无风险，其实只要是实际情况与预计情况不一致就存在风险。而且人们普遍具有风险反感心理，认为风险不好，其实风险不仅带来超出预期的损失，呈现其不利一面；也能带来超出预期的收益，呈现其有利的一面。

资产的风险是指资产收益率的不确定性，其大小可用资产收益率的离散程度来衡量。

二、风险的类型

从投资主体的角度看，风险分为市场风险和公司特有风险。

（一）市场风险。是指影响所有企业的风险。如战争、自然灾害、经济衰退、通货膨胀等。这类风险涉及所有企业，不能通过多元化投资来分散，又称为不可分散风险或系统风险。

（二）企业特有风险。是指发生于个别企业的特有事项造成的风险。如罢工、诉讼失败、失去销售市场等。这类事件是随机发生的，可以通过多元化投资分散，又称为可分散风险或非系统风险。企业特有风险按形成的原因可分为经营风险和财务风险两大类。

（1）经营风险。是指因生产经营方面的原因给企业盈利带来的不确定性。如原材料供应、新产品开发、产品质量、价格变化、消费者爱好等。

（2）财务风险。又称筹资风险，是指由于举债而给企业财务成果带来的不确定性。如企业举债经营，需还本付息，一旦无力偿还到期债务，企业会陷入财务困境甚至破产。

三、风险衡量

风险客观存在，正视风险并将风险予以量化，进行较为准确的衡量，成为财务管理中的一项重要工作。

（一）概率（P_i）

在经济活动中，某一事件在相同的条件下可能发生，也可能不发生，这类事件称为随机事件。概率是用百分数或小数来表示随机事件发生可能性及出现某种结果可能性大小的数值。一般用 R 表示随机事件，R_i 表示随机事件的第 i 种结果，P_i 表示第 i 种结果出现的概率。概率必须符合下列三个条件。

（1）所有概率在 0 ~ 1 之间，即 $0 \leq P_i \leq 1$ 。

（2）所有可能结果概率之和为 1，即 $\sum_{i=1}^{n} P_i = 1$ 。

（3）必然事件的概率为 1，不可能事件的概率为 0。

（二）期望值［$E(R)$］

期望值［$E(R)$］是一个概率分布中的所有可能结果，以各自相应的概率为权数计算的加权平均值，是加权平均的中心值。

$$E(R) = \sum_{i=1}^{n} R_i P_i$$

P_i：是第 i 种可能情况发生的概率。

R_i：是在第 i 种可能情况下资产的收益率。

注：期望值反映预计收益的平均化，不能直接用来衡量风险。

（三）离散程度

离散程度是指各种可能结果与期望值的偏差。是用来衡量风险大小的统计指标。一般来说，离散程度越大，风险越大；反之越小。其主要指标有：方差、标准差和标准离差率等。

1. 方差（σ^2）

方差是用来表示资产收益率的各种可能值与其期望值之间的偏离程度的指标。

$$\sigma^2 = \sum_{i=1}^{n} [R_i - E(R)]^2 \times P_i$$

2. 标准差（σ）

标准差是反映资产收益率的各种可能值与其期望值之间的偏离程度的指标，它等于方差的开方。

$$\sigma = \sqrt{\sum_{i=1}^{n} [R_i - E(R)]^2 \times P_i}$$

注：期望值相同的情况下，方差和标准差越大，风险越大。

3. 标准离差率（V）

标准离差率是资产收益率的标准差与期望值之比，也称变异系数。

$$V = \frac{\sigma}{E(R)}$$

标准离差率是一个相对指标，它表示某资产每单位预期收益中所包含的风险的大小。

注：V 越小越好（表明以较小的风险带来较高的收益）。

标准离差率越大，风险越大。

【例 2－15】 衡阳梦幻电器有限公司准备考虑三个投资项目，其中 A 和 B 是两只不同公司的股票，而 C 项目是投资于一家新成立的高科技公司，预测的未来可能的收益率情况如表 2－3。

表 2－3　投资项目未来可能的收益率情况表

经济形势	概率	项目 A 收益率	项目 B 收益率	项目 C 收益率
很不好	0.1	－22%	－10%	－100%
不太好	0.2	－2%	0%	－10%
正常	0.4	20%	7%	10%
比较好	0.2	35%	30%	40%
很好	0.1	50%	45%	120%

要求：1. 计算三个项目的预期收益率；

2. 计算三个项目的标准差；

3. 计算三个项目的标准离差率，并比较各项目的风险大小。

解：1. 各项目的预期收益率

$E(R_A)=\sum R_iP_i=(-22\%)\times0.1+(-2\%)\times0.2+20\%\times0.4+35\%\times0.2+50\%\times0.1=17.4\%$

$E(R_B)=\sum R_iP_i=(-10\%)\times0.1+0\times0.2+7\%\times0.4+30\%\times0.2+45\%\times0.1=12.3\%$

$E(R_C)=\sum R_iP_i=(-100\%)\times0.1+(-10\%)\times0.2+10\%\times0.4+40\%\times0.2+120\%\times0.1=12\%$

2. 各项目的标准差

$$\sigma_A=\sqrt{(-22\%-17.4\%)^2\times0.1+(-2\%-17.4\%)^2\times0.2+(20\%-17.4\%)^2\times0.4+(35\%-17.4\%)^2\times0.2+(50\%-17.4\%)^2\times0.1}$$

$=20.03\%$

$$\sigma_B=\sqrt{(-10\%-12.3\%)^2\times0.1+(0-12.3\%)^2\times0.2+(7\%-12.3\%)^2\times0.4+(30\%-12.3)^2\times0.2+(45\%-12.3\%)^2\times0.1}$$

$=16.15\%$

$$\sigma_C=\sqrt{(-100\%-12\%)^2\times0.1+(-10\%-12\%)^2\times0.2+(10\%-12\%)^2\times0.4+(40\%-12\%)^2\times0.2+(120\%-12\%)^2\times0.1}$$

$=51.73\%$

3. 各项目的标准离差率

$$V_A=\frac{20.03\%}{17.4\%}=1.15$$

$$V_B=\frac{16.15\%}{12.3\%}=1.31$$

$$V_C=\frac{51.73\%}{12\%}=4.31$$

结论：$V_A<V_B<V_C$　　项目 A 风险最小

四、风险控制对策

（一）规避风险

当资产风险所造成的损失不能由该资产可能获得的收益予以抵消时，应当放弃该资产，以规避风险。例如，拒绝与不守信的厂商业务往来；放弃可能明显导致亏损的项目。

（二）减少风险

减少风险主要包括两个方面：①控制风险因素，减少风险的发生；②控制风险发生的频率和降低风险损害程度。减少风险的常用方法有：①进行准确预测；②进行多方案优选和替代；③及时与政府部门沟通获取政策信息；④开发新产品前充分进行市场调研；⑤采用多领域、多地域、多项目、多品种的经营或投资。

（三）转移风险

对可能给企业带来灾难性损失的资产，企业应以一定的代价，采取某种方式转移风险。例如，向保险公司投保；采取合资、联营、联合开发；采用技术转让、租赁经营、业务外包。

（四）接受风险

接受风险包括风险自担和风险自保。风险自担是指风险损失发生时，直接将损失摊入成本或费用，或冲减利润。风险自保是指企业预留一笔风险金或随着生产经营的进行，有计划地计提资产减值准备等。

五、风险偏好

根据人们效用函数的不同，可以按照其对风险的偏好分为风险回避者、风险追求者和风险中立者。

1. 风险回避者

当预期收益率相同时，偏好于具有低风险的资产；而对于具有同样风险的资产，则钟情于具有高预期收益率的资产。本书以回避风险为基础。

2. 风险追求者

与风险回避者恰恰相反，风险追求者通常主动追求风险，喜欢收益的动荡胜于喜欢收益的稳定。他们选择资产的原则是：当预期收益相同时，选择风险大的，因为这会给他们带来更大的效用。

3. 风险中立者

风险中立者通常既不回避风险，也不主动追求风险。他们选择资产的唯一标准是预期收益的大小，而不管风险状况如何。

思政故事：美股熔断

2020 年新冠肺炎疫情在全球的扩散，对全球的经济造成非常严重的影响。全球几乎所有的国家的金融市场都出现了大幅的动荡，美国股市更是触发了多次的熔断机制，全球股市哀鸿遍野。也难怪巴菲特说“活久见”，1988 年美国设立熔断机制以来的五次熔断，居然四次就集中在短短的十天之内，这出乎了所有美国金融界分析人士的预料。

网上流传着巴菲特的段子：

3 月 8 日，巴菲特：我活了 89 岁只在 1997 年见过一次美股熔断。

3 月 9 日，巴菲特：我活了 89 岁只见过两次美股熔断。

3 月 12 日，巴菲特：我活了 89 岁只见过三次美股熔断。

3 月 16 日，巴菲特：我活了 89 岁只见过四次美股熔断。

3 月 18 日，巴菲特：我活了 89 岁只见过五次美股熔断。

不知道巴菲特的 89 岁他还能见到几回美股熔断，怕是要见怪不怪了吧？

（资料来源：http：//m. china. com. cn/appshare/doc_1_474303_1567797. html

http：//stock. eastmoney. com/a/202004011440168592. html）

实务训练

衡阳梦幻电器有限公司职工周玉打算购买一只股票，已知 A 股票过去五年的收益率分别为：2%，5%，8%，10%，4%；B 股票为新发行的股票，预计未来收益率为 15% 的可能性为 40%，未来收益率为 4% 的可能性为 35%，未来收益率为 -6% 的可能性为 25%。

要求：1. 计算 A、B 股票的预期收益率；

2. 计算 A、B 股票收益率的标准差；

3. 计算 A、B 股票收益率的标准离差率，并比较两者的风险大小；

4. 如果周玉是风险中立者，他会选择哪只股票进行投资？

思维培养

2015 年国务院印发的基本养老保险基金投资管理办法，基本养老保险基金仅限于境内投资，并且对其投资领域做出了严格限制，基金投资权益类资产的比重不能超过 30%。2018 年 6 月，中国证监会公布了《养老目标证券投资基金指引（试行）》，要求将以追求养老资产的长期稳健增值为目的，鼓励投资人长期持有，采用成熟的资产配置策略，合理控制投资组合波动风险。据 Wind 数据统计显示，2020 年已公布一季报的 A 股企业中，共有 52 只个股获社保基金持仓；社保基金、养老基金、国家队（证金、汇金、证金资管、外管局旗下投资平台、证金定制基金，下同）持仓浮出水面。部分社保基金如下表所示：

代码	名称	持仓数量（万股）	持仓占比（%）	持仓市值（亿元）	Wind 行业
601636. SH	旗滨集团	8103	3. 05	3. 91	材料
002465. SZ	海格通信	2150	1. 01	2. 43	技术硬件设备
300383. SZ	光环新网	1700	1. 14	4. 07	软件与服务
002157. SZ	正邦科技	1600	0. 72	3. 05	食品饮料
002233. SH	塔牌集团	1205	1. 04	1. 14	材料
603363. SH	傲农生物	900	4. 89	1. 94	食品饮料
601865. SZ	福莱特	531	1. 56	0. 54	材料
000830. SZ	鲁西化工	500	0. 34	0. 41	材料
002299. SZ	圣农发展	500	0. 46	1. 18	食品饮料
002301. SZ	齐心集团	462	0. 72	0. 63	商业服务
002324. SZ	普利特	440	1. 44	0. 80	材料

续表

代码	名称	持仓数量（万股）	持仓占比（%）	持仓市值（亿元）	Wind 行业
300031. SZ	宝通科技	420	1. 30	0. 77	软件与服务
002661. SZ	克明面业	392	1. 21	0. 70	食品饮料
000823. SZ	超声电子	301	0. 56	0. 34	技术硬件设备
600729. SH	重庆百货	300	0. 74	0. 83	零售业
300768. SZ	迪普科技	180	4. 49	0. 67	技术硬件设备
603186. SH	华正新材	149	1. 15	0. 65	技术硬件设备
002955. SZ	鸿合科技	84	2. 46	0. 52	技术硬件设备

思考： 你认为上述政策是否合理？养老金用于投资该注重控制风险还是该注重获取收益？请说明理由。

项目活动三　收益与风险的关系

工作情景

衡阳梦幻电器有限公司拟进行股票投资，计划购买 A、B、C 三种股票，并分别设计了甲、乙两种投资组合。

已知三种股票的 β 系数分别为 1.5、1.0 和 0.5，它们在甲种投资组合下的投资比重分别为 50%、30% 和 20%；乙种投资组合的风险收益率为 3.4%。同期市场上所有股票的平均收益率为 12%，无风险收益率为 8%。

要求：（1）根据 A、B、C 股票的 β 系数，分别评价这三种股票相对于市场投资组合而言的系统风险大小。

（2）计算 A 股票的必要收益率。

（3）计算甲种投资组合的 β 系数和风险收益率。

（4）计算乙种投资组合的 β 系数和必要收益率。

（5）比较甲、乙两种投资组合的 β 系数，并评价它们的系统风险大小。

理论知识

一、收益与风险的一般关系

由于假定了投资者都是风险回避者，因此都会寻求风险和收益的一种权衡。

必要收益率（R）= 无风险收益率 + 风险收益率 = $R_f + b \times V$

（一）无风险收益率

无风险收益率（R_f）＝纯利率＋通货膨胀补偿率

通常用短期国债的收益率来近似地替代。

（二）风险收益率

风险收益率（R_R）是因承担该项资产的风险而要求获得的额外补偿。其大小则视所承担风险的大小以及投资者对风险的偏好而定。标准离差率反映了资产全部风险的相对大小，其大小则由该项资产的风险大小所决定。

风险收益率（R_R）＝风险价值系数×标准离差率＝$b \times V$

（三）风险价值系数

风险价值系数（b）是该项投资的风险收益率占该项投资标准离差率的比率。风险价值系数的大小取决于投资者对风险的偏好，对风险的态度越是回避，风险价值系数的值也就越大；反之则越小。实务中，确定 b 的方法有：

（1）根据投资项目的总投资收益率、标准离差率和同期无风险收益率的历史资料进行分析；

（2）根据相关数据进行统计回归分析；

（3）由企业主管投资人员会同有关专家评议而获得；

（4）专业咨询公司按不同行业定期发布，投资者可参考。

【例 2－16】衡阳梦幻电器有限公司股票的期望收益率为 10%，其标准差为 0.04，风险价值系数为 30%，现行国库券的利率为 5%。

1. 计算该股票的风险收益率；
2. 计算该股票的必要收益率。

解：1. 标准离差率＝标准差÷期望值＝0.04÷10%＝0.4

风险收益率＝标准离差率×风险价值系数＝0.4×30%＝12%

2. 必要收益率＝无风险收益率＋风险收益率＝5%＋12%＝17%

二、资本资产定价模型（CAPM）

（一）资本资产定价模型基本原理

1964 年美国经济学家威廉·夏普（William Sharpe）、哈里·马科维茨（Harry Markowitz）提出资本资产定价模型，并获得 1990 年诺贝尔经济学奖。资本资产定价模型的主要内容是分析风险收益率的决定因素和度量方法。

必要收益率（R）＝无风险收益率＋风险收益率＝$R_f + \beta \times (R_m - R_f)$

R：表示某资产的必要收益率。

β：表示该资产的系统风险系数，一般由专业评价机构给出。

R_f：表示无风险收益率，通常以短期国债的利率来近似地替代。

R_m：表示市场平均收益率，通常用股票价格指数来代替。

（二）市场风险溢酬

市场风险溢酬（$R_m - R_f$），是附加在无风险收益率之上的，由于承担了市场平均风险所要求获得的补偿，它反映的是市场作为整体对风险的平均“容忍”程度。对风险的平均容忍程度越低，越厌恶风险，要求的收益率就越高，市场风险溢酬就越大；反之，市场风险溢酬则越小。所以，某项资产的风险收益率是该资产系统风险系数与市场风险溢酬的乘积。

风险收益率 $= \beta \times (R_m - R_f)$

β 系数是对该资产所含系统风险的度量，即只有系统风险才有资格要求补偿。该公式中没有引入非系统风险即企业特有风险，即投资者要求的补偿只是因为“忍受”了市场风险（系统风险）的缘故，而不包括企业特有风险，因为企业特有风险可以通过资产组合被消除掉。

【例 2－17】某年由 MULTEX 公布的美国通用汽车公司的 β 系数是 1.17，短期国库券利率为 4%，S&P 股票价格指数的收益率是 10%，通用汽车该年股票的必要收益率为多少？

必要收益率（R）$= R_f + \beta \times (R_m - R_f) = 4\% + 1.17 \times (10\% - 4\%) = 11.02\%$

思政故事：个股“熔断”规则

2020 年 4 月 2 日，瑞幸咖啡（LK. US）自揭疮疤，称自 19 年 Q2 开始，公司首席运营官兼董事刘建先生以及向他报告的几名员工存在不当行为，包括捏造某些交易。开盘不久三次出现熔断，经历了活久见的美股指数级熔断后，来科普下个股的“熔断”规则。

个股暂停交易机制：

1. 标普 500 指数成分股、罗素 1000 指数成分股，试点列表里的 ETP（Exchange Traded Products）股票，如果股价 5 分钟涨跌幅度达到 10% 的，风险报酬系数为 10%；

2. 上述 1 除外的，且股价在 1 美元以上的其他股票，如果 5 分钟涨跌幅度达到 30% 的；

3. 上述 1 除外的，且股价在 1 美元以下的其他股票，如果 5 分钟涨跌幅度达到 50% 的。（注：关于个股股价是否在 1 美元以上，是基于前一日的收盘价）

如果个股触发涨跌幅，且时间是在：

（1）美东时间 9：45－15：35（含）之间，个股暂停交易 5 分钟。

（2）美东时间 15：35 之后，不暂停交易。（注：如果该交易日为半天交易，则时间分界点为 12：35）

特别注意的是，个股暂停交易包括上涨和下跌的异动，暂停交易的时间分界点是，开盘 15 分钟后至收盘前 25 分钟。与市场熔断，需要暂停交易 15 分钟相比，个股暂停交易的时间是 5 分钟。实际中，个股暂停交易超过 5 分钟时有发生且一天内可以触发多次。

（资料来源：http：//finance. eastmoney. com/a/202004021442283616. html）

实务训练

1. 衡阳梦幻电器有限公司准备对外投资，现有三家公司可供选择，分别为甲公司、乙公司和丙公司，这三家公司的年预期收益率及概率的资料如下。现行国库券的利率为10%，风险报酬系数为10%。

市场状况	概率	年预期收益率（%）		
		甲公司	乙公司	丙公司
良好	0.3	40	50	80
一般	0.5	20	20	10
较差	0.2	5	-5	-25

要求：（1）计算三个公司的期望收益率、标准差、标准离差率；

（2）计算三个公司的风险收益率和必要收益率。

2. 2019年衡阳梦幻电器有限公司的β系数是1.5，短期国库券利率为5%，股票价格指数的收益率是8%，请问该公司2019年股票的必要收益率为多少？

思维培养

根据我国证券投资基金业协会官网披露的数据，截至2020年一季度末，基金管理公司及其子公司、证券公司、期货公司、私募基金管理机构资产管理业务总规模约53.75万亿元，其中，私募股权投资基金与创业投资基金产品分别为28853只和8420只，私募股权、创业投资基金管理人数量近15000家，资产管理规模合计超10万亿元。我国科创板、创业板等股票板块注册制的推出和实施，以及其他退出通道的丰富与完善，可以预见风险投资乃至私募股权投资将继续保持高速发展。

思考：结合上述资料，作为未来财务人员你是如何看待科创板、创业板等股票板块带来的风险和收益？

职业拓展

比特币

比特币（Bitcoin：比特金）最早是一种网络虚拟货币，可以购买现实生活当中的物品。它的特点是分散化、匿名、只能在数字世界使用，不属于任何国家和金融机构，并且不受地域的限制，可以在世界上的任何地方兑换它，也因此被部分不法分子当作洗钱工具。2013年，美国政府承认比特币的合法地位，使得比特币价格大涨。而在中国，2013 年 11 月 19 日，一个比特币就相当于 6，989 元人民币。

2014 年 1 月 7 日，淘宝发布公告，宣布 1 月 14 日起禁售比特币、莱特币等互联网虚拟币等商品。西维吉尼亚州民主党参议员乔·曼钦（Joe Manchin）2014 年 2 月 26 日向美国联邦政府多个监管部门发出公开信，希望有关机构能够对比特币鼓励非法活动和扰乱金融秩序的现状予以重视，并要求能尽快采取行动，以全面封杀该电子货币。2017 年 1 月 11 日)，中国人民银行上海总部、上海市金融办等对比特币中国开展现场检查，重点检查该企业是否未经许可或无牌照开展信贷、支付、汇兑等相关业务；反洗钱制度落实情况；资金安全隐患等。2017 年 1 月 12 日，央行营业管理部也在北京进驻“火币网”“币行”等交易平台。

2017 年 5 月 12 日，全球突发比特币病毒疯狂袭击公共和商业系统事件，全球有接近 74 个国家受到严重攻击！

2017 年 8 月 1 日起全球比特币交易平台将暂停充值、提现服务。比特币中国数字资产交易平台 9 月 14 日起停止新用户注册，9 月 30 日数字资产交易平台将停止所有交易业务。

（资料来源：https：//baike. so. com/doc/5366227 – 5601934. html）

课后训练

一、单项选择题

1. 以下四个指标中哪个指标可以用来表示资金时间价值（　　）。

A. 企业债券利率　　B. 通货膨胀率极低情况下的国债利率

C. 无风险报酬率　　D. 社会平均利润率

2. 已知（P/A，8%，5）=3.9927，（P/A，8%，6）=4.6229，（P/A，8%，7）=5.2064，则7年期、折现率为8%的预付年金现值系数是（　　）。

A. 4.3121　　B. 4.9927　　C. 5.6229　　D. 6.2064

3. 某人于年初存入银行20 000元，假定年利率为12%，每年复利两次。已知（F/P，6%，5）=1.3382，（F/P，6%，10）=1.7908，（F/P，12%，5）=1.7623，（F/P，12%，10）=3.1058，则第5年年末的本利和为（　　）元。

A. 26764　　B. 35246　　C. 35816　　D. 62116

4. 假设某人以10%的利率向银行借款100000元，投资于某个寿命为5年的项目，每年至少要收回多少现金才是有利的（　　）。[（F/P，10%，5）=1.6105，（P/F，10%，5）=0.6209，（P/A，10%，5）=3.7908，（F/A，10%，5）=6.1051]

A. 1660　　B. 189540　　C. 8190　　D. 26380

5. 某人向银行借款，年名义利率为8%，按季度付息，则年实际利率为（　　）。

A. 8.24%　　B. 8.32%　　C. 9.60%　　D. 8.00%

6. 已知银行存款利率为3%，通货膨胀为1%，则实际利率为（　　）。

A. 3%　　B. 2%　　C. 2.97%　　D. 1.98%

7. 已知纯粹利率为3%，通货膨胀补偿率为2%，某人投资证券要求的风险收益率为6%，则该人投资证券的必要收益率为（　　）。

A. 8%　　B. 5%　　C. 11%　　D. 9%

8. 投资者对某项资产合理要求的最低收益率，称为（　　）。

A. 预期收益率　　B. 无风险收益率

C. 必要收益率　　D. 实际收益率

9. 某项目的期望投资收益率为28%，风险收益率为18%，收益率的标准差为4%，则该项目收益率的标准差率为（　　）。

A. 14.29%　　B. 0.44%　　C. 22.22%　　D. 0.29%

10. 已知甲乙两个方案投资收益率的期望值分别为15%和20%，两个方案都存在投资风险，在比较甲乙两方案风险大小时应使用的指标是（　　）。

A. 方差　　B. 协方差　　C. 标准差率　　D. 标准差

二、多项选择题

1. 某人向银行借入一笔款项，年利率为8%，分6次还清，从第5年至第10年每年年末偿还本息10000元。下列计算该笔借款现值的算式中，正确的有（　　）。

A. 10000×（P/A，8%，6）×（P/F，8%，4）

B. 10000×（P/A，8%，6）×（P/F，8%，3）

C. 10000×［（P/A，8%，9）－（P/A，8%，3）］

D. 10000×［（P/A，8%，10）－（P/A，8%，4）］

2. 下列关于资本资产定价模型的表述中，正确的有（　　）。

A. 市场上所有资产的β系数都应当是正数

B. 如果市场对风险的平均容忍程度越高，则市场风险溢酬越小

C. 如果某项资产的β=1，则该资产的必要收益率等于市场平均收益率

D. 如果市场风险溢酬提高，则市场上所有资产的必要收益率均提高

3. 在下列各项中，可以通过普通年金终值系数计算出确切结果的有（　　）。

A. 预付年金终值　　B. 永续年金现值

C. 偿债基金　　D. 永续年金终值

4. 下列关于现值系数和终值系数的说法中，错误的有（　　）。

A. 永续年金现值系数等于普通年金现值系数除以i

B. 偿债基金系数和普通年金终值系数互为倒数

C. 年资本回收额和普通年金现值互为逆运算

D. 递延年金现值无法根据普通年金终值系数计算

5. 投资决策中用来衡量项目风险的，可以是项目的（　　）。

A. 预期收益率的方差

B. 预期收益率的标准差

C. 预期收益率的标准差率

D. 收益率的期望值

6. 下列关于名义利率和实际利率的说法中，正确的有（　　）。

A. 实际利率包含通货膨胀率

B. 如果按照短于一年的计息期计算复利，实际利率高于名义利率

C. 名义利率是指剔除通货膨胀率后储户或投资者得到利息回报的真实利率

D. 若每年计算一次复利，实际利率等于名义利率

7. 下列属于利用接受风险对策应对风险的有（　　）。

A. 在发生风险损失时，直接将损失摊入成本或费用，或冲减利润

B. 计提坏账准备和存货跌价准备

C. 及时与政府部门沟通获取政策信息

D. 拒绝与不守信用的厂商有业务来往

8. 下列因素引起的风险中，投资者不能通过证券投资组合予以消减的风险有（　　）。

A. 世界能源状况变化

B. 被投资企业出现经营失误

C. 宏观经济状况变化

D. 发生经济危机

9. 在下列各种情况下，会给企业带来非系统风险的有（　　）。

A. 通货膨胀引起的风险

B. 企业产品更新换代周期过长

C. 原材料价格发生变动

D. 企业举债过度

10. 按照资本资产定价模型，影响特定资产必要收益率的因素有（　　）。

A. 市场组合的平均收益率

B. 特定股票的 β 系数

C. 财务杠杆系数

D. 无风险收益率

三、判断题

1. 公司年初借入资本 100 万元，第 3 年年末一次性偿还连本带息 130 万元，则这笔借款的实际年利率小于 12%。（　　）

2. 当通货膨胀率大于名义利率时，实际利率为负值。（　　）

3. 标准差率可以用于比较收益率期望值不同的情况下的风险，标准差率越大，表明风险越大。（　　）

4. 衡量风险的指标主要有收益率的期望值、方差、标准差和标准差率等。（　　）

5. 根据资本资产定价模型，资产的必要收益率不包括补偿公司的特有风险。（　　）

6. 在终值和计息期一定的情况下，折现率越低，则复利现值越大。（　　）

7. 若存在通货膨胀，实际利率会高于名义利率。（　　）

8. 某人在进行财务决策时选择低风险的方案，是因为低风险的方案会带来高收益，而高风险的方案则收益偏低。（　　）

9. 市场风险溢酬反映市场整体对风险的厌恶程度，投资者越喜欢冒险，市场风险溢酬的数值则越小。（　　）

10. 证券 A 的标准差率为 30%，β 系数为 1.0，证券 B 的标准差率为 25%，β 系数为 1.2，则可以判断证券 A 比证券 B 总体风险大，系统风险小。（　　）

四、计算题

1. 衡阳梦幻电器有限公司员工刘军计划每年末存入银行 50000 元，若存款利率为 2%，请问第 9 年末本利和为多少？

2. 衡阳梦幻电器有限公司于2020年1月1日购置一条生产线，有四种付款方案可供选择，公司选定的折现率为10%。

方案一：2022年初支付200万元。

方案二：2020年至2022年每年初支付60万元。

方案三：2021年至2024年每年初支付48万元。

方案四：2022年至2026年每年初支付42万元。

试计算各方案的现值，并判断该公司应选择哪种付款方案。

3. 衡阳梦幻电器有限公司拟进行股票投资，目前有甲、乙两只股票，其预期收益状况如下：

经济情况	概率	甲股票收益率	乙股票收益率
繁荣	0.4	30%	50%
一般	0.5	20%	30%
萧条	0.1	-10%	-20%

已知甲、乙股票的β系数分别为1.5和1.8，市场组合的收益率为10%，无风险收益率为4%。假设资本资产定价模型成立。

要求：

（1）分别计算甲、乙股票收益率的期望值、标准差和标准差率，并比较其风险大小；

（2）假设投资者将全部资金按照30%和70%的比例分别投资购买甲、乙股票构成投资组合，计算投资组合的β系数和风险收益率；

（3）计算投资组合的必要收益率。

五、综合业务分析题

衡阳梦幻电器有限公司主要从事皮包、帆布包的生产和销售。公司近几年发展良好，需要购置新的生产线，并准备对外投资。

业务资源一：公司于2020年1月1日购置一台设备，有四种付款方案可供选择，假设折现率为10%。

方案一：一次性支付350万元；

方案二：从现在起，每年年初支付95万元，连续支付5次，共475万元；

方案三：从现在起，每年年末支付100万元，连续支付5次，共500万元；

方案四：从第2年开始，每年末支付150万元，连续支付5次，共750万元。

业务资源二：公司正在进行一项投资，现有三个待选方案。各方案投资均为一年，且在不同经济状况下的预计报酬率如下：

经济状态	概率	A	B	C
衰退	0.4	10%	5%	-2%
繁荣	0.3	10%	8%	13%
一般	0.3	10%	6%	7%

任务一：付款方式决策

根据业务资源一，完成付款方式决策表，中间过程以完整小数位数进行计算，现值系数保留四位小数并进行后续计算，其余计算结果保留两位小数，以元为单位。付款方式以“方案一/二/三/四”填列。

付款方式决策表

项目	2019 年	2020 年	2021 年	2022 年	2023 年	2024 年	2025 年
方案一							
投资额							
现值系数							
付款现值							
现值总额							
方案二							
投资额							
现值系数							
付款现值							
现值总额							
方案三							
投资额							
现值系数							
付款现值							
现值总额							
方案四							
投资额							
现值系数							
付款现值							
现值总额							
选择何种方案付款							

任务二：风险分析

根据业务资源二，完成投资方案决策表。除期望报酬率以百分号表示并保留两位小数外，其余计算结果以百分号表示并保留四位小数填列。选择方案以“A/B/C”填列。

投资方案决策表

方案	A	B	C
期望报酬率			
方差			
标准差			
标准离差率			
选择最佳方案			

项目三 企业筹资管理

【知识目标】

要求了解筹资的概念、分类、原则、渠道和方式；掌握企业资金需要量的预测方法。要求理解资金成本的含义、内容及作用，掌握个别资金成本、加权平均资金成本、边际资金成本的计算与应用；熟悉经营杠杆、财务杠杆和复合杠杆的概念及其相互关系，掌握经营杠杆、财务杠杆及总杠杆的计算与应用，熟悉经营杠杆与经营风险、财务杠杆与财务风险以及复合杠杆与企业风险的关系。理解资金结构的含义，掌握每股收益无差别点法、资本成本比较法和公司价值分析法确定最佳资金结构的计算与应用。

【能力目标】

能准确预测企业资金需要量；能进行资金成本的计算；能利用杠杆原理衡量风险大小；能运用资金成本与风险的关系选择最佳的资金结构；能制订企业的筹资方案。

【思政目标】

培养和践行社会主义核心价值观，引领道德风尚，提升职业素养，注重社会责任的履行。

工作任务一　企业筹资概述

任务描述

通过学习了解企业筹资的概念、分类，掌握筹资的原则、渠道和方式，能够为企业顺利开展筹资活动奠定理论基础。

工作情景

李梦幻为衡阳市一所高职院校的毕业生，为响应国家大众创业万众创新的号召，出于对自己的能力和专业技术的信心，准备创办一家公司，公司注册名称：衡阳梦幻电器有限公司，公司经营范围：主要从事家用电器的生产和销售。但由于刚毕业不久，资金存在一定的困难，如何解决资金的难题成了阻碍李梦幻同学实现梦想的最大障碍。

思考：1. 你认为李梦幻可以通过哪些渠道来进行筹资？

2. 你认为李梦幻可以通过哪些方式来进行筹资？

理论知识

一、企业筹资的概念

（一）企业筹资的概念

企业筹资是指企业根据其生产经营、投资活动及调整资金结构等活动对资金的需要，通过一定的渠道，采取适当的方式，获取所需资金的一种行为。

（二）企业筹资的分类

1. 按企业所取得资金的权益特征

（1）权益性筹资或称自有资金筹资。是指企业通过发行股票、吸收直接投资、内部积累等方式筹集资金。企业采用吸收自有资金的方式筹集资金，一般不用还本，财务风险少，但付出的资金成本相对较高。

（2）负债筹资或称借入资金筹资。是指企业通过发行债券、向银行借款、融资租赁等方式筹集的资金。企业采用借入资金的方式筹资，到期要归还本金和支付利息，一般承担较大风险，但相对而言，付出的资金成本较低。

（3）衍生工具筹资。包括兼具股权与债务特性的混合融资和其他衍生工具融资，如可转换债券融资、认股权证融资等。

2. 按资金使用期限的长短分类

（1）短期资金筹集。短期资金一般是指供一年内使用的资金。短期资金主要投资于现金、应收账款、存货等，一般在短期内可收回。短期资金常采取利用商业信用、短期借款、保理业务等方式来筹集。

（2）长期资金筹集。长期资金一般是指供一年以上使用的资金。长期资金主要投资于新产品的开发和推广、生产规模的扩大、厂房和设备的更新，一般需几年甚至十几年才能收回。长期资金常采用吸收直接投资、发行股票、发行公司债券、长期借款、融资租赁和内部积累等方式来筹集。

3. 按是否以金融机构为媒介

（1）直接筹资。是企业直接与资金供应者协商融通资金的一种筹资活动。主要有吸收直接投资、发行股票、发行债券等方式。通过直接筹资既可筹集权益性资金，也可筹集债务性资金。

（2）间接筹资。是企业借助银行等金融机构融通资金的筹资活动。主要有银行借款、融资租赁等方式。间接筹资形成的主要是债务资金，主要用于满足企业周转资金的需要。

4. 按资金的来源范围

（1）内部筹资。指企业通过利润留存而形成的筹资来源。内部筹资数额大小主要取决于企业可分配利润的多少和利润分配政策，一般无须花费筹资费用。

（2）外部筹资。指企业向外部筹措资金而形成的筹资来源。如发行股票、债券、商业信用、银行借款等，一般需花费一定的筹资费用。

二、企业筹资渠道与方式

（一）筹资渠道

筹资渠道，是指筹措资金来源的方向与通道，体现资金的来源与渠道。目前我国企业筹资渠道主要包括：

1. 银行信贷资金

银行对企业的各种贷款，是我国目前各类企业最为重要的资金来源。我国银行分为商业性银行和政策性银行两种。商业性银行主要有中国银行、中国农业银行、中国工商银行、中国建设银行、交通银行等；政策性银行主要有国家开发银行、中国进出口银行和农业发展银行。商业性银行是以盈利为目的、从事信贷资金投放的金融机构，它主要为企业提供各种商业贷款。政策性银行主要为特定企业提供政策性贷款。

2. 其他金融机构资金

其他金融机构也可以为企业提供一定的资金来源，其他金融机构主要指信托投资公司、保险公司、金融租赁公司、证券公司、财务公司等。它们所提供的各种金融服务，既包括信贷资金投放，也包括物资的融通，还包括为企业承销证券等金融服务。

3. 其他企业资金

其他企业资金也可以为企业提供一定的资金来源。企业在生产经营过程中，往往形成部分暂时闲置的资金，并为一定的目的而进行相互投资。另外，企业间的购销业务可以通过商业信用方式来完成，从而形成企业间的债权债务关系，形成债务人对债权人的短期信用资金占用。企业间的相互投资和商业信用的存在，使其他企业资金也成为企业资金的重要来源。

4. 居民个人资金

居民个人资金也可以为企业提供一定的资金来源，企业职工和居民个人的结余货币，作为“游离”于银行及非银行金融机构等之外的个人资金，可用于对企业进行投资，形成民间资金来源渠道，从而为企业所用。

5. 国家资金

国家对企业的直接投资是国有企业特别是国有独资企业获得资金的主要渠道之一。现有国有企业的资金来源中，其资本大部分都是由国家财政以直接拨款方式形成的。除此以外，还有些是国家对企业“税前还贷”或减免各种税款而形成的。不管是何种形式形成的，从产权关系上看，它们都属于国家投入的资金，产权归国家所有。

6. 企业自留资金

企业自留资金，也称企业内部留存，是指企业内部形成的资金，主要包括提取公积金和未分配利润等。这些资金的重要特征之一是，它们无须企业通过一定的方式去筹集，而直接由企业内部自动生成或转移。

（二）筹资方式

筹资方式，是指企业筹集资金所采用的具体形式。目前我国企业的筹资方式主要有以下几种：

1. 吸收直接投资

吸收直接投资，即企业按照“共同投资、共同经营、共担风险、共享利润”的原则直接吸收国家、法人、个人投入资金的一种筹资方式。

2. 发行股票

发行股票，即股份公司通过发行股票筹措权益性资本的一种筹资方式。

3. 利用留存收益

留存收益，是指企业按规定从税后利润中提取的盈余公积金，根据投资人意愿和企业具体情况留存的应分配给投资者的未分配利润。利用留存收益筹资是指企业将留存收益转化为投资的过程，它是企业筹集权益性资本的一种重要方式。

4. 向银行借款

向银行借款，即企业根据借款合同从有关银行或非银行金融机构借入的需要还本付息的款项。

5. 利用商业信用

商业信用，是指商品交易中的延期付款或延期交货所形成的借贷关系，它是企业筹集短期资金的重要方式。

6. 发行公司债券

发行公司债券，即企业通过发行债券筹措债务性资本的一种筹资方式。

7. 融资租赁

融资租赁，也称资本租赁或财务租赁，是区别于经营租赁的一种长期租赁形式，是指出租人根据承租人对租赁物和供货人的选择或认可，将其从供货人处取得的租赁物，按融资租赁合同的约定出租给承租人占有、使用，并向承租人收取租金，最短租赁期限为一年的交易活动，它是企业筹集长期债务性资本的一种方式。

前三种筹集的是权益资金，一般财务风险小，但资金成本相对较高；后四种筹集的是负债资金，一般要承担较大的财务风险，但相对而言，付出的资金成本较低。

（三）筹资渠道与筹资方式的对应关系

筹资渠道解决的是资金来源问题，筹资方式则解决通过何种方式取得资金的问题，它们之间存在一定的对应关系。一定的筹资方式可能只适用于某一特定的筹资渠道，但是，同一渠道的资金往往可采用不同的方式取得，同一筹资方式又往往适用于不同的筹资渠道。因此，企业在筹资时，应实现两者的合理配合。

三、企业筹资原则

（一）规模适当原则

企业的筹资规模应与资金需要量相一致，既要避免因资金筹集不足，影响生产经营的正常进行，又要防止资金筹集过多，造成资金闲置。

（二）筹措及时原则

企业财务人员应全面掌握资金需求的具体情况并熟知资金时间价值的原理，合理安排资金的筹集时间，适时获取所需资金。

（三）来源合理原则

不同来源的资金，对企业的收益和成本有不同的影响。因此，企业应认真研究资金来源渠道和资金市场，合理选择资金来源。

（四）方式经济原则

企业筹集资金必然要付出一定的代价并承担相应的风险，不同筹资方式条件下的资金成本和财务风险有高有低。为此，需要对各种筹资方式进行分析、对比，选择经济可行的筹资方式。

思政视频：大咖访谈：疫情之下中小企业路在何方

视频链接：https：//haokan. baidu. com/v？ vid =9897381779861695553&pd = bjh&fr = bjhauthor&type = video

实务训练

1. 以小组为单位，进行角色扮演，组成一个公司，根据公司的业务范围进行企业资金的规划。

2. 以小组为单位，选择一上市公司，通过相关财务数据，分析其资金的构成、形成原因和对企业产生的影响。

思维培养

吉林一建集团公司是吉林省最大的省属国有建筑施工企业，经过55年的发展，形成了集建筑施工、房地产开发等多元产业格局，具有房屋建筑工程施工总承包一级资质，资质门类及等级在同行业同类企业中首屈一指。与此对应，一建集团公司改制前有职工5 546人，退离休职工2 571人，截至2019年6月30日，公司经剥离调整后的净资产为2.6863亿元，改制成本总计3.0608亿元，改制成本缺口3 744万元。

优势突出，包袱沉重，怎么办？吉林一建集团公司把选准战略投资者、保证重组企业的可持续发展，作为国企改制的关键。战略投资者怎么选？实现强强联合，目光锁定“长三角”。国资委和一建集团领导三赴上海和长三角地区，在多家“追求者”中广泛选拔，深入考察，最终选择了上海浦裕投资发展有限公司。

重组后的建工集团全面提升了各项资质等级，借助控股方浦裕投资在房地产投资与开发领域的市场和经验，走出东北，努力打造建筑施工与房地产及周边产业相互带动共同发展的产业格局，同时建立融资平台，运作BT项目，多层面、多触角、全方位进入国内市场并努力开发国际市场，延伸企业发展空间。进而把集团公司打造成智力与资本密集，具有核心竞争力的现代建筑企业集团和区域建筑市场品牌企业。

思考：财务投资者和战略投资者有什么区别？

案例分析

中小企业筹资现状

中小企业由于规模不大，资本金有限，而且我国资本市场还处于初级阶段，中小企业发行股票上市融资有十分严格的条件，实际上表现为主板市场对中小企业的高门槛。因此，一般的中小企业都不采用股票上市作为融资手段。创业板、科创板是中小企业进行股权融资的一个有效选择，为拓宽融资渠道很多中小企业去香港和国外创业板上市以解决资金短缺问题。

公司债券的发行也受到严格的限制，需要较高的信用评级，较大的资产规模，有时还需要抵押或担保，中小企业发行债券可望而不可即，只能通过其他方式进行筹资。在间接筹资方面，我国小企业过分集中于银行贷款，金融危机后，商业银行加强金融风险防范意识，推行了一系列紧缩的财政政策，企业筹资更是难上加难。

随着我国社会主义市场经济体制的逐步建立，中小企业已经成为国民经济的重要组成部分。目前，我国中小企业数量占全部企业总数的98%，工业总产值和利税分别占60%和40%，每年出口创汇占60%，为社会提供了75%的城镇就业机会。

近几年我国政府对中小企业发展也非常重视，已经相继推出的小企业集合债券融资、股权质押融资、应收账款质押融资、小额贷款公司试点和创业板、科创板市场，都是为中小企业拓宽筹资渠道实施的政策。我们坚信，随着政策上的调整和中小企业自身的完善，我国中小企业的筹资问题会得到逐步解决，使它们在未来发挥更重要的作用，推动国民经济快速、稳定的发展。

（资料来源：http：//www. canet. com. cn/cg/636715. html）

思考：当前企业债务性筹资的渠道比较单一，这也影响了企业筹资的数额，有可能直接影响到企业的整体发展，这就需要企业积极地寻找筹资渠道，进而具有足够的现金流来大力发展壮大企业。除了债务性筹资，企业想要筹集资金还能通过何种渠道？

工作任务二　资金需要量预测

任务描述

通过学习资金需要量的预测方法，掌握企业资金需要量的预测，能够帮助企业合理地预测资金需要量，保证基本生产经营的需要，同时不会出现资金大量闲置的状况。

项目活动一　比率预测法

工作情景

衡阳梦幻电器有限公司 2019 年的销售收入为 10 000 万元，销售净利率为 10%，股利支付率为 60%，公司现有生产能力尚未饱和，增加销售无须追加固定资产投资；公司决定 2020 年实施人才优先发展战略，强化科技创新引领作用，构建激励创新的体制机制，经财务部门预测 2020 年公司销售收入将提高到 12 000 万元，公司董事会决定未来三年销售净利率和利润分配政策不变。

思考：如果公司对外筹资金额均通过银行借款取得，银行最看重借款公司什么？

理论知识

企业资金需要量的预测主要采用定性预测法、比率预测法和资金习性预测法。

一、定性预测法

定性预测法是指利用直观的资料，依靠个人的经验和主观分析、判断能力，对未来资金需用量做出预测的方法。其预测过程是：首先由熟悉财务情况和生产经营情况的专家，根据过去所积累的经验进行分析判断，提出预测的初步意见；然后，通过召开座谈会或发出各种表格等形式，对上述预测的初步意见进行修正补充。这样经过一次或几次以后，得出预测的最终结果。

定性预测法虽然十分实用，但它不能揭示资金需用量与有关因素之间的数量关系。例如，预测资金需要量应和企业生产经营规模相联系。生产规模扩大，销售数量增加，会引起资金需求增加；反之，则会使资金需求量减少。

二、比率预测法

比率预测法是指依据财务比率与资金需要量之间的关系，预测未来资金需要量的方法。能用于资金预测的比率可能会很多，如存货周转率、应收账款周转率等，但最常用的是资金与销售额之间的比率。

销售额比率法又称销售百分比法，是指以资金与销售额的比率为基础，预测未来资金需要量的方法。销售百分比法预测资金需要量时，是以下列假定为前提的：

（1）企业的部分资产和负债与销售额同比例变化；

（2）企业各项资产、负债和所有者权益结构已达到最优。

销售百分比法预测资金需要量通常需经过以下步骤：

（1）预计销售增长额

销售增长额（ΔS）= 预计期销售额 - 基期销售额

（2）确定变动性项目和非变动性项目及变动性项目所占销售收入比例

变动性项目：指在资产负债表中随销售收入变动而呈同比率变动的项目。

非变动性项目：指在资产负债表中不随销售收入变动而呈同比率变动的项目。

变动性项目
- 资产类：货币资金、应收账款、存货（资金占用）
- 负债类：应付账款、应付票据（资金来源）

非变动性项目
- 资产类：固定资产、对外投资、无形资产
- 负债类：短期借款、长期借款、应付债券
- 权益类：实收资本、留存收益

变动性项目占销售百分率 = 基期变动性资产或（负债）/基期销售收入

（3）确定需要增加的资金

需增加的资金 = 销售增长额 ×（资金占用比例 - 资金来源比例）

= 增加的资产 - 增加的负债

（4）计算需追加的外部筹资额

外部资金需要量 = 需增加的资金 - 企业内部可筹集资金

=（增加的资产 - 增加的负债）- 增加的留存收益

$$= 销售增长额 \times \frac{基期变动资产}{基期销售额} - 销售增长额 \times \frac{基期变动负债}{基期销售额} - 预计销售额 \times 销售净利率 \times 收益留存率$$

$$= \Delta S \times \frac{A}{S_1} - \Delta S \times \frac{B}{S_1} - S_2 \times P \times E$$

式中，A 为随销售变化的资产（变动资产）；B 为随销售变化的负债（变动负债）；S1 为基期销售额；S2 为预测期销售额；S 为销售的变动额；P 为销售净利率；E 为留存收益比率；A/S1 为变动资产占基期销售额的百分比；B/S1 为变动负债占基期销售额的百分比。

【**例 3-1**】衡阳梦幻电器有限公司 2019 年 12 月 31 日的资产负债表如下表所示。

资产负债表（简表）

2019 年 12 月 31 日　　单位：万元

资产		负债与所有者权益	
货币资金	500	应付票据	1 000
应收账款	1 500	应付账款	500
存货	3 000	短期借款	2 500
固定资产净值	3 000	应付债券	1 000
		实收资本	2 000
		留存收益	1 000
资产合计	8 000	负债与所有者权益合计	8 000

衡阳梦幻电器有限公司 2019 年的销售收入为 10 000 万元，销售净利率为 10%，股利支付率为 60%，公司现有生产能力尚未饱和，增加销售无须追加固定资产投资；公司决定 2020 年实施人才优先发展战略，强化科技创新引领作用，构建激励创新的体制机制，经财务部门预测 2020 年公司销售收入将提高到 12 000 万元，公司董事会决定未来三年销售净利率和利润分配政策不变。

要求：公司财务部门预测 2020 年应对外的筹资数额为多少？

解：

公司财务部门预测 2020 年应对外的筹资数额为：

（1）预计销售增长额。

销售额长额 = 12 000 - 10 000 = 2 000（万元）

（2）确定随销售额变动而变动的资产和负债项目。

资产	占销售收入比率	负债与所有者权益	占销售收入比率
货币资金	500 ÷ 10 000 = 5%	应付票据	1 000 ÷ 10 000 = 10%
应收账款	1 500 ÷ 10 000 = 15%	应付账款	500 ÷ 10 000 = 5%
存货	3 000 ÷ 10 000 = 30%	短期借款	不变动
固定资产	不变动	公司债券	不变动
		实收资本	不变动
		留存收益	不变动
合计	50%	合计	15%

（3）确定需要增加的资金数额。

从上表中可以看出，销售收入每增加 100 元，必须增加 50 元的资金占用，但同时增加 15 元的资金来源。从 50% 的资金需求中减去 15% 自动产生的资金来源，还剩下 35% 的资金需求。因此，每增加 100 元销售收入，该公司必须取得 35 元的资金来源。

需增加的资金 = 销售增长额 ×（资金占用比例 - 资金来源比例）

= 2 000 ×（50% - 15%）= 700（万元）

（4）确定对外筹资数额。

上述 700 万元的资金需求有些可通过企业内部来筹集。该公司 2020 年净利润为 1 200万元，公司股利支付率为 60%，则将有 40% 的利润即 480 万元的留存收益，则还有 220 万元的资金必须向外界来融通。

2020 年该公司对外筹资数额 = 700 − 12 000 × 10% ×（1 − 60%）= 220（万元）

实务训练

某企业 2018 年资产负债表如下。

资产	金额	负债与所有者权益	金额
库存现金	5 000	短期借款	15 000
应收账款	15 000	应付账款	15 000
存货	30 000	公司债券	10 000
固定资产净值	20 000	实收资本	20 000
		留存收益	10 000
资产合计	70 000	负债与权益合计	70 000

假定甲公司 2018 年销售收入为 100 000 万元，销售净利率为 10%，股利支付率为 60%，公司现有生产能力尚未饱和，增加销售无须追加固定资产投资。预测 2019 年该公司销售收入将提高到 130 000 万元，企业销售净率和利润分配政策不变。

要求： 1. 预测 2019 年对外筹资量。

2. 如所需资金通过银行短期借款获得，编制 2019 年资产负债预算表。

3. 如果 2019 年需要增加设备，价值 500 万元，预测 2019 年对外筹资量。

思维培养

已知：甲公司 2019 年营业收入为 20 000 万元，营业净利率为 12%，净利润的 60% 分配给投资者。2019 年 12 月 31 日的资产负债表（简表）如下。

资产	期末余额	负债及所有者权益	期末余额
货币资金	1 000	应付账款	3 000
应收账款	3 000	长期借款	9 000
存货	6 000	实收资本	4 000
固定资产	7 000	留存收益	2 000
无形资产	1 000		
资产总计	18 000	负债及所有者权益总计	18 000

思考： 假设该公司2020年计划营业收入比上年增长30%，为实现这一目标，公司需新增设备一台，价值148万元。增加新设备时，新设备所需资金是否可以直接计入需要增加的对外筹资额？

职业拓展

云计算——大势所趋

云计算作为大数据时代下必不可少的一项技术，成为很多企业争相发展的新战略，也将云业务列入下一步的发展规划当中。全球对云计算的研发都高度重视，抢占这个先机不仅是企业战略的需要，也是国家提升实力的象征。

数据显示一季度全球云计算支出增长34%，达310亿美元，创历史新高。多家券商在报告中表示，海外云计算巨头持续加码云计算领域，疫情下企业数字化进程加快，在政策等诸多利好因素的驱动下，国内云计算景气度也持续上升。

腾讯2020 Q1财报显示其资本开支为61.51亿元，同比增长36.51%，其中大部分资金用于服务器的采购以及支持云业务（如腾讯会议等）的运行上。腾讯管理层表示，虽然短期疫情影响了云业务的交付以及客户的拓展，但是公司会继续加大云业务的投入，并预计云计算将在线下行业以及公共部门加速普及。

今年4月20日，阿里云宣布将在3年内投入2 000亿元资金，用于云操作系统、服务器、芯片、网络等重大核心技术研发和数据中心建设。国内三大运营商于也于2019年底相继宣布未来的云计算发展战略。中国移动宣布计划在未来3年投资千亿级规模打造移动云，将云业务作为公司未来发展最重要的战略之一。

在云计算如此被看好的情况下，也有一部分人表示担忧，认为云业务的发展是由于疫情下"宅经济"催化而产生的集中式爆发现象，这种高频需求或许只是短暂性的。随着疫情缓解，线下市场释放，云业务在这波热潮过后或迎来消退。

大数据时代已经成为一种趋势，没有一个企业甚至国家可以游离在这个时代之外，而大数据必然需要云计算这样的技术提供支持，否则，大数据的各种幻想也只能是纸上谈兵。因此，从长远的发展角度看，云计算也应该引起重视。

（资料来源：https：//baijiahao. baidu. com/s? id = 1666726949919923954&wfr = spider&for = pc）

项目活动二　资金习性预测法

工作情景

衡阳梦幻电器有限公司2020年根据国家产业政策、行业趋势制定了公司未来五年发展规划，公司每年销售增长率达到30%，为保证五年规划的实现，财务人员小张现需对公司的资金进行筹措。

理论知识

资金习性预测法是指根据资金习性预测未来资金需要量的方法。

所谓资金习性，是指资金的变动与产销量变动之间的依存关系。按照依存关系，资金可以分为不变资金、变动资金和半变动资金。

（1）不变资金是指在一定的产销量范围内，不受产销量变化的影响，保持固定不变的那部分资金，包括为维持营业而占用的最低数额的现金，原材料的保险储备，必要的成品储备，以及厂房、机器设备等固定资产占用的资金。

（2）变动资金是指随产销量的变动而同比例变动的那部分资金，包括直接构成产品实体的原材料、外购件等占用的资金，以及最低储备以外的现金、存货、应收账款等。

（3）半变动资金指虽然受产销量变化影响，但不成同比例变动的资金。如一些辅助材料所占用的资金。半变动资金可采用一定的方法划分为不变资金和变动资金两部分。

资金需要量　$Y = a + bx$　（a：不变资金　b：单位变动资金　x：产销量）

一、采用先分项后汇总的方法预测（高低点法）

高低点法，主要就是找出一个最高点和一个最低点，然后根据最高点和最低点销售量所需资金，代入公式即可求出 a 和 b，进而求出当前销售量水平时的资金需要量。

特点：比较简便，精确性差，代表性差。

适用：资金变动趋势比较稳定企业。

注：判断是高点还是低点，其依据是业务量的高低，而不是资金占用量的多少。

步骤：

（1）利用高低点计算各项的 a、b

$$b = \frac{\Delta y}{\Delta x} = \frac{\text{最高收入期资金占用量} - \text{最低收入期资金占用量}}{\text{最高销售收入} - \text{最低销售收入}}$$

$$a = Y_{\text{最高}} - bX_{\text{最高}}（\text{或 } Y_{\text{最低}} - bX_{\text{最低}}）$$

（2）汇总各项 a、b，得出预测模型

$$Y = a + bx$$

（3）预测未来资金需要量

注：我们必须明确，资产是一种资金占用，而负债是资金来源，所以资产负债表中的负债应该在资金需要量中扣除。

【例 3－2】衡阳梦幻电器有限公司 2019 年销售收入和各项资产如表所示：（单位：万元）

季度	销售收入	现金	应收账款	存货	固定资产	流动负债
第一季度	550	1 340	2 020	3 340	6 500	1 000
第二季度	500	1 200	1 900	3 100	6 500	930
第三季度	680	1 620	2 530	3 800	6 500	1 100
第四季度	700	1 600	2 500	4 100	6 500	1 230

要求： 1. 如何采用高低点法建立资金预测模型？

2. 随着国家推进新型城镇化建设，建设和谐宜居城市以及家电下乡的惠农政策，使家电的需求量与日俱增；假设公司 2020 年销售收入为 2 700 万元时，企业资金需要总量是多少？

解：

1. 资金占用情况

项目	b	a
现金	$b=\frac{\Delta y}{\Delta x}=\frac{1\ 600-1\ 200}{700-500}=2$	$a=Y_{最高}-bX_{最高}=1\ 600-2\times 700=200$
应收账款	$b=\frac{\Delta y}{\Delta x}=\frac{2\ 500-900}{700-500}=3$	$a=Y_{最高}-bX_{最高}=2\ 500-3\times 700=400$
存货	$b=\frac{\Delta y}{\Delta x}=\frac{4\ 100-3\ 100}{700-500}=5$	$a=Y_{最高}-bX_{最高}=4\ 100-5\times 700=600$
固定资产	0（属不变资金）	$a=6500$
流动负债	$b=\frac{\Delta y}{\Delta x}=\frac{1\ 230-930}{700-500}=1.5$	$a=Y_{最高}-bX_{最高}=1\ 230-1.5\times 700=180$
汇总	$b=2+3+5-1.5=8.5$	$a=200+400+600+6\ 500-180=7\ 520$

采用高低点法建立出的预测模型为：$Y=a+bx=7\ 520+8.5x$

2. 当 2020 年销售收入预计达到 2 700 万元时；

预计需要的资金总额为 $Y=7\ 520+8.5x=7\ 520+8.5\times 2\ 700=30\ 470$（万元）

二、根据资金占用总额同产销量关系预测（回归直线分析法）

这种方式是根据历史上企业资金占用总额与产销量之间的关系，把资金分为不变和变动两部分，然后结合预计的销售量来预测资金需要量。

特点：比较科学，精确度高，但是计算繁杂，实用性不强。

设产销量为自变量 X，资金占用为因变量 Y，它们之间的关系可用下式表示：

$$Y = a + bx$$

$$a = \frac{\sum y - b\sum x}{n}$$

$$b = \frac{n\sum xy - \sum x\sum y}{n\sum x^2 - (\sum x)^2}$$

推导：$\begin{cases} \sum y = \sum (a + bx) \\ \sum xy = \sum (a + bx)x \end{cases}$

【例 3－3】 衡阳梦幻电器有限公司根据历史资料统计的业务量与资金需求量的有关情况如下：

项目	2015	2016	2017	2018	2019
业务量（万件）	10	11	14	18	25
资金需要量（万元）	200	195	270	342	465

假设该公司 2020 年的业务量为 30 万件。

要求： 1. 如何采用高低点法预测该公司 2020 年的资金需求量？

2. 如何采用回归直线法预测该公司 2020 年的资金需求量？

解：1. 高低点法

b =（465－200）/（24－10）＝17.67（元/件）

a＝465－25×17.67＝23.25（万元）

则 y＝23.25＋17.67x

将 x＝30 万件代入上式，求得 y＝553.35（万元）

2. 回归直线法

资金需要量预测表

年度	X_i	Y_i	X_iY_i	X_i^2
2015 年	10	200	2 000	100
2016 年	11	195	2 145	121
2017 年	14	270	3 780	196
2018 年	18	342	6 156	324
2019 年	25	465	11 625	625

$$\begin{aligned} b &= (n\sum xy - \sum x\sum y) \div [n\sum x - (\sum x)^2] \\ &= (5 \times 25\ 706 - 78 \times 1\ 472) \div (5 \times 1\ 366 - 78^2) \\ &= (128\ 530 - 114\ 816) \div (6\ 830 - 6\ 084) \\ &= 18.38\ (元/件) \end{aligned}$$

$$a = (\sum y - b\sum x) \div n$$
$$= (1\ 472 - 18.38 \times 78) \div 5$$
$$= 7.67 \text{（万元）}$$

则 $y = 7.67 + 18.38x$

将 $x = 30$ 万件代入上式，求得 $y = 559.07$（万元）

思政理念：始终保持高度警惕：做到"三个既要、三个也要"

"备豫不虞，为国常道"。在党的十九大报告中，防范化解重大风险被摆在打好三大攻坚战的首位。做好这一工作应遵循哪些原则？习近平总书记此次讲话中明确了"三个既要、三个也要"：既要高度警惕"黑天鹅"事件，也要防范"灰犀牛"事件；既要有防范风险的先手，也要有应对和化解风险挑战的高招；既要打好防范和抵御风险的有准备之战，也要打好化险为夷、转危为机的战略主动战。

"忧患与风险意识，对当代中国共产党人来说，是一种使命要求，是一种政治智慧，是一种责任自觉。"中央党校（国家行政学院）研究员胡敏对记者表示，越是取得成绩的时候，我们越要有如履薄冰的谨慎，越要有居安思危的忧患。"新的历史时期，之所以强调重大风险挑战，最主要的问题在于当前治国理政中各类系统性风险增多，风险联动性增强。"中国社会科学院政治学研究所副研究员樊鹏说。在新中国成立70周年之际，将防范化解重大风险作为这次省部级专题研讨班的主题，体现了以习近平同志为核心的党中央一以贯之的忧患意识、始终坚持底线思维的原则理念。

（资料来源：http://theory.people.com.cn/n1/2019/0122/c40531-30584911.html?tdsourcetag=s_pcqq_aiomsg）

实务训练

假设衡阳梦幻电器有限公司2015年至2019年的产销数量和资金占用数量的历史资料如下表所示，该企业2020年预计产销量为95 000件。

衡阳梦幻电器有限公司产销量与资金占用量表

年度	产量（X）（万件）	资金占用量（Y）（万元）
2015	8.0	650
2016	7.5	640
2017	7.0	630
2018	8.5	680
2019	9.0	700

要求：（1）采用高低点法计算该企业2020年的资金需要量是多少？

（2）采用回归分析法计算该企业2020年的资金需要量是多少？

思维培养

某公司根据历史资料统计的业务量与资金需求量的有关情况如下：

项目	2015	2016	2017	2018	2019
业务量（万件）	10	11	14	18	25
资金需要量（万元）	200	195	270	342	465

假设该公司 2020 年的业务量为 30 万件。如果采用高低点法预测该公司 2020 年的资金需求量为 553.35 万元，如果采用回归直线法预测该公司 2020 年的资金需求量为 559.07 万元。

思考： 两种方法预测 2020 年企业资金需求量得出了不同的结果，你认为出现差异的原因是什么？

工作任务三　资本成本

任务描述

通过学习资本成本的概述和计算，能够熟练计算和运用资金成本的相关指标，为企业合理选择筹资方式。

项目活动一　个别资金成本

工作情景

衡阳梦幻电器有限公司常用的债务性筹资方式主要有银行借款和发行公司债券，按我国现行法律法规的规定，公司取得借款和发行债券分别需要满足哪些条件？这与会计职业道德的内容有什么内在联系？

理论知识

一、资金成本概述

资金成本是财务管理的一个非常重要的概念。企业筹得的资本付诸使用以后，只有投资报酬率高于资本成本，才能表明所筹集的资本取得了较好的经济效益。

（一）资金成本的含义和内容

资金成本是指企业为筹集和使用资本而发生的代价。包括筹资费用和用资费用两部分。资金成本是资金所有权与资金使用权分离的结果。对出资者而言，由于让渡了资金使用权，必须要求取得一定的补偿，资金成本表现为让渡资金使用权所带来的投资报酬。对筹资者而言，由于取得了资金使用权，必须支付一定代价，资金成本表现为取得资金使用权所付出的代价。

（1）筹资费用。是指企业在筹措资金过程中为获得资金而支付的代价。比如发行债券的印刷费、发行手续费、律师费、资信评估费、公证费、广告费及银行借款手续费等，其特点是筹资开始时一次性支付。

（2）用资费用。是指企业因使用资金而支付的代价。比如债务资金的利息和权益资金的股利、分红等，其特点是与资金的使用时间长短有关。

（二）资金成本计算的基本模式

资金成本可以用绝对数表示，也可以用相对数表示，但是因为绝对数不利于不同资金规模的比较，所以在财务管理当中一般采用相对数表示。

（1）一般模式（不考虑时间价值）

为了便于分析比较，资本成本通常不考虑用时间价值的一般通用模型进行计算，而是用相对数即资本成本率表达。计算时，将初期的筹资费用作为筹资额的一项扣除，扣除筹资费用后的筹资额称为筹资净额，计算公式为：

$$资金成本率=\frac{年用资金费用}{筹资总额-筹资费用}\times 100\%=\frac{年用资金费用}{筹资总额\times(1-筹资费率)}\times 100\%$$

（2）折现模式（考虑时间价值）

对于金额大、时间超过一年的长期资本，更准确一些的资本成本计算方式是采用折现模式，即将债务未来还本付息或股权未来股利分红的折现值与目前筹资净额相等时的折现率作为资本成本率。即：

筹资净额现值－未来资本清偿额现金流量现值＝0

然后求折现率 i （折现率＝资金成本率）

二、个别资金成本

个别资金成本是指单一融资方式的资金成本。包括银行借款资金成本、公司债券资金成本、优先股资金成本、普通股资金成本和留存收益资金成本等，其中前两类是债务资金成本，后三类是权益资金成本。个别资金成本率可用于比较和评价各种筹资方式。

债务资金的利息一般在企业所得税前支付，具有减税作用，减税额为“利息额×所得税税率”。所以债务资金实际负担的利息额就要小于实际支付的利息额，实际负担的利息额为“利息额×（1－所得税税率）”。而权益资金的用资费用是在税后支付，不具有减税效应。

（一）债券资金成本（K_b）

（1）一般模式（不考虑时间价值）

债券成本 $$K_b=\frac{I(1-T)}{B_0(1-f)}=\frac{B\cdot i\cdot(1-T)}{B_0(1-f)}$$

其中 I：年利息（按面值计）；i：票面利率；T：所得税率；f：筹资费率；B：面值；B_0：筹资额（按发行价计）。

注：筹措费用一般较高，这类费用主要包括：申请发行债券的手续费、债券注册费、印刷费、上市费以及推销费等。债券发行价有三种方式：溢价发行、折价发行、等价发行。

（2）折现模式（考虑时间价值）

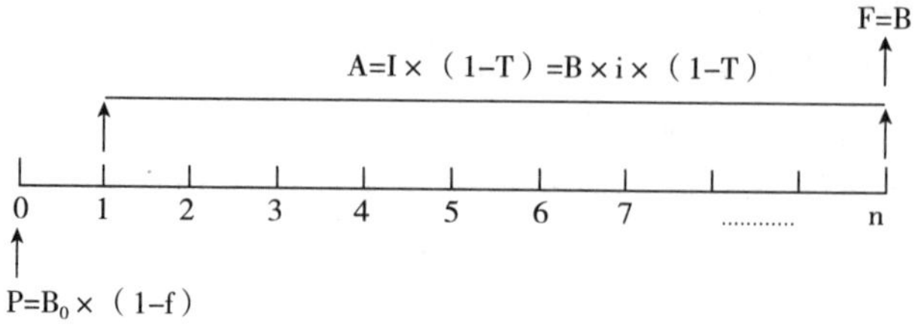

债券折现模型图

$P = A \times (P/A,k,n) + F(P/F,k,n)$

$B_0 \cdot (1-f) = B \cdot i \cdot (1-T) \cdot (P/A,k,n) + B \cdot (P/F,k,n)$

利用查表法或内插法计算的 k（折现率）即为债券资金成本率。

注：这只是债券发行的一种类型（每年付息，到期还本），债券发行还有其他几种类型（一次还本付息、零利率发行等）。

【例 3-4】衡阳梦幻电器有限公司信用等级为 AA 级，公司具有发行债券的资质，公司拟采用溢价方式发行一笔期限为 5 年的债券，债券面值为 1 000 万元，实际发行价为面值的 110%，票面利率为 10%，每年支付一次利息，筹资费率 5%，所得税率为 25%。

要求：1. 如果不考虑时间价值，债券的成本是多少？

2. 如果考虑时间价值，债券的成本是多少？

解：

1. 不考虑时间价值的债券成本：

$$K_b = \frac{1\,000 \times 10\%(1-25\%)}{1\,000 \times 110\%(1-5\%)} = 7.18\%$$

2. 考虑时间价值的债券成本：

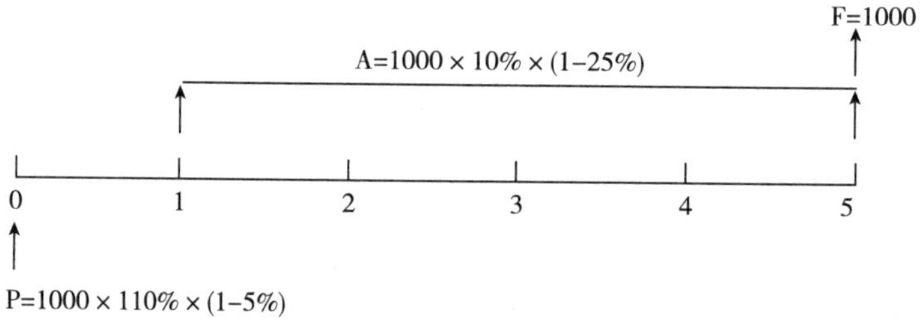

$1\,000 \times 110\% \times (1-5\%) = 1\,000 \times 10\% \times (1-25\%) \times (P/A,k,5) + 1\,000 \times (P/F,k,5)$

$1\,045 = 75 \times (P/A,k,5) + 1\,000(P/F,k,5)$

查表得：

$$\left[\begin{array}{ll} \left[\begin{array}{ll} 7\% & 1020.52 \\ \kappa & 1045 \end{array}\right] & \\ 6\% & 1029.53 \end{array}\right]$$

$$\frac{7\% - k}{7\% - 6\%} = \frac{1\ 020.52 - 1\ 045}{1\ 020.52 - 1\ 063.23}$$

K = 6.43%

（二）银行借款资金成本（K_L）

（1）一般模式（不考虑时间价值）

银行借款资本成本包括借款利息和借款手续费用。利息费用税前支付，可以起抵税作用，一般计算税后资本成本率，税后资本成本率与权益资本成本率具有可比性。银行借款的资本成本率按一般模式计算为：

银行借款成本　$K_L = \frac{I(1-T)}{L(1-f)} = \frac{L \cdot i \cdot (1-T)}{L(1-f)} = i \cdot \frac{1-T}{1-f}$　（L：筹资额）

若筹资费用率很低，可以忽略（f = 0）

则：银行借款成本 = 借款利率（1 - 所得税率） $= i \cdot (1-T)$

（2）折现模式（考虑时间价值）

对于长期借款，考虑时间价值问题，还可以用折现模式计算资本成本率。

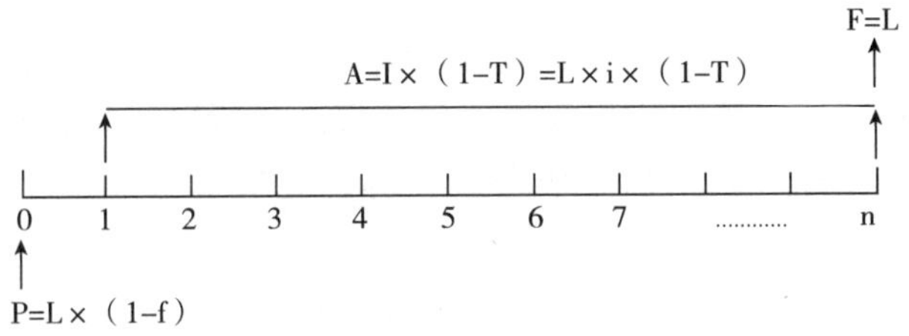

银行借款折现模型图

$$P = A \times (P/A, k, n) + F(P/F, k, n)$$

$$L \cdot (1-f) = L \cdot i \cdot (1-T) \cdot (P/A, k, n) + L \cdot (P/F, k, n)$$

与银行借款相比，由于债券利息率一般高于银行借款利率、债券发行成本高于借款筹资费用，因此债券成本相对要高于银行借款成本。

【例 3 - 5】 衡阳梦幻电器有限公司拟从银行取得一笔长期借款 1 000 万元，手续费率 0.2%，年利率 5%，期限 3 年，每年末付息，到期一次还本。公司所得税率 25%。

要求： 1. 假设不考虑时间价值，请计算该笔银行借款的资金成本是多少？

2. 假设考虑时间价值，请计算该笔银行借款的资金成本是多少？

解：

1. 不考虑时间价值，银行借款成本：

K = ［1 000 × 5% × （1 - 25%）］ ÷ ［1 000 × （1 - 0.2%）］ × 100% = 3.76%

2. 考虑时间价值，银行借款成本：

1 000 × （1 - 0.2%） = 1 000 × 5% × （1 - 25%） × （P/A，K，5） + 1 000 × （P/F，K，5）

用 4% 进行第一次测试：

37.5 × （P/A，4%，5） + 1 000 × （P/F，4%，5）

$=37.5\times4.4518+1\,000\times0.8219=988.8425<998$

用3%进行第二次测试：

$37.5\times(P/A,3\%,5)+1\,000\times(P/F,3\%,5)$

$=37.5\times4.5797+1\,000\times0.8626=1034.3388>998$

按插值法计算，得：

K = 1.99%

思政视频：大学生们，四种贷款诈骗陷阱要注意！

视频链接：https：//v. qq. com/x/page/t0023vwc7zt. html

（三）优先股资金成本（K_p）

优先股资金成本包括优先股利和优先股筹措费用。优先股股利通常是固定的，且所得税后支付。优先股成本的计算公式为：

优先股成本 $K_p=\dfrac{D}{P_0(1-f)}$ （D：每年股利；P_0：发行优先股总额）

权益资金成本，其资金占用费是向股东分派的股利和股息，而股息是以所得税后净利支付的，不能抵减所得税。优先股属于权益资金，所以优先股股利不能抵税。

优先股的资金成本还可以根据单股资金计算优先股资金成本。优先股成本一般高于债券成本。

【例3-6】衡阳梦幻电器有限公司按面值发行100万元的优先股，筹资费率为4%，每年支付12%的股利。

要求：计算该公司优先股的成本为多少？

解：

优先股成本 = $(100\times12\%)/[100\times(1-4\%)]\times100\%=12.5\%$

（四）普通股资金成本（K_c）

普通股的资金成本就是普通股投资的必要收益率。普通股资金成本主要是向股东支付的各期股利，由于各期股利并不一定固定，随企业各期收益波动，因此，普通股的资金成本只能按贴现模式计算，并假定各期股利的变化具有一定的规律性。如果是上市公司普通股，其资本成本还可以根据该公司的股票收益率与市场收益率的相关性，按资本资产定价模型法估计。

与其他投资者相比，普通股股东承担的风险最大，普通股的报酬也应最高，所以在各种资金来源中，普通股的成本最高。

1. 股利估价模型法

假定资本市场有效，股票市场价格与价值相等。

（1）每年股利固定

普通股股成本 $K_c=\dfrac{D}{P_0(1-f)}$

其中 P_0：普通股总额（按发行价计）； D：年股利； f：筹资费率

（2）股利增长率固定

普通股股成本 $K_c=\dfrac{D_1}{P_0(1-f)}+g=\dfrac{D_0(1+g)}{P_0(1-f)}+g\ (K>g)$

其中　D_1：第一年股利；　D_0：上年股利；　g：股利年增长率

推导：

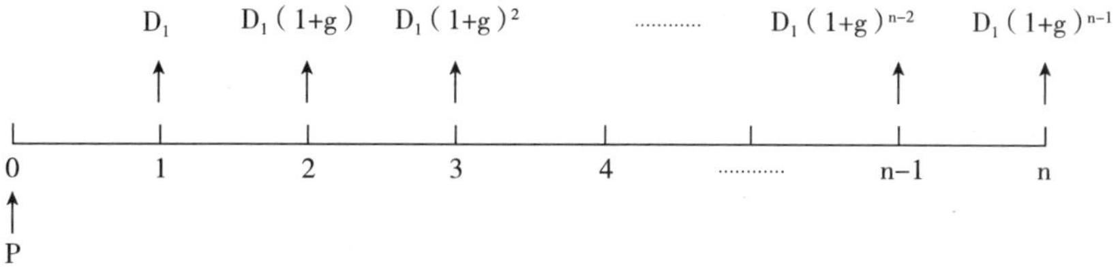

$$P=\frac{D_1}{1+k}+\frac{D_1(1+g)}{(1+k)^2}+\frac{D_1(1+g)^2}{(1+k)^3}+\frac{D_1(1+g)^3}{(1+k)^4}+\cdots+\frac{D_1(1+g)^{n-1}}{(1+k)^{n-1}}+\frac{D_1(1+g)^{n-1}}{(1+k)^n}$$

解得：

$$(k-g)\ P=D_1-D_1\left[\frac{(1+g)}{1+k}\right]^n$$

当 $k>g$ 时，$n\to\infty$，$(\frac{1+g}{1+k})^n\to 0$

所以 $(k-g)\ P=D_1$，得 $k=\dfrac{D_1}{P}+g$

【例 3-7】 衡阳梦幻电器有限公司发行普通股价格为 30 元，筹资费用率 2%，上年发放现金股利 0.6 元，预期股利年增长率为 10%。

要求： 计算该公司发行的普通股成本为多少？

解：

普通股成本：K = 0.6 ×（1 + 10%）÷［30 ×（1 - 2%）］+ 10% = 12.24%

2. 资本资产定价模型法

假定资本市场有效，股票市场价格与价值相等。假定无风险报酬率为 R_f，市场平均报酬率为 R_m，某股票贝塔系数为 β，则普通股资本成本率为：

$$K_c=R_f+\beta(R_m-R_f)$$

其中：

R_f：无风险利率（可用国债利率代替）；

$\beta(R_m-R_f)$：风险收益率；

R_m：市场期望收益率（可用市场平均收益率代替）；

β：某公司股票收益相对于市场投资组合期望收益率的变动幅度（β 系数）。

【例 3-8】 某公司普通股 β 系数为 1.5，假设此时一年期国债利率 5%，市场平均报酬率 15%。

要求： 计算该公司普通股资本成本率为多少？

解：

普通股资本成本率：$K_c = 5\% + 1.5 \times (15\% - 5\%) = 20\%$

（五）留存收益资金成本

留用利润的使用并非无代价，股东愿意将其留用于公司而不作为股利取出投资于别处，总是要求得到与普通股等价的报酬。因此，留存收益的成本是一种机会成本。留存收益成本的确定方法与普通股成本基本相同，但不用考虑筹资费用（$f=0$）。

（六）个别资金成本比较

个别资金成本从低到高排序：银行借款 < 债券 < 优先股 < 留存收益 < 普通股。

（1）负债资金的利息具有抵税作用，而权益资金的股利（股息、分红）不具有抵税作用，所以一般权益资金的资金成本要比负债的资金成本高。

（2）从投资人的角度看，投资人的投资债券要比投资股票的风险小，所以要求的报酬率比较低，筹资人弥补债券投资人风险的成本也相应较小。

（3）对于借款和债券，因为借款的利息率通常低于债券的利息率，而且筹资费用（手续费）也比债券的筹资费用（发行费）低，所以借款的筹资成本要小于债券的筹资成本。

（4）对于权益资金，优先股股利固定不变，而且投资风险小，所以优先股股东要求的回报低，筹资人的筹资成本低；留存收益没有筹资费用，所以留存收益的筹资成本要比普通股的资金成本低。

实务训练

1. 衡阳梦幻电器有限公司拟筹资 5 000 万元，其中按面值发行债券 2 000 万元，票面利率为 10%，筹资费率为 2%；发行优先股 800 万元，股息率为 12%，筹资费率为 3%；发行普通股 2 200 万元，筹资费率 5%，预计第一年股利率为 12%，以后每年按 4% 递增，所得税税率为 25%，假设均不考虑时间价值。

要求：（1）计算该公司债券资金成本为多少？

（2）计算该公司优先股资金成本为多少？

（3）计算该公司普通股资金成本为多少？

2. 衡阳梦幻电器有限公司计划发行公司债券，面值为 1 000 元，期限为 10 年，票面利率为 10%，每年付息一次。预计发行时的市场利率为 15%，发行费用为发行额的 0.5%，该公司适用的所得税率为 25%。

要求：（1）计算该公司债券的发行价格为多少？

（2）计算该公司发行债券的资金成本为多少？

思维培养

企业在筹资中，每年还款额（支付的本息、租金等）为什么不考虑所得税的抵扣？

而资金成本的计算则要考虑所得税的抵扣？

职业拓展

区块链的本质

区块链发展到今天已经有一段时间了，在这段时间里，人们对区块链的认知经历了快速的迭代，对于区块链本质的理解也陆续出现过若干个版本，很多大咖都从不同的角度阐述过他们所理解的区块链本质。

比如《经济学人》对区块链的定义：区块链是信任的机器。李笑来曾经说过他对区块链的理解：区块链的本质是不可篡改的数据库。长铗对区块链的理解：区块链是一台一旦启动便不可停机的信用机器。王嘉平老师：我们认为，区块链的链上数据全网可验证，是区块链系统与互联网最根本的区别所在。

互联网环境下的信息系统可以实现数据的公开透明，也可以实现数据的可验证，但这种公开透明或可验证，是中心机构决定的数据是否公开，以及是否允许验证。而区块链系统则实现了链上数据在全网范围内的无条件的公开透明。即使为了匹配更多业务场景，让更多隐私数据上链，但区块链系统在最低程度上要求实现数据的全网可验证。还有从通证经济等角度来理解区块链的，这些角度都非常有代表性的，而且都很有道理。但是，既然是本质，就只能有一个，那么这些理解的角度到底谁对谁错？或者说哪个才更加贴近区块链的本质呢？

一、区块链的本质是技术

既然说到本质，什么是本质？本质应该是不停向前追溯，一直追溯到不能进一步追溯为止，那时得到的东西才能称之为本质。我认为，只有技术层面的东西，才能称为本质。

区块链的本质，是一种技术。回到区块链最初的那个原点，回到比特币刚刚诞生的时候，它要解决的问题是拜占庭将军问题，从专业角度来讲，也就是要解决如何在分布式环境下达成一致性的问题。区块链这种技术，是多项技术的组合，它天然适合多方合作，可以为多方合作提供可信环境。为什么区块链适合多方合作？因为它可以提供信任。信任怎么提供的呢？区块链里的数据和代码，不由任何一方决定，任何一方都无法单独修改，所以可以提供信任。经济学人说“区块链是信任的机器”，我觉得算是非常贴近区块链本质的。

二、技术之上可以搭载协议

上面我们讲的是技术，技术是最为本质、最底层的东西。但是技术就像农民扎的大棚、扎的支架一样，大棚和支架本身很重要，但是播什么种、开什么花、结什么果才是我们关心的东西。技术只是提供了一种解决方案，我们用这种解决方案来做什么，是我们下一步要考虑的事，也是社会上很多人对区块链的理解有分歧的地方。比如说比特币就是在这种区块链的技术架构上面搭载了一种货币协议，定义了货币的生成、分发、转账等一系列功能。如果说区块链是技术的话，那么比特币就是协议，所谓协议其实也就是一连串的代码。有很多比特币的分叉币，比如莱特币们也是一种协议，与比特币相比它们做了一些细微的修改。还有很多采用其他共识机制的公链，它们都是搭建在区块链这个技术架构上的不同协议，协议与协议之间可以有很大的区别，也可以没有太大的区别，但是他们都是区块链的一部分，因为他们都搭载在那个最原始的区块链上。我觉得可以把区块链协议简单分为两类：

第一类是多方合作协议，第二类是全网合作协议。

多方合作协议可以简单理解为联盟链，也包括那些采用 POS、DPOS 的共识机制的区块链项目，它们是有一定准入机制的，是有一定限制的，不是完全开放的，所以称之为多方合作协议。现在多方合作已经成为区块链的主流，因为它更贴近现实，更贴近真实的商业，而且也更容易搭建完成，效率高。

还有一类叫作全网合作协议。全网合作协议与多方合作协议的区别在于全网合作协议是完全没有门槛的，完全对外开放、自由加入，就最典型的代表就是比特币背后的区块链。当然要实现全网合作，是一定要使用工作量证明的，没有工作量证明机制无法搭建出一个真正开放、无门槛的全网合作机制。王嘉平老师定义区块链的本质特点是“全网可验证”这个观念，也侧重于“全网”这个概念，他的解释我采用了很长一段时间。但是现在我倾向于认为不管是多方合作协议还是全网合作协议，它们都是搭载在区块链上的协议，都是其中之一，而不是全部。

三、协议之上可以开发应用

协议层之后，就到了应用层。所有项目在技术层面都是基本一样的，在协议层面有一些小区别，到了应用层的差别就很大了。从哲学的角度来理解：“技术是本质，应用是现象”，如果根据应用层的“现象”来理解区块链，得出的结论就会千差万别。按照目前区块链的发展，我们可以简单地把这些应用成三个方面：

（1）简单利用区块链不可篡改特性的应用

区块链有一个最基本的特点是不可篡改，有人说不可篡改是区块链的本质，我并不赞成这种观点，我认为这只是区块链的特性之一。目前很多的政务机关正是使用了区块链的这个特点，比如说有很多的司法机构已经开始认同区块链上提供的证据，采纳为可信证据，就是利用区块链不可篡改的特点。有很多的版权项目、物联网、溯源项目也是利用区块链不可篡改的特点。但不可篡改只是区块链最基本的特点，基本上可以算是所有区块链协议都会附带的特点，算是相对比较简单、好理解的应用。

（2）带 Token 的价值传输类应用

有一种对区块链的理解很有意思，它认为区块链的本质是市场经济，认为区块链是一个论功行赏的开放网络系统，原来由那些中心来管控的东西，现在全部都交给智能合约完成，原来需要中心机构来创造的东西，现在全部都由生态方来完成。所以，既然是市场，那没有钱算什么市场？在他们看来：“区块链没有代币，就像一个市场没有钱，都是扯淡。”目前带 Token 的区块链项目也确实是主流，这其实也符合客观的发展规律。为什么带 Token 的项目会先发展起来呢，因为所谓的 Token，本质上是标准化的数据结构。标准化的数据结构意味着大量的 Token 可以从同一个协议生成，而且因为不同的 Token 底层协议相同，所以它们之间可以相互交互，这样一方面 Token 可以低成本地产生，同时相互之间又可以高效率的交互，所以这一部分先落地是符合行业发展规律的。而且 Token 还有它特殊的意义，比如孟岩说到的通证经济，孟岩认为区块链的精髓就在于通证经济，通证经济能够改变我们社会的生产关系，是非常有意义的，这是区块链在应用层面的一个非常大的方面。

（3）不带 Token 的数据传输类应用

个人身份系统、电子发票、跨境汇款以及阿里巴巴、蚂蚁区块链他们开发的众多项目，都属于这一类。这类应用一般都搭载在多方合作协议上，以联盟链的形式居多。如果说不可篡改是区块链技术所自带的特点，如果说 Token 是标准化的价值传输的话，那么不带 Token 的项目就是非标准化的数据传输了。一般来说，总会先经历有 Token 的价值传递类应用的大规模发展，最后才有数据传输类应用的普及，为什么呢？因为 Token 是标准化的数据，而这里说到的不带 Token 的数据一般是指那些非标准化的数据。数据传输如果是非标准化的，那么它就会非常依赖于前期的基础设施铺垫，这也就是说一块要做起来需要大量的基础设施，需要等待各种协议已经成熟，需要区块链本身的技术架构已经定型，各种协议已经成熟，同时已经有了多种可用的 DAPP，这时候数据的交互才有意义。而且也需要大量的用户已经被教育，用户已经有一定区块链使用基础，这个时候这一类的应用才能够真正做起来。

（资料来源：https：//new. qq. com/omn/20200719/20200719A076UN00. html）

项目活动二　加权平均资金成本

工作情景

衡阳梦幻电器有限公司与衡阳美力电器有限公司同时计划筹集资金 1 000 万元，具体情况如下：

名称	发行债券	银行借款	筹资总额
衡阳梦幻电器有限公司	700	300	1 000
衡阳美力电器有限公司	600	400	1 000
个别资金成本	5%	8%	

思考： 两家企业的筹资成本一样吗？如若不一样，哪一家的筹资方案更优，为什么？

理论知识

加权平均资金成本是指在多元化融资方式下，以各种资金占全部资金的比重为权数，对个别资金成本进行加权平均确定的综合资金成本。加权平均资金成本反映了企业资金成本整体水平的高低。

加权平均资金成本　$K_w = \sum W_j \cdot K_j$

其中 W_j：某资金所占总资金比重（权数）；K_j：某资金个别资金成本

权数的确定有三种方法：

（1）账面价值权数：以各项个别资本的会计报表账面价值为基础来计算资本权数，确定各类资本占总资本的比重。

（2）市场价值权数：以各项个别资本的现行市价为基础来计算资本权数，确定各类资本占总资本的比重。

（3）目标价值权数：以各项个别资本预计的未来价值为基础来确定资本权数，确定各类资本占总资本的比重。

在实务中，通常以账面价值为权数计算基础。

表 3－1　　**权数确定比较表**

确定方法	评价	
账面价值权数（反映过去）	优点	易于从资产负债表中取得这些资料，容易计算。
	缺点	反映过去，资金账面价值可能不符合市场价值，如果资金的市场价值与账面价值差别很大，计算结果会与资本市场现行实际筹资成本存在较大的差距，从而不利于加权平均资金成本的测算和筹资管理决策。
市场价值权数（反映现在）	优点	能反映企业目前的实际情况，有利于进行资本结构决策
	缺点	证券市场价格变动频繁，而且现行市价反映的只是现时的资本结构，不适用未来的筹资决策。
目标价值权数（反映未来）	优点	能反映企业期望的资本结构，而不是像按账面价值和市场价值确定的权数那样只反映过去和现在的资本结构，所以，按目标价值权数计算得出的加权平均资金成本更适用于企业筹资新资金。
	缺点	企业很难客观合理地确定证券的目标价值，有时这种计算方法不易推广。

【例 3－9】衡阳梦幻电器有限公司共有资金 100 万元，其中债券 30 万元，优先股 10 万元，普通股 40 万元，留存收益 20 万元，各种资金的成本分别为 6%、12%、15.5% 和 15%。

要求：衡阳梦幻电器有限公司加权平均的资金成本为多少？

解：

①计算各种资金所占的比重

债券占资金总额的比重＝30/100×100%＝30%

优先股占资金总额的比重 = 10/100 × 100% = 10%

普通股占资金总额的比重 = 40/100 × 100% = 40%

留存收益占资金总额的比重 = 20/100 × 100% = 20%

②计算加权平均资金成本

加权资金成本 = 30% ×6% +10% ×12% +40% ×15.5% +20% ×15% =12.2%

实务训练

衡阳梦幻电器有限公司拟编制明年的财务计划，公司财务主管请你协助计算其加权资金成本。有关信息如下：

1. 公司银行借款利率当前是 9%，明年将下降为 8.93%。

2. 公司债券面值为 1 元，票面利率为 8%，期限为 10 年，分期付息，当前市价为 0.85 元；如果按公司债券当前市价发行新的债券，发行成本为市价的 4%。

3. 公司普通股面值为 1 元，当前每股市价为 5.5 元，本年派发现金股利 0.35 元，预计股利增长率维持 7%。

4. 公司当前（本年）的资本结构为：银行借款 150 万元，长期债券 650 万元，普通股 400 万元，保留盈余 869.4 万元。

5. 公司所得税率为 25%。

要求：（1）计算该公司银行借款的税后资本成本为多少？

（2）计算该公司债券的税后成本为多少？

（3）计算该公司发行的普通股资金成本为多少？

（4）如果明年不改变资金结构，该公司加权平均的资金成本为多少？

思维培养

乙公司是一家上市公司，适用的企业所得税税率为 25%，当年息税前利润为 900 万元，预计未来年度保持不变。公司价值和平均资本成本如下表所示。

债务市场价值（万元）	股票市场价值（万元）	公司总价值（万元）	税后债务资本成本	权益资本成本	平均资本成本
1 000	4 500	5 500	4.5%	14%	12.27%
1 500	3 656.25	5 156.25	X	16%	13.09%

思考：1. 如果企业衡量和评价单一融资方案，是否需要计算加权平均资金成本？什么情况下才需要计算企业的加权平均资金成本？

2. 优秀的企业是否只需要提供优质的产品和服务？投资者对于企业是否会有社会责任感的期待？

项目活动三　边际资金成本

工作情景

衡阳梦幻电器股份有限公司需筹集资金 1 000 万元，其中债券200 万元，优先股100 万元，普通股500 万元，留存收益 200 万元．各种资金的资本成本率分别为 6%、12%、15%、14%。现公司准备筹措新资金，需要计算追加筹资的边际资金成本。

理论知识

一、边际资金成本概念

边际资金成本是指资金每增加一个单位而增加的成本。在现实中，边际资金成本通常在某一筹资区间内保持稳定，当企业以某种筹资方式筹资超过一定限度时，边际资金成本会提高，此时，即使企业保持原有的资本结构，也仍有可能导致加权平均资金成本上升。因此，边际资金成本也可以称为随筹资额增加而提高的加权平均资金成本。

企业追加筹资有时可能只采取某一种筹资方式。但在筹资数额较大，或在目标资本结构既定的情况下，往往需要通过多种筹资方式的组合来实现。这时，边际资金成本应该按加权平均法计算，边际资本成本的权数采用目标价值权数。

二、边际资金成本的计算步骤

（1）确定公司目标（最优）资金结构。即确定个别资金占总资金的比重。

（2）确定个别资金成本、确定个别资金分界点。

（3）计算筹资总额分界点。

因为花费一定的资金成本率只能筹集到一定限度的资金，超过这一限度多筹集资金就要多花费资金成本，引起原资金成本的变化，于是就把在保持某资金成本的条件下可以筹集到的资金总限度称为现有资本结构下的筹资总额分界点。在筹资总额分界点范围内筹资，原来的资金成本不会改变；一旦筹资额超过筹资总额分界点，即使维持现有的资本结构，其资金成本也会改变。

$$筹资总额分界点=\frac{某种筹资方式的成本分界点}{目标资金结构中该种筹资方式所占比重}$$

计算了筹资总额分界点后需要将其按照从小到大的顺序排列。

（4）计算边际资本成本。

根据计算出的分界点，可得出若干组新的筹资范围，对各筹资范围分别计算加权平均资本成本，即可得到各种筹资范围的边际资本成本。

【例 3 -10】衡阳梦幻电器有限公司拥有长期资金 400 万元，其中长期借款 100 万元，普通股 300 万元，该资本结构为公司理想的目标结构。公司拟在维持目前的资本结构的前提下筹集新的资金。随筹资额增加，各种资金成本的变化如下表：

资金种类	新筹资额（万元）	资金成本
长期借款	40 及以下	4%
	40 以上	8%
普通股	75 及以下	10%
	75 以上	12%

要求：计算各筹资总额分界点及相应各筹资范围资金的边际成本。

解：

1. 确定个别资金占总资金的比重

借款占的比重 = 100/400 = 25%

普通股占的比重 = 300/400 = 75%

2. 计算筹资总额分界点

借款的筹资总额分界点 = 40/25% = 160（万元）

普通股的筹资总额分界点 = 75/75% = 100（万元）

筹资总额分界点

筹资方式及目标资本结构	资金成本	特定筹资方式的筹资范围（万元）	筹资总额的范围（万元）
长期负债 25%	4%	0 ~ 40	0 ~ 160
	8%	40 以上	大于 160
普通股 75%	10%	0 ~ 75	0 ~ 100
	12%	75 以上	大于 100

3. 计算边际资金成本

边际资金成本计算表

筹资总额的范围（万元）	筹资方式	目标资本结构	个别资金成本	边际资金成本
100 以下	长期债务	25%	4%	8.5%
	普通股	75%	10%	

续表

筹资总额的范围（万元）	筹资方式	目标资本结构	个别资金成本	边际资金成本
100～160	长期债务	25%	4%	10%
	普通股	75%	12%	
160 以上	长期债务	25%	8%	11%
	普通股	75%	12%	

资金的边际成本（0～100）＝25%×4%＋75%×10%＝8.5%

资金的边际成本（100～160）＝25%×4%＋75%×12%＝10%

资金的边际成本（160 以上）＝25%×8%＋75%×12%＝11%

思政视频：零边际成本社会：资本主义即将品尝亲手埋下的恶果

视频链接：https：//www.iqiyi.com/v_19rx00bj88.html

实务训练

衡阳梦幻电器有限公司目前有资金 100 000 万元，其中长期债务 20 000 万元，优先股 5 000 万元，普通股 75 000 万元，该资本结构为公司理想的目标结构。现在公司为满足投资要求，准备筹集更多的资金，相关资料如下表。

衡阳梦幻电器有限公司筹资资料表

筹资方式	目标资金结构（%）	新筹资的数量范围（万元）	个别资金成本（%）
长期债务	20	0～1 000 1 000～4 000 大于 4 000	6 7 8
优先股	5	0～250 大于 250	10 12
普通股	75	0～2 250 2 250～7 500 大于 7 500	14 15 16

要求：计算该公司资金的边际成本。

思维培养

所谓边际效应，有时也称为边际贡献，是指消费者在每增加一个单位消费品的时候，其产生的效用成递减速趋势。

经济学中叫“边际效益递减率”，用标准的学术语言说就是：“某人在近期内重复获得相同报酬的次数越多，那么，这一报酬的追加部分对他的价值就越小。”

经济学上的需求法则就是以此为依据，即：用户购买或使用商品数量越多，则其愿为单位商品支付的成本越低（因为后购买的商品对其带来的效用降低了）。

思考：作为一名财务管理人员分析如何利用边际效应现象进行资金有效的管理。

工作任务四　杠杆原理

任务描述

生活中有三种杠杆现象，企业生产经营希望以最小的代价获得最大的收益，也存在杠杆效应。通过学习能够熟练计算和运用经营杠杆、财务杠杆和总杠杆三种效应形式，并对企业经营风险和财务风险进行相关分析和判断。

项目活动一　杠杆效应

工作情景

在企业的生产经营过程中，会出现产销量增加了一倍，而企业的利润却不一定会增加一倍。这是什么原因造成的？作为衡阳梦幻电器有限公司一名财务管理人员小张，希望利用所学财务知识让企业以最小的代价获得最大的利益。他可以通过哪些财务手段提高企业利润？

理论知识

一、杠杆效应的基本原理

杠杆原理，是指人们通过利用杠杆，用较少的力量移动较重物体的现象。财务管理中也存在这类似的杠杆效应，财务管理中的杠杆效应表现为：由于特定费用（如固定成本或固定财务费用）的存在而导致的，当某一财务变量以较小幅度变动时，另一相关财务变量会以较大幅度变动。特定费用包括：固定成本（固定生产经营成本）；固定财务费用（利息、优先股股利、融资租赁租金）。

财务管理中的杠杆效应包括三种形式：

（1）经营杠杆效应是由于存在固定生产经营成本引起的。

（2）财务杠杆效应是由于存在固定的财务费用而引起的。

（3）总杠杆效应是由于存在固定生产成本和固定财务费用而引起的。

注：杠杆效应是用来评价企业风险的，不是用来评价企业收益的。

二、杠杆效应的几个基本概念

（一）成本习性

成本习性是指成本总额（y）与业务量（x）之间数量上的依存关系，成本按习性分类可分为固定成本、变动成本和混合成本。

1. 固定成本

固定成本是指在特定的业务量范围内不受业务量变动影响，一定期间的总额能保持相对稳定的成本。固定成本可以分为约束性固定成本和酌量性固定成本。

约束性固定成本属于经营能力成本，约束性固定成本是管理当局的短期（经营）决策行动不能改变其具体数额的固定成本。如保险费、房屋租金、固定的设备折旧、管理人员的基本工资等。降低约束性固定成本的主要方法是合理利用企业现有的生产能力，提高生产效率，以取得更大的经济效益。

酌量性固定成本属于经营方针成本，酌量性固定成本是管理当局的短期经营决策行动能改变其数额的固定成本。如广告费、职工培训费、新产品研究开发费用等。降低酌量性固定成本主要方法是精打细算，编制出积极可行的费用预算并严格执行，防止浪费和过度投资等。

2. 变动成本

变动成本是指其成本总额（y）在一定时期和一定业务量（销售量或产量）范围内是随着业务量（x）成正比例变动的那部分成本。变动成本可以分为技术性变动成本和酌量性变动成本。

技术性变动成本，技术性变动成本属于与产量有明确的技术或实物关系的变动成本，只要生产就必然会发生，若不生产，其技术变动成本便为零。如生产产品所需要耗费的直接材料等。

酌量性变动成本，酌量性变动成本属于通过管理当局的决策行动可以改变的变动成本，单位变动成本的发生额可由企业最高管理层决定，如按销售收入的一定百分比支付的销售佣金等。

3. 混合成本

混合成本指那些随着业务量的变动而变动，但不成正比例变动，不能简单地归入变动成本或固定成本，这类成本称为混合成本。混合成本又可以分为半变动成本、半固定成本、延期变动成本和曲线变动成本四类。

半变动成本是指在一定初始量的基础上，随着业务量的变化而成正比例变动的成本，如固定电话座机费等。

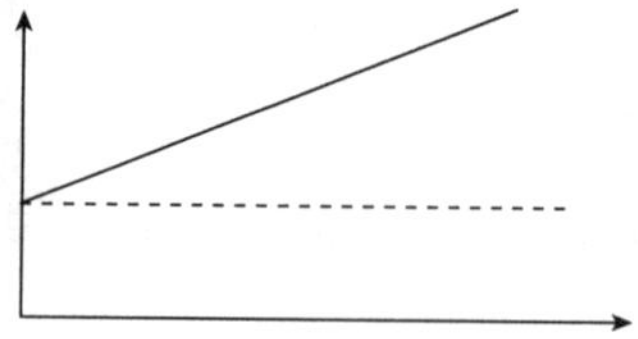

半变动成本

半固定成本也称阶梯式变动成本，这类成本在一定业务量范围内的发生额是固定的，但当业务量增长到一定限度，其发生额就突然跳跃到一个新的水平，然后在业务量增长的一定限度内，发生额又保持不变，直到另一个新的跳跃，如企业的检验员的工资等成本项目就属于这一类。

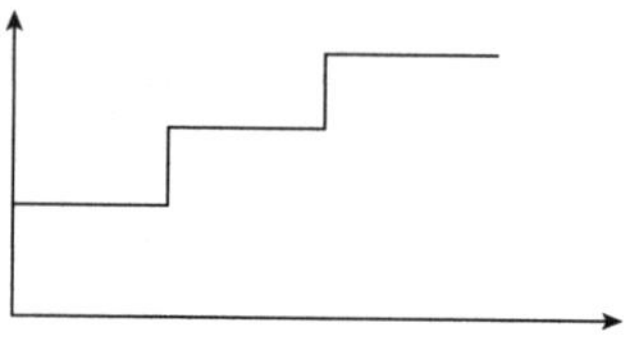

半固定成本

延期变动成本是指在一定的业务量范围内有一个固定不变的基数，当业务量增长超出了这个范围，它就与业务量的增长成正比例变动。如职工的工资 = 职工的基本工资 + 工作时间超出正常标准支付加班薪金。

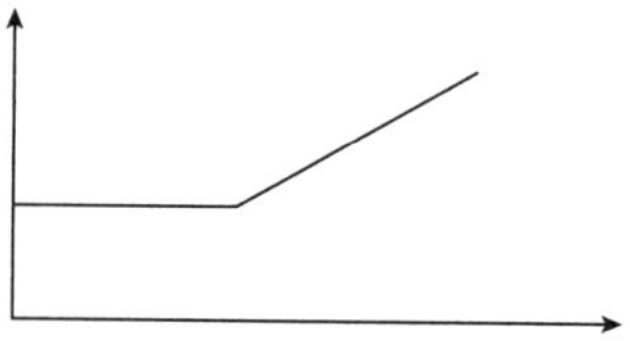

延期变动成本

曲线变动成本通常有一个不变的初始量，随着业务量的增加，成本也逐步变化，但它与业务量的关系是非线性的，曲线变动成本又可以分为递增曲线变动成本和递减曲线变动成本。

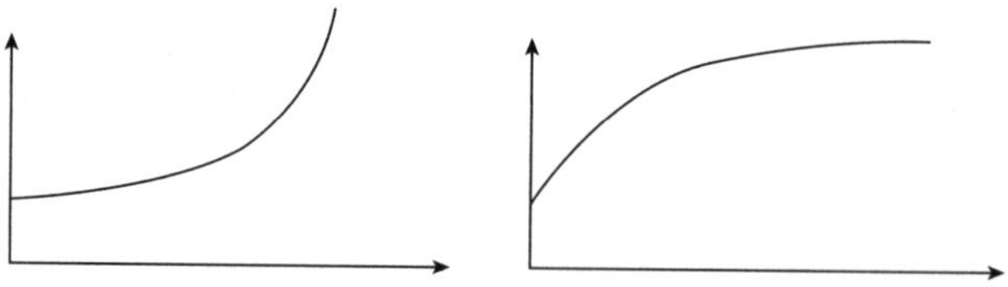

递增曲线变动成本和递减曲线变动成本

混合成本最终要分解为变动成本和固定成本，所以企业所有的成本都可以分成两部分，包括固定成本和变动成本。

4. 总成本的直线方程

$y = a + bx$（a 表示固定成本总额，b 表示单位变动成本）

比如，若总成本习性模型为 $y = 10\ 000 + 3X$，则可以判断固定成本总额为 10 000 元，单位变动成本为 3。

（二）边际贡献

边际贡献是指销售收入减去变动成本后的余额。

边际贡献 = 销售收入 − 变动成本

$M = px - bx = (p - b)\ x = mx$

式中：M 为边际贡献，p 为销售单价，b 为单位变动成本，x 为产销量，m 为单位边际贡献。

单位边际贡献 = 单价 − 单位变动成本

（三）息税前利润

息税前利润是指企业支付利息和缴纳所得税之前的利润。

息税前利润 = 销售收入 − 变动成本 − 固定成本
　　　　　　= 边际贡献 − 固定成本
　　　　　　= 利润总额（税前利润）+ 利息
　　　　　　= 净利润 + 利息 + 所得税

$EBIT = px - bx - a = M - a$

式中：EBIT 为息税前利润，a 为固定成本。

（四）每股利润（收益）

每股利润（收益）：股份公司发行在外的普通股，每股平均的净收益。

$$EPS = \frac{净利润}{普通股数} = \frac{(息税前利润 - 利息) \times (1 - 所得税税率) - 优先股股利}{发行在外的普通股股数}$$

$$= \frac{(EBIT - I) \times (1 - T) - d}{N}$$

式中：EBIT 为每股利润（收益），I 为计入损益的利息，T 为所得税税率，d 为优先股股利，N 为发行在外的普通股股数。

【例 3 − 11】衡阳梦幻电器有限公司假设 2019 年只生产销售 A 产品，其总成本习性方程：$Y = 50\ 000 + 15x$，公司为构建发展新体制，创新和完善宏观调控，预测 2020 年度 A 产品的销量为 50 000 件，单位售价为 25 元，且 2019 年固定成本中有 20 000 元为酌量性固定成本。

要求：计算该公司 2020 年的息税前利润是多少？

解：

衡阳梦幻电器有限公司边际贡献为：

$M = px - bx = (p - b)\ x = 50\ 000 \times (25 - 15) = 500\ 000$（元）

衡阳梦幻电器有限公司息税前利润为：

$EBIT = px - bx - a = M - a = 500\ 000 - 50\ 000 = 450\ 000$（元）

思政故事：张维迎：研究了35年，才真正明白什么是企业家精神

35年前，25岁的张维迎发表了一篇文章——《时代需要具有创新精神的企业家》；5年后，他与盛斌合作的著作《企业家——经济增长的国王》问世。这是中国经济学界研究企业家的第一篇文章和第一本著作。彼时，“企业家”甚至还是一个负面词汇。

经过改革开放40年的发展，中国涌现出一批批优秀的企业家。他们释放才能、发挥创造力，成为社会财富的创造者、创新活动的实践者，在市场经济中发挥了重要作用，这早已成为人们的共识。而今天在经济发展新常态的时代背景下，转变经济结构、振兴实体经济，我们同样需要甚至比以往更加渴望企业家和企业家精神。

（资料来源：https：//www.huxiu.com/article/310771.html）

实务训练

假设衡阳梦幻电器有限公司2019年底的所有者权益总额为1 000万元，普通股600万股。目前的资本结构为长期负债占60%，所有者权益占40%，没有流动负债。该公司的所得税税率为25%，预计继续增加长期债务不会改变目前11%的平均利率水平。董事会在讨论2020年资金安排时提出：

（1）计划年度分配现金股利0.05元/股；

（2）拟为新的投资项目筹集200万元的资金；

（3）计划年度维持目前的资本结构，并且不增发新股。

要求：计算实现董事会上述要求所需要的息税前利润为多少？

思维培养

A、B、C三家公司最近三年相关的财务数据如下：

A、B、C三家公司近三年相关财务数据计算表

项目	A	B	C
普通股本	40 000 000	30 000 000	20 000 000
发行股数	400 000	300 000	200 000
债务（利率8%）	0	10 000 000	20 000 000
资本总额	40 000 000	40 000 000	40 000 000
息税前利润	3 600 000	3 600 000	3 600 000
债务利息	0	800 000	1 600 000
税前利润	3 600 000	2 800 000	2 000 000
所得税（25%）	900 000	700 000	500 000

续表

项目	A	B	C
税后利润	2 700 000	2 100 000	1 500 000
财务杠杆系数	1	1.29	1.8
普通股每股利润	6.75	7	7.5
息税前利润增加	3 600 000	3 600 000	3 600 000
债务利息	0	800 000	1 600 000
税前利润	7 200 000	6 400 000	5 600 000
所得税（25%）	1 800 000	1 600 000	1 400 000
税后利润	5 400 000	4 800 000	4 200 000
普通股每股利润	13.5	16	21

思考：如果单纯从财务角度分析，A、B、C 三者之间哪家公司财务风险最大，如何降低其财务风险？

项目活动二　经营杠杆效应

工作情景

衡阳梦幻电器有限公司今年的销售额为500 000元，变动成本率为60%，固定成本总额为80 000元，预计下年度销售额将增长20%。现财务人员小张需预测下年度该公司息税前利润的变动趋势。

理论知识

一、经营风险

经营风险是指企业因生产经营上的原因而导致资产报酬（息税前利润）波动的风险。影响企业经营风险的因素很多，主要有以下方面。

（一）市场需求。市场对企业产品的需求越稳定，经营风险就越小；反之，经营风险则越大。

（二）产品售价。产品售价变动不大，经营风险则小；否则经营风险就大。

（三）产品生产成本。产品生产成本是收入的抵减，成本不稳定，会导致利润不稳定，因此产品生产成本变动大的，经营风险就大；反之，经营风险就小。

（四）调整价格的能力。当产品生产成本变动时，若企业具有较强的调整价格的能力，经营风险就小；反之，经营风险就大。

（五）固定资产成本的比重。在企业全部成本中，固定成本所占比重较大时，单位产品分摊的固定成本额就多，若产品量发生变动，单位产品分摊的固定成本会随之变动，最后导致利润更大幅度地变动，经营风险就大；反之，经营风险就小。

二、经营杠杆

经营杠杆是由于固定性经营成本的存在而使得企业的资产报酬（息税前利润）变动率大于业务量变动率的现象。

由于固定性经营成本的存在，当业务量变动较小的幅度时，息税前利润将变动较大的幅度，这就是经营杠杆效应，经营杠杆效应的大小可以用经营杠杆系数（DOL）来表示，它是企业息税前利润的变动率与业务量变动率的比率。

$$\text{经营杠杆系数（DOL）} = \frac{\text{息税前利润变动率}}{\text{产销量变动率}} = \frac{\Delta EBIT/EBIT}{\Delta X/X}$$

$$= \frac{\text{基期边际贡献}}{\text{基期息税前利润}} = \frac{M}{EBIT} = \frac{M}{M-a} = \frac{EBIT+a}{EBIT}\text{（变形 1）}$$

$$= 1 + \frac{\text{固定成本}}{\text{息税前利润}} = 1 + \frac{a}{EBIT}\text{（变形 2）}$$

式中：△EBIT——息税前利润变动额；EBIT——基期息税前利润

△X——业务量的变动数；X——基期业务量

M——边际贡献；a——固定成本

推导：

$$EBIT = (P-b)x - a$$

$$EBIT_1 = (P-b)x_1 - a$$

$$\Delta EBIT = EBIT_1 - EBIT = (P-B)(x_1 - x)$$

$$DOL = \frac{\Delta EBIT/EBIT}{\Delta X/X} = \frac{\dfrac{(P-b)(x_1-x)}{(P-b)x-a}}{\dfrac{x_1-x}{x}} = \frac{(P-b)x}{(P-b)x-a} = \frac{M}{M-a} = 1 + \frac{a}{EBIT}$$

三、经营杠杆与经营风险的关系

（1）DOL＞1　息税前利润变动率＞产销量变动率　（盈利）

DOL＝1　息税前利润变动率＝产销量变动率　（固定成本＝0）

DOL＜1　息税前利润变动率＜产销量变动率　（亏损）

在企业不发生经营性亏损、息税前利润为正的前提下，经营杠杆系数最低为 1，不会为负数；只要有固定性经营成本存在，经营杠杆系数总是大于 1。

（2）经营杠杆可用来衡量经营风险（企业风险）。DOL 越大，利润变动越大，经营风险越大。

销量不变：固定成本越大，DOL 越大，经营风险越大。

固定成本不变：销量越大，DOL 越小，经营风险越小。

经营杠杆系数越大，表明资产报酬等利润波动程度越大，企业经营风险也就越大。控制经营风险的方法：增加销售额、降低单位变动成本、降低固定成本比重。

（3）在盈亏平衡点：DOL→∞。

（4）无论是用经营杠杆系数，还是利用标准离差率，风险衡量的结果一致。经营风险既可以用杠杆系数表示，还可以使用息税前利润的标准差或标准离差率表示，两者反映的结果是一致的。

【例 3－12】 衡阳梦幻电器有限公司有关资料如下表所示：

项目	2018 年	2019 年	变动额	变动率
销售额	1 000	1 200	200	20%
变动成本	600	720	120	20%
边际贡献	400	480	80	20%
固定成本	200	200	0	—
息税前利润	200	280	80	40%

要求： 该公司 2019 年的经营杠杆系数为多少？

解：

（1）方法一（原型公式法）

经营杠杆系数（DOL）＝［（80/200）］/［（200/1 000）］＝（40%/20%）＝2

（2）方法二（简化公式法）

经营杠杆系数（DOL）＝基期边际贡献/基期息税前利润＝M/EBIT ＝400/200＝2

＝基期边际贡献/（基期边际贡献－固定成本）＝M/（M－a）＝400/（400－200）＝2

思政视频： 国务院：继续推动国企降杠杆减负债

视频链接： https://v.qq.com/x/page/g0025ilv9hf.html

实务训练

衡阳梦幻电器有限公司和衡阳美雅电器有限公司两家企业的有关资料如表所示。

企业名称	经济情况	概率	销售量（件）	单价	销售额	单位变动成本	变动成本总额	边际贡献	固定成本	息税前利润
梦幻电器	好	0.20	120	10	1 200	6	720	480	200	280
	中	0.60	100	10	1 000	6	600	400	200	200
	差	0.20	80	10	800	6	480	320	200	120
美雅电器	好	0.20	120	10	1 200	4	480	720	400	320
	中	0.60	100	10	1 000	4	400	600	400	200
	差	0.20	80	10	800	4	320	480	400	80

要求：（1）计算两家企业经营杠杆系数各为多少？
（2）计算两家企业息税前利润的标准差各为多少？
（3）根据计算结果比较两家公司的经营风险大小。

思维培养

作为衡阳梦幻电器有限公司的财务人员，在重大突发公共卫生事件（如新冠肺炎）期间，你认为该如何降低企业经营风险？

项目活动三　财务杠杆效应

工作情景

衡阳梦幻电器有限公司的财务主管王红在进行财务分析时发现企业去年和今年的投入资金一样，生产和销售并没有发生变化，即息税前利润一样，但是两年的净利润却不一样。这是什么原因造成的呢？

理论知识

一、财务风险

财务风险是指企业由于筹资原因产生的资本负担而导致的普通股收益波动的风险。

一般地讲，企业在经营中总会发生借入资金。企业负债经营，不论利润多少，债务利息、融资租赁的租金和优先股的股利通常是不变的。于是，当利润增大时，每1元所负担的利息就会相对地减少，从而使投资者收益有更大幅度地提高。引起企业财务风险的主要原因是资产报酬的不利变化和资本成本的固定负担。

当债务资本比率提高时，投资者将负担较多的债务成本，并经受较多的负债作用所引起的收益变动的冲击，从而加大财务风险；当债务资本比率较低时，财务风险就小。

二、财务杠杆

财务杠杆是资本结构中债务的运用对普通股每股利润的影响能力。这种由于固定性资本成本的存在而导致每股利润变动率大于息税前利润变动率的杠杆效应，称作财务杠杆效应。如固定利息、固定融资租赁费等的存在，都会产生财务杠杆效应。在同一固定的资本成本支付水平上，不同的息税前利润水平，对固定的资本成本的承受负担是不一样的，其财务杠杆效应的大小程度是不一致的。财务杠杆效应的大小用财务杠杆系数（DFL）来度量。财务杠杆系数（DFL）是每股收益变动率与息税前利润变动率的倍数。

$$财务杠杆系数（DFL）=\frac{普通股每股利润变动率}{息税前利润变动率}=\frac{\Delta EPS/EPS}{\Delta EBIT/EBIT}$$

$$=\frac{EBIT}{EBIT-I-\frac{d}{1-T}}（发行优先股企业）$$

$$=\frac{息税前利润}{税前利润}=\frac{EBIT}{EBIT-I}（未发行优先股企业）$$

式中：$\Delta EBIT$——息税前利润的变动额；$EBIT$——基期息税前利润

ΔEPS——普通股每股收益变动额；EPS——基期每股收益

推导：

$EPS=(EBIT-I)(1-T)-d$

$EPS_1=(EBIT_1-I)(1-T)-d$

$\Delta EPS=EPS_1-EPS=(EBIT_1-EBIT)(1-T)=\Delta EBIT(1-T)$

$$DFL=\frac{\Delta EPS/EPS}{\Delta EBIT/EBIT}=\frac{\frac{\Delta EBIT(1-T)}{EPS}}{\Delta EBIT/EBIT}=\frac{EBIT(1-T)}{EPS}=\frac{EBIT(1-T)}{(EBIT-I)(1-T)-d}$$

三、财务杠杆与财务风险的关系

（1）DFL > 1　普通股每股利润变动率 > 息税前利润变动率　（一般情况，盈利）

DFL = 1　普通股每股利润变动率 = 息税前利润变动率　（无优先股，无负债）

DFL < 1　普通股每股利润变动率 < 息税前利润变动率　（亏损）

如果企业没有负债也没有优先股，则财务杠杆系数为1，则普通股每股利润的变动率等于息税前利润的变动率；如果存在利息或者融资租赁租金或者优先股股利，则财务杠杆系数大于1，则普通股每股利润的变动率大于息税前利润的变动率。只要在企业的筹资方式中有固定性资本成本，就会存在财务杠杆效应。

影响财务杠杆的因素包括：企业资本结构中债务资本比重、普通股收益水平、所得税税率水平。其中，普通股收益水平又受息税前利润、固定资本成本（利息）高低的影响。债务成本比重和固定的资本成本支付额越高、息税前利润水平越低，财务杠杆效应越大，反之亦然。

（2）财务杠杆可用来衡量财务风险。

DFL 越大，利息越高、优先股息越高、融资租赁的租金越高，财务风险越大。

DFL 越大，负债比率越高，财务风险越大，预期每股收益越高。

控制财务风险的方法：控制负债比率，即通过合理安排资本结构，适度负债使财务杠杆利益抵消风险增大所带来的不利影响。只要有固定性资本成本存在，财务杠杆系数总是大于1。

（3）当公司息税前利润较多，增长幅度较大时，适当地利用负债性资金，可以发挥财务杠杆的作用，增加每股利润，使股票价格上涨，增加企业价值。（好效果）

如果企业息税前利润很低，甚至比利息、优先股息还要低，也就是这个企业就亏损了，负债本身产生副作用，这时再举债，支付固定优先股和债务利息会加重财务负担，构成财务杠杆负效应，使每股利润下降。（坏效果）

（4）财务杠杆衡量财务风险的结论和利用标准离差衡量风险的结论一致。财务风险，既可以用财务杠杆系数表示，也可以用每股收益的标准差和标准离差率表示，两者得出的结论一致。

【例3－13】 假设衡阳梦幻电器有限公司2019年度只经营一种产品，息税前利润总额为90万元，变动成本率为40%，公司财务人员具有较强的职业素质和职业能力，为充分发挥财务杠杆效应，公司举借了部分外债，债务筹资的利息为40万元，单位变动成本100元，公司全年产品销售数量为10 000台。

要求： 该公司的财务杠杆系数是多少？

解：

衡阳梦幻电器有限公司财力杠杆系数为：

$$财务杠杆系数（DFL）=\frac{EBIT}{EBIT-I}=\frac{90}{90-40}=1.8$$

思政视频： 周小川谈债务风险：已进入稳杠杆和逐步调降杠杆阶段

视频链接： http：//tv.people.com.cn/n1/2018/0309/c417694－29858402.html

实务训练

衡阳梦幻电器有限公司资金总额1 000万元，负债总额400万元，负债利息率10%；普通股60万股，所得税率25%，息税前利润150万元。

要求：（1）计算该公司财务杠杆系数和每股利润是多少？

（2）如果该公司息税前利润增长15%，则每股税后利润增加多少？

思维培养

对于企业而言，为了规避财务风险是否应该“零负债”？债务是否是“洪水猛兽”，作为未来的财务人员，你认为如何合理利用财务杠杆？

职业拓展

私募基金

私募投资基金（以下简称私募基金），是指在中华人民共和国境内，以非公开方式向投资者募集资金设立的投资基金。私募基金财产的投资包括买卖股票、股权、债券、期货、期权、基金份额及投资合同约定的其他投资标的。

私募投资基金的类型：主要分为私募证券投资基金、私募股权投资基金、资产配置类私募基金。私募证券基金主要投资于公开交易的股份有限公司股票、债券、期货、期权、基金份额以及中国证监会规定的其他资产；私募股权投资基金主要投向未上市企业股权、上市公司非公开发行或交易的股票以及中国证监会规定的其他资产；资产配置类私募投资基金，主要采用基金中基金的投资方式，主要对私募证券投资基金和私募股权投资基金进行跨类投资。

（资料来源：http：//www.csrc.gov.cn/hunan/xxfw/tzzsyd/jjtz/201909/t20190909_361646.htm）

项目活动四 总杠杆效应

工作情景

衡阳梦幻电器有限公司销售商品，假设销售价格、变动成本保持不变，而销售数量逐年发生变化，则在不同的固定成本和利息成本的组合下，企业销售数量的变动会造成企业息税前利润及每股收益的变动。

思考： 1. 这种变动将怎样影响着企业经营方面和财务方面的风险呢？

2. 这种影响是正面的还是反面的？这预示着什么？

理论知识

一、总杠杆

经营杠杆和财务杠杆可以独自发挥作用，也可以综合发挥作用，总杠杆是用来反映两者之间共同作用结果的，即权益资本报酬与产销业务量之间的变动关系。由于固定性经营成本的存在，产生经营杠杆效应，导致产销业务量变动对息税前利润变动有放大作用；同样，由于固定性资本成本的存在，产生财务杠杆效应，导致息税前利润对普通股每股收益有放大作用。两种杠杆共同作用，将导致产销业务量的变动引起普通股每股收益更大的变动。

总杠杆（又称复合杠杆）是指由于固定性经营成本和固定资本成本的存在，导致普通股每股收益变动率大于产销量业务量变动率的杠杆效应。

只要企业同时存在固定性经营成本和固定性资本成本，就存在总杠杆效应。产销量通过息税前利润的变动，传导至普通股收益，使得每股收益发生更大的变动。用总杠杆系数（DTL）表示总杠杆效应程度，可见，总杠杆系数是经营杠杆系数和财务杠杆系数的乘积，是普通股每股收益相当于产销量变动率的倍数。

$$复合杠杆系数（DCL）=\frac{每股利润变动率}{产销量变动率}=\frac{\Delta EPS/EPS}{\Delta X/X}$$

$$= 经营杠杆 \times 财务杠杆 = DOL \times DFL$$

$$= \frac{M}{EBIT - I - \frac{d}{1 - T}} （发行优先股企业）$$

$$= \frac{边际贡献}{税前利润} = \frac{M}{EBIT - I} = \frac{EBIT + a}{EBIT - I} （未发行优先股企业）$$

二、总杠杆与企业风险的关系

（一）复合杠杆系数可以衡量企业的整体风险。DCL 越大，复合风险越大。

总杠杆是经营杠杆与财务杠杆的连锁作用，因此使经营杠杆与财务杠杆作用降低的措施也会使总杠杆系数降低；提高销售、提高单价、降低变动成本、降低固定成本会使经营杠杆系数下降，使总杠杆系数降低；降低负债比重，会使财务杠杆系数降低，使总杠杆系数降低。

公司风险包括企业经营风险和财务风险。总杠杆系数反映了经营杠杆和财务杠杆之间的关系，用以评价企业的整体风险水平。在总杠杆系数一定的情况下，经营杠杆系数与财务杠杆系数此消彼长。在其他因素不变的情况下，总杠杆系数越大，企业风险越大；总杠杆系数越小，企业风险越小。通过计算分析复合杠杆系数及普通股每股收益的标准离差和标准离差率可以揭示总杠杆同企业风险的内在联系。

（二）企业经济效益好，每股收益会大幅上升；企业经济效益差，每股收益会大幅下降。

（三）一般企业是经营风险和财务风险两个风险都有，企业如果都是自有资金，就没有财务风险。只有同时存在固定成本和利息（或优先股息、融资租赁租金），才会有复合杠杆。

【例 3－14】 假设衡阳梦幻电器有限公司 2019 年资产总额是 1 000 万元，资产负债率是 40%，负债的平均利息率是 5%，实现的销售收入是 1 000 万元，变动成本率 30%，固定成本和财务费用共计 220 万元，公司预计 2020 年销售收入会提高 50%，其他条件不变。

要求： 1. 该公司 2020 年的经营杠杆、财务杠杆和复合杠杆系数分别是多少？

2. 预计该公司 2020 年每股利润增长率是多少？

解：

1. 计算该公司 2020 年的经营杠杆、财务杠杆和复合杠杆系数：

利息＝1 000×40%×5%＝20（万元）

固定成本＝全部固定成本费用－利息＝220－20＝200（万元）

变动成本＝销售收入×变动成本率＝1 000×30%＝300（万元）

边际贡献＝销售收入－变动成本＝1 000－300＝700（万元）

DOL＝M/（M－a）＝700/（700－200）＝1.4

DFL＝EBIT/（EBIT－I）＝500/（500－20）＝1.04

DCL＝DOL×DFL＝1.46

2. 预计该公司2020年每股利润增长率为：

2020年每股利润增长率 = DCL × 销售收入增长率 = 1.46 × 50% = 73%

思政理念： 中央财经委员会第一次会议

4月2日，2018年中央财经委员会第一次会议召开，研究《中央财经委员会工作规则》以及三大攻坚战的思路和举措。其中，会议提出了经济工作的两个新思路，即“以结构性去杠杆为基本思路”“宏观杠杆率稳定和逐步下降”，对“去杠杆”进行了进一步阐释，要求债务增速不是稳定不变，而是缓慢但逐步下降。此外，会议提出了六大具体举措，包括提高发展质量、统筹协调、分类施策、集中力量、强化打好防范化解金融风险攻坚战的组织保障、要抓紧协调建立中央和地方金融监管机制，全方位协调高质量发展与防范金融风险。相关政策措施的提出，对未来几年经济工作重心与资本市场具有深远影响。

（资料来源：https：//www.sohu.com/a/227725028_674079）

实务训练

假设衡阳梦幻电器有限公司2019年销售额100万元，变动成本率70%，全部固定成本和费用20万元（提示：固定成本和费用 = 固定成本 + 利息费用），总资产50万元，资产负债率40%，负债的平均利息率8%，假设所得税税率为25%。

该公司拟改变经营计划，追加投资40万元，每年固定成本（提示：不含利息费用）增加5万元，可以使销售额增加20%，并使变动成本率下降至60%。

要求：（1）所需资金以追加实收资本取得，计算经营杠杆系数、财务杠杆系数和复合杠杆系数并判断是否应改变经营计划？

（2）所需资金以10%的利率借入，计算经营杠杆系数、财务杠杆系数和复合杠杆系数并判断是否应改变经营计划？

思维培养

每年经济相关的会议中，中央经济工作会议无疑是最重要的，总结当年经济工作成果，部署下一年度经济工作安排。从近年经验看，次年3月发布的政府工作报告，经济部分的政策思路和前一年中央经济工作会议的部署，契合度在逐年提高。

2019年12月12日，中央经济工作会议通稿发布。与2017年“打好防范化解重大风险攻坚战重点是防控金融风险”、2018年“防范金融市场异常波动和共振”等说法截然不同，本次与金融风险有关的就一句“我国金融体系总体健康、具备化解各类风险的能力”，并在通稿中提出“稳杠杆”，从去杠杆到稳杠杆，并不意味着结束，它不过是进入了下半场。它意味着将从大力削减转移到稳中慢减的道路上来，也就是说从一刀切的经济调整中来到了精准“拆弹”。

思考：这对我们财务管理人员提出了哪些更高的要求？

工作任务五　资金结构

任务描述

资金结构及其管理是企业筹资管理的核心问题。企业应综合考虑有关影响因素，运用适合的方法确定最佳资金结构，提升企业价值。如果企业现有资金结构不合理，应通过筹资活动优化调整资金结构，使其趋于科学合理。

项目活动一　资金结构的概念

工作情景

通过对衡阳梦幻电器有限公司现有资本结构了解，思考影响公司资本结构的因素有哪些？并对影响资本结构的因素进行重要性分析。

理论知识

一、资金结构的概念

资金结构是指企业资金总额中各种资金的构成及其比例关系。筹资管理中，资金结构有广义和狭义之分，广义的资金结构包括全部债务与股东权益的构成比率；狭义的资金结构则指长期负债与股东权益资本构成比率。本书研究的是狭义的资金结构。企业筹资方式有很多，但总的来看分为负债资金和权益资金两类，因此资金结构问题就是负债资金的比例问题，即负债在企业全部资本中所占的比重。

不同的资金结构会给企业带来不同的后果。企业利用债务资本进行举债经营具有双重作用，既可以发挥财务杠杆效应，也可能带来财务风险。因此企业必须权衡财务风险和资金成本的关系，确定最佳的资金结构。

从理论上讲，最佳资金结构是存在的，但由于企业内部条件和外部环境的经常性变化，动态地保持最佳资金结构十分困难。因此在实践中，目标资金结构通常是企业结合自身实际进行适度负债经营所确立的资金结构。

二、资金结构的影响因素

资金结构是一个产权结构问题，是社会资本在企业经济组织形式中的资源配置结果，资金结构的变化，将直接影响社会资本所有者的利益。

（一）企业经营状况的稳定性和成长率

企业产销业务量的稳定程度对资本结构有重要影响；如果产销业务量稳定，企业可较多地负担固定的财务费用；如果产销业务量和盈余有周期性，则要负担固定的财务费用将承担较大的财务风险。经营发展能力表现为未来产销业务量的增长率，如果产销业务量能够以较高的水平增长，企业可以采用高负债的资本结构，以提升权益资本的报酬。

（二）企业的财务状况和信用等级

企业财务状况良好，信用等级高，债权人愿意向企业提供信用，企业容易获得债务资本。相反，如果企业财务情况欠佳，信用等级不高，债权人投资风险大，这样会降低企业获得信用的能力，加大债务资本筹资的资金成本。

（三）企业资产结构

拥有大量固定资产的企业主要通过长期负债和发行股票筹集资金；拥有较多流动资产的企业，更多依赖流动负债来筹集资金；资产适用于抵押贷款的公司举债额较多；以技术研究开发为主的公司则负债很少。

（四）企业投资人和管理当局的态度

从企业所有者的角度看，如果企业股权分散，企业可能更多采用权益资本筹资以分散企业风险。如果股东很重视控制权的问题，企业一般尽量避免普通股筹资，而是采用优先股或负债方式筹集资金。

从企业管理当局角度看，高负债资本结构的财务风险高，一旦经营失败或出现财务危机，管理当局将面临市场接管的威胁或者被董事会解聘。因此，稳健的管理当局偏好于选择低负债比例的资金结构。

（五）行业特征和企业发展周期

不同行业资金结构差异很大，产品市场稳定的成熟产业经营风险低，因此可提高债务资本比重，发挥财务杠杆作用。高新技术企业的产品、技术、市场尚不成熟，经营风险高，因此可降低债务资本比重，控制财务杠杆风险。在同一企业不同发展阶段，资金结构安排不同。企业初创阶段，经营风险高，在资金结构安排上应控制负债比例；企业发展成熟阶段，产品产销业务量稳定和持续增长，经营风险低，可适度增加债务资本比重，发挥财务杠杆效应；企业收缩阶段，产品市场占有率下降，经营风险逐步加大，应逐步降低债务资本比重，保证经营现金流量能够偿付到期债务，保持企业持续经营能力，减少破产风险。

（六）经济环境的税务政策和货币政策

资金结构决策必然要研究理财环境因素，特别是宏观经济状况。政府调控经济的手段包括财政税收政策和货币金融政策，当所得税税率较高时，债务资本的抵税作用大，企业可以充分利用这种作用来提高企业价值。货币金融政策影响资本供给，从而影响利率水平的变动，当国家执行紧缩的货币政策时，市场利率较高，企业债务资本成本增大。

三、资金结构理论

（一）净收益理论

该理论认为，由于债务成本一般较低，所以，负债程度越高，综合资金成本越低，企业价值越大。当负债比率达到100%时，企业价值将达到最大。

（二）净营业收益理论

该理论认为，资金结构与企业的价值无关，决定企业价值高低的关键要素是企业的净营业收益。不论企业的财务杠杆程度如何，其整体的资金成本不变，因而不存在最佳资金结构。

（三）传统折衷理论

该理论认为，企业利用财务杠杆尽管会导致权益成本上升，但在一定范围内并不会完全抵消利用成本较低的债务所带来的好处，因此会使综合资金成本下降、企业价值上升；但一旦超过某一限度，综合资金成本又会上升。综合资金成本由下降变为上升的转折点，资金结构达到最优。

（四）MM 理论

MM 理论认为，在没有企业和个人所得税的情况下，企业的价值不受有无负债及负债程度的影响；但由于存在所得税及税额庇护利益，企业价值会随负债程度的提高而增加，股东也可获得更多好处。于是，负债越多，企业价值也会越大。

（五）平衡理论

该理论认为，当负债程度较低时，企业价值因税额庇护利益的存在会随负债水平的上升而增加；当负债达到一定界限时，负债税额庇护利益开始为财务危机成本所抵消。当边际负债税额庇护利益等于边际财务危机成本时，企业价值最大，资金结构最优。

（六）代理理论

代理理论认为，债权筹资能够促使经理多努力工作，少个人享受，并且做出更好的投资决策，从而降低由于两权分离而产生的代理成本；但是，负债筹资可能导致另一种代理成本，即企业接受债权人监督而产生的成本。均衡的企业所有权结构是由股权代理成本和债权代理成本之间的平衡关系来决定的。

（七）优序筹资理论

由于企业所得税的节税利益，负债筹资可以增加企业的价值，即负债越多，企业价值增加越多，这是负债的第一种效应；但是，财务危机成本期望值的现值和代理成本的现值会导致企业价值的下降，即负债越多，企业价值减少额越大，这是负债的第二种效应。由于上述两种效应相抵消，企业应适度负债。最后，由于非对称信息的存在，企业需要保留一定的负债容量以便有利可图的投资机会来临时可发行债券，避免以太高的成本发行新股。

从成熟的证券市场来看，企业的筹资优序模式首先是内部筹资，其次是借款、发行债券、可转换债券、优先股，最后是发行新股筹资。

思政视频：康美药业连续三年财务造假，6名当事人被处市场禁入

视频链接：http://tv.cctv.com/2019/08/16/VIDEuKODzELNG1EARtyUkTvf190816.shtml?spm=C22284.PoJGBSlOPG74.S50129.10

思维培养

在2019年的中央经济工作会议中，延续了“房住不炒”的说法。但对比2018年中央经济工作会议和今年7月政治局会议，有了新的变化。一是没有继续说“不把房地产作为短期刺激经济的手段”。二是增加了“稳地价、稳房价、稳预期”的说法，进一步明确了地产调控的目标是让房地产市场平稳运行，这对于地方财政和宏观经济而言都至关重要。三是和以往相比，在因城施策上增加了“全面落实”的说法，这意味着地方政府在地产调控上可能将有更大的自由度。

思考：国家政策的宏观调控对财务管理工作会产生什么影响？作为财务管理人员应如何应对？

项目活动二　资金结构优化

工作情景

通过计算和比较各种可能的筹资组合方案，对筹资方案和资金结构进行优化分析，确定最佳的资金结构。

理论知识

资金结构优化，要求企业权衡负债的低资金成本和高财务风险的关系，确定最佳的资金结构。资金结构优化的目标，是降低平均资金成本率或提高普通股每股收益。最佳资金结构是指在一定的条件下使企业加权平均资金成本最低、企业价值最大的资本结构。

一、每股收益无差别点法（EBIT－EPS法）

每股收益无差别点法（息税前利润－每股利润分析法）是利用息税前利润和每股利润之间的关系来确定最优资金结构的方法。

每股收益无差别点（$\overline{EBIT}$）指不同筹资方式下每股收益都相等时的息税前利润或

业务量水平。在每股收益无差别点上，无论是采用债务还是采用股权筹资方案，每股收益都相等的。

$$\frac{(\overline{EBIT}-I_1)(1-T)-D_1}{N_1}=\frac{(\overline{EBIT}-I_2)(1-T)-D_2}{N_2}\ (EPS_1=EPS_2)$$

每股收益无差别点图中两条直线的交点就是每股收益无差别点，在每股收益无差别点上增加负债和增发股票的每股利润相等；当预计 EBIT 高于每股利润无差别点 EBIT 时，运用负债筹资可获得较高的每股收益；当预计 EBIT 低于每股利润无差别点 EBIT 时，运用权益筹资可获得较高的每股收益。

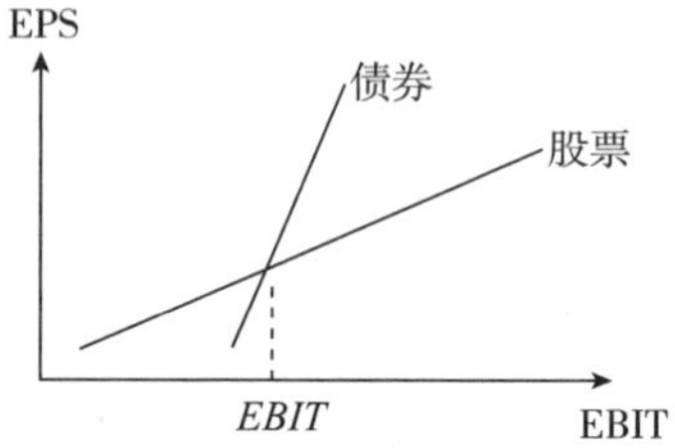

每股收益无差别点图

决策：尽量增大普通股的每股利润。当预期息税前利润或业务量水平大于每股收益无差别点时，应当选择财务杠杆效应较大的筹资方案，反之亦然。

（1）EBIT = $\overline{EBIT}$：采用任何方案都一样。

（2）EBIT > $\overline{EBIT}$：负债筹资有利。

（3）EBIT < $\overline{EBIT}$：发行普通股有利。

注：①只考虑资本结构对每股收益的影响，并假定每股收益最大，股票价格最高，而不是公司价值最大化，忽略了资本结构对风险的影响，是不全面的。

②负债增加到一定限度后，风险加大，企业价值降低，股票价格也会降低；因此，单纯地用分析法有时会做出错误的决策。

③每股收益无差别点法比较容易理解，测算较简单，可用于资本规模不大、资本结构不太复杂的股份有限公司。

【例 3－15】 衡阳梦幻电器有限公司目前有资金 75 000 万元，现因生产发展需要准备再筹集 25 000 万元资金，这些资金可以利用发行股票来筹集，也可以利用发行债券来筹集，具体情况如下：

梦幻电器公司资金结构变化情况表 单位：万元

筹资方式	原资金结构	增加筹资后资金结构	
		增发普通股（A 方案）	增发公司债券（B 方案）
公司债券（利率 8%）	10 000	10 000	35 000

续表

筹资方式	原资金结构	增加筹资后资金结构	
		增发普通股（A方案）	增发公司债券（B方案）
普通股（每股面值10元） 资本公积 留存收益 资金总额合计	20 000 25 000 20 000 75 000	30 000① 40 000② 20 000 100 000	20 000 25 000 20 000 100 000
普通股股数（万股）	2 000	3 000	2 000

其中：①发行新股票时，每股发行价格为25元，筹资25 000万元须发行1 000万股；②普通股股本增加10 000万元，资本公积增加15 000万元。

要求：该公司应选择哪一种筹资方案？

解：

$$\frac{(\overline{EBIT}-10000\times8\%)(1-25\%)-0}{3000}=\frac{(\overline{EBIT}-35000\times8\%)(1-25\%)-0}{2000}$$

$\overline{EBIT}=6\ 800$（万元）

$EPS_1=EPS_2=1.34$（元）

当息税前利润大于6 800万元时，利用负债筹资较为有利；当息税前利润小于6 800万元时，利用普通股筹资有利。

二、平均资金成本比较法

平均资金成本比较法是通过计算和比较各种可能的筹资组合方案的平均资金成本，选择平均资金成本率最低的方案。即能够降低平均资金成本的资本结构，就是合理的资金结构。这种方法侧重于从资本投入的角度对筹资方案和资本结构进行优化分析。

采用比较资金成本法确定最优资金结构，考虑了风险，但是因所拟定的方案数量有限，故有把最优方案漏掉的可能。

【例3－16】衡阳梦幻电器有限公司现需筹资100万元，现有A、B、C三种方案，相关数据如下：

筹资方式	资本结构			个别资金成本率
	A	B	C	
银行贷款	40%	30%	20%	6%
发行债券	10%	15%	20%	8%
发行普通股	50%	55%	60%	9%
合计	100%	100%	100%	

要求：计算该公司应采用哪种筹资方案？

解：

计算三种方案的加权平均资金成本

A 方案：K = 40% × 6% + 10% × 8% + 50% × 9% = 7.7%

B 方案：K = 30% × 6% + 15% × 8% + 55% × 9% = 7.95%

C 方案：K = 20% × 6% + 20% × 8% + 60% × 9% = 8.2%

A 方案加权平均资金成本最低，故公司应选择 A 方案筹资。

注：①此法通俗易懂、不太复杂，是一种常用方法，但选定的方案具有局限性。

②此法没有测算财务风险因素，实质上是利润最大化，而不是公司价值最大化。

③此法一般适用于资本规模较小、资本结构较为简单的非股份有限公司。

三、公司价值分析法

公司价值分析法，是在考虑市场风险的基础上，以公司市场价值为标准，进行资金结构优化。即能够提升公司市场价值的资金结构，就是合理的资金结构。这种方法主要用于对现有资金结构进行调整，适用于资金结构较大的上市公司资金结构分析。同时，在公司价值最大的资金结构下，公司的加权平均资金成本也是最低的。

公司价值（V） = 权益资本价值（S） + 债务资本价值（B）

为简化计算，假设公司各期 EBIT 保持不变，债务资本价值（B）可用其面值代替。

权益资本价值（S） $= \dfrac{(\text{息税前利润} - \text{利息}) \times (1 - \text{所得税税率})}{\text{普通股成本}} = \dfrac{(EBIT - I) \times (1 - T)}{K_C}$

普通股成本　　$K_c = R_f + \beta(R_m - R_f)$

公司资金成本 K（加权平均资金成本）

= 债务资金成本 × 债务额占总资金的比重 + 普通股成本 × 股票额占总资金的比重

【例 3 - 17】 衡阳梦幻电器有限公司息税前利润为 500 万元，资金全部由普通股资金组成，股票账面价值 2 000 万元，公司适用的所得税税率为 25%。该公司认为目前的资金结构不够合理，准备用发行债券购回部分股票的方法予以调整。已知无风险收益率为 10%，证券市场的平均收益率为 14%。经咨询调查，目前的债务利息和权益资金的成本相关数据如下表：

债券的市场价值 B（万元）	债券利率（%）	股票的 β 系数
0	0	1.20
200	10	1.25
400	12	1.30
600	12	1.40
800	14	1.55
1 000	16	2.10

要求：计算该公司应发行多少债券回购股票？

解：

根据上表，可计算出该公司筹措不同金额的债务时的公司价值和资金成本，公司价值与平均资金成本

1. 当债券市场价值 0 时

权益资金成本 $K_c = R_f + \beta(R_m - R_f) = 10\% + 1.2 \times (14\% - 10\%) = 14.8\%$

权益资本价值（S） $= \dfrac{(EBIT - I) \times (1 - T)}{K_C} = \dfrac{(500 - 0) \times (1 - 25\%)}{14.8\%} = 2\ 534$（万元）

公司价值（V）＝权益资本价值（S）＋债务资本价值（B）＝2 534＋0＝2 534（万元）

该方案债券为 0，所以全部是股票

公司加权平均资金成本 $= \dfrac{0}{2\ 000} \times 0 + \dfrac{2\ 000}{2\ 000} \times 14.8\% = 14.8\%$

2. 当债券市场价值 200 万时

权益资金成本 $K_c = R_f + \beta(R_m - R_f) = 10\% + 1.25 \times (14\% - 10\%) = 15\%$（万元）

权益资本价值（S） $= \dfrac{(EBIT - I) \times (1 - T)}{K_C} = \dfrac{(500 - 200 \times 10\%) \times (1 - 25\%)}{15\%}$

$= 2\ 400$（万元）

公司价值（V）＝权益资本价值（S）＋债务资本价值（B）＝2 400＋200＝2 600（万元）

债券资金成本 $= \dfrac{200 \times 10\% \times (1 - 25\%)}{200} = 7.5\%$

公司加权平均资金成本 $= \dfrac{200}{2\ 600 \times 7.5\%} + \dfrac{2\ 400}{2\ 600 \times 15\%} = 14.42\%$

其他同理，得到如下计算表

公司价值与平均资金成本计算表

债券市场价值（万元）	股票市场价值（万元）	公司市场价值（万元）	债券占全部资金的比重（%）	股票占全部资金的比重（%）	债券资金成本（%）	权益资金成本（%）	加权平均资金成本（%）
0	2 534	2 534	0	100	0	14.80	14.80
200	2 400	2 600	7.69	92.31	7.50	15.00	14.42
400	2 230	2 630	15.11	84.79	9.00	15.20	14.92
600	2 058	2 658	22.57	77.43	9.00	15.60	14.11
800	1 796	2 596	30.82	69.18	10.50	16.20	14.44
1 000	1 386	2 386	41.91	58.09	12.00	18.40	15.72

从上表可以看出，当债务资金达到 600 万元时，公司总价值最高，加权平均资金成本最低。所以债务为 600 万元时的资金结构是该公司最佳的资金结构。该公司应发行价值 600 万元债券回购股票。

注：①公司的价值是公司未来现金流量的现值。此方法合理，但实践难以应用。
②公司的价值是其股票的现行市价。股票的价格难以确定，此法忽略长期债务不符合实际情况。
③公司价值比较法充分考虑了公司的财务风险和资金成本等因素的影响，进行资本结构的决策以公司价值最大为标准，更符合公司价值最大化的财务目标，但其测算原理及测算过程较为复杂，通常用于资本规模较大的上市公司。

实务训练

1. 已知衡阳梦幻电器有限公司当前资金结构如下：

筹资方式	金额（万元）
长期债券（年利率8%）	1 000
普通股（4 500万股）	4 500
留存收益	2 000
合计	7 500

因生产发展，公司年初准备增加资金2 500万元，现有两个筹资方案可供选择：甲方案为增加发行1 000万股普通股，每股市价2.5元；乙方案为按面值发行每年年末付息、票面利率为10%的公司债券2 500万元。假定股票与债券的发行费用均可忽略不计；公司适用的企业所得税税率为25%。

要求：(1) 计算两种筹资方案下每股利润无差别点的息税前利润为多少？
(2) 计算处于每股利润无差别点时乙方案的财务杠杆系数为多少？
(3) 如果公司预计息税前利润为1 200万元，指出该公司应采用的筹资方案。
(4) 如果公司预计息税前利润为1 600万元，指出该公司应采用的筹资方案。
(5) 若公司预计息税前利润在每股利润无差别点上增长10%，计算采用乙方案时该公司每股利润的增长幅度。

2. 衡阳梦幻电器有限公司目前拥有资金2 000万元，其中，长期借款800万元，年利率10%；普通股1 200万元，上年支付的每股股利2元，预计股利增长率为5%，发行价格20元，目前价格也为20元，该公司计划筹集资金100万元，企业所得税率为25%，现有两种筹资方案可供选择：

方案1：增加长期借款100万元，借款利率上升到12%，假设公司其他条件不变。

方案2：增发普通股40 000股，普通股市价增加到每股25元，假设公司其他条件不变。

要求：（1）计算该公司筹资前加权平均资金成本。

（2）用比较资金成本法确定该公司最佳的资金结构。

思维培养

四川长虹及所在行业近几年的资产负债情况如下表所示。行业的资产负债率计算选取日用电子器具制造业的14家上市公司。

年度	资产（万元）	负债（万元）	资产负债率%	行业资产负债率%	
				平均值	中位数
2011	1 678 489	781 127	46.54	50.47	46.54
2012	1 885 244	788 713	41.82	46.22	41.84
2013	1 650 687	3 58 160	21.7	48.10	42.55
2014	1 660 501	343 038	20.64	45.25	40.36
2015	1 763 064	488 531	27.7	45.32	37.69
2016	1 867 037	573 361	30.71	46.57	41.90
2017	2 136 429	817 531	38.53	43.97	38.53
2018	1 564 903	606 419	39.58	48.12	44.97
2019	1 582 399	577 708	38.13	52.50	49.92

思考：1. 请对长虹公司的资本结构优化提出合理建议。

2. 不同的财务管理目标下，资金结构优化的方向和措施是否相同？

3. 是否只要资金结构达到最优化，企业自身技术和生产经营管理水平就无足轻重？

案例分析

陕西神华股份有限公司资金结构

山西煤炭是我国煤炭行业中的佼佼者，伴随经济步伐的发展不断加快，煤炭行业市场竞争将会越来越激烈，陕西神华也面临着巨大的冲击和压力。一方面，国民经济进入了一个新的战略发展阶段，供需结构矛盾在新形势下越来越突出，许多产品生产能力过剩、闲置，企业生存和发展面临更高的挑战与风险。同时，资金结构股权集中度高、融资方式单一等问题没有得到有效解决，因此如何优化企业资金结构，使企业提升活力，是煤炭行业需要探索解决的重大课题。

陕西神华股份有限公司资金结构存在以下四方面主要问题：

一、资产负债率较高。2015至2019年陕西神华的资产负债率分别为67%、81%、83%、85%、85%。资产负债率较高，并呈增长趋势，按照资金结构优化理论，存在负债的公司其利息会在税前扣除，从而产生抵税效应获得杠杆收益，企业价值会比无债或者抵债的公司企业价值高，前提是在不会发生偿债风险的条件下。

二、流动负债比例高长期负债可以避免企业短期资金长期化使用问题，而且不会给企业带来短期内的偿付压力，还能够使企业长期快速发展，而短期债务融资很难满足企业的持续发展。通过对陕西神华股份有限公司财务指标的研究，2015至2019年流动负债占总负债的比例分别为78.63%、77.34%、75.38%、81.70%、82.33%，长期负债占总负债比例分别为16.70%、21.64%、23.64%、17.36%、18.20%。我们从中可以发现公司流动负债比重远远高于长期负债比重，这种不合理的债务融资方式会使公司的财务风险增大，从而使公司的正常生产经营、投资等活动受到影响，不利于公司长远、健康地发展。

三、股权集中度高随着股权分配制度的改革，逐步解除了限售股的限制。但是股权集中度高的问题，尤其是第一大股东持股比例高的状况一直未改变。据普罗斯在1994年的研究显示，美国、德国、日本这三家上市公司前五大股东持股比例分别为25.4%、33.1%、41.5%，而陕西神华仅第一大股东就为45.56%。陕西神华的股权相对集中，大部分股份集中在少数股东手里，流通股的大部分持有者，数量虽多但平均拥有的股份却很少，这就使得第一大股东比例远超中小股东。从一方面来说这是较优的股权集中度，但从另一方面来看也算较差的股权结构。股权的集中，会造成公司决策的独断，小股东因为所持有的股份少，无法参加公司的各项决策，这就会影响公司治理，并且对经营者与大股东的行为难以监督，从而伤害到了股民的利益。

四、融资方式不合理。优序融资理论认为，企业一般遵循内源融资、债务融资、权益融资的顺序，首先会选择内部融资，当内部融资满足不了企业资金需要时，企业才会选择外部融资。陕西神华的融资方式偏向于外部融资，外部融资主要向银行借款和股票靠拢，没有充分发挥长期负债融资的财务杠杆作用，融资租赁和项目融资等渠道也没有被利用，这说明公司的融资方式选择过于单一。企业融资渠道单一，影响到企业闲置资金向生产资金的转化。

（资料来源：http：//qikan.cqvip.com/Qikan/Article/ReadIndex? id = 7100505529&info = Ss + L95O7htrRhB9TtDiXWzotHsxM0j + PHmL1fs + xSwS7D10JlBD6XQ = = ）

思考：针对陕西神华股份有限公司资金结构存的主要问题，请你提出优化对策。

项目活动三　资金结构的调整

工作情景

衡阳梦幻电器有限公司目前的资金结构为：负债资金为60%，权益资金为40%，公司认为目前企业负债过多，财务负担较重，董事会要求财务部门对目前的资本结构调整提出调整建议，假设股东近期内不打算增加投资。

思考： 1. 你认为该公司可以采用哪些方法调整资金结构以及如何调整？

2. 企业资金结构的适时调整对企业的可持续发展有什么影响？

理论知识

一、存量调整

是指在不改变现有资产规模的基础上，根据目标资本结构要求，对现有资本结构进行必要的调整。具体方式有：

（1）债转股。在债务资本过高时，将部分债务资本转为股权资本。如：将可转换债券转为普通股票。

（2）股转债。在股权资本过高时，通过减资并增加相应的负债额，来调整资本结构。（这只是一种理论上的说法，在现实中，这种方法是很少采用的）

（3）增发新股偿还债务。

（4）调整现有负债结构。如将短期债券转化为长期债券，也可反之。

（5）调整权益资金结构。如优先股转换为普通股，以资本公积转增资本等。

二、增量调整

是通过增加总资产，从外部取得增量资本，来调整资本结构。

（1）发行新债。在债务资本过低时，通过追加负债筹资规模来提高负债筹资比重。

（2）举借新贷款。

（3）进行融资租赁。

（4）发行新股票。

三、减量调整

是通过减少总资产来调整资本结构。

（1）提前归还借款。

（2）收回发行在外的可提前收回债券。

（3）股票回购减少公司股本。

（4）进行企业分立。

思政故事： 阎庆民：逐步改变“货币多、资本少”的金融结构

视频链接： https：//v. qq. com/x/page/i0030hu9il5. html

中国证监会副主席阎庆民在论坛上表示，优化金融市场体系结构是推进金融供给侧结构性改革的重点任务。要下大力气补短版，大力发展资本市场，显著提高直接融资特别是股权融资比重，更好提升金融供给效率。并逐步改变当前“货币多、资本少”

的金融结构。作为资本市场的监管者，要加快提高上市公司质量的步伐，完善发行、上市、退市、交易、并购重组等一系列规则；提升违法违规成本，加快推进《证券法》等法律法规修订，实现持续监管和精准监管。

实务训练

分析在2020年新冠肺炎疫情下，企业如何应对资金管理挑战。

思维培养

乙公司是一家上市公司，适用的企业所得税税率为25%，当年息税前利润为900万元，预计未来年度保持不变。公司价值和平均资本成本如下表所示。

债务市场价值（万元）	股票市场价值（万元）	公司总价值（万元）	税后债务资本成本	权益资本成本	平均资本成本
1 000	4 500	5 500	4.5%	14%	12.27%
1 500	3 656.25	5 156.25	X	16%	13.09%

思考：依据公司价值分析法，你认为上述两种债务水平的资本结构哪种更优？并说明理由。

案例分析

资本结构的调整

西方国家的财务理论是建立在没有“缺陷”的资本市场上的，因而其资本结构调整理论可以建立在加权平均资本成本最低、企业市场价值最大化的判断标准之上。但对于中国企业来说，如果照搬照抄，则会陷入理论严重脱离实际的局面。这主要是因为中国的资本市场刚刚起步，资本市场的竞争机制尚没有建立和完善，企业与权益资本、债务资本提供者之间尚没有真正处于市场上的对等关系。从目前来看，可供大多数企业选择的筹资渠道仍极其有限，加之国家在不同时期的金融政策变化较大，因此，加权平均资本成本最低标准事实上很难作为决策依据。

最优资本结构的一个标准是企业价值最大化，而这个标准应该只是评价上市公司的标准之一。且不管一般企业很难得到企业的市场价值信息，就上市公司而言，在分析股票市场的价值信息时也难免出错。因为，各上市公司的股价常常会受到人为因素、非市场因素的干扰，如果利用了错误的信息，怎能保证决策的可靠性？

调整企业资本结构还有一个较大的障碍，即所有者和债权人之间存在一定的利益冲突。这种冲突的本质在于两个利益集团对企业因取得收益而流入的现金的要求权存在差异。比如，对于上市公司来说，债权人通常对公司的现金流入具有第一位的求偿权，但在公司获得了足够的收入，不仅能够履行偿还债务的义务，而且有相当多的剩余现金存在时，他们也只能得到固定的金额；而股权投资者只对剩余现金流量有求偿权，但如果公司没有足够的现金流量来履行偿还债务的义务，那么股权投资者有权选择宣告破产。因此，债权人会比股东更谨慎地对待决策中存在的风险。因为，如果所选择的项目成功了，债权人除了收回本金和利息外不能参与分享项目所带来的收益，而一旦项目失败，他们将承受巨大的成本损失。另外，由于股权投资者掌握企业的控制权，使得他们可以按照自己的意志提高财务杠杆水平，并制定出适合自己的股利政策。通常情况下，增加股利派发会导致较高的股票价格，减少股利派发则会导致较低的股票价格。

所有者和债权人之间存在的利益不一致，使得企业在筹资过程中很难轻而易举地得到债权人提供的债务资本，而投资者也不会随时提供企业所需的资金。所以，对于经理人员来说，比较现实的选择是在既定的资本结构条件下，研究改善企业财务状况、保证经营目标最终实现的资本结构性调整办法。

（资料来源：http：//www. canet. com. cn/cg/637616. html）

思考：企业资金结构的适时调整对企业的可持续发展有何影响？

课后训练

一、单项选择题

1. 在实务中，企业筹资的目的可能不是单纯和唯一的，混合性筹资动机一般兼具（　　）。

A. 创立性筹资动机和支付性筹资动机的特性

B. 支付性筹资动机和调整性筹资动机的特性

C. 扩张性筹资动机和调整性筹资动机的特性

D. 支付性筹资动机和扩张性筹资动机的特性

2. 按企业所取得资金的权益特性不同，可将筹资分为（　　）。

A. 直接筹资和间接筹资

B. 内部筹资和外部筹资

C. 股权筹资、债务筹资和衍生工具筹资

D. 短期筹资和长期筹资

3. 与发行债券筹资相比，发行普通股股票筹资的优点是（　　）。

A. 可以稳定公司的控制权　　B. 可以降低资本成本

C. 可以利用财务杠杆　　D. 可以形成稳定的资本基础

4. 衡阳梦幻电器有限公司 2020 年预计营业收入为 50 000 万元，预计营业净利率为 10%，股利支付率为 60%。据此可以测算出该公司 2020 年内部资金来源的金额为（　　）万元。

A. 2 000　　B. 3 000　　C. 5 000　　D. 8 000

5. 用资金习性预测法预测资金需要量的理论依据是（　　）。

A. 资金需要量与业务量间的对应关系

B. 资金需要量与投资间的对应关系

C. 资金需要量与筹资方式间的对应关系

D. 长短期资金间的比例关系

6. 衡阳梦幻电器有限公司发行了期限 5 年的长期债券 10 000 万元，年利率为 8%，每年年末付息一次，到期一次还本，债券发行费率为 1.5%，企业所得税税率为 25%，该债券的资本成本率为（　　）。

A. 6%　　B. 6.09　　C. 8%　　D. 8.12%

7. 按溢价发行债券，每张债券面值 1 000 元，发行价格为 1 020 元，票面利率 9%，期限为 5 年，每年年末支付一次利息，其筹资费率为 3%，企业所得税税率 25%，若考虑时间价值，按贴现模式计算该债券的资本成本率为（　　）。

A. 6.42%　　B. 6.85%　　C. 7.01%　　D. 7.34%

8. 假设企业不存在优先股，资产总额为 150 万元，权益资本占 55%，负债平均利率为 12%，当前销售额 100 万元，息税前利润 20 万元，则财务杠杆系数为（　　）。

A. 2.5　　B. 1.68　　C. 1.15　　D. 2.0

9. 假设企业不存在优先股，企业预测期财务杠杆系数为 1.5，基期息税前利润为 450 万元，则基期实际利息费用为（　　）万元。

A. 100　　B. 675　　C. 300　　D. 150

10. 假定衡阳梦幻电器有限公司的经营杠杆系数为 2，财务杠杆系数为 1.5，预计销售额将增长 10%，在其他条件不变的情况下，普通股每股收益将增长（　　）。

A. 5%　　B. 15%　　C. 20%　　D. 30%

二、多项选择题

1. 与银行借款筹资相比，下列各项中，属于发行债券筹资特点的有（　　）。

A. 资本成本校高　　B. 一次筹资数额较大

C. 扩大公司的社会影响　　D. 募集资金使用限制较多

2. 下列有关吸收直接投资的说法正确的有（　　）。

A. 可转换债券不能作为吸收直接投资的出资方式

B. 商誉不能作为吸收直接投资的出资方式

C. 特许经营权不能作为吸收直接投资的出资方式

D. 吸收无形资产出资的风险很大

3. 留存收益是企业内源性股权筹资的主要方式，下列各项中，属于该种筹资方式特点的有（　　）。

A. 筹资数额有限　　B. 不存在资本成本

C. 不发生筹资费用　　D. 改变控制权结构

4. 下列项目占用的资金属于不变资金的有（　　）。

A. 构成产品实体的原材料　　B. 厂房、设备

C. 必要的成品储备　　D. 必要成品储备以外的产成品

5. 下列成本费用中属于资本成本的占用费用的有（　　）。

A. 借款手续费　　B. 股票发行费　　C. 利息　　D. 股利

6. 在计算下列各项资本的资本成本时，需要考虑筹资费用的有（　　）。

A. 普通股　　B. 债券　　C. 长期借款　　D. 留存收益

7. 下列选项中属于融资决策中的总杠杆性质的有（　　）。

A. 总杠杆能够起到财务杠杆和经营杠杆的综合作用

B. 总杠杆能够表达企业边际贡献与税前利润的比率

C. 总杠杆能够估计出销售额变动对普通股每股收益的影响

D. 总杠杆系数越大，企业经营风险越大，企业财务风险越大

8. 在边际贡献大于固定成本的情况下，下列措施中有利于降低企业整体风险的有（　　）。

A. 增加产品销量　　B. 提高产品单价

C. 提高资产负债率　　D. 节约固定成本支出

9. 下列各项中，属于确定企业合理资本结构的方法有（　　）。

A. 高低点法　　B. 公司价值分析法

C. 平均资本成本比较法　　D. 每股收益分析法

10. 衡阳梦幻电器有限公司目前的息税前利润为 1 800 万元，资本来源包括每股面值 1 元的普通股 800 万股和平均利率为 10% 的债务 3 000 万元。该公司现在拟投产一个新产品，该项目需要投资 4 000 万元，有两种备选的筹资方案：一是按 11% 的利率发行债券；二是按 20 元/股的价格增发普通股，公司适用的所得税税率为 25%，则下列选项中正确的有（　　）。

A. 增发普通股和债券筹资的每股收益无差别点的息税前利润为 2500 万元

B. 假设新产品带来 700 万元的新增息税前利润，应选择发行股票筹资

C. 假设新产品带来 2 500 万元的新增息税前利润，两个方案无差别

D. 假设新产品带来 2 800 万元的新增息税前利润，应选择发行债券筹资

三、判断题

1. 由于内部筹资一般不产生筹资费用，所以内部筹资的资本成本最低。（　　）

2. “财务费用”账户的发生额可以大体上反映企业债务资本成本的实际数额。（　　）

3. 若债券利息率、筹资费率和所得税税率均已确定，则企业的债券资本成本率与发行债券的价格无关。（　　）

4. 在息税前利润大于 0 的情况下，只要企业存在固定性经营成本，那么经营杠杆系数必大于 1。（　　）

5. 经营杠杆能够扩大市场和生产等因素变化对利润波动的影响。（　　）

6. 经营杠杆是通过扩大销售来影响税前利润的，它可以用边际贡献除以税前利润来计算，它说明了销售额变动引起税前利润变化的幅度。（　　）

7. 在各种资金来源中，凡是须支付固定性占用费的资金都能产生财务杠杆作用。（　　）

8. 在企业承担总风险能力一定且利率相同的情况下，对于经营杠杆水平较高的企业，应当保持较低的负债水平，而对于经营杠杆水平较低的企业，则可以保持较高的负债水平。（　　）

9. 在经营杠杆、财务杠杆与总杠杆中，作用最大的是总杠杆。（　　）

10. 最佳资本结构是使企业筹资能力最强、财务风险最小的资本结构。（　　）

四、计算题

1. 衡阳梦幻电器有限公司只生产和销售 A 产品，其总成本习性模型为 Y = 10 000

+3X。该企业2020年度A产品销售量为10 000件，每件售价为5元；按市场预测2021年A产品的销售数量将增长10%。

要求：（1）计算2020年该企业的边际贡献总额。

（2）计算2020年该企业的息税前利润。

（3）计算2021年的经营杠杆系数。

（4）计算2021年息税前利润增长率。

（5）假定企业2020年发生负债利息5 000元计算2021年的总杠杆系数。

2. 已知：衡阳梦幻电器有限公司2020年营业收入为20 000万元，营业净利率为12%，净利润的60%分配给投资者。2020年12月31日的资产负债表（简表）如下。

资产负债表（简表）

2020年12月31日　　　　单位：万元

资产	期末余额	负债及所有者权益	期末余额
货币资金	1 000	应付票据及应付账款	3 000
应收票据及应收账款	3 000	长期借款	9 000
存货	6 000	实收资本	4 000
固定资产	7 000	留存收益	2 000
无形资产	1 000		
资产总计	18 000	负债及所有者权益	18 000

该公司2021年计划销售收入比上年增长30%，为实现这一目标，公司需新增设备一台，价值148万元。据历年财务数据分析，公司流动资产和流动负债随销售额同比率增减。公司如需对外筹资，可按面值发行票面年利率为10%、期限为10年、每年年末付息的公司债券解决。假设该公司2021年的销售净利率和利润分配政策与上年保持一致，公司债券发行费用可忽略不计，适用的所得税率为33%。

要求：（1）计算2021年公司需增加的营运资金；

（2）预测2021年需要对外筹集的资金量。

3. 公司息税前利润为600万元，公司适用的所得税税率为25%，公司目前总资本为2000万元，其中80%由普通股资本构成，股票账面价值为1 600万元，20%由债券资本构成，债券账面价值为400万元，假设债券市场价值与其账面价值基本一致。各期息税前利润保持不变，且净利润全部分配。该公司认为目前的资本结构不够合理，准备用发行债券回购股票的办法予以调整。经咨询调查，目前债务利息率和权益资本成本率情况和公司市场价值与平均资本成本情况见下表。

表 1　债务利息率与权益资本成本率

债券市场价值（万元）	债券利息率	股票的β系数	无风险报酬率	证券市场平均报酬率	权益资本成本
400	8%	1.3	6%	16%	(A)
600	10%	1.42	6%	(B)	20.2%
800	12%	1.5	(C)	16%	21%
1000	14%	2.0	6%	16%	(D)

表 2　公司市场价值与平均资本成本

债券市场价值（万元）	股票市场价值（万元）	公司市场总价值（万元）	债券资本比重	股票资本比重	税后债券资本成本	权益资本成本	平均资本成本
400	(E)	(F)	15.14%	84.86%	(C)	(H)	(I)
600	2004.95	2604.95	23.03%	76.97%	7.50%	20.20%	17.28%
800	1800.00	2600.00	30.77%	69.23%	9.00%	21.00%	17.31%
1000	(J)	(K)	(L)	(M)	(N)	(O)	(P)

要求：（1）填写表 1 中用字母表示的空格；

（2）填写表 2 中用字母表示的空格；

（3）根据表 2 的计算结果，确定该公司最优资本结构。

五、综合计算分析题

衡阳梦幻电器有限公司近期发展势头良好，原有办公场所已不能满足正常需要，打算对一处闲置的 M 实验大楼进行改造建设。

业务资源一：资本成本计算说明

1. 资本资产定价模型（CAPM）确定公司权益资本成本

（1）无风险利率。以我国发行的十年期国债的平均利率作为无风险利率，经测算值为 5.00%。

（2）市场平均风险报酬率。选取近十年 A 股上市公司的不考虑现金红利再投资的综合年市场回报率，以其平均值作为估计市场平均风险报酬率，其值为 10.00%。

（3）权益资本市场风险系数（β 系数）。选择同行业上市公司平均 β 值作为本公司的 β 值，经查阅资料同行业上市公司平均 β 值为 1.20。

2. 债务资本成本计算

2019 年公司平均长、短期有息债务及对应的利息如下表所示，公司的税前债务资本成本以 2019 年平均长、短期平均债务和利息表为依据进行计算。公司适用所得税税率为 25%。

2019 年有息债务及利息表

单位：元

项目	平均债务	利息
长期有息债务	810 000 000. 00	40 000 000. 00
短期有息债务	70 000 000. 00	3 000 000. 00
有息债务合计	880 000 000. 00	43 000 000. 00

3. 加权资本成本（WACC）测算

加权平均资本成本是公司全部长期资本的平均成本，即按照各种长期资本的比例加权计算。

公司的长、短期资本结构权重如下表所示。

资本结构权重表

项目	权重占比（%）
短期有息债务	2. 74%
长期有息债务	40. 67%
所有者权益	56. 59%
合计	100. 00%

业务资源二：M 实验楼改造预算

对 3 000 平方米 M 实验大楼进行内部改造、外部墙体保温、更换大楼外墙玻璃、内外部装修、排水改造、采暖配套等费用预计 2 050 万元。如果建设，预计装修改建期为 1 年，2020 年 1 月 1 日动工，2020 年 12 月 31 日完工，预计完工后即可达到可使用状态，同时做相关结算，全额支付 2 050 万元工程款项。

M 实验大楼改造建设资金筹集可以通过两种方式取得。

方式一：长期借款

5 年长期借款，借款金额为 2 050 万元，年借款利率为 6. 5%，2019 年 12 月 31 日取得贷款，每年度 12 月 31 日支付本年利息，首次付息日为 2020 年 12 月 31 日。2024 年 12 月 31 日支付最后一期利息，并归还借款本金。

方式二：长期债券

公司于 2019 年 12 月 31 日发行面值为 1 000 元的债券 20 000 份，发行价格为 1 025 元/份，票面利率 6%，发行费用为 100 万元。公司每年付息一次，每年 12 月 31 日付息。首次付息日为 2020 年 12 月 31 日。2024 年 12 月 31 日到期赎回。债券发行费用计入当期损益且不得在所得税税前列支。

任务一　资本成本计算

任务描述：根据业务资源一，完成资本成本预测。以完整小数位数引用计算。标有% 的项目，计算结果以% 形式四舍五入保留 2 位小数填制答案，如：3.50%。加权平均资本成本以% 整数填制答案，如 5%，并以此结果进行后续计算。其余结果以四舍五入保留 2 位小数填制答案。

权益资本成本计算表

项目	数值
行业平均 β 值	
无风险利率（%）	
市场平均风险报酬率（%）	
权益资本成本（%）	

加权平均资本成本计算表

项目	占长期资本权重（%）	资本成本（%）
长期有息债务		
所有者权益		
加权平均资本成本		

注：长期有息债务资本成本为税后资本成本。

任务二　筹资方式决策

任务描述：根据业务资源二，完成筹资方式决策。以完整小数位数引用计算，标有% 的项目，计算结果以% 形式四舍五入保留 2 位小数填制答案，如：3.50%，其余结果以四舍五入保留 2 位小数填制答案。筹资方式以借款/债券填制答案。

筹资方式决策表　　单位：元

时间（年末）	2019 年	2020 年	2021 年	2022 年	2023 年	2024 年	2025 年	2026 年	2027 年	2028 年	2029 年	2030 年
方式 1：长期借款												
取得本金		—	—	—	—	—	—	—	—	—	—	—
支付利息	—						—	—	—	—	—	—
其中：支付资本化利息	—		—	—	—	—	—	—	—	—	—	—

续表

时间（年末）	2019年	2020年	2021年	2022年	2023年	2024年	2025年	2026年	2027年	2028年	2029年	2030年
支付费用化利息	—	—					—	—	—	—	—	—
资本化利息对应折旧抵税	—	—										
费用化利息抵税	—	—					—	—	—	—	—	—
归还本金	—	—	—	—	—		—	—	—	—	—	—
各期税后现金流量												
税后资金成本率（%，折现模式）		—	—	—	—	—	—	—	—	—	—	—
方式2：发行债券												
发行债券收取资金		—	—	—	—	—	—	—	—	—	—	—
发行费用支出		—	—	—	—	—	—	—	—	—	—	—
支付债券利息	—						—	—	—	—	—	—
其中：支付资本化债券利息	—		—	—	—	—	—	—	—	—	—	—
支付费用化债券利息	—	—					—	—	—	—	—	—
资本化利息对应折旧抵税	—	—										
费用化利息抵税	—	—					—	—	—	—	—	—
赎回债券支出资金	—	—	—	—	—		—	—	—	—	—	—
各期税后现金流量												
税后资金成本率（%，折现模式）		—	—	—	—	—	—	—	—	—	—	—
选择何种方式（借款/债券）												

项目四　项目投资管理

【理论目标】

要求了解企业投资的概念、分类、程序和原则，掌握项目投资的概念、特点、意义、类型和内容；掌握现金流量和现金净流量的构成、计算；掌握项目投资决策评价指标的计算及其评价标准；掌握项目投资方案的正确选择，并做出决策。

【能力目标】

能确定项目投资的计算期与投资金额；能对项目投资现金流量进行分析，准确计算项目现金净流量，并编制项目投资现金流量表；能熟练计算和运用各项目投资决策评价指标，并进行项目投资方案决策。

【思政目标】

引导树立创新创业思维，培养积极合作，互相配合的团队意识，贯彻创新、协调、绿色、开放、共享的发展理念。

工作任务一 投资管理概述

任务描述

通过学习，学生了解企业投资的基本内容，并掌握项目投资的具体概念、特点、意义、类型和内容，为企业项目投资决策打下理论基础。

工作情景

衡阳梦幻电器有限公司拟新建一条空调生产线项目，投资期为 2 年，营业期为 10 年。全部建设投资拟安排在建设起点、投资期第 2 年年初和投资期末分为三次投入，投资额分别为 100 万元、300 万元和 68 万元；全部流动资金投资安排在投资期期末和投产后第一年末分两次投入，投资额分别为 15 万元和 5 万元。根据项目筹资方案的安排，预计投资期发生资本化借款利息 22 万元。请根据该项目有关内容完成以下工作任务。

思考： 1. 该空调生产线项目按照不同的标准分类，分别属于哪种类型？

2. 该空调生产线项目的计算期应如何确定？

3. 该空调生产线项目的建设投资、流动资金投资、原始投资和项目总投资的资金安排是否合理？

理论知识

一、企业投资

（一）企业投资的概念

投资，广义地讲，是指特定经济主体（包括政府、企业和个人）以本金回收并获利为基本目的，将货币、实物资产等作为资本投放于某一个具体对象，以在未来较长期间内获取预期经济利益的行为。企业投资，简言之，是企业为获取未来长期收益而向一定对象投放资金的经济行为。例如，购建厂房设备、购买股票、债券等经济行为，均属于投资行为。

（二）企业投资的分类

1. 直接投资与间接投资

按投资活动与企业本身的生产经营活动的关系，企业投资可以划分为直接投资和间接投资。

直接投资，是指将资金直接投放于形成生产经营能力的实体性资产，直接谋取经营利润的企业投资，如购置厂房设备等。

间接投资，是指将资金投放于股票、债券等权益性资产上企业投资。之所以称为间接投资，是因为对于股票、债券等发行方而言，在筹集到资金后，需要把这些资金投放于形成生产经营能力的实体性资产，从而获得经济利益；而对于购买方而言，不直接介入具体生产经营过程通过股票、债券等约定的收益分配权力，获取股利或利息收入，分享直接投资的经营利润。

2. 项目投资与证券投资

按投资对象的存在形态和性质，企业投资可以划分为项目投资和证券投资。

项目投资，是指企业可以通过投资，购买具有实质内涵的经营资产，包括有形资产和无形资产，形成具体的生产经营能力，开展实质性的生产经营活动，谋取经营利润。项目投资属于直接投资。

证券投资，是指企业可以通过投资，购买证券资产，通过证券资产上所赋予的权利，间接控制被投资企业的生产经营活动，以获取投资收益。证券投资属于间接投资。

3. 发展性投资与维持性投资

按投资活动对企业未来生产经营前景的影响，企业投资可以划分为发展性投资和维持性投资。

发展性投资，是指对企业未来的生产经营发展全局有重大影响的企业投资。发展性投资也可以称为战略性投资，如企业间兼并合并的投资、转换新行业和开发新产品投资、大幅度扩大生产规模的投资等。

维持性投资，是为了维持企业现有的生产经营正常顺利进行，不会改变企业未来生产经营发展全局的企业投资。维持性投资也可以称为战术性投资，如更新替换旧设备的投资、配套流动资金投资、生产技术革新的投资等。

4. 对内投资与对外投资

按投资活动资金投出的方向，企业投资可以划分为对内投资和对外投资。

对内投资，是指在本企业范围内部的资金投放，用于购买和配置各种生产经营所需要的经营性资产。对外投资，是指向本企业范围以外的其他单位的资金投放。对外投资多以现金、有形资产、无形资产等资产形式，通过联合投资、合作经营、换取股权、购买证券资产等投资方式，向企业外部其他单位投放资金。

对内投资都是直接投资，对外投资主要是间接投资，也可能是直接投资。

5. 独立投资与互斥投资

按投资项目之间的相互关联关系，企业投资可以划分为独立投资和互斥投资。

独立投资是相容性投资，各个投资项目之间互不关联、互不影响，可以同时并存。例如企业在资金充足的情况下，可选择建造空调厂或冰箱厂，也可同时建造两个厂房。而互斥投资是非相容性投资，各个投资项目之间相互关联、相互替代，不能同时并存。例如企业需要决策对现有设备进行更新还是购买新的设备，两者则只能选择其一。

（三）企业投资的程序

（1）提出投资领域和投资对象。这需要在把握良好投资机会的情况下，根据企业的长远发展战略、中长期投资计划和投资环境的变化来确定。

（2）评价投资方案的财务可行性。在分析和评价特定投资方案经济、技术可行性的基础上，需要进一步评价其是否具备财务可行性。

（3）投资方案比较与选择。在财务可行性评价的基础上，对可供选择的多个投资方案进行比较和选择。

（4）投资方案的执行。即投资行为的具体实施。

（5）投资方案的再评价。在投资方案的执行过程中，应注意原来做出的投资决策是否合理、是否正确。一旦出现新的情况，就要随时根据变化的情况做出新的评价和调整。

（四）投资管理的原则

（1）可行性分析原则。可行性分析原则是指企业在做投资决策时，必须对投资项目进行可行性分析，其主要是对投资项目的环境可行性、技术可行性、市场可行性、财务可行性等方面进行科学的论证，综合考量投资项目。

（2）结构平衡原则。结构平衡原则是指对投资项目资金投放时，要合理分布，让企业有限的资金发挥最大的效用，主要包括固定资产与流动资金的配套关系、生产能力与经营规模的平衡关系、对内投资与对外投资的顺序关系等。

（3）动态监控原则。动态监控原则是指企业必须对投资项目在实施过程中进行有效控制，尤其是对于时间较长的项目，企业必须定期考量项目的各项进度，若存在风险，要及时规避，避免不必要的损失。

二、项目投资

（一）项目投资的概念

项目投资，是指企业可以通过投资，购买具有实质内涵的经营资产，包括有形资产和无形资产，形成具体的生产经营能力，开展实质性的生产经营活动，谋取经营利润。项目投资的目的在于改善生产条件、扩大生产能力，以获取更多的经营利润。

（二）项目投资的特点

（1）投资内容独特。每个项目至少涉及一项形成固定资产的投资。

（2）投资金额大。一般需要较多的资金，其投资额往往是企业及投资人多年的投资积累，在企业总资产中有相当大的比重。

（3）影响时间长。投资期及发挥作用的时间都较长，至少一年或一个营业周期以上，对企业未来的生产经营活动将产生重大影响。

（4）变现能力差。一般不准备在一年或一个营业周期内变现，而且即使在短期内变现，其变现能力也较差。

（5）投资风险大。因为影响项目投资未来收益的因素较多，加上投资额大、影响时间长、变现能力差的特点，其风险比较大，对企业未来的命运产生决定性影响。

（三）项目投资的意义

1. 宏观意义

（1）是实现社会资本积累功能的主要途径，扩大社会再生产的重要手段，可促进社会经济的长期可持续发展。

（2）能为社会提供更多就业机会，提高社会总供给量，可满足社会需求的不断增长，最终拉动社会消费的增长。

2. 微观意义

（1）增强投资者经济实力。

（2）提高投资者创新能力。

（3）提升投资者市场竞争能力。

（四）项目投资的类型

1. 新建项目

是以新增生产能力为目的的投资项目，属于外延式扩大再生产。新建项目包括两类型：①单纯固定资产投资。简称固定资产投资，在投资中只包括固定资产投资，不涉及周转资本的投入。②完整工业投资项目。包括固定资产、流动资金、其他长期资产（如无形资产）的投资。

2. 更新改造项目

是以恢复或改善生产能力为目的的投资，属于简单再生产或内涵式扩大再生产。

（五）项目计算期

项目计算期指投资项目从投资建设开始到最终清理结束整个过程的全部时间，即项目的有效持续期间。从整个经济寿命周期来看，大致可以分为三个阶段：投资期、营业期和终结期。

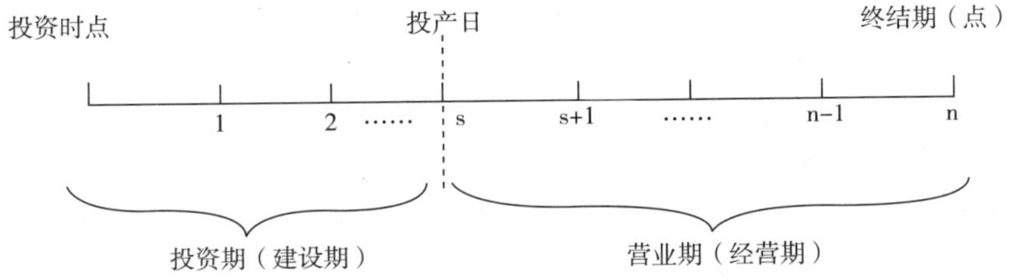

项目计算期

投资时点：项目投资开始的时点。

投资期：也可称为建设期，是项目的准备阶段。

投产日：项目开始正式投入生产或运营的时点。

营业期：也可称为经营期，是项目正式投入生产或运营到结束的期间。

终结期：终结期由于时间短也可以称为终结点，是项目计算期的最后一年末。

项目计算期 = 投资期 + 营业期

（六）项目投资的内容

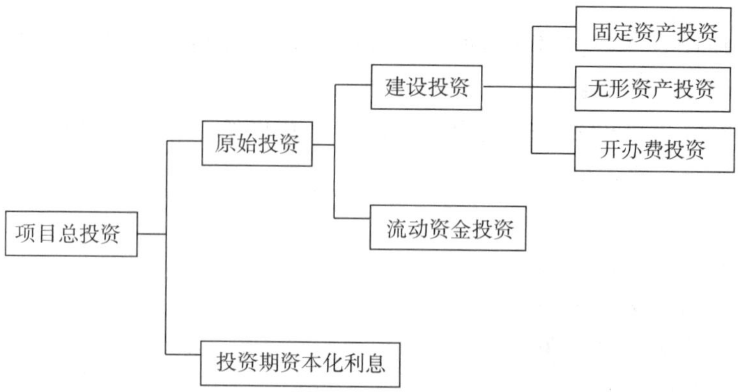

项目总投资构成图

1. 项目总投资是反映项目投资总体规模的价值指标，为原始投资与投资期资本化利息之和。即：

项目总投资 = 原始投资 + 投资期资本化利息

2. 原始投资是指为使项目完全达到生产能力、开展正常经营而投入的全部现实资金，是反映项目所需现实资金水平的价值指标。其计算公式为

原始投资 = 建设投资(1) + 流动资金投资(2)

其中：

（1）建设投资，是指在投资期内按一定生产经营规模和建设内容进行的投资。其计算公式为：

建设投资 = 固定资产投资 + 无形资产投资 + 开办费投资

= (固定资产原值 - 投资期资本化借款利息) + (无形资产原值 - 投资期资本化借款利息) + 开办费投资

注：投资期资本化利息是指投资期发生的与购建项目所需的固定资产、无形资产等长期资产相关的借款利息。

（2）流动资金投资是指项目投产后分次或一次投放于流动资产项目的投资增加额，也称垫支流动资金或营运资金投资。

本年流动资金增加数（垫支数） = 本年流动资金需用数 - 截止上年的流动资金投资额

营业期流动资金需用数 = 该年流动资产需用数 - 该年流动负债需用数

（七）项目投资的投入方式

（1）一次投入。指投资行为集中一次发生在项目计算期第一年的年初或年末。

（2）分次投入。指投资行为涉及两年或以上年度，或只涉及一个年度但同时发生在该年的年初或年末。

在项目投资中，若投资期 = 0，则投资方式必然是一次投入；若分次投入则投资期一定大于1。流动资金投资，必须采取预付的方式，因此其首次投资最迟必须在投资期

末（即投产日）完成，也可在试产期内有关年份的年初分次追加投入。

思政视频：国家发改委：全国重大项目投资推进提速

为了应对此次疫情对经济的冲击，国家发改委对全国重大项目投资推进提速，以发挥项目投资的作用。目前国家发改委正在抓紧下达国家预算内的投资计划，支持铁路、重大水利、机场等重大项目建设。

视频链接：http://tv.cctv.com/2020/03/11/VIDERi9nDwIrLHRelmTUzfNw200311.shtml

实务训练

衡阳梦幻电器有限公司对某投资项目进行估计时，估算投产第一年的流动资产需用数为100万元，流动负债可用数为40万元；投产第二年的流动资产需用数为190万元，流动负债可用数为100万元。

要求：1. 计算投产第一年流动资金需用数的金额为多少？

2. 计算投产第二年新增的流动资金的金额为多少？

思维培养

企业在确定项目投资金额时，应考虑哪些因素？对于项目投入的资金而言，是否越多越好，为什么？

职业拓展

天使投资人——徐小平

天使投资人又被称为投资天使（Business Angel），天使投资是权益资本投资的一种形式，指具有一定净财富的个人或者机构，对具有巨大发展潜力的初创企业进行早期的直接投资，属于一种自发而又分散的民间投资方式。天使投资人自己组织成的天使团体或天使网络目前正不断扩大，以分享研究成果和集中资金针对性。而在我国，谈到“天使投资人”首先提及的就是真格基金的徐小平。

徐小平，新东方联合创始人，与俞敏洪、王强并称为新东方“三驾马车”，至新东方上市后，徐小平开始从事个人天使投资，并于2011年与王强和红杉资本中国联合创立天使投资机构“真格基金”。曾荣获“2010年最受尊敬天使投资人”“2011年度天使投资人”“2012年最佳天使基金”“2013年最佳天使投资人”“2013年中关村天使投资领军人物”等称号。

真格基金累计管理资金总规模超10亿美元，自创立伊始，一直积极在互联网、移动互联网、未来科技、人工智能、企业服务、医疗健康、大消费、教育等领域寻找最优秀的创业团队和引领时代的投资机会。

真格基金陆续投资了700余家创业公司，从早期陪伴了美莱、VIPKID、小红书、Nuro、依图科技、优客工场、英雄互娱、地平线机器人、兴盛优选、水滴互助、完美日记、找钢网、罗辑思维、Momenta、蜜芽、出门问问、一起教育科技等公司成长为独角兽企业。自2011年起，真格基金被投公司世纪佳缘、聚美优品、兰亭集势、51Talk、牛电科技、老虎证券、亿航智能等陆续上市，超过50个项目通过多种方式实现退出，获得投资回报。自2014年清科“中国股权投资年度排名”设立早期投资机构排名以来，真格基金已连续6年获得“中国早期投资机构30强”第1名。创始人徐小平从2016年起连续四年入选福布斯“全球最佳创投人榜单（Midas List）”，在2019年榜单中排名第11位。

“寻找真正优秀的创业者，缔造引领科技创新并改变世界的伟大公司”是徐小平和王强先生创立真格的初衷。徐小平还曾说过，创业者是永远不会失败的，除非他放弃或消失。否则，你可以奋斗、失败、再奋斗、再失败——直至成功！一次性成功当然最好，但即使乔布斯，也曾经被他自己创建的苹果开除过。做事可以失败，做人不能失败。只要做人不失败，你的亲友同事投资人，还会陪着你走下去直至成功。

工作任务二　项目投资的现金流量分析

任务描述

在进行项目投资时，首先应该分析该项目投资的现金流量构成，并计算该项目投资的现金净流量。通过学习，分别掌握单纯固定资产投资项目、完整工业投资项目和固定资产更新改造项目的现金流量和现金净流量的构成、计算。能够在企业项目投资中做出正确决策。

项目活动一　现金流量的构成

工作情景

衡阳梦幻电器有限公司拟建设新技术的空调生产线，预计总投资 1 000 万元，投资期 2 年，营业期 10 年。预计投产后每年外购原材料、燃料和动力费为 60 万元，工资及福利费为 30 万元，其他费用 10 万元；每年折旧费为 20 万元，无形资产摊销费为 5 万元，开办费摊销为 3 万元，利息支出 10 万元；每年预计营业收入为 200 万元。假定企业适用的增值税税率为 13%，城建税税率为 7%，教育费附加税率为 3%，地方教育费附加税率为 2%，企业所得税税率 25%，且除上述税费外该企业不涉及其他相关税费。请根据该项目有关内容完成以下工作任务。

思考： 1. 该空调生产线项目的现金流量是如何构成的？
2. 该空调生产线项目预计的每年付现成本和总成本的金额是否合理？
3. 该空调生产线项目每年的息税前利润和净利润是否达到公司的预期标准？又应如何制定该评价标准？
4. 公司在投资和运营过程中还可能会涉及哪些现金流入和流出？

理论知识

一、现金流量的概述

（一）现金流量的定义

现金流量是指由一项长期方案所引起的在未来一定期间所发生的现金收支。其中，现金收入称为现金流入量，现金支出称为现金流出量，现金流入量与现金流出量相抵后的余额，称为现金净流量（NCF）。

（二）现金流量的构成

按现金流量的时间特征，可分为三个部分。

（1）初始现金流量。初始现金流量是指开始投资时发生的现金流量，一般包括固定资产投资、无形资产投资、开办费投资、流动资金投资和原有固定资产的变价收入。

（2）营业现金流量。营业现金流量是指投资项目投入使用后在其寿命周期内由生产经营所带来的现金流入量和现金流出量。主要包括营业收入、付现成本、税金及附加、所得税等。

（3）终结现金流量。终结现金流量是指投资项目完成时所发生的现金流量，主要包括固定资产的残值收入和变现收入、收回垫支的流动资金等。

（三）现金流量的假设前提

（1）投资项目类型的假设。假设投资项目只包括单纯固定资产投资项目、完整工业投资项目和更新改造投资项目三种类型，在计算现金流量时也将按照这三种类型分别进行讲解。

（2）财务可行性分析假设。假设决策是从企业投资者的立场出发，在评价一个项目是否可行的时候，只考虑财务可行性的问题。或假定项目已经具备了市场可行性和技术可行性。

（3）全投资假设。假设在确定项目的现金流量时，站在企业投资者的角度，考虑全部投资的运行情况，不区分自有资金或借入资金，而将所需资金都视为自有资金。即使实际存在借入资金，也将其作为自有资金对待，但在计算固定资产原值和总投资时，还需要考虑借款利息因素。

（4）产销平衡假设。假定运营期同一年的产量等于该年的销售量，同时按成本项目计算的当年成本费用等于按要素计算的成本费用。

（5）营业期与折旧年限一致假设。假设项目主要固定资产的折旧年限或使用年限与营业期相同。

（6）时点指标假设。为便于利用资金时间价值的形式，不论现金流量具体内容所涉及的价值指标实际上是时点指标还是时期指标，均假设按照年初或年末的时点指标处理。其中对于建设投资，假定在投资期内有关年度的年初或年末发生。流动资金投资则在投资期末发生；营业期内各年的收入、成本、折旧、摊销、利润、税金等项目的确认均在年末发生；项目最终报废或清理均发生在终结点（但更新改造项目除外）。

（7）确定性因素假设。假定与项目现金流量有关的价格、产销量、成本水平、所得税税率等因素均为已知常数。

（8）投资期投入全部资金假设。不论项目原始总投资是一次投入还是分次投入，除个别情况外，假设它们都是在投资期内投入的。

二、现金流量的估算

- 现金流量
  - 现金流出
    - 原始投资
      - 建设投资
        - 固定资产（不含资本化利息）
        - 无形资产（不含资本化利息）
        - 其他资产（开办费等）
      - 流动资金投资
    - 付现成本 = 总成本 - 非付现成本（折旧、摊销、利息）
    - 税款
      - 税金及附加（消费税、土地增值税、资源税、城建税、教育费附加）
      - 所得税调整 = （息税前利润 - 利息）×所得税税率
    - 维持运营投资（特殊行业）
  - 现金流入
    - 营业收入 = 单价 × 销量
    - 补贴收入（增值税退税、定额补贴、财政补贴）
    - 回收收入
      - 回收流动资金
      - 回收净残值

现金流量构成图

（一）现金流入量的估算

1. 营业收入的估算

营业收入应按照项目在营业期内有关产品的各年预计单价和预测销售量进行估算（不含增值税、销售折扣和折让）。此外，作为营业期现金流入量的主要项目，本应按当期现销收入额与回收以前期应收账款的合计数确认。但为简化核算，一般假定每期发生的赊销额与回收的应收账款大体相等。

2. 补贴收入

补贴收入是与运营期收益有关的政府补贴，可根据政策退还的增值税、按销量或工作量分期计算的定额补贴和财政补贴等予以估算。

3. 回收固定资产净残值的估算

按主要固定资产的原值乘以其法定净残值率即可估算出在终结点发生的回收固定资产净残值。更新改造项目需要估算两次：一次是投资期发生起点变卖旧设备的变现净值，一次是在项目终结点的新设备净残值。

4. 回收流动资金的估算

在终结点一次回收的流动资金应等于各年垫支的流动资金投资额的合计数。

（二）现金流出量的估算

1. 建设投资的估算

建设投资主要应当根据项目规模和投资计划所确定的各项建筑工程费用、设备购置成本、安装工程费用和其他费用来估算。固定资产投资和原值是不一样的。会计上固定资产原值不仅包括买价、运杂费等费用，还包含资本化利息，但是财务管理的建设投资是不含资本化利息。

2. 流动资金投资的估算

用每年流动资金需用额和该年流动负债可用额的差来确定本年流动资金需用额，然后用本年流动资金需用额减去截止上年末的流动资金占用额确定本年流动资金增加额。

3. 付现成本的估算

是指在营业期内为满足正常生产经营而动用的现实货币资金支付的成本费用，也称经营成本。付现成本的节约相当于本期现金流入的增加，但为统一现金流量的计量口径，在实务中仍按其性质将节约的付现成本以负值计入现金流出量项目，而并非列入现金流入量项目。计算公式为：

付现成本 = 总成本（营业成本）－非付现成本

= 总成本 －（折旧额 + 无形资产和开办费摊销额 + 计入财务费用的利息支出）

= 外购原材料燃料和动力费用 + 工资福利费 + 其他费用

注：总成本包含期间费用中的管理费用、销售费用和财务费用，但支付的利息均不作为现金流出。

4. 各项税款的估算

（1）税金及附加

税金及附加 = 应交消费税 + 应交城市维护建设税 + 应交教育费附加

城市维护建设税 =（实际应交增值税 + 实际应交消费税）× 城市维护建设税税率

教育费附加 =（实际应交增值税 + 实际应交消费税）× 教育费附加税率

（2）所得税调整

第一，对于所得税的计算，有两种观点。

①所得税调整是项目可行性研究中的一个专有术语，是为简化计算而设计的虚拟企业所得税税额。

所得税调整 = 息税前利润 × 企业所得税税率

息税前利润 = 营业收入 －（总成本 － 利息）－ 税金及附加

= 税前利润 + 利息

= 净利润（税后利润）+ 利息 + 所得税

②所得税按会计的计算标准，与会计报表相一致。本教材采用该观点。

所得税调整 =（息税前利润 － 利息）× 企业所得税税率

= 税前利润 × 企业所得税税率

第二，所得税具有所得税效应。所得税效应是指固定资产更新项目变现收入的税赋损益。按规定，出售资产时的资本利得（售价高于原价或账面净值的部分）应缴纳所得税，构成现金流出量；出售资产时发生的损失（售价低于原价或账面净值的部分）可以抵减当年所得税支出，少缴纳的所得税构成现金流入量。

假设某设备原价 100 000 元，已使用 5 年，设备净值为 50 000 元，企业所得税税率为 25%。如果企业以 50 000 元出售此设备时，所得税效应为 0。如果以 40 000 元出售此设备时，出售旧设备的所得税效应为（40 000 － 50 000）× 25% = －2 500 元，即现金流入增加 2 500 元。如果以 60 000 元出售此设备时，出售旧设备的所得税效应为（60 000 － 50 000）× 25% = 2 500 元，即使得现金流出增加 2 500 元。

（3）增值税

增值税属于价外税，对于是否计入现金流量有两种观点。

①销项税额不作为现金流入项目，进项税额和应交增值税也不作为现金流出项目处理。该方法比较简单，也不会影响现金净流量的计算；但不利于城市维护建设税和教育费附加的估算。

②销项税额单独列作现金流入量，同时分别把进项税额和应交增值税列作现金流出量。该方法有助于城市维护建设税和教育费附加的估算。

在本教材采用第一种观点，进行现金流量计算时一般不含增值税，但在计算城市维护建设税和教育费附加时要考虑增值税。

5. 维持运营投资

是指为矿山、油田等行业为维持正常运营而需要在运营期投入的固定资产投资，应根据特定行业的实际需要进行估算。

思政理念： 科教兴国

"科教兴国"是指全面落实科学技术是第一生产力的思想，坚持教育为本，把科技和教育摆在经济、社会发展的重要位置，增强国家的科技实力及向现实生产力转化的能力，提高全民族的科技文化素质，把经济建设转移到依靠科技进步和提高劳动者素质的轨道上来，加速实现国家的繁荣强盛。

"科教兴国"是党中央、国务院按照邓小平理论和党的基本路线，科学分析和总结世界近代以来特别是当代经济、社会、科技发展趋势和经验，并充分估计未来科学技术特别是高技术发展对综合国力、社会经济结构、人民生活和现代化进程的巨大影响，根据中国国情，为实现社会主义现代化建设三步走的宏伟目标而提出的发展战略。

实务训练

衡阳梦幻电器有限公司 2021 年拟建设一条新的生产线，总投资 500 万元，投资期 1 年，营业期 5 年。预计投产后每年外购原材料的费用为 30 万元，工资及福利费为 15 万元，其他费用 5 万元；每年折旧费为 10 万元，无形资产摊销费为 5 万元，利息支出 10 万元；每年预计营业收入为 130 万元。该企业适用的增值税税率为 13%，城建税税率为 7%，教育费附加税率为 3%，地方教育费附加税率为 2%，企业所得税税率 25%，假设除上述税费外该企业不涉及其他相关税费。

要求： 1. 计算该公司每年付现成本和非付现成本的金额分别为多少？

2. 计算该公司每年税金及附加的金额为多少？

3. 计算该公司每年息税前利润、税前利润和净利润的金额分别为多少？

思维培养

一个游客路过一个小镇，他走进一家旅馆给了店主 1 000 元现金，挑了一个房间，他上楼以后，店主拿这 1 000 元给了对门的屠夫支付了这个月的肉钱；屠夫去养猪的农夫家里把欠的买猪款付清了，农夫还了饲料钱，饲料商贩还清了赌债，赌徒赶紧去旅馆还了房钱，这 1 000 元又回到旅馆店主手里，可就在此时，游客下楼说房间不合适，拿钱走了；但是，全镇的债务都还清了！看完这个故事，请问有谁亏了吗？一个也不亏，没有这 1 000 元现金，大家都还在相互持续的追债，后果不堪设想，可外地游客带来的 1 000 元现金流动了一下，大家的债务就全部解决了。这就是资金流动让经济社会焕发了生机！

公司经营当中同样离不开现金，流动资金为什么重要，因为它在每周转一次都能产生营业收入和利润，所以本质上说流动资金就是公司利益的创造者。

思考： 1. 企业是否可以根据项目投资的现金流入量和现金流出量的估算进行评价经营效益？

2. 企业项目投资的现金流量构成形式是否可以单一化？各项现金流入量和现金流出量存在什么关系？

项目活动二　现金流量的计算

工作情景

衡阳梦幻电器有限公司拟更换一台生产设备，旧设备的账面价值为 12 万元，目前变现价格为 8 万元，尚可使用寿命为 5 年，其净残值为 4 万元。拟购入的新设备为 20 万元，采用直线法计提折旧，预计净残值为 5 万元，假定新旧设备的替换将在当年内完成（即更新设备的投资期为零）。新设备投入生产后预计可使企业每年营业收入增加 10 万元，营业成本增加 5 万元。假定处理旧设备不涉及税金及附加，全部资金来源均为自有资金。企业所得税税率为 25%。请根据该项目有关内容完成以下工作任务。

思考： 1. 从现金流量的角度考虑新旧设备，并分别画出其现金流量图，标示重要指标。

2. 根据新旧设备的现金流量情况，做出简单决策。

理论知识

一、单纯固定资产投资项目

（一）现金流入量

（1）增加的营业收入；

（2）回收固定资产净残值。

（二）现金流出量

（1）固定资产投资；

（2）新增付现成本；

（3）增加的各项税款。

（三）有投资期的单纯固定资产投资现金流量

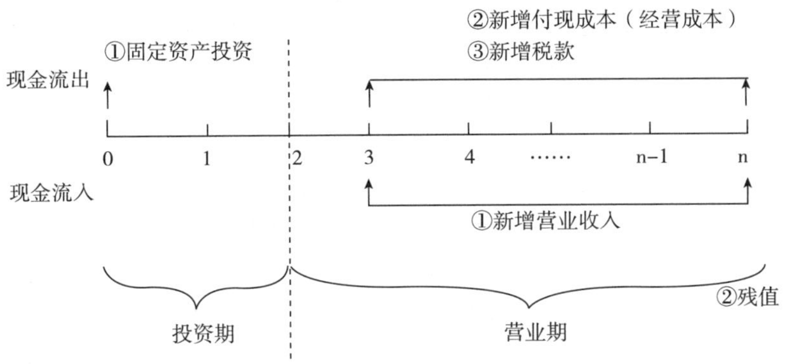

单纯固定资产投资现金流量图（有投资期）

投资期：

现金流入量 = 0

现金流出量 = 固定资产投资

注：资金若不是在投资期初一次投入，而是在投资期分期投入，则要对每年分别计算。

营业期：

现金流入量 = 新增营业收入 + 残值（最后一年）

现金流出量 = 新增付现成本 + 新增所得税

（四）无投资期的单纯固定资产投资现金流量

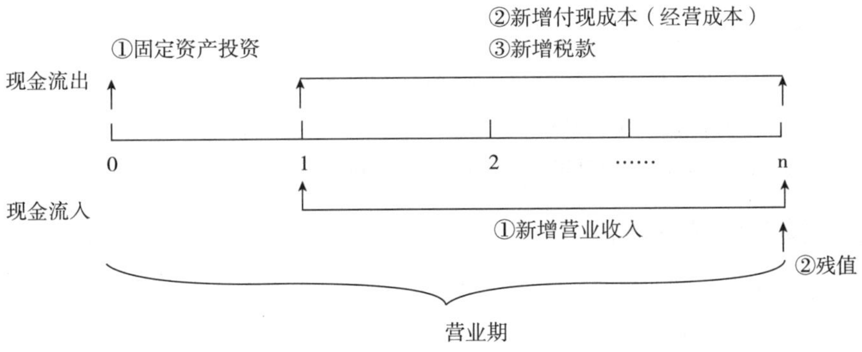

单纯固定资产投资现金流量图（无投资期）

注：①其资金投入只考虑固定资产投资，不考虑流动资金等的投入和收回。

②现金流量的计算只考虑新增部分。

③投资期发生的资本化利息不计入固定资产投资，既不属于建设投资，也不

属于现金流入或现金流出；其只计入固定资产原值，与折旧相关。

④年折旧额 =（固定资产原值 - 残值）/使用年限。

【例 4 - 1】 衡阳梦幻电器有限公司拟购置一台设备，价款为 240 000 元，为自有资金，使用 6 年，期满净残值为 12 000 元，直线法计提折旧。投资期 2 年，使用该设备每年为公司增加经营收入 100 000 元，新增经营成本 20 000 元，企业所得税税率 25%。

要求： 计算该公司每年的现金流入量和流出量。

解：

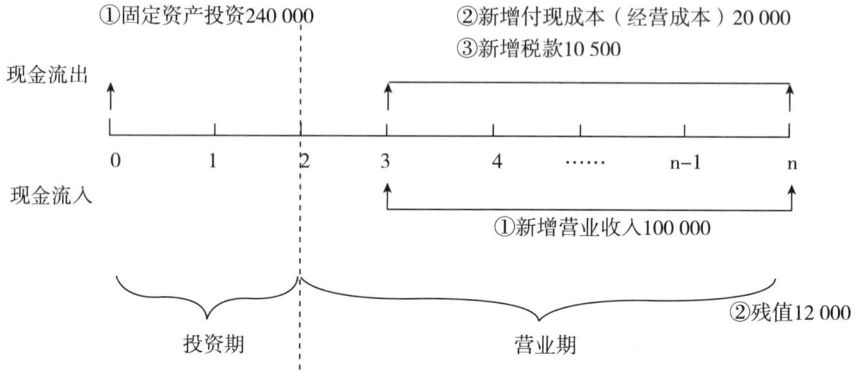

$$年折旧额 = \frac{240\ 000 - 12\ 000}{6} = 38\ 000\ （元）$$

所得税 =（100 000 - 20 000 - 38 000）×25% = 10 500（元）

第 0 年：现金流入量 = 0（元）

现金流出量 = 240 000（元）

第 1 - 2 年：现金流入量 = 0（元）

现金流出量 = 0（元）

第 3 - 7 年：现金流入量 = 100 000（元）

现金流出量 = 20 000 + 10 500 = 30 500（元）

第 8 年：现金流入量 = 100 000 + 12 000 = 112 000（元）

现金流出量 = 20 000 + 10 500 = 30 500（元）

二、完整工业投资项目

（一）现金流入量

（1）营业收入。

（2）回收固定资产净残值。

（3）回收流动资金：主要指新建项目在项目计算期完全终止时（终结点）因不再发生新的替代投资而回收的原垫付的全部流动资金投资额。回收流动资金和回收固定资产净残值统称为回收额。

（4）补贴收入。

（二）现金流出量

（1）建设投资。包括固定资产、无形资产以及开办费的投资，是投资期的主要流出量。

（2）流动资金投资。建设投资与流动资金投资合称为项目的原始总投资。

（3）付现成本。是指营业期内为满足正常生产经营而动用货币资金支付的成本费用，也称为付现的营运成本或经营成本，是生产营业期主要的现金流出项目。

（4）各项税款。包括税金及附加、所得税，不含增值税。

（5）其他现金流出。指不包括在以上内容中的现金流出项目（如营业外净支出等）。

（三）有投资期的完整工业投资项目现金流量

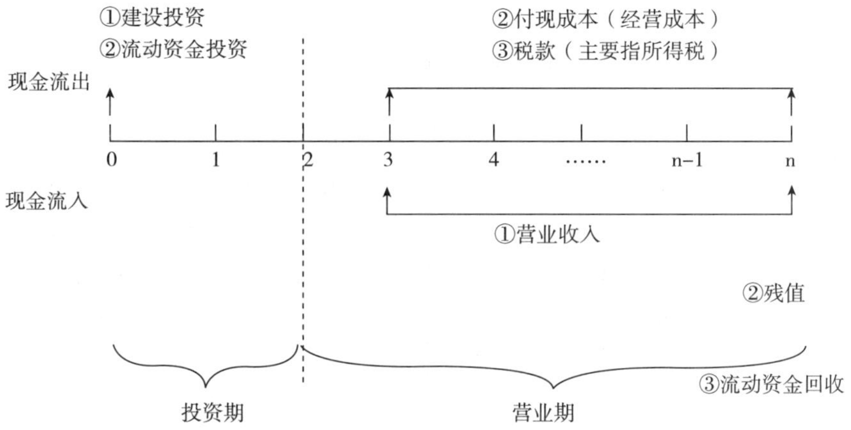

完整工业投资项目现金流量图（有投资期）

投资期：

现金流入量 = 0

现金流出量 = 建设投资 + 流动资金投资

注：资金如不是在投资期初一次投入，而是在投资期分期投入，则要对每年分别计算。

营业期：

现金流入量 = 营业收入 + 残值（最后一年） + 流动资金回收（最后一年）

现金流出量 = 付现成本 + 税款

注：①最后一年比其他年份在计算上多了残值和流动资金回收的现金流入，其余不变。

②非付现成本（即折旧、摊销、利息等）不属于现金流入也不属于现金流出。净现金流量中有该项目，只是公式推导的原因。

③建设投资 = 固定资产投资 + 无形资产投资 + 开办费。

（四）无投资期的完整工业投资项目现金流量

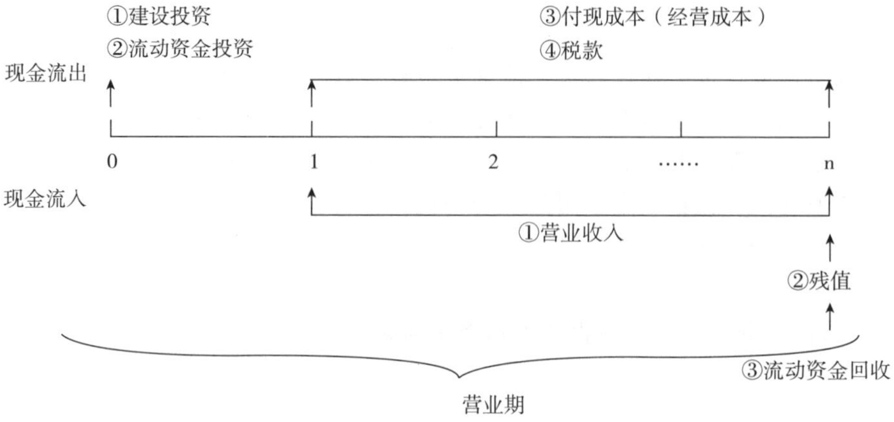

完整工业投资项目现金流量图（无投资期）

无投资期的资金是在第一年初一次性投入，其他没有区别。

【例 4 -2】 衡阳梦幻电器有限公司准备购入一设备以扩充生产能力，需投资 12 000 元，投资为自有资金，采用直线法计算折旧，无投资期，使用寿命 5 年，5 年后有残值收入 2 000 元。5 年中每年销售收入 8 000 元，付现成本第一年为 3 000 元，以后随着设备陈旧，逐年将增加修理费 400 元，另需垫支流动资金 3 000 元，假设企业所得税税率为 25%。

要求： 计算该公司每年的现金流入量和流出量。

解：

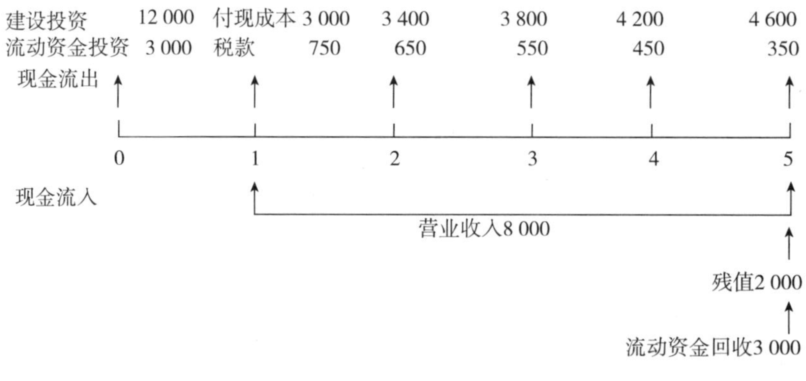

所得税=（销售收入−总成本）× 所得税率

总成本 =付现成本+非付现成本

非付现成本 =折旧+利息+摊销

$$折旧 = \frac{固定资产原值 - 残值}{使用年限}$$（固定资产原值 = 固定资产投资 + 资本化利息）

年折旧额 $=\frac{12\ 000-2\ 000}{5}=2\ 000$（元）

第 0 年：现金流入量 =0

现金流出量 =12 000 +3 000 =15 000（元）

第 1 年：所得税 =（8 000 −3 000 −2 000）×25% =750（元）

现金流入量 =8 000（元）

现金流出量 =3 000 +750 =3 750（元）

第 2 年：所得税 =（8 000 −3 400 −2 000）×25% =650（元）

现金流入量 =8 000（元）

现金流出量 =3 400 +650 =4 050（元）

第 3 年：所得税 =（8 000 −3 800 −2 000）×25% =550（元）

现金流入量 =8 000（元）

现金流出量 =3 800 +550 =4 350（元）

第 4 年：所得税 =（8 000 −4 200 −2 000）×25% =450（元）

现金流入量 =8 000（元）

现金流出量 =4 200 +450 =4 650（元）

第 5 年：所得税 =（8 000 −4 600 −2 000）×25% =350（元）

现金流入量 =8 000 +2 000 +3 000 =13 000（元）

现金流出量 =4 600 +350 =4 950（元）

三、固定资产更新改造项目

（一）现金流入量

（1）因使用新固定资产而增加的营业收入。

（2）处置旧固定资产变现净收入。是处置旧固定资产发生的变价收入与清理费用之差额。

（3）新旧固定资产回收净残值的差额。新固定资产回收的余值大于旧固定资产在同一时间设定余值的差额。

（二）现金流出量

（1）购置新固定资产的投资。

（2）因使用新固定资产而增加的经营成本（节约的经营成本用负值表示）。

（3）因使用新固定资产而增加的流动资金投资（节约的流动资金用负值表示）。

（4）增加的各项税款。因提前报废旧固定资产发生的损失所计算出来的抵减当期所得税额用负值表示。

提前报废旧固定资产净损失抵减所得税 =（旧固定资产账面价值 − 旧固定资产变现净收入）×所得税税率。

（三）有投资期的固定资产更新改造项目现金流量

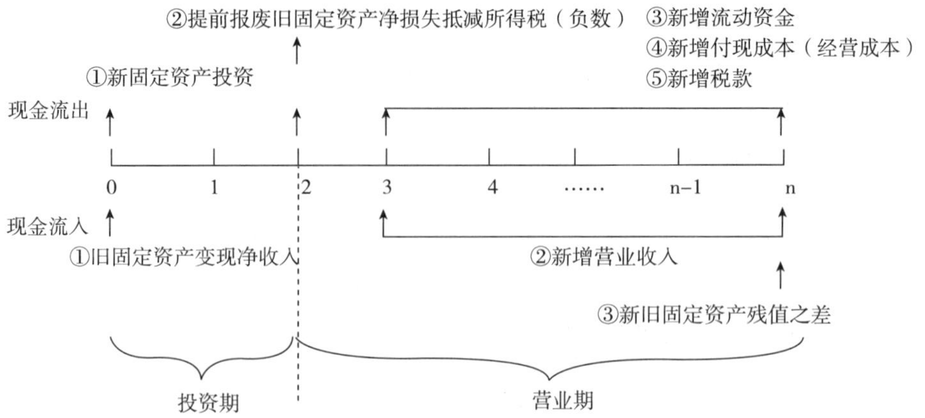

固定资产更新改造项目现金流量图（有投资期）

投资期：期初：现金流入量 = 旧固定资产变现净收入

现金流出量 = 新固定资产投资

期末：现金流入量 = 0

现金流出量 = 提前报废旧固定资产净损失抵减所得税（负数）

营业期：其计算与前两个类型的项目相似，只是另需强调：

（1）现金流出新增部分如为节约要用负数；

（2）期末残值流入是新旧固定资产残值之差（新固定资产残值 - 旧固定资产残值）；

（3）在计算现金净流量时，注意折旧的计算。

$$年新增折旧额=\frac{(新固定资产投资-旧固定资产变现净收入)-新旧固定资产残值之差}{经营期}$$

（四）无投资期的固定资产更新改造项目现金流量

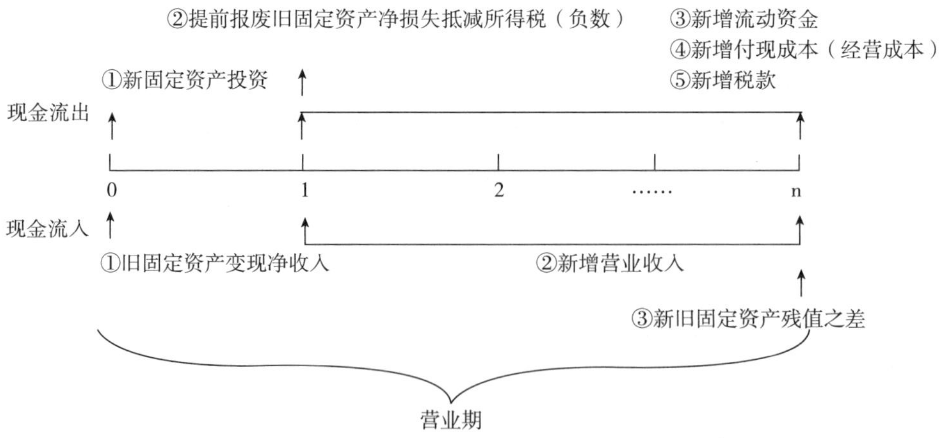

固定资产更新改造项目现金流量图（无投资期）

注：如无投资期，提前报废旧固定资产净损失抵减所得税放在第一年末进行计算。

【例4－3】衡阳梦幻电器有限公司准备变卖一套尚可使用5年的旧设备，另购置一套新设备来替换它。取得新设备的投资额为18万元，旧设备的折余价值为10万元，其变价净收入为8万元，到第5年末新设备预计净残值为5万元，继续使用旧设备届时的预计净残值为4万元，新旧设备的替换将在当年内完成（即更新设备的投资期为零）。使用新设备可使企业每年增加营业收入6万元，增加经营成本3万元。该设备采用直线法计提折旧，企业所得税税率为25%，假设处理旧设备不涉及税金及附加，全部资金来源均为自有资金。

要求：计算该公司每年的现金流入量和现金流出量。

解：

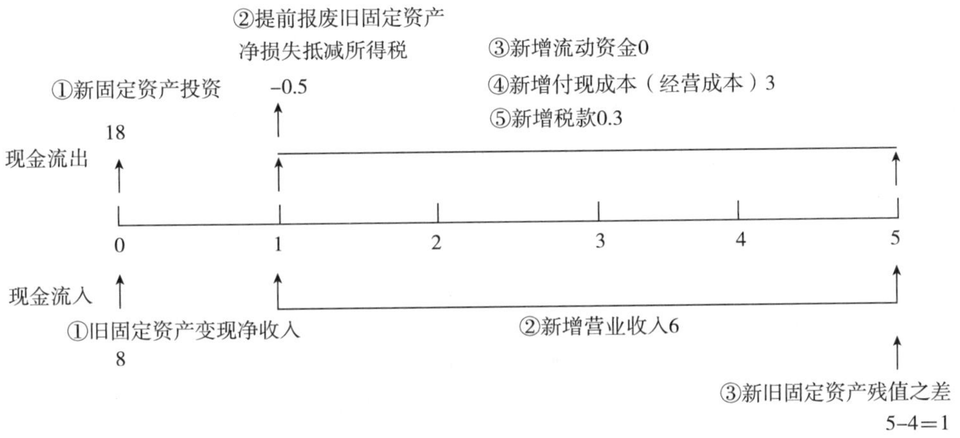

$$年新增折旧额=\frac{(新固定资产投资-旧固定资产变现净收入)-新旧固定资产残值之差}{经营期}$$

$$=\frac{(18-8)-(5-4)}{5}=1.8\ (万元)$$

新增所得税＝(营业收入－付现成本－非付现成本)×所得税税率＝(6－3－1.8)×25%＝0.3(万元)

提前报废旧固定资产净损失抵减所得税＝（旧固定资产账面价值－旧固定资产变现净收入）×所得税税率＝（10－8）×25%＝0.5（万元）

第0年：现金流入量＝8（万元）

　　　　现金流出量＝18（万元）

第1年：现金流入量＝6（万元）

　　　　现金流出量＝（3＋0.3＋0）－0.5＝2.8（万元）

第2年：现金流入量＝6（万元）

　　　　现金流出量＝3＋0.3＋0＝3.3（万元）

第3年：现金流入量＝6（万元）

　　　　现金流出量＝3＋0.3＋0＝3.3（万元）

第4年：现金流入量=6（万元）

现金流出量=3+0.3+0=3.3（万元）

第5年：现金流入量=6+（5-4）=7（万元）

现金流出量=3+0.3+0=3.3（万元）

思政视频：阿里投资人谈怎么找好的投资项目

阿里巴巴的投资人关明生（A&K咨询创始人）和谭秉忠（FAV合伙人）分别谈到如何去"识人"，这不仅仅需要与创业者在"同一战线"，同时还需要很长的时间去认识和了解。

视频链接：https：//v.youku.com/v_show/id_XNDAwMTU0NDUzMg==

实务训练

衡阳梦幻电器有限公司准备购入一台生产设备，需要投资50 000元，由于自有资金不足，公司决定向银行借款，年利率为10%，采用直线法计算折旧，投资期为2年，投产后可使用4年，4年后有残值收入5 000元。4年中每年销售收入12 000元，经营成本第一年为6 000元，以后随着设备陈旧，逐年将增加修理费800元，假设企业所得税税率为25%。

要求：1. 计算该企业购入设备时的现金流入量和流出量分别为多少？

2. 计算该企业第1-3年现金流入量和流出量分别为多少？

3. 计算该企业第4年现金流入量和流出量分别为多少？

思维培养

"长线投资"从字面意思来看就是长期持有的投资，长期是其首要特征。

一位8岁的女孩拿着三角钱来到瓜园买瓜，瓜农见她钱太少，便想糊弄小姑娘离开，指着一个未长大的小瓜说："三角钱只能买到那个小瓜"。

女孩答应了，兴高采烈地把钱递给瓜农，瓜农很惊讶："这个瓜还没熟，你要它怎么吃呢？"

女孩："交上钱这瓜就属于我了，等瓜长大熟了我再来取吧。"

思考：通过以上故事，作为未来的财务人员你认为具备哪些条件的企业才值得长线投资？

项目活动三　现金净流量的计算

工作情景

衡阳梦幻电器有限公司董事会看好新能源行业的发展机会，拟计划进军太阳能领域，准备投资太阳能组件生产项目，该项目需要原始投资1 250万元，其中固定资产投资1 000万元，开办费投资50万元，流动资金投资200万元。投资期为1年，投资期发生与购建固定资产有关的资本化利息100万元。固定资产投资和开办费投资于建设期起点投入，流动资金于完工时，即第1年末投入。该项目寿命期10年，固定资产按直线法计提折旧，期满有100万元净残值；开办费在营业期摊销完毕；流动资金于终结点一次回收。投产后每年营业收入为500万元，营业成本为100万元，企业所得税税率为25%。请根据该项目有关内容完成以下工作任务。

思考： 1. 该项目投资期与营业期的现金净流量是否有差异？差异主要存在哪些方面？

2. 通过计算该项目的现金净流量，是否可以直接判断该项目可行？

理论知识

一、现金净流量

（一）概念

现金净流量是指现金流入量与现金流出量相抵后的余额，它是计算项目投资决策评价指标的重要依据。

某年现金净流量（NCF）＝该年的现金流入量（CI）－该年的现金流出量（CO）

（二）特征

（1）投资期、营业期和终结期都存在现金净流量。

（2）由于不同时期的现金流入量和现金流出量发生的可能性不同，使得各阶段上的现金净流量在数值上表现出不同的特点，如投资期内的现金净流量一般小于或等于零；在营业期和终结期的现金净流量则多为正值。

（三）形式

（1）税前现金净流量。不受筹资方案和所得税政策变化的影响，是全面反映投资项目方案本身财务获利能力的基础数据。计算时，现金流出量的内容中不考虑调整所得税因素。

（2）税后现金净流量。将所得税视为现金流出，可用于评价在考虑所得税因素时项目投资对企业价值所做的贡献。本教材如无特别说明，一般指计算税后现金净流量。

税后现金净流量 = 税前现金净流量 - 调整所得税

（四）不同时期的现金净流量

1. 投资期现金净流量

NCF = 现金流入量 - 现金流出量

=0 - 固定资产投资额(1)

=0 - （建设投资 + 流动资金投资）(2)

=0 - （新固定资产投资 - 旧固定资产的变价净收入）(3)

注：①等式（1）为单纯固定资产投资项目投资期的现金净流量；

②等式（2）为完整工业投资项目投资期的现金净流量；

③等式（3）为固定资产更新改造项目投资期的现金净流量，若投资期存在一段时间，如两年，则投资期期末还存在现金流出量，即：

NCF（期末）=0 - 旧固定资产提前报废发生净损失抵减的所得税额

2. 营业期现金净流量

NCF = 现金流入量 - 现金流出量

= 新增营业收入 + 净残值/回收额/新旧残值之差 - （新增付现成本 + 新增所得税）

= （营业收入 - 付现成本 - 所得税）+ 净残值/回收额/新旧残值之差

= （营业收入 - 付现成本 - 所得税 - 非付现成本 + 非付现成本）+ 净残值/回收额/新旧残值之差

= 税后营业利润 + 非付现成本 + 净残值/回收额/新旧残值之差

= 收入 ×（1 - 所得税税率）- 付现成本 ×（1 - 所得税税率）+ 非付现成本 ×（1 - 所得税税率）+ 净残值/回收额/新旧残值之差

注：①公式中的净残值/回收额/新旧残值之差都只需在最后一年计算，其中回收额 = 残值 + 流动资金回收；

②公式中的非付现成本主要是指折旧和摊销等；

③公示中税后营业利润又可称为净利润，公式为：

税后营业利润（净利润）= 营业收入 - 营业成本 - 所得税 = 营业收入 - 付现成本 - 非付现成本 - 所得税 = （营业收入 - 付现成本 - 非付现成本）×（1 - 企业所得税税率）

④若在固定资产更新改造项目的营业期中存在新增的流动资金，则在计算营业期现金净流量时需减去流动资金投资。

【例 4 -4】衡阳梦幻电器有限公司拟购置一台设备，价款为 240 000 元，为自有资金，使用 6 年，期满净残值为 12 000 元，直线法计提折旧。投资期 2 年，使用该设备每年为公司增加经营收入 100 000 元，新增经营成本 20 000 元，企业所得税税率 25%。

要求：计算该公司不同时期的现金净流量。

解：

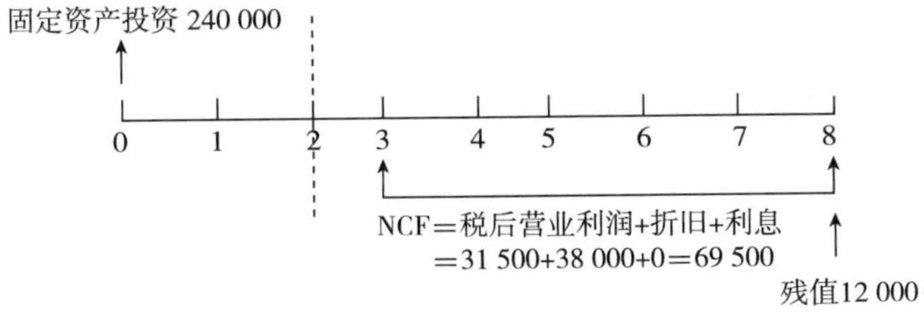

$$年折旧额=\frac{240\ 000-12\ 000}{6}=38\ 000（元）$$

税后营业利润(净利润)=(营业收入－付现成本－非付现成本－税金及附加)×(1－所得税税率)=(100 000－20 000－38 000－0)×(1－25%)=31 500(元)

NCF_0 = 现金流入量－现金流出量

或 =0－固定资产投资额 =0－240 000 = －240 000（元）

NCF_{1-2} =0（元）

NCF_{3-7} = 现金流入量－现金流出量

或 = 税后营业利润 + 非付现成本 = 税后营业利润 + 折旧 =31 500 +38 000 =69 500（元）

NCF_8 = 现金流入量－现金流出量

或 = 税后营业利润 + 非付现成本 + 净残值 =31 500 +38 000 +12 000 =81 500（元）

【例 4－5】 衡阳梦幻电器有限公司准备变卖一套尚可使用 5 年的旧设备，另购置一套新设备来进行替换。取得新设备的投资额为 18 万元，旧设备的折余价值为 10 万元，其变价净收入为 8 万元，到第 5 年末新设备预计净残值为 5 万元，继续使用旧设备届时的预计净残值为 4 万元，新旧设备的替换将在当年内完成（即更新设备的投资期为零）。使用新设备可使企业每年增加营业收入 6 万元，增加经营成本 3 万元。设备采用直线法计提折旧。企业所得税税率为 25%，假设处理旧设备不涉及税金及附加，全部资金来源均为自有资金。

要求： 计算该更新项目各年的现金净流量。

解：

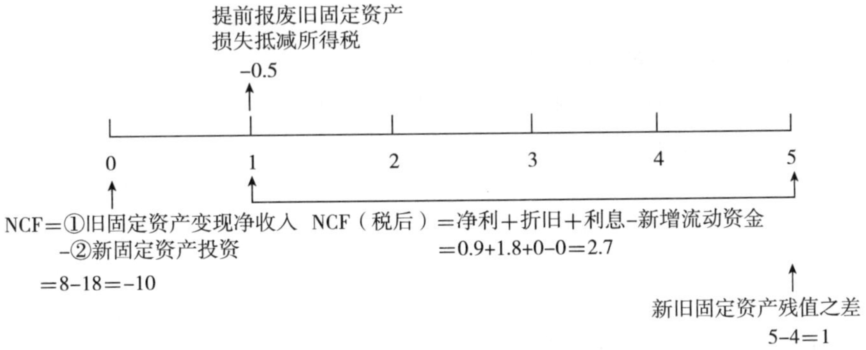

$$年新增折旧额=\frac{（新固定资产投资－旧固定资产变现净收入）－新旧固定资产残值之差}{经营期}$$

$$=\frac{(18-8)\ -\ (5-4)}{5}=1.8\ (\text{万元})$$

新增所得税 =（新增营业收入 - 新增付现成本 - 新增非付现成本）× 所得税税率 =（6 - 3 - 1.8）× 25% = 0.3（万元）

提前报废旧固定资产净损失抵减所得税 =（旧固定资产账面价值 - 旧固定资产变现净收入）× 所得税税率 =（10 - 8）× 25% = 0.5（万元）

税后营业利润（净利润）=（营业收入 - 付现成本 - 非付现成本）×（1 - 所得税税率）

=（6 - 3 - 1.8）×（1 - 25%）= 0.9（万元）

或（营业收入 - 付现成本 - 非付现成本）- 新增所得税

= 6 - 3 - 1.8 - 0.3 = 0.9（万元）

NCF_0 = 现金流入量 - 现金流出量

或 = 旧固定资产变现净收入 - 新固定资产投资

= 8 - 18 = -10（万元）

NCF_1 = 现金流入量 - 现金流出量

或 = 税后营业利润 + 非付现成本 -（0 - 旧固定资产提前报废发生净损失抵减的所得税额）

= 0.9 + 1.8 -（0 - 0.5）= 3.2（万元）

NCF_{2-4} = 现金流入量 - 现金流出量

或 = 税后营业利润 + 非付现成本 = 0.9 + 1.8 = 2.7（万元）

NCF_5 = 现金流入量 - 现金流出量

或 = 税后营业利润 + 非付现成本 + 新旧残值之差 = 0.9 + 1.8 +（5 - 4）= 3.7（万元）

二、现金流量表

（一）现金流量表的概念

项目决策中的现金流量表，是一种能够全面反映某项目计算期内每年的现金流入量和现金流出量的具体构成内容，以及现金净流量水平的经济分析报表。

现金流量表包括“项目投资现金流量表”“项目资本金现金流量表”和“投资各方现金流量表”等不同形式，本书只介绍“项目投资现金流量表”。

项目投资现金流量表要详细列示所得税前现金净流量、累计所得税前现金净流量、所得税后现金净流量和累计所得税后现金净流量，并要求根据所得税前后的现金净流量分别计算净现值和投资回收期等指标。

【例 4-6】 衡阳梦幻电器有限公司 2021 年拟新建一条生产线，投资期为 1 年，预计投产后可使用 10 年。在建设之初一次性投入建设资本 200 万元，投资期投入建设资本 25 万元；流动资金共投入 20 万元，分别为投资期投入 15 万元，营业期第一年投入 5 万元。投产后，预计前五年每年可获得营业收入 200 万元，经营成本支出 100 万元；预计后五年每年可获得营业收入 300 万元，经营成本支出 140 万元。生产最后一年可回收生产线残值 10 万元，并收回流动资金。假定该企业所处的行业基准折现率为 10%，适用的增值税税率为 13%，城建税税率为 7%，教育费附加税率为 3%，地方教育费附加税率为 2%，企业所得税税率 25%，假设除上述税费外该企业不涉及其他相关税费。

根据以上信息编制衡阳梦幻电器有限公司生产线投资项目的现金流量表，详见表 4-1。

表 4-1　衡阳梦幻电器有限公司生产线投资项目现金流量表(投资项目)　金额单位:万元

项目计算期(第 t 年)	投资期		营业期										合计
	0	1	2	3	4	5	6	7	8	9	10	11	
1. 现金流入	0	0	200	200	200	200	200	300	300	300	300	330	2 530
1.1 营业收入			200	200	200	200	200	300	300	300	300	300	2 500
1.2 补贴收入													0
1.3 回收固定资产余值												10	10
1.4 回收流动资金												20	20
2. 现金流出	200	40	108.12	103.12	103.12	103.12	103.12	144.68	144.68	144.68	144.68	144.68	1 484
2.1 建设投资	200	25											225
2.2 流动资金投资		15	5										20
2.3 经营成本			100	100	100	100	100	140	140	140	140	140	1 200
2.4 税金及附加			3.12	3.12	3.12	3.12	3.12	4.68	4.68	4.68	4.68	4.68	39
2.5 维持运营投资													0
3. 所得税前现金净流量	-200	-40	91.88	96.88	96.88	96.88	96.88	155.32	155.32	155.32	155.32	185.32	1 046
4. 累计所得税前现金净流量	-200	-240	-148.12	-51.24	45.64	142.52	239.40	394.72	550.04	705.36	860.68	1046	-
5. 调整所得税			24.22	24.22	24.22	24.22	24.22	38.83	38.83	38.83	38.83	38.83	315.25
6. 所得税后现金净流量	-200	-40	67.66	72.66	72.66	72.66	72.66	116.49	116.49	116.49	116.49	146.49	730.75
7. 累计所得税后现金净流量	-200	-240	-172.34	-99.68	-27.02	45.64	118.30	234.79	351.28	467.77	584.26	730.75	-

计算指标:(行业基准折现率 10%,企业所得税税率为 25%)

净现值(税前)=436.23 万元;净现值(税后)=269.68 万元;不包括投资期的静态回收期(税后)=3.59 年;包括投资期的静态回收期(税后)=4.59 年;不包括投资期的动态回收期(税后)=4.76 年;包括投资期的动态回收期(税后)=5.76 年。

（二）财务管理的现金流量表与会计的现金流量表之间的不同

财务管理的现金流量表与会计的现金流量表有很大的差异性，存在的主要差别如表4－2。

表4－2　　财务管理现金流量表与会计现金流量表对比

项目	财务管理	会计
反映的对象	针对特定投资项目	特定企业
时间特征	包括整个项目计算期，连续多年	特定会计年度
内容结构	表格和评价指标两大部分	通过主表和附表反映
勾稽关系	表现为各年的现金流量具体项目与现金流量合计项目之间一个对应关系	通过主表和附表分别按直接法和间接法确定的现金净流量进行勾稽
信息数据属性	为未来的预计数	已知的真实历史数据

思政故事：国家绿色发展基金股份有限公司正式成立

财政部、生态环境部和上海市于2020年7月15日通过视频连线方式举行国家绿色发展基金股份有限公司揭牌仪式。国家绿色发展基金是由财政部、生态环境部和上海市共同设立的国家级政府投资基金，主要投资于环境保护和污染防治、生态修复和国土空间绿化、能源资源节约利用、绿色交通、清洁能源等绿色发展领域。财政部、长江经济带沿线11省市、部分金融机构和相关行业企业共同向基金出资，基金规模885亿元，其中，中央财政出资100亿元。

据悉，国家绿色发展基金按市场化规则运作，通过政府出资并撬动社会资本加大投入，为持续加大长江经济带发展提供动力和资金保障。基金首期主要投资于长江经济带沿线11个省市；适当安排其他区域项目，探索可复制可推广经验；采用公司制，落户上海，由上海市牵头具体管理事宜。

财政部有关负责人表示，财政部作为国务院授权的国家出资人和基金公司第一大股东，将切实履行好国家出资人职责。基金公司要加强与沿江省市及有关部门的沟通协调，聚焦长江经济带沿线环境保护、污染防治、能源资源节约利用等绿色发展重点领域，探索可复制可推广经验，在推动绿色发展中发挥好示范作用；要不断提升管理水平和投资能力，加强基础管理制度建设，建立健全风险防控体系；要充分发挥部门、地方在绿色发展方面的信息资源优势，加快项目储备，推动基金尽快开展投资业务，尽早发挥效益。

实务训练

衡阳梦幻电器有限公司已知某固定资产项目需要一次性投入资金100万元，资金来源为银行借款，利率8%，投资期为1年，发生资本化利息10万元。该固定资产可使用10年，按直线法折旧，期满有净残值20万元。投入使用后，可使营业期每年产品销售收入（不含增值税）增加80万元，同时每年的经营成本增加30万元，每年末支付利息10万元，该企业的所得税税率为25%。

要求：1. 计算该企业投资项目时的现金净流量为多少？

2. 计算该企业第1年的现金净流量为多少？

3. 计算该企业第2－10年的现金净流量分别为多少？

4. 计算该企业第11年的现金净流量为多少？

5. 请编制该项目投资的现金流量表。

思维培养

项目投资现金流量表和资本金现金流量表有哪些区别？

职业拓展

联合国工业发展组织、国际金融组织、欧盟及我国的项目周期划分与管理

一、联合国工业发展组织从资金投入—产出循环的角度，将项目周期划分为三个时期：投资前时期、投资时期和生产时期。

二、世界银行从贷款流转、使用与管理角度，将项目周期细化为六个工作阶段。包括项目立项、项目准备、项目评估、谈判与董事会批准、项目执行和监督以及项目后评价。

三、欧盟从投资决策机制的角度，把项目周期分为规划、选项、评估、融资、实施、后评价六个阶段。六个阶段的划分依据是：发展战略文件、预可行性研究、可行性研究、项目融资建议书、工程进度及监测报告、总结评价报告和专题报告。工程咨询将在决策过程的各个阶段中为出资人项目管理提供服务。

工作任务三　项目投资决策评价指标

任务描述

通过学习，掌握各项项目投资决策评价指标的计算及其评价标准。帮助企业降低投资风险，获取最佳投资效益。

工作情景

衡阳梦幻电器有限公司某空调项目需固定资产投资 200 万元，于第一年和第二年初分别投入 100 万元，该项目投资期 2 年，投资期资本化利息共 34 万元，计入固定资产原值。营业期 8 年，固定资产期满净残值收入 25 万元。项目投产后，预计年营业收入 90 万元，年经营成本 55 万元，营业期每年需支付借款利息 17 万元，营业期结束时还本，该企业采用直线法折旧，所得税率 25%，设定折现率 8%。请根据该项目有关内容完成以下工作任务。

思考：1. 分析该项目的净现值 NPV、年金净流量 ANCF 和现值指数 PVI，判断该项目是否可行；

2. 假定折现率为 6% 或 10%，将对公司的决策有何影响？

理论知识

一、投资决策评价指标

（一）概念

投资决策评价指标是用于衡量和比较投资项目可行性，以便据以进行方案决策的定量化标准与尺度，是由一系列综合反映投资效益、投入产出关系的量化指标构成。从财务评价的角度，投资决策评价指标主要包括净现值、年金净流量、现值指数、内含报酬率和回收期。

（二）分类

1. 按是否考虑资金时间价值分类

按是否考虑资金时间价值分为贴现指标和非贴现指标。贴现指标是在计算过程中考虑时间价值因素的指标，又称动态指标。如净现值、年金净流量、现值指数和内含报酬率等。

非贴现指标是在计算过程中不考虑时间价值因素的指标，又称静态指标。如静态投资回收期。

2. 按指标性质不同分类

按指标性质不同分为正指标和反指标。正指标是在一定范围内越大越好的指标。如净现值、年金净流量、现值指数和内含报酬率。

反指标是在一定范围内越小越好的指标。如静态投资回收期。

3. 按指标数量特征分类

按指标数量特征分为绝对数指标和相对数指标。绝对数指标是反映项目投资总量规模的统计指标。如净现值和投资回收期。

相对数指标是表示项目投资的强度和水平的指标。如年金净流量、现值指数和内含报酬率。

4. 按指标重要性分类

按指标重要性分为主要指标、次要指标和辅助指标。主要指标包括净现值、年金净流量和内含报酬率等；次要指标主要是指投资回收期；而辅助指标主要是指现值指数。

二、净现值

（一）概念

净现值（NPV），是指一个投资项目其未来现金净流量现值与原始投资额现值之间的差额。

计算现金净流量现值时，要按预定的贴现率对投资项目的未来现金流量和原始投资额进行贴现。预定贴现率是投资者所期望的最低投资报酬率，贴现率可以参考市场利率、预期最低报酬率或企业平均资本成本率等。净现值是一个贴现的绝对数正指标。

（二）公式

净现值（NPV）＝未来现金净流量现值－投资期原始投资现值

$$=\sum NCF_t(P/F,i,t)$$

＝∑（各年现金流入量现值－各年现金流出量现值）

（三）分析

（1）在评价原始投资额相等的项目时，净现值（NPV）越大越好。

（2）净现值（NPV）≥0，投资项目可行，说明项目的实际报酬率高于或等于所要求的报酬率；反之，净现值<0，投资项目不可行。

（四）优缺点

优点：①充分考虑了资金的时间价值；②适用性强，能基本满足项目年限相同的互斥投资方案决策；③能够利用项目计算期内的全部现金净流量信息；④考虑了投资风险性。

缺点：①无法直接反映投资项目的实际收益水平。②是绝对数的指数，不便于不同投资规模方案的对比，不能直接对寿命期不同的互斥投资方案进行决策。③现金净流量的测量和折现率的确定较困难。④计算较复杂，考虑时间价值要折算，比较难理解和掌握。

（五）计算方法

（1）公式法。公式法是指根据净现值的定义，直接利用理论计算公式来完成该指标计算的方法。

（2）列表法。列表法是指通过在现金流量表计算净现值指标的方法。即在现金流量表上，根据已知的各年现金净流量，分别乘以各年的复利现值系数，从而计算出各年折现的现金净流量，最后求出项目计算期内折现的现金净流量的代数和，就是所求的净现值指标。

（3）简化法。该方法是公式法的一种特殊形式，当项目投产后现金净流量表现为普通年金或递延年金时，可以利用计算年金现值的技巧直接计算出项目净现值。

【例4－7】衡阳梦幻电器有限公司某投资项目的现金净流量如下：NCF_0为－200万元，NCF_1为0，NCF_{2-5}为50万元，NCF_6为100万元。假定该投资项目的贴现率为10%。

要求：分别按照公式法、列表法和简化法计算该项目的净现值。

解：

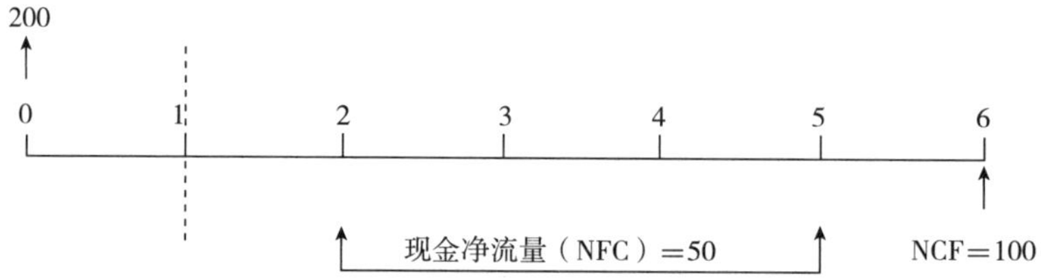

（1）公式法

净现值(NPV) = －200 + 0 × (P/F, 10%, 1) + 50 × (P/F, 10%, 2) + 50 × (P/F, 10%, 3) + 50 × (P/F, 10%, 4) + 50 × (P/F, 10%, 5) + 100 × (P/F, 10%, 6) = －200 + 0 × 0.9091 + 50 × 0.8264 + 50 × 0.7513 + 50 × 0.6830 + 50 × 0.6209 + 100 × 0.5645 = 0.53(万元)

（2）列表法

年份	投资期		营业期					合计
	0	1	2	3	4	5	6	
NCF	-200	0	50	50	50	50	100	150
10%复利现值系数	1	0.9091	0.8264	0.7513	0.6830	0.6209	0.5645	
NPV	-200	0	41.32	37.565	34.15	31.045	56.45	0.53

(3) 简化法

$$净现值(NPV) = 50 \times (P/A,10\%,4)(P/F,10\%,1) + 100 \times (P/F,10\%,6) - 200$$
$$= 50 \times 3.1699 \times 0.9091 + 100 \times 0.5644 - 200 = 0.53（万元）$$

三、年金净流量

(一) 概念

年金净流量（ANCF），是指项目期间内全部现金净流量总额的总现值或总终值折算为等额年金的平均净流量。一般不考虑终值，本教材以现值相关内容进行讲解。年金净流量是一个贴现的相对量正指标。

(二) 公式

$$年金净流量（ANCF）=\frac{净现值（NPV）}{年金现值系数}$$

(三) 分析

(1) 在比较两个以上寿命期不同的投资方案时，年金净流量（ANCF）越大，方案越好。

(2) 年金净流量（ANCF）≥0，即项目的报酬率大于所要求的报酬率，投资项目可行；反之不可行。

(四) 优缺点

优点：弥补了寿命期不同的投资方案时净现值计算的缺陷。

缺点：不便于对原始投资额不相等的独立投资方案进行决策。

【例4-8】衡阳梦幻电器有限公司有A、B两个备选的投资项目，A方案的投资期为1年，营业期为5年，现金净流量如下：NCF_0为-200万元，NCF_1为0，NCF_{2-5}为50万元，NCF_6为100万元；B方案无回收期，营业期为5年，现金净流量如下：NCF_0为-200万元，NCF_1为30万元，NCF_{2-4}为40万元，NCF_5为95万元。假定该投资项目的贴现率为10%。

要求：判断A、B两个投资方案哪个最优。

解：

按照简化法可得，

$$A方案净现值(NPV) = -200 + 50 \times (P/A,10\%,4) \times (P/F,10\%,1) + 100 \times (P/F,10\%,6)$$
$$= -200 + 50 \times 3.1699 \times 0.9091 + 100 \times 0.5644 = 0.53（万元）$$

B方案净现值(NPV) $= -200 + 30 \times (P/F,10\%,1) + 40 \times (P/A,10\%,3) \times (P/F,10\%,1) + 95 \times (P/F,10\%,5) = -200 + 30 \times 0.9091 + 40 \times 2.4869 \times 0.9091 + 95 \times 0.6209 = -23.3$(万元)

由于A、B两方案初始投资额相同，但寿命不同，按照年金净流量进行计算：

$$A方案年金净流量（ANCF）=\frac{0.53}{(P/A，10\%，6)}=0.12$$

$$B方案年金净流量（ANCF）=\frac{1.53}{(P/A，10\%，5)}=0.40$$

因 A 方案年金净流量 0.12 < B 方案年金净流量 0.40，所以选 B 方案。

四、现值指数

（一）概念

现值指数（PVI），是指投资项目的未来现金净流量现值与原始投资额现值之比。现值指数是一个贴现的相对量正指标。

（二）公式

$$现值指数（PVI）=\frac{未来现金净流量现值}{原始投资额现值}$$

（三）分析

（1）在评价投资额不相等项目时，现值指数（PVI）越大越好。

（2）现值指数（PVI）≥1（即净现值大于等于 0），即项目投资后的投资报酬率高于或等于必要报酬率，投资项目可行；反之不可行。

（四）优缺点

优点：弥补了原始投资额不相等时净现值计算的缺陷。

缺点：与净现值指标相似，同样无法直接反映投资项目的实际收益率。

【例 4－9】 衡阳梦幻电器有限公司有三个投资备选方案，A 方案投资 600 万元，B 方案投资 450 万元，C 方案 300 万元，投资回收期均为 3 年，贴现率 12%。现三个方案现金净流量如表（均在建设起点一次投入）。

要求： 判断三个投资方案哪个最优。

方案	0	1	2	3
A	－600	250	300	350
B	－450	150	170	190
C	－300	140	140	140

解：A、B、C 三个方案寿命期相同，但原始投资额不同，按照现值指数进行计算：

A 方案未来现金净流量现值 $=250\times(P/F,12\%,1)+300\times(P/F,12\%,2)+350\times(P/F,12\%,3)$

$=250\times0.8929+300\times0.7972+350\times0.7118=711.515$（万元）

B 方案未来现金净流量现值 $=150\times(P/F,12\%,1)+170\times(P/F,12\%,2)+190\times(P/F,12\%,3)$

$=150\times0.8929+170\times0.7972+190\times0.7118=404.701$（万元）

C 方案未来现金净流量现值 $=140\times(P/A,12\%,3)=140\times2.4018=336.252$（万元）

$$PVI_A=\frac{未来现金净流量现值}{原始投资额现值}=\frac{711.515}{600}=1.19$$

同理，$PVI_B = \frac{404.701}{450} = 0.90$

$PVI_C = \frac{336.252}{300} = 1.12$

因 $PVI_A > PVI_C > PVI_B$，所以选 A 方案。

五、内含报酬率

（一）概念

内含报酬率（IRR），是指对投资方案未来的每年现金净流量进行贴现，使所得的现值恰好与原始投资额现值相等，从而使净现值等于零时的贴现率，又称为内含收益率。内含报酬率就是方案本身的实际收益率或动态收益率，是方案本身的资金增值速度。内含报酬率是一个贴现的相对量正指标。

（二）公式

NPV＝0 时的 i（IRR）

方法：查表法、试算法、内插法

（三）分析

（1）内含报酬率（IRR）越大越好。

（2）IRR≥资金成本，投资项目可行；IRR ＜资金成本，投资项目不可行。

（3）当投资额不等时，投资额×（内含报酬率－资金成本）最大的方案最优。

（四）优缺点

优点：①完全考虑了资金时间价值，能够从动态的角度直接反映投资项目的实际收益水平。②不受行业基准收益率高低的影响，比较客观。

缺点：①计算较麻烦。②当营业期大量追加投资时，可能导致多个 IRR，偏高或偏低，缺乏实际意义。

【例 4－10】衡阳梦幻电器有限公司某投资项目投资期为 2 年，于第 1 年和第 2 年初分别投入 100 万元，营业期 5 年，营业期现金净流量为 81.37 万元，营业期结束另有净残值收入 20 万元。

要求：计算该项目的内含报酬率。

解：

$NPV = 81.37 \times (P/A, i, 5) \times (P/F, i, 2) + 20 \times (P/F, i, 7) - [100 + 100 \times (P/F, i, 1)] = 0$

试算：　　$i_1 = 18\%$

$NPV_1 = 81.37 \times (P/A, 18\%, 5) \times (P/F, 18\%, 2) + 20 \times (P/F, 18\%, 7) - [100 + 100 \times (P/F, 18\%, 1)] = 81.37 \times 3.1272 \times 0.7182 + 20 \times 0.3139 - (100 + 100 \times 0.8475) = 4.281$（万元）

$i_2 = 20\%$

$NPV_2 = 81.37 \times (P/A, 20\%, 5) \times (P/F, 20\%, 2) + 20 \times (P/F, 20\%, 7) - [100 + 100 \times (P/F, 20\%, 1)] = 81.37 \times 2.9906 \times 0.6944 + 20 \times 0.2791 - (100 + 100 \times 0.8333) = -8.769$（万元）

内插法：

$$\begin{bmatrix} \begin{bmatrix} 18\% & 4.281 \\ i & 0 \end{bmatrix} \\ 20\% \quad -8.769 \end{bmatrix}$$

$$\frac{18\% - i}{18\% - 20\%} = \frac{4.281 - 0}{4.281 - (-8.769)}$$

$i(IRR) = 18.66\%$

六、回收期

（一）静态回收期

1. 概念

静态回收期，是指没有考虑货币时间价值，直接用未来现金净流量累计到原始投资数额时所经历的时间。静态投资回收期是个非贴现的绝对量反指标。

2. 公式法

如果某一项目的投资均集中发生在投资期内，投产后一定时期内每年经营现金净流量相等，且其合计大于或等于原始投资额，可按下列简化公式直接求出投资回收期。

$$不包括建设期的投资回收期（PP'）= \frac{原始投资额}{投产后年现金净流量}$$

包括投资期的回收期（PP）＝不包括投资期的回收期＋投资期

3. 列表法

是通过列表计算“累计现金净流量”的方式，来确定投资回收期。该方法无论在什么情况下，都可以确定投资回收期，所以又称为一般方法。

$$投资回收期 = 累计净现金流量开始出现正值年份数 - 1 + \frac{上年累计净现金流量的绝对值}{当年净现金流量}$$

4. 分析

（1）投资回收期指标越小越好。

（2）投资回收期≤基准投资回收期，投资项目可行。

5. 优缺点

优点：①能够直观地反映原始总投资的返本期限。②便于理解，计算较简单。③可以直接利用回收期之前的现金净流量信息。

缺点：①没有考虑时间价值。②不能正确反映不同的投资方式对项目的影响。③不考虑回收期满后继续发生现金流量的情况。

【例4－11】 衡阳梦幻电器有限公司某投资项目，需投资200 000元，适用年限为6年，每年的现金流量不相等，市场利率为5%，有关资料如下表4－3所示。

要求： 计算该投资项目的静态回收期。

表 4－3　　项目现金流量表　　单位：元

年份	现金净流量	累计现金净流量	净流量现值	累计现值
1	30 000	30 000	28 572	28 572
2	35 000	65 000	31 745	60 317
3	60 000	125 000	51 828	112 145
4	50 000	175 000	41 135	153 280
5	40 000	215 000	31 340	184 620
6	45 000	260 000	33 579	218 199

解：

从表 4－3 的累计现金净流量栏中可见，该投资项目的静态回收期在第 4 年与第 5 年之间。则，

$$项目回收期 = 4 + \frac{200\ 000 - 175\ 000}{40\ 000} = 4.625\ （年）$$

（二）动态回收期

1. 概念

动态回收期是指需要将投资引起的未来现金净流量进行贴现，以未来现金净流量的现值等于原始投资额现值时所经历的时间。动态投资回收期是个贴现的绝对量反指标。计算方法类似静态回收期。

2. 分析

（1）投资回收期指标越小越好。

（2）投资回收期≤基准投资回收期，投资项目可行。

3. 优缺点

优点：①考虑了资金的时间价值。②相对于静态回收期，其结果更有可参考价值。

缺点：①计算较复杂。②与静态回收期相同，只考虑了未来现金净流量（或现值）总和等于原始投资额（或现值）的部分，没有考虑超过原始投资额（或现值）的部分。

【例 4－12】 承 **【例 4－11】** 中表 4－3 的相关数据，要求：计算该投资项目的动态回收期。

解：

从表 4－3 的累计现值栏中可见，该投资项目的动态回收期在第 5 年与第 6 年之间。则：

$$项目回收期 = 5 + \frac{200\ 000 - 184\ 620}{33\ 579} = 5.46\ （年）$$

七、动态指标之间的关系

动态指标都是以净现值为基础，受到投资期长短、投资方式，以及各年现金净流

量的数量影响，各指标的相互关系如表 4－4。

表 4－4　　动态指标相互关系表

净现值	年金净流量	现值指数	内含报酬率
NPV >0	ANCF >0	PVI >1	IRR >i（资金成本）
NPV =0	ANCF =0	PVI =1	IRR =i
NPV <0	ANCF <0	PVI <1	IRR <i

思政理念：创新驱动发展战略

党的十八大明确提出“科技创新是提高社会生产力和综合国力的战略支撑，必须摆在国家发展全局的核心位置。”强调要坚持走中国特色自主创新道路、实施创新驱动发展战略。以实现进入创新型国家行列的目标，必须充分认识实施创新驱动发展战略的重大意义，抓住重点，形成合力。

实施创新驱动发展战略，对我国形成国际竞争新优势、增强发展的长期动力具有战略意义；同时对我国提高经济增长的质量和效益、加快转变经济发展方式具有现实意义；以及对降低资源能源消耗、改善生态环境、建设美丽中国具有长远意义。

实务训练

衡阳梦幻电器有限公司按生产需要，年初需要购置一条新生产线，并立即投入使用。该生产线购置价格为 55 000 万元，可使用 8 年，预计净残值为 3 000 万元，采用直线法计提折旧。该生产线投入使用时需要垫支营运资金 6 000 万元，在项目终结时收回。该生产线投产后公司每年可增加营业收入 25 000 万元，增加付现成本 12 000 万元。会计上对于新生产线折旧年限，折旧方法以及净残值等的处理与税法保持一致。假设衡阳梦幻电器有限公司要求的最低报酬率为 10%，公司适用的企业所得税税率为 25%。

要求：1. 分别计算净现值、年金净流量、现值指数；

2. 评价该项目是否可行。

思维培养

自新冠疫情暴发以来，投资业整体的投资节奏被打乱，多数投资机构的业务几乎处于半休眠状态，投资数量锐减。据清科旗下私募通统计，2020 年 1 月发生投资案例同比下降 80.2%。值得一提的是，记者从红杉资本方面获悉，在 2020 年 2 月，红杉资本中国基金完成了 25 家企业的投资，其中 9 家是对现有成员企业的持续投资，领域涵盖了其一贯关注的 TMT、消费服务、医疗健康与工业科技四大板块，并且完成了种子轮、VC 到 PE 全阶段覆盖。

从具体投资领域来看，疫情进一步推动行业线下向线上的迁移，红杉 TMT 和科技投资板块抓住了这一线索，在企业服务等领域持续发力。近期，红杉中国不仅对暖哇科技、神策数据、货拉拉、空中云汇、思灵机器人等已多轮投资的企业继续加持，而且也布局了埃克斯、油滴网、博流智能、循环智能、梅卡曼德机器人、希姆计算等行业新秀。

在因疫情受挫严重的消费服务领域，红杉从到家配送、新零售电商及生鲜日杂业务与不断涌现的家庭服务新场景等投资主题出发，其投资的全渠道运营服务商百秋电商和餐饮供应链服务企业蜀海等公司便是该领域的代表。

与疫情最为相关的医疗健康行业已成为社会关注的热点。红杉中国从创新药物研发、基础医疗物资和设备制造，以及“互联网 + 医疗”“AI + 医疗”的应用等不同维度切入，本月，红杉投资了兆维科技、SciNeuroPharma、北芯科技等多家企业，涉及核酸药物、老年病治疗、心血管耗材等多个领域。

此外，据公开报道，红杉中国种子基金为近 30 家早期成员企业举办了两场 Demo-Day，分为企业服务专场和消费互联网专场，帮助企业对接了 50 多家一线投资机构。可以看出，红杉的全阶段、全周期投资使得红杉能够调动其整体生态大平台的各项资源来深度赋能企业发展，帮助企业家创造更大的企业价值。

思考： 在疫情阶段，大多数投资公司的投资业务停滞不前，红杉公司为何能逆流而上？

职业拓展

高新技术企业

一、高新技术企业是指在《国家重点支持的高新技术领域》内，持续进行研究开发与技术成果转化，形成企业核心自主知识产权，并以此为基础开展经营活动，在中国境内（不包括港、澳、台地区）注册一年以上的居民企业。

二、高新技术企业的认定标准如下：

1. 企业申请认定时须注册成立一年以上；

2. 企业通过自主研发、受让、受赠、并购等方式，获得对其主要产品（服务）在技术上发挥核心支持作用的知识产权的所有权；

3. 对企业主要产品（服务）发挥核心支持作用的技术属于《国家重点支持的高新技术领域》规定的范围；

4. 企业从事研发和相关技术创新活动的科技人员占企业当年职工总数的比例不低于 10%；

5. 企业近三个会计年度（实际经营期不满三年的按实际经营时间计算，下同）的研究开发费用总额占同期销售收入总额的比例符合如下要求：

（1）最近一年销售收入小于 5 000 万元（含）的企业，比例不低于 5%；

（2）最近一年销售收入在 5 000 万元至 2 亿元（含）的企业，比例不低于 4%；

（3）最近一年销售收入在 2 亿元以上的企业，比例不低于 3%。

其中，企业在中国境内发生的研究开发费用总额占全部研究开发费用总额的比例不低于60%。

6. 近一年高新技术产品（服务）收入占企业同期总收入的比例不低于60%；

7. 企业创新能力评价应达到相应要求；

8. 企业申请认定前一年内未发生重大安全、重大质量事故或严重环境违法行为。

三、高新技术企业的优势：

1. 能够促进企业科技转型

创新是企业发展的根本动力，高新技术企业认定政策是一项引导政策，目的是引导企业调整产业结构，走自主创新、持续创新的发展道路，激发企业自主创新的热情，提高科技创新能力。

2. 提升企业品牌形象

可以提高企业美誉度，说明负责人具备较强的创新意识、较高的市场开拓能力和经营管理水平。说明企业是国家重点支持的具有高成长性的企业，具有较好的潜在经济效益。

3. 享受税收减免优惠政策

（1）经认定的高新技术企业，企业所得税税率降低10%，可执行15%（认定前25%）的优惠税率。

（2）研发费用未形成无形资产计入当期损益的，按照实际发生额的75%在税前加计扣除；形成无形资产的，在按照无形资产成本的175%在税前摊销（税前加计扣除比例越高，税前扣除就越高，缴税就越少）。

4. 提高企业市场价值

证明企业在本领域中具有较强的技术创新能力、高端技术开发能力，有利于企业开拓国内外市场，是企业投标时的重要条件。

5. 提高企业资本价值

政企采购优先高新技术企业。高新技术企业是吸引地方政府、行业组织对企业实施优惠政策和资金扶持的重要条件，也更具有吸引风险投资机构和金融机构的实力，从而推动企业快速投入到产业化经营中去。

6. 新三板上市加分

通过高新技术企业认定的企业可以在新三板上市过程中加分。

7. 其他

（1）企业职工教育经费不超过工资薪金8%的部分，准许税前扣除。

（2）银行收紧贷款政策时，高新企业可申办无抵押信用贷款。

工作任务四 项目投资方案的决策

任务描述

企业在进行项目投资决策时，将面临多个不同的投资方案。通过学习，掌握如何对项目投资方案进行选择，并做出合理决策。

工作情景

衡阳梦幻电器有限公司2021年计划进行某项新型电器项目投资，有甲、乙两个备选的互斥投资方案，其资料如下：

（1）甲方案原始投资150万，其中固定资产投资100万，流动资金50万，全部资金于建设期起点一次投入，没有投资期，营业期为5年，到期残值收入5万，预计投产后年营业收入90万，年总成本（包括折旧）60万。

（2）乙方案原始投资额200万，其中固定资产120万，流动资金投资80万。投资期2年，营业期5年，投资期资本化利息10万，流动资金于投资期结束时投入，固定资产残值收入8万，到期投产后，年营业收入170万，经营成本80万，营业期每年归还利息5万。固定资产按直线法折旧，全部流动资金于终结点收回。企业所适用的所得税税率为25%，企业所在行业的基准折现率为10%。

请根据两个备选方案的相关内容完成以下工作任务。

思考： 1. 按照方案之间的关系，甲、乙两个方案属于哪种类型？

2. 在对甲、乙两个备选方案进行决策时，应采取哪些指标？

3. 在采用相关指标进行计算时，结论是否一致？是否可能存在不一致的情况？当出现不一致，应如何处理？

理论知识

一、投资方案

（一）概念

投资方案就是基于投资项目要达到的目标而形成的有关具体投资的设想与时间安排，或者说是未来投资行动的预案。一个投资项目可以只安排一个投资方案，也可以设计多个可供选择的方案。

（二）类型

（1）根据投资项目中投资方案的数量，可将投资方案分为单一方案和多个方案。

（2）根据方案之间的关系，可以分为独立投资方案、互斥投资方案和固定资产更新等。

二、独立投资方案决策

（一）概念

独立投资方案，是指两个或两个以上项目互不依赖，可以同时并存，各方案的决策也是独立的。例如，某企业拟进行几项投资活动，这一组投资方案有：扩建某生产车间、购置一辆运输汽车、新建办公楼等。这一组投资方案中各个方案之间没有什么关联，互相独立，并不存在相互比较和选择的问题。

独立投资方案的决策属于筛分决策，评价各方案本身是否可行，即方案本身是否达到某种要求的可行性标准。在独立投资分案之间进行比较时，决策要解决的问题是如何确定各种可行方案的投资顺序，即各独立方案之间的优先次序。排序分析时，以各独立方案的获利程度作为评价标准，一般采用内含报酬率法进行比较决策。

（二）前提条件

（1）投资资金来源无限制。

（2）投资资金的使用无明显的指向。

（3）各投资方案所需的人力、物力均能得到满足。

（4）不考虑地区、行业之间的相互关系及其影响。

（5）每一投资方案是否可行，仅取决于本方案的经济效益，与其他方案无关。

（三）决策

判断独立方案财务可行性须满足以下条件。

（1）主要指标。净现值 NPV≥0，年金净流量 ANCF≥0，现值指数 PVI≥1，内含报酬率 IRR≥i。

（2）次要指标。包括投资期的静态投资回收期 PP≤n/2（即项目计算期的一半），不包括投资期的静态投资回收期 PP′≤P/2（即营业期的一半）。

只要主要指标达到，就可判断该方案可行；否则，该方案不可行。

【例 4-13】衡阳梦幻电器有限公司现有 5 个项目，为独立项目，其相关财务指标如下表，

要求：判断该企业可选择哪些项目进行投资。

项目	A	B	C	D	E
投资额（万元）	1 000	1 200	1 500	1 800	2 000
项目期（年）	10	10	10	10	10
投资回收期（年）	4	3	8	6	5
净现值（万元）	-50	100	160	-100	200

解：

因为 B、C、E 方案净现值都大于 0，所以 B、C、E 方案可行。

三、互斥投资方案决策

互斥投资方案，是指方案之间互相排斥，不能并存，因此决策的实质在于选择最优方案，属于选择决策。例如，某企业拟投资增加一条生产线（购置设备），既可以自行生产制造，也可以向国内其他厂家订购，还可以向某外商订货，这一组设备购置方案即为互斥方案，因为在这三个方案中，只能选择其中一个方案。

选择决策要解决的问题是应该淘汰哪个方案，即选择最优方案。从选定经济效益最大的要求出发，互斥决策以方案的获利数额作为评价标准。因此，一般采用净现值法和年金净流量法进行选优决策，但由于净现值指标受投资项目寿命期的影响，因此，采用年金净流量法是决策互斥方案最恰当的方法。

（一）项目的寿命期相等时

对项目寿命期相等的互斥投资方案进行决策分析时，由于年限相同，则采用年金净流量法的计算等式中分母（年金现值系数）是相等的，所以采用年金净流量法和采用净现值法对于决策没有影响，为了简化，可直接采用净现值法对项目寿命期相等的互斥方案进行比较排序，通常选择其大者为最优。

同时，在项目寿命期相等时，不论方案的原始投资额大小如何，能够获得更大的获利数额即净现值的，即为最优方案。所以，在项目寿命期相等的互斥投资方案中选优决策时，原始投资额的大小并不影响决策，无须考虑原始投资额的大小。

【例 4－14】 承 **【例 4－13】** 若题中 5 个项目为互斥方案，试判断企业应选择哪个项目。

解：

因为 B、C、E 方案净现值都大于 0，所以 B、C、E 方案可行。

又因 $NPV_{(E)} > NPV_{(C)} > NPV_{(B)}$，所以企业应选择 E 方案。

（二）项目的寿命期不相等时

在项目的寿命期不相等的情况下，不能简单地根据净现值或内含报酬率来决策方案，通常需采用年金净流量法，哪个方案的年金净流量大，则可认为哪个方案最优。

【例 4－15】 衡阳梦幻电器有限公司拟进行新产品投资，可供选择的 A、B 两个项目资料如下，折现率 16%，无投资期。

（1）半自动化 A 项目需 16 万元初始投资，每年净流量 8 万元，项目寿命期 3 年，3 年后必须更新，无残值。

（2）全自动化 B 项目需 21 万元初始投资，每年净流量 6.4 万元，项目寿命期 6 年，6 年后必须更新，无残值。

要求： 试判断企业应选择哪个项目？

解：A 项目：

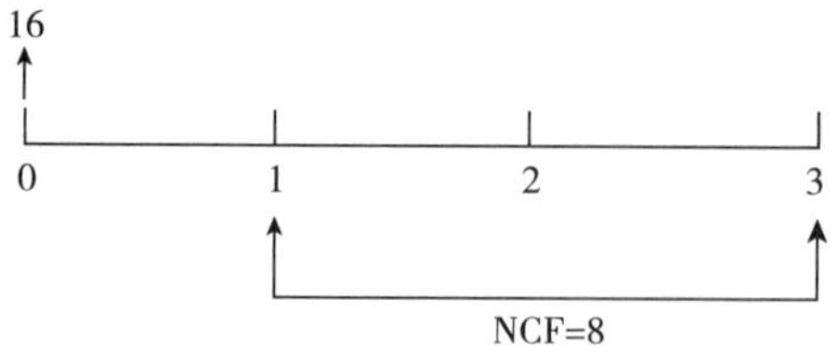

净现值 $NPV_A = 8 \times (P/A, 16\%, 3) - 16 = 1.9672$（万元）

年金净流量 $ANCF_A = \dfrac{NPV}{(P/A, 16\%, 3)} = \dfrac{1.9672}{2.2459} = 0.8759$（万元）

B 项目：

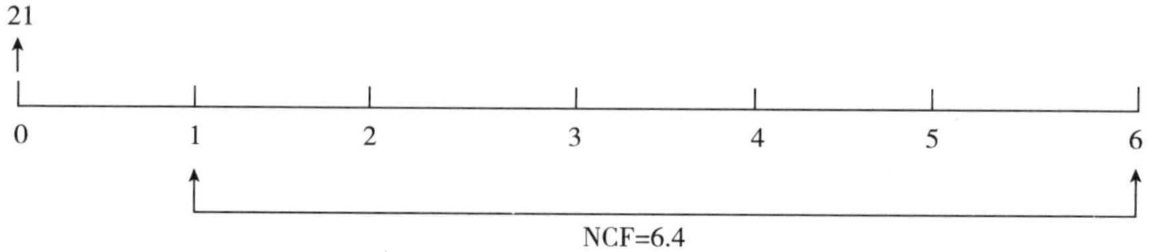

净现值 $NPV_B = 6.4 \times (P/A, 16\%, 6) - 21 = 2.5821$（万元）

年金净流量 $ANCF_B = \dfrac{NPV}{(P/A, 16\%, 6)} = \dfrac{2.5821}{3.6847} = 0.7008$（万元）

因为 $ANCF_A > ANCF_B$，所以应选择半自动化 A 项目。

四、投资组合方案决策

（一）组合方案的概念

组合方案是指一组方案中既不相互独立，又不相互排斥，而是可以实现任意组合或排队的方案。组合方案的形式主要有：①先决方案；②互补方案；③不完全互斥方案。本书主要研究不完全互斥方案。

（二）组合方案的决策

1. 在资金总量不受限制的情况下

（1）选择所有净现值 NPV 大于或等于 0 的方案进行组合；

（2）按净现值 NPV 大小来排队；

（3）净现值 NPV 越大越优先。

2. 在资金总量受到限制时

（1）按现值指数 PVI 或年金净流量 ANCF 的大小排列；

（2）结合净现值，从中选出 $\sum NPV$ 最大的组合。

原则：①现值指数 PVI 大优先（逐步向下寻找）→②资金充分利用→③ $\sum NPV$ 最大

【例 4－16】 衡阳梦幻电器有限公司现有 A、B、C、D、E 五个投资项目需要进行决策，有关资料如下表：（单位：万元）

项目	原始投资额	净现值	现值指数
A	300	120	1.40
B	200	40	1.20
C	200	100	1.50
D	100	22	1.22
E	100	30	1.30

要求：（1）试判断投资额不受限制的方案组合；

（2）试判断投资额分别为200、300、400、450、500、600、700、800万元时的方案组合。

解：

（1）投资额不限时，按净现值NPV大小排列，优先顺序为A、C、B、E、D。

（2）投资额受限时，按现值指数PVI大小排列。

项目	现值指数	原始投资额	净现值
C	1.50	200	100
A	1.40	300	120
E	1.30	100	30
D	1.22	100	22
B	1.20	200	40

①投资额为200，选C项目。可获净现值100万元，比E+D组合的净现值多48［100－（30－22）］万元。

②投资额为300，选C+E项目。因为C+E的组合可获净现值130万元，大于其他组合：A、C+D、E+B、D+B。

③投资额为400，选C+E+D项目。因为C+E+D的组合可获净现值152万元，大于其他组合：A+E、A+D、C+B、E+D+B。

④投资额为450，选C+E+D项目。此时累计投资总额为400万元（200+100+100）小于450万元，但实现的净现值仍比所有其他组合多。

⑤投资额为500，选C+A项目。

⑥投资额为600，选C+A+E项目。

⑦投资额为700，选C+A+E+D项目。

⑧投资额为800，选C+A+E+B项目。因为C+A+E+B的组合可获净现值290万元，大于C+A+E+D组合的净现值282万元。

五、固定资产更新决策

固定资产反映了企业的生产经营能力，固定资产更新决策是项目投资决策的重要组成部分。从决策性质上看，固定资产更新决策属于互斥投资方案的决策类型，即从两个互斥方案中进行决策，第一，继续使用旧设备，第二，买入新设备。因此，固定资产更新决策所采用的决策方法是净现值法和计算年金成本方式，一般不采用内含报酬率法。

值得注意的是，如果没有特别说明，默认为新旧设备的生产能力是一致的，由此引起的销售收入等都相等，属于决策的无关因素，不予考虑。故主要需考虑的是成本（主要是现金流出及现金流出的抵减项目）因素。

（一）寿命期相同的设备更新决策

（1）方法：净现值法；

（2）分析：选择现金流出总现值（净现值）小的方案。

（二）寿命期不同的设备更新决策

（1）方法：计算新旧设备的年金成本，由于在做决策时，默认新旧设备的销售收入是相等的，即可以不考虑流入，而考虑现金流出和现金流出的抵减项目，所以这里引入另一个指数，即年金成本。年金成本，是指为考虑货币时间价值情况下的平均每年成本现值。

$$\text{年金成本} = \frac{\sum(\text{各项目现金净流出现值})}{\text{年金现值系数}}$$

$$= \frac{\text{原始投资额} - \text{残值收入} \times \text{复利现值系数} + \sum(\text{年营运成本现值})}{\text{年金现值系数}}$$

（2）分析：选择年金成本小的方案。

（3）考虑因素。

（1）新旧设备目前市场价值。	①新设备，考虑新设备的购买价格，即现金流出量 = 原始投资额。
	②旧设备，考虑变现收入，以及目前变现价值是否与按税法计提折旧后的价值一致。（若需要计算所得税，则与税法不一致的差额部分需纳税或抵税）
（2）折旧额抵税。	①与税法一致。则现金流出量 = －折旧额（若需要计算所得税，则现金流出量 = －折旧额 × 所得税税率）。
	②与税法不一致（包括年限和净残值）。则现金流出量 = －以税法规定计算的折旧额（若需要计算所得税，则现金流出量 = －以税法规定计算的折旧额 × 所得税税率）

续表

(3) 新旧设备的年营运成本，即年付现成本。	①不需要计算所得税。则现金流出量 = 营运成本。
	②需要计算所得税。则现金流出量 = 营运成本 × (1 - 所得税税率)。
(4) 新旧设备残值变价收入。	①与税法一致。则现金流出量 = - 净残值。
	②与税法不一致。则现金流出量 = - [实际净残值 - (实际残值 - 税法残值) × 所得税税率] 若实际残值 - 税法残值 >0，则需要纳税； 若实际残值 - 税法残值 <0，则需要抵税。

若方案中存在以上因素，则求以上各因素现金净流出总现值之和，寿命期不同的，还需按公式计算年金成本。

【例 4 - 17】 衡阳梦幻电器有限公司有一台旧设备，现考虑更新设备，资料如下：

(1) 旧设备账面净值为 45 000 元，还可使用 4 年，4 年后报废残值为 5 000 元；

(2) 购买新设备需投资 80 000 元，可使用 4 年，4 年后有残值为 16 000 元；

(3) 旧设备的营运成本为 15 000 元，使用新设备的营运成本为 12 000 元；

(4) 若现在出售旧设备可得价款 43 000 元；

(5) 所得税率 25%，资金成本为 12%。

要求： 采用净现值法试判断是否更新设备的决策。

解：继续使用旧设备的现金流出总现值 = 43 000 + 15 000 × (1 - 25%) × (P/A, 12%, 4) - (45 000 - 5 000)/4 × 25% × (P/A, 12%, 4) - 5 000 × (P/F, 12%, 4) = 66 398.875(元)

购买新设备的现金流出总现值 = 80 000 + 12 000 × (1 - 25%) × (P/A, 12%, 4) - (80 000 - 16 000)/4 × 25% × (P/A, 12%, 4) - 16 000 × (P/F, 12%, 4) = 85 018.5(元)

因为新旧设备寿命相同，所以可选择净现值法进行判断，且选择现金流出总现值小的，而 66 398.875 元 < 85 018.5 元，即旧设备的现金流出总现值 < 新设备的现金流出总现值，所以公司应选择继续使用旧设备。

【例 4 - 18】 衡阳梦幻电器有限公司拟购买新设备取代已使用 3 年的旧设备。购买新设备需花费 300 000 元，预计可使用 6 年，净残值为 25 000 元，每年运行成本 17 000 元。而旧设备原价 299 000 元，当前估计尚可使用 5 年，每年的运行成本为 43 000 元，预计净残值 31 000 元，目前变现价值 170 000 元，新旧设备无明显差别。该公司预期报酬率为 12%，适用的企业所得税税率为 25%，税法规定该类设备应采用直线法计提折旧，折旧年限为 6 年，残值为原值的 10%。

要求： 1. 请分别计算新旧设备折旧额抵税的现值；

2. 请分别计算新旧设备残值变价收入的现值；

3. 请分别计算新旧设备每年付现运行成本的现值；

4. 请分别计算新旧设备的年金成本；

5. 试判断公司是否应做出更新固定资产的决策。

解：1. 新设备年折旧额 =300 000 × （1 −10%）/6 =45 000（元）

则新设备折旧额抵税的现值 =45 000 ×25% ×（P/A，12%，6）

=45 000 ×25% ×4.1114 =46 253.25（元）

旧设备年折旧额 =299 000 ×（1 −10%）/6 =44 850（元）

又因为已使用 3 年，旧设备只能再计提 3 年的折旧，

则旧设备折旧额抵税的现值 =44 850 ×25% ×（P/A，12%，3）

=44 850 ×25% ×2.4018 =26 930.18（元）

2. 新设备残值的现值 =［25 000 −（25 000 −300 000 ×10%）×25%］×（P/F,12%,6）

=26 250 ×0.5066 =13 298.25（元）

旧设备残值的现值 =［31 000 −（31 000 −299 000 ×10%）×25%］×（P/F,12%,5）

=30 725 ×0.5674 =17 433.365（元）

3. 新设备每年付现运行成本现值 =17 000 ×（1 −25%）×（P/A，12%，6）

=12 750 ×4.1114 =52 420.35（元）

旧设备每年付现运行成本现值 =43 000 ×（1 −25%）×（P/A，12%，5）

=32 250 ×3.6048 =116 254.8（元）

4. 新设备的年金成本 =（300 000 −46 253.35 −13 298.25 +52 420.35）/（P/A,12%,6）

=71 233.34（元）

旧设备变现现金流量（初始流）=170 000 −［170 000 −（299 000 −44 850 ×3）］×25%

=168 612.5（元）

则旧设备的年金成本 =（168 612.5 −26 930.18 −17 433.365 +116 254.8）/（P/A,12%,5）

=66 717.64（元）

5. 因为新设备的年金成本 71 233.36 元高于旧设备的年金成本 66 717.64 元，故应继续使用旧设备。

思政理念：正确的决策离不开调查研究，正确的贯彻落实同样也离不开调查研究。

正确的决策离不开调查研究，正确的贯彻落实同样也离不开调查研究。这一重要论断既一脉相承地发展创新了党的调查研究理论，又对贯彻落实党的十九大精神和党的各项路线方针政策提供了理论指引。

搞好调查研究，就抓住了贯彻落实的关键；而正确的贯彻落实离不开调查研究，将会拓展和创新调查研究的理论视野和实践功能；此外，需要将针对性地开展调查研究放在重要位置。

贯彻落实的过程实际上就是调查研究的过程，而调查研究是一个了解情况、推动工作，以及联系群众、为民办事和自我学习提高的过程。

实务训练

衡阳梦幻电器有限公司生产 A 电器使用的设备是 5 年前购买的，原始价格 18 000 元，税法规定使用年限为 10 年，预计尚可使用 6 年，税法规定的残值率为 10%，预计报废时，可以取得残值收入 800 元。由于设备陈旧，每年税后营运成本较高，预计为销售额的 10%。此设备现在市场价值为 10 000 元。

计划新购入的设备现行价格为 20 000 元，税法规定使用年限为 10 年，预计使用 10 年，税法规定的残值率为 10%，预计报废时可以取得残值收入 1 800 元。使用该新设备，预计每年的税后营运成本维持在 10 000 元。

已知公司所适用的所得税税率为 25%，公司项目投资的机会成本为 10%。公司今年 A 电器销售额为 165 000 元，以后每年增长 5%。

要求： 1. 请分别计算新旧设备折旧额抵税的现值；

2. 请分别计算新旧设备残值变价收入的现值；

3. 请分别计算新旧设备每年付现运行成本的现值；

4. 请分别计算新旧设备的年金成本；

5. 试判断公司是否应做出更新固定资产的决策。

思维培养

会计上是如何区分固定资产改良与更新改造？他们之间有什么区别？在会计核算上有什么异同？

职业拓展

企业孵化器

企业孵化器，英文 incubator，本义指人工孵化禽蛋的专门设备。后来引入经济服务，指导这些企业能够不用或很少借用其他帮助将他们的产品或服务成功地打入市场。

企业孵化器在中国也称高新技术创业服务中心，它通过为新创办的科技型中小企业提供物理空间和基础设施，提供一系列的服务支持，进而降低创业者的创业风险和创业成本，提高创业成功率，促进科技成果转化，培养成功的企业和企业家。

企业孵化器一般应具备四个基本特征：一是有孵化场地，二是有公共设施，三是能提供孵化服务，四是面向特定的服务对象——新创办的科技型中小企业。

以中国科技开发院有限公司（简称“中开院”）为例进行介绍，中开院于 2008 年整体转制为国有独资企业，是国内一流的科技创新创业服务综合运营商。目前，中开院依托各分支机构建立起了全国性的孵化器网络体系，成功孵化并掌握了一大批高成长科技企业资源，在科技企业孵化器市场化运营方面积累了丰富的经验，形成了有中开院特色的孵化与投资运作模式，并建立起“孵化社区运营、科技企业孵化、早期创业投资”三位一体的商业模式。

其中“科技企业孵化”是指中开院针对创新创业项目及初创期小微企业的不同发展阶段的特点和对孵化服务的不同需求，构建了覆盖创客空间—创业苗圃—孵化器—加速器—创新社区—专业特色小镇的高水平全链条创业孵化服务体系，哺乳创意期、孵化初创期、加速成长期科技企业，为产业链整合、科技成果转化、科技企业和创业者提供全方位、全过程的优质服务。同时，中开院创新了园区孵化模式，形成了产业化孵化体系。通过对细分战略新兴产业进行专题研究，重点选择处于萌芽期、上升期产业和企业，加快推进企业孵化，形成产业孵化体系生态。再者，中开院搭建了公共服务平台，形成了全方位孵化生态。以基础性服务、专业化服务、个性化服务为支撑，搭建了全方位、多元化的公共服务平台，嫁接服务，贡献资源，为解决企业在经营发展过程中面临的市场、政策、人才、技术、资金等困难出谋划策。

课后训练

一、单项选择题

1. 能够全面反映某投资计算期内每年的现金流入量和现金流出量的具体构成内容，以及净现金流量水平的经济分析报表称为（　　）。

A. 资产负债表　　　　B. 利润表

C. 所有者权益变动表　　　　D. 现金流量表

2. 下列各项因素中不会影响年金净流量大小的是（　　）。

A. 现金净流量　　　　B. 计算期

C. 原始投资额　　　　D. 投资的实际收益率

3. 在一般投资项目中，当一项投资方案的净现值等于零时，即表明（　　）。

A. 该方案的年金净流量小于0

B. 该方案静态回收期等于0

C. 该方案的现值指数小于1

D. 该方案的内含收益率等于设定的贴现率

4. 某投资方案，当折现率为15%时，其净现值为45元，当折现率为17%时，其净现值为-10元。该方案的内含收益率为（　）。

A. 14.88%　　　　B. 16.86%

C. 16.64%　　　　D. 17.14%

5. 假定衡阳梦幻电器有限公司准备投资一项目，目前有3个方案可供选择，A方案：期限为10年，净现值为80万元；B方案：期限为8年，年金净流量为15万元；C方案：期限为10年，净现值为-5万元；该公司要求的最低收益率为10%，则该公司应选择的方案是（　　）。[已知：(P/A，10%，10) =6.1446]

A. A方案　　　　B. B方案

C. C方案　　　　D. 无法判断

6. 下列计算营业现金净流量的公式中，正确的是（　　）。

A. 营业现金净流量=税后营业利润+非付现成本

B. 营业现金净流量=(营业收入-付现成本)×(1-所得税税率)+非付现成本

C. 营业现金净流量=营业收入×(1-所得税税率)-付现成本×(1-所得税税率)-非付现成本×(1-所得税税率)

D. 营业现金净流量=营业收入×(1-所得税税率)-付现成本×(1-所得税税率)+非付现成本×(1-所得税税率)

7. 已知衡阳梦幻电器有限公司某投资项目的原始投资额为100万元，投资期为2年，投产后第1~2年每年NCF=30万元，第4~10年每年NCF=25万元。则该项目包括投资期的静态回收期为（　　）年。

A. 4. 6　　B. 5. 6

C. 3. 33　　D. 5

8. 假定衡阳梦幻电器有限公司计划投资一个项目，原始投资额为 100 万元，在建设始点一次投入，按直线法计提折旧，无残值，项目寿命期为 10 年，预计项目每年可获净利润 15 万元，投资者要求的最低收益率为 8%，则该项目动态投资回收期为（　　）年。[已知：（P/A，8%，5）=3. 9927，（P/A，8%，6）=4. 6229]

A. 3　　B. 5

C. 4　　D. 5. 01

9. 关于独立投资方案，下列说法中不正确的是（　　）。

A. 独立投资方案，是指两个或两个以上项目互不依赖，可以同时并存，各方案的决策也是独立的

B. 独立投资方案的决策属于筛分决策

C. 独立投资方案之间比较时，决策要解决的问题是如何确定各种可行方案的投资顺序，即各独立方案之间的优先次序

D. 一般采用净现值法进行比较决策

10. 在原始投资额不同且项目寿命期不同的独立投资方案比较决策时，以各独立方案的获利程度作为评价标准，一般采用的评价指标是（　　）。

A. 现值指数　　B. 内含收益率

C. 净现值　　D. 动态回收期

二、多项选择题

1. 下列关于现值指数优点的说法中，正确的是（　　）。

A. 反映了投资效率

B. 适用于寿命期相同、原始投资额现值不同的独立方案决策

C. 反映了投资项目可能达到的收益率

D. 考虑了原始投资额与获得收益之间的比率关系

2. 投资项目中的非付现成本主要包括（　　）。

A. 固定资产折旧费用　　B. 无形资产摊销费用

C. 投资期利息化支出　　D. 营业期利息费用

3. 下列各项中，会影响项目终结点的现金流量的有（　　）。

A. 最后一期的营业现金净流量　　B. 固定资产的变价净收入

C. 垫支的营运资金的收回　　D. 固定资产的净残值

4. 下列关于净现值缺点的说法中，错误的有（　　）。

A. 计算较复杂

B. 没有考虑投资风险性

C. 无法直接反映投资项目的实际收益水平

D. 没有考虑资金的时间价值

5. 已知衡阳梦幻电器有限公司某投资项目需要3年建成，从明年开始每年年初投入建设资金45万元。建成投产之时，需投入营运资金70万元，以满足日常经营活动需要。生产出的A产品，估计每年可获净利润60万元。固定资产使用年限为8年，资产使用期满后，估计有残值净收入11万元，采用年限平均法计提折旧。根据上述资料下列各项计算不正确的有（　　）。

A. 原始投资为135万元　　B. NCF_3为 −70万元

C. NCF_7为115.5万元　　D. NCF_{11}为166.5万元

6. 下列各项中，属于内含报酬率指标优点的有（　　）。

A. 反映了投资项目可能达到的收益率，易于被高层决策人员所理解

B. 对于独立投资方案的比较决策，如果各方案原始投资额现值不同，可以通过计算各方案的内含报酬率，反映各独立投资方案的获利水平

C. 可以直接考虑投资风险大小

D. 在互斥投资方案决策时，如果各方案的原始投资额现值不相等，可以做出正确的决策

7. 下列关于固定资产更新决策的说法中，不正确的有（　　）。

A. 属于独立投资方案决策

B. 一般采用内含报酬率法进行决策

C. 大部分以旧换新的设备重置属于扩建重置

D. 对于寿命期不同的设备重置决策应采用年金净流量法

8. 下列各项中，会引起内含收益率变动的有（　　）。

A. 项目的最低收益率　　B. 原始投资额

C. 现金净流量　　D. 项目计算期

9. 下列各项关于互斥投资方案决策的表述中，正确的有（　　）。

A. 两项目原始投资额不同但期限相同，采用净现值较高的项目

B. 两项目原始投资额不同但期限相同，采用年金净流量较高的项目

C. 两项目原始投资额相同但期限不同，采用年金净流量较高的项目

D. 两项目原始投资额相同但期限不同，采用净现值较高的项目

10. 若企业的内含报酬率 $>$ 资金成本，则下列不正确的是（　　）。

A. 现值指数 $PVI > 1$　　B. 现值指数 $PVI < 1$

C. 净现值 $NPV > 0$　　D. 净现值 $NPV < 0$

三、判断题

1. 在实务中，对于期限不等的互斥方案，需要换算成相同的寿命期限再进行比较。（　　）

2. 静态回收期考虑了未来现金流量超过原始投资额的部分，而动态回收期则没有考虑。（　　）

3. 净现值法和年金净流量法的适用情况是相同的。 ( )

4. 在项目投资决策中，内含收益率的计算与项目设定的贴现率的高低有关。 ( )

5. 衡阳梦幻电器有限公司用新设备代替旧设备，此新设备管理性能提高，扩大了企业的生产能力，则A企业的设备重置属于扩建重置。 ( )

6. 使得某方案的净现值小于0的贴现率，一定大于该方案的内含收益率。 ( )

7. 年金净流量法是净现值法的辅助方法，在各方案原始投资额现值相同时，实质上就是净现值法。 ( )

8. 当资产的变现价值和税法规定的残值不一致时，要考虑对所得税的影响，如果变现价值大于税法规定的残值，就要考虑变现损失抵税，如果变现价值小于税法规定的残值，就要考虑变现收益纳税。 ( )

9. 全部投资均于建设起点一次性投入，建设期为零，投产后每年的现金净流量相等，则静态投资回收期等于按内含收益率法确定的年金现值系数。 ( )

10. 对内投资都是直接投资，对外投资都是间接投资。 ( )

四、计算题

1. 衡阳梦幻电器有限公司现决定新购置一台设备，现在市面上有甲、乙两种设备可供选择，相比之下，乙设备比较便宜，但寿命较短。两种设备的现金净流量预测如下：

单位：元

(年)	0	1	2	3	4	5	6
甲	-40 000	8 000	14 000	13 000	12 000	11 000	10 000
乙	-20 000	7 000	13 000	12 000	-	-	-

该公司要求的最低投资收益率为12%。(现值系数取三位小数，计算结果保留两位小数)

其中：

期数	1	2	3	4	5	6
(P/F，12%，n)	0.893	0.797	0.712	0.636	0.567	0.507
(P/A，12%，n)	-	-	2.402	-	-	4.111

要求：(1) 计算甲、乙设备的净现值。

(2) 计算甲、乙设备的年金净流量。

(3) 为该公司购买何种设备做出决策并说明理由。

2. 衡阳梦幻电器有限公司现有旧设备一台，由于节能减排的需要，准备予以更新。有关新旧设备的资料如下表所示：

单位：元

项目	旧设备	新设备
原价	42 000	43 200
预计使用年限（年）	10	10
已使用年限（年）	4	0
税法残值	6 000	4 800
最终报废残值	4 200	5 040
目前变现价值	12 000	43 200
每年折旧费（直线法）	3 600	3 840
每年营运成本	12 600	9 600

假定设备按直线法计提折旧，假设公司所要求的必要收益率为15%，所得税税率为25%。[已知：(P/A，15%，6) =3.7845，(P/A，15%，10) =5.0188]

要求：（1）计算新旧设备的年金成本；

（2）判断该公司是否应该更新设备。

3. 已知衡阳梦幻电器有限公司计划进行某项投资活动，有甲、乙两个备选的互斥投资方案资料如下：

（1）甲方案原始投资150万，其中固定资产投资100万，流动资金50万，全部资金于建设起点一次投入，没有投资期，营业期为5年，到期残值收入5万，预计投产后年营业收入90万，不含财务费用的年总成本费用60万。

（2）乙方案原始投资额150万，其中固定资产120万，流动资金投资30万。投资期2年，建设投资于投资之初一次投入，流动资金于投资期结束时投入，营业期5年，投资期资本化利息10万，固定资产残值收入8万，到期投产后，年营业收入170万元，每年不含财务费用的总成本费用为110万元。

固定资产按直线法折旧，全部流动资金于终结点收回。假定该企业所得税税率为25%，税金及附加忽略不计，计算结果保留两位小数。

要求：（1）说明甲、乙方案资金投入的方式；

（2）计算甲、乙方案各年的所得税后现金净流量；

（3）计算甲、乙方案的静态投资回收期；

（4）该企业所在行业的基准折现率为10%，计算甲、乙方案的净现值；

（5）用年金净流量法进行计算，并做出投资决策。

五、综合业务分析题

衡阳梦幻电器有限公司2019年发生下列与投资相关事项，公司适用的所得税税率为25%。其他资料如下：

业务资源一：

公司有一套生产设备，现已使用4年，2019年12月，考虑是否需要更新改造该设备。

1. 由于旧设备老化，运行速度较慢，若继续使用需要更换设备的主要零部件，需进行更新。该零部件原值50 000元，目前市场价值60 000元，换下来的旧零部件价值15 000元，更换后预计可使用年限为4年，更换后2019年底即可达到预计可使用状态。

2. 购买新设备，一次性支付全部款项。2019年底即可达到预计使用状态。可以有效地降低存货占用资金和年运行成本，前5个月不需要任何维修成本，除此之外无显著差别。

3. 假设更新改造该设备所适用的税后资本成本率为8%，不考虑增值税的影响。

4. 假设所有现金流量均视同发生在年末，其他相关资料如下表：

使用旧设备		购买新设备	
旧设备购置	130 000	新设备购置	78 000
税法规定折旧的年限	8年	新设备安装成本	2 000
税法规定折旧方法	直线法	税法规定折旧的年限	4年
税法规定残值率	5%	税法规定折旧方法	直线法
已经使用年限	4年	税法规定残值率	5%
改造后尚可使用年限	4年	尚可使用年限	5年
旧设备当前市值	70 000	运行效率提高减少存货占用资金	2 800
改造4年后残值变现收入	5 100	4年后残值变现收入	4 500
年运行成本	7 000	年运行成本	5 500
平均月维修成本	520	平均月维修成本	360

业务资源二：

1. 衡阳梦幻电器有限公司为了扩大生产经营范围，扩展新业务打算引进新设备10台。设备是2019年12月份引进，折旧期为5年。引进后安装期间为1个月，设备安装费共计50 000元，公司2020－2024每年增加的税前利润总额分别为150 000元，200 000元，220 000元，260 000元和300 000元。

2. 公司有两个引进方案（设备租赁或购买决策不考虑所得税影响）：

（1）以租赁的方式，发生的所有费用已包含在租赁费用中。租赁付款期限为 5 年，设备在安装期间免收租金。2020 年到 2024 年末每台设备支付的年租金分别是 16 000 元，21 000 元，20 900 元，22 500 元和 25 100 元。租赁期满后租赁公司收回设备的使用权。

（2）直接购买，设备购买时安装费、运输费及相关税费都已包含在价款之中，已计入设备成本。2019 年 12 月份每台设备的变现价值为 100 000 元，安装费为资本化费用，在年末支付并计入资产成本，安装期间不计提折旧，2020 年开始按直线法计提折旧，折旧期限为 5 年，净残值率为 5%，2024 年末处置资产，收益为该设备的残值。从 2020 年末至 2024 年末分期等额支付设备的购买价款，新设备每台 21 000 元。

3. 该项目所有的购置或租赁支出以及相关收益与成本均视为年末发生。

业务资源三：资本成本计算说明

因该项目与公司业务相似，资产风险接近，故将公司加权平均资本成本确定为此项目的必要报酬率，并以此作为该项目投资测算的折现率。

公司加权平均资本成本计算步骤如下：

第一步，采用资本资产定价模型计算权益资本成本

（1）无风险利率

以我国发行的十年期国债的平均利率作为无风险利率，经测算值为 5%。

（2）市场平均风险报酬率

选取近十年上市公司的综合年市场回报率，以其平均值作为估计平均风险报酬率，其值为 10%。

（3）权益资本市场风险系数

选择同行业上市公司平均 β 值作为本公司的 β 值，经查阅资料同行业上市公司平均 β 值为 1.20。

第二步，计算加权平均资本成本

（1）以 2019 年公司总负债和总所有者权益占总资产比重作为债务资本和权益资本权重。

（2）根据公司与协议银行签订的借款协议和央行公布的贷款利率，公司计算得出平均税后债务资本成本为 5%。

任务一：根据业务资源一，完成使用旧设备表，以完整小数位数引用计算，金额单位为元。流入为正，流出为负，贴现系数以四舍五入保留四位小数填制答案并以填制结果进行后续计算，其余结果以四舍五入保留两位小数填制答案。

使用旧设备表

单位：元

项目	2019 年末	2020 年末	2021 年末	2022 年末	2023 年末
旧设备变现价值		——	——	——	——
旧设备变现收益交税/抵税		——	——	——	——
购置新零部件		——	——	——	——

续表

项目	2019 年末	2020 年末	2021 年末	2022 年末	2023 年末
旧零部件变现收入		——	——	——	——
旧零部件变卖收益交税/抵税		——	——	——	——
更换后设备价值		——	——	——	——
年折旧	——				
年折旧抵税	——				
税后年运行成本	——				
税后年维修成本	——				
改造后残值变现收入	——	——	——	——	
残值变现损失抵税/纳税	——	——	——	——	
现金净流量					
贴现系数（四位小数）					
现值合计数					

任务二：根据业务资源一，完成购买新设备表，以完整小数位数引用计算，金额单位为元。流入为正，流出为负，贴现系数以四舍五入保留四位小数填制答案并以填制结果进行后续计算，其余结果以四舍五入保留两位小数填制答案。选择的方案用 A/B 填制答案。

购买新设备表

单位：元

项目	2019 年末	2020 年末	2021 年末	2022 年末	2023 年末
初始设备投资		——	——	——	——
减少存货占用资金		——	——	——	——
年折旧	——				
年折旧抵税	——				
税后年运行成本	——				
税后年维修成本	——				
残值变现收入	——	——	——	——	
残值收入纳税	——	——	——	——	
少收回的存货占用资金	——	——	——	——	

续表

项目	2019 年末	2020 年末	2021 年末	2022 年末	2023 年末
现金净流量					
贴现系数（四位小数）					
现值合计数					
考虑目前企业的资金状况应选择的方案（A：改造旧设备/B：购买新设备）					

任务三：根据业务资源三，完成资本成本预测，以完整小数位数引用计算。标有%的项目，计算结果以%形式四舍五入保留两位小数填制答案。加权平均资本成本以%整数填制答案，并以此结果进行后续计算。其余结果四舍五入保留 2 位小数填制答案。

权益资本成本计算表

项目	金额
行业平均 β 值	
无风险利率（%）	
市场平均风险报酬率（%）	
权益资本成本（%）	

加权平均资本成本计算表

项目	权重（%）	资本成本（%）
负债	45%	
权益	55%	
加权平均资本成本（%整数）		

任务四：根据业务资源二，完成设备取得方式决策表，以完整小数位数引用计算，折现系数计算结果以四舍五入保留 4 位小数填制答案并以填制结果进行后续计算，其余结果以四舍五入保留 2 位小数填制答案。

设备取得方式决策表

单位：元

项目	2019 年	2020 年	2021 年	2022 年	2023 年	2024 年
折现系数	——					
租赁费（负数列示）	——					

续表

项目	2019 年	2020 年	2021 年	2022 年	2023 年	2024 年
租赁支出现值（负数列示）		——	——	——	——	——
设备购置支出（负数列示）	——					
购置设备处置变现	——	——	——	——	——	
购置支出现值		——	——	——	——	——
应选择设备取得方式（自购/租赁）		——	——	——	——	——

任务五：根据业务资源二和已完成任务，完成项目经营期现金流量预测表。以完整小数位数引用计算结果以四舍五入保留 2 位小数填制答案。

项目经营期现金流量预测表

单位：元

项目	2020 年	2021 年	2022 年	2023 年	2024 年
年税前利润					
年净利润					
年折旧、摊销					
设备变现	——	——	——	——	
年现金净流量					

任务六：根据业务资源二和已完成任务，完成项目净现值计算表。以完整小数位数引用计算，折现系数计算结果以四舍五入保留 4 位小数填制答案并以填制结果进行后续计算，其余结果以四舍五入保留 2 位小数填制答案。

项目净现值计算表

单位：元

项目	2019 年	2020 年	2021 年	2022 年	2023 年	2024 年
投资额						
税后净利润						
折旧、摊销						
变现收入	——	——	——	——	——	
现金净流量（流入为正，流出为负）						
折现系数						
项目净现值						

项目五　营运资金管理

【知识目标】

要求了解现金日常收支管理、企业持有现金的目的、应收账款信用风险的防范与控制、存货的控制方法以及流动负债管理；熟悉应收账款信用成本的确定及存货成本的内容；掌握最佳现金持有量的确定方法、公司信用政策的制定、存货经济订货批量的基本模型以及流动负债的成本与风险。

【能力目标】

能进行公司最佳现金持有量的确定、公司信用政策的制定、存货经济订货批量的选定、商业信用的选择。具备基本的现金、应收账款、存货、流动负债管理观念和思维。

【思政目标】

培养学生爱国主义情怀，将自身梦与中国梦相结合，强化新时代青年一代的使命担当。

工作任务一　营运资金内容概述

任务描述

营运资金管理是财务管理人员的日常基础工作，是保证企业生产连续进行和效益大小的关键。通过学习，准确理解营运资金含义，掌握其内容、特点、管理原则、营运资金的周转、营运资金战略。

工作情景

2019年以来，衡阳梦幻电器有限公司家电产品销量受到诸多不利因素影响出现不同程度的下滑，家电市场持续低迷，家电产业转型迫在眉睫，衡阳梦幻电器有限公司目前需要稳定市场地位，降低自身经营风险。

思考： 1. 公司应采用何种投资策略降低经营风险？

2. 公司采用何种融资策略较好？

3. 当下大学生个人理财现象较为普遍，但缺乏相应的投资理财知识和经验，你认为应该如何规避风险？

理论知识

一、营运资金的概念

营运资金是指一个企业维持日常经营所需的资金，流动资产减去流动负债后的差额。营运资金的管理既包括流动资产的管理，也包括流动负债的管理。

（一）流动资产

流动资产是指可以在1年以内或超过1年的一个营业周期内变现或耗用的资产，流动资产具有占用时间短、周转快、易变现等特点。企业拥有较多的流动资产，可在一定的程度上降低财务风险。流动资产按不同的标准可进行不同的分类，常见分类方式如下：

（1）按占用形态不同，分为现金、交易性金融资产、应收及预付款项和存货等。

（2）按在生产经营过程中所处的环节不同，分为生产领域中的流动资产、流通领域中的流动资产以及其他领域的流动资产。

（二）流动负债

流动负债是指需要在1年或者超过1年的一个营业周期内偿还的债务。流动负债又称短期负债，具有成本低、偿还期短的特点。流动负债按不同标准可做不同分类，最常见的分类方式如下：

（1）以应付金额是否确定为标准，可以分为应付金额确定的流动负债和应付金额不确定的流动负债。应付金额确定的流动负债是指那些根据合同或法律规定到期必须偿付并有确定金额的流动负债。应付金额不确定的流动负债是指那些要根据企业生产经营状况，到一定时期或具备一定条件时才能确定的流动负债，或应付金额需要估计的流动负债。

（2）以流动负债的形成情况为标准，可以分为自然性流动负债和人为性流动负债。自然性流动负债是指不需要正式安排，由于结算程序或有关法律法规的规定等原因而自然形成的流动负债；人为性流动负债是指根据企业对短期资金的情况，通过人为安排所形成的流动负债。

（3）以是否支付利息为标准，可以分为有息流动负债和无息流动负债。

二、营运资金的特点

为了有效地管理企业的营运资金，必须研究营运资金的特点，以便有针对性地进行管理。营运资金一般具有如下特点：

（一）营运资金的来源具有灵活多样性。与筹集长期资金的方式相比，企业筹集营运资金的方式较为灵活多样，通常有银行短期借款、短期融资券、商业信用、应交税金、应付工资、应付账款、预收货款、票据贴现等多种内外部融资方式。

（二）营运资金的数量具有波动性。流动资产的数量会随企业内外条件的变化而变化，时高时低，波动很大。季节性企业如此，非季节性企业也如此。随着流动资产数量的变动，流动负债的数量也会相应发生变动。

（三）营运资金的周转具有短期性。企业占用在流动资产上的资金，通常会在1年或一个营业周期内收回。根据这一特点，营运资金可以用商业信用、银行短期借款等短期筹资方式来加以解决。

（四）营运资金的实物形态具有变动性和易变现性。企业营运资金的实物形态是经常变化的，一般按照现金、材料、在产品、产成品、应收账款、现金的顺序转化。为此，在进行流动资产管理时，必须在各流动资产上合理配置资金数额，做到结构合理，以促进资金周转顺利进行。此外，短期投资、应收账款、存货等流动资产一般具有较强的变现能力，如果遇到意外情况，企业出现资金周转不灵、现金短缺时，则可迅速变卖这些资产，以获取现金。这对财务上应付临时性资金需求具有重要意义。

三、营运资金的管理原则

企业的营运资金在全部资产中占有相当大的比重，而且周转期短，形态易变，是企业财务管理工作的一项重要内容。实证研究也表明，财务经理的大量时间都用于营运资金的管理。企业进行营运资金管理，应遵循以下原则：

（一）保证合理的资金需求

企业应认真分析生产经营状况，合理确定营运资金的需要数量。企业营运资金需求数量与企业生产经营活动有直接关系。一般情况下，当企业产销两旺时，流动负债也会相应减少。营运资金的管理必须把满足正常合理的资金需求作为首要任务。

（二）提高资金使用效率

加速资金周转是提高资金使用效率的主要手段之一。提高营运资金使用效率的关键就是采取有效措施，缩短营业周期，加速变现过程，加快营运资金周转速度。因此，企业要千方百计地加速存货、应收账款等流动资产的周转，以便用有限的资金服务于更大的产业规模，为企业取得更好的经济效益提供条件。

（三）节约资金使用成本

在营运资金管理中，必须正确处理生产经营需要和节约资金使用成本两者之间的关系。要在保证生产经营需要的前提下，遵守勤俭节约的原则，尽力降低资金使用成本。一方面，要挖掘潜力，盘活全部资金，精打细算地使用资金；另一方面，积极拓展融资渠道，合理配置资源，筹措低成本资金，服务于生产经营。

（四）保持足够的短期偿债能力

偿债能力的高低是企业承担财务风险高低的标志之一。合理安排流动资产与流动负债的比例关系，保持流动资产结构与流动负债结构的适配性，保证企业有足够的短期偿还能力是营运资金管理工作的重要原则之一。流动资产、流动负债以及两者之间的关系能较好地反映企业的短期偿还能力。流动负债是在短期内需要偿还的债务，而流动资产则是在短期内可以转化为现金的资产。因此，如果一个企业的流动资产比较多，流动负债比较少，说明企业的短期偿债能力较强；反之，则说明短期偿还能力弱。但如果企业的流动资产太多，流动负债太少，也不是正常现象，这可能是因流动资产闲置或流动负债利用不足所致。

四、营运资金的周转

营运资金周转，是指企业的营运资金从现金开始投入生产经营，到最终转化为现金为止的过程。营运资金周转通常与现金周转密切相关，现金的周转过程主要包括如下三个方面：

（1）存货周转期，是指将原材料转化成产成品并出售所需要的时间；

（2）应收账款周转期，是指将应收账款转换为现金所需要的时间；

（3）应付账款周转期，是指从收到尚未付款的材料开始到现金支出之间所用的时间。

现金的周转期 = 存货周转期 + 应收账款周转期 − 应付账款周转期

现金循环周期的变化会直接影响所需营运资金的数额。一般来说，存货周转期和应收账款周转期越长，应付账款周转期越短，营运资金数额就越大；相反，存货周转期和应收账款周转期越短，应付账款周转期越长，营运资金数额就越小。此外，营运资金周转的数额还受到偿债风险、收益要求和成本约束等因素的制约。为此，为提高营运资金周转效率，企业的营运资金应维持在既没有过度资本化又没有过量交易的水平上。这里所说的过度资本化是指一个企业的营运资金远远超过其经营规模实际需要的营运资金水平。这里所说的过量交易是指一个企业主要靠流动负债来支持其存货和应收账款，而出现投放在营运资金上的长期资金不足的情况。

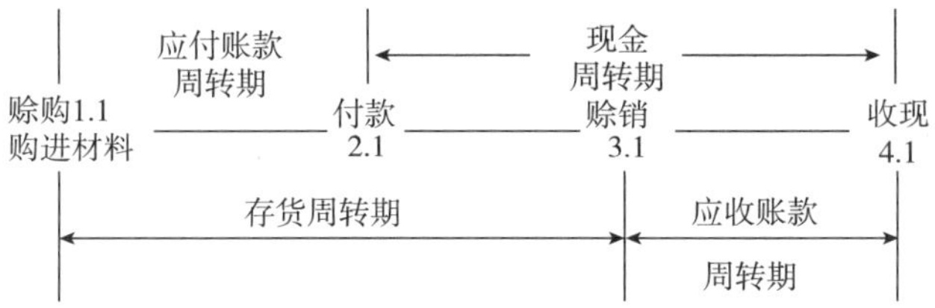

图5－1　营运资金周转期图

五、营运资金的投资和融资战略

企业必须确立一个框架用来评估营运资金管理工作中风险与收益的平衡，包括营运资金的投资和融资战略，这些战略反映企业的需要以及对风险承担的态度。实际上，一个财务管理者必须做两个决策：一是需要拥有多少营运资金；二是如何为营运资金融资。在实践中，这些决策一般同时进行，而且它们相互影响。

（一）流动资产的投资战略

由于销售水平、成本、生产时间、存货补给时从订货到交货的时间、顾客服务水平、收款和支付期限等方面存在不确定性，因此，流动资产的投资决策至关重要。对于不同的产业和企业规模，流动资产与销售额比率的变动范围非常大，一个企业必须选择与其业务需要和管理工作风格相符合的流动资产投资战略。

1. 紧缩的流动资产投资战略

在紧缩的流动资产投资战略下，企业维持低水平的流动资产与销售收入比率。利用适时制（JIT）存货管理技术，原材料等存货投资将尽可能紧缩。另外，尚未结清的应收账款和现金余额将保持在最低水平。

紧缩的流动资产投资战略可能伴随着更高风险，这些风险可能源于更紧的信用和存货管理，或源于缺乏现金用于偿还应付账款。此外，紧缩的信用政策可能减少企业销售收入，而紧缩的产品存货政策则不利于顾客进行商品选择，从而影响企业销售。

只要不可预见的事件没能损坏资金的流动性，从而导致严重的问题发生，紧缩的流动资产投资战略就会提高企业效益。

许多企业，由于上市和短期借贷较为困难，通常采用紧缩的投资战略。财务管理人员常使存货和应收账款最小化，以便使流动资产融资的成本最小化。

2. 宽松的流动资产投资战略

在宽松的流动资产投资战略下，企业通常会维持高水平的流动资产与销售收入比率。也就是说，企业将保持高水平的现金、高水平的应收账款（通常来自于宽松的信用政策）和高水平的存货（通常源于补给原材料或不愿意因为产成品存货不足而失去销售）。企业持有较多的流动资产可能导致较低的投资收益率，但由于较高的流动性，企业的运营风险较小。

销售边际毛利较高的产业，如果说从额外销售中获得的利润超过额外应收账款所增加的成本，宽松的信用政策可能为企业带来更可观的收益。运营经理通常喜欢保持高水平的原材料存货或部分产成品，以便满足生产所需。同样的，销售经理也更倾向于保持高水平的产成品存货以便满足顾客的需要，而且喜欢宽松的信用政策来刺激销售。

（二）流动资产的融资战略

一个企业对流动资产的需求数量，一般会随着产品销售的变化而变化。流动资产可以分解为永久性流动资产（最基本的、具有一定刚性和相对稳定性的流动资产）和波动性流动资产（随市场状况大幅度变化的流动资产）。

1. 期限匹配融资战略

在期限匹配融资战略中，永久性流动资产和固定资产以长期融资方式（负债或权益）来融通，波动性流动资产用短期来源融通。这意味着，在给定的时间内，企业的融资数量反映了当时波动性流动资产的数量。当波动性资产扩张时，信贷额度也会增加以便能够支持企业的扩张；当资产收缩时，它们的投资将会释放出资金，这些资金将会用于弥补信贷额度的下降。

2. 保守融资战略

在保守融资战略中，长期融资支持固定资产、永久性流动资产和某部分波动性流动资产。公司通常以长期融资来源为波动性流动资产的平均水平融资，短期融资仅用于融通部分波动性流动资产。这种战略通常最小限度地使用短期融资。因为这种战略在需要时将会使用成本更高的长期负债，所以往往比其他途径具有较高的融资成本。

对短期融资相对较低的依赖导致了较高的流动性比率，但由于总利息费用更高，这种战略也会导致利润更低。然而，如果长期负债以固定利率为基础，而短期融资方式以浮动或可变利率为基础，则利率风险可能降低。

3. 激进融资战略

在激进融资战略中，企业以长期负债和权益为所有的固定资产融资，仅对一部分永久性流动资产使用长期融资方式融资。短期融资方式支持剩下的永久性流动资产和所有的波动性流动资产。这种战略会比其他战略使用更多的短期融资。

短期融资方式通常比长期融资方式具有更低的成本，因此其收益率在许多时候是增加的。然而，过多地使用短期融资会导致较低的流动比率和更高的流动性风险。

图5－2　流动资产的融资战略图

思政故事：稻盛和夫的会计七原则

稻盛和夫认为：会计学和京瓷独创的阿米巴经营管理模式一起，渗透到企业内部，成为京瓷快速成长的原动力之一。随着全球化时代的到来，现代企业面临的市场环境和内部情境复杂多变。企业经营者必须正确把握自己企业实际的经营状况，在此基础上做出正确的经营判断。而要做到这一点，前提就是要精通会计原则以及会计处理的方法。”显然，会计是“现代经营的中枢”。稻盛强调，如果将企业比作天空中飞行的飞机，那么会计不仅仅是告诉飞行员已经飞了多远、多久，更重要的是告诉飞机现在面临的状况：高度、速度、姿势、方向、天气、油耗等。这一比喻，直指会计数据滞后影响经营的命门。所以，对会计一窍不通的稻盛和夫可以理直气壮地宣称：不懂会计怎能经营企业！

实务训练

1. 任意挑选两家上市公司查看其2019年报表，分析该公司营运资金的构成状况。
2. 依据所挑选的两家上市公司查看其2019年报表，分析两公司采用的是什么类型的流动资产融资战略。

思维培养

《中国房地产报》问卷调查结果显示，34.15%的房地产企业表示很难正常销售，7.32%的房地产企业表示回款困难，9.76%的房地产企业开始加强对外合作。在“只付不收”的现状下，职工薪资、供应商货款、土地款、融资还款等仍需支付，在当下这种收支不平衡、资金短缺的背景下，获得现金流，对企业自身营运资金的统筹调度安排成为房地产企业的头等大事。

思考：1. 结合上述背景资料，试分析房地产公司目前面临的营运资金周转问题？
2. 营运资金管理就是一个字：“快”，在企业生产经营过程中可以从哪些环节、采用什么方式加快其运转速度？

案例分析

美的如日中天背后的运营管理战略

美的公司1980年正式进入家电行业。现在拥有美的、小天鹅、威灵、华凌、安得、美芝等十余个品牌。美的集团一直保持着健康、稳定、快速的增长。20世纪80年代平均增长速度为60%，90年代平均增长速度为50%。21世纪以来，年均增长速度超过30%。即使在2018年艰难环境之下，美的实现营业总收入2 618.20亿元，同比增长8.23%，实现归母净利润202.31亿元，同比增长17.05%，保持了经营稳定与竞争能力的提升。美的能够位于世界前列，很大程度上得益于它的“三大战略”：

一、“总成本领先”战略

对于美的而言，“总成本领先”首先是以超级产能规模为基础的行业成本领先，其中包括采购、生产、信息管理、渠道优化及服务效率的优势。美的制冷家电集团CEO方洪波提出的产能扩张战略就是这一思路的集中体现。通过从产品销售到售后服务的系统工程，美的率先占领市场，在后续的竞争布局中形成自身的战略优势。

二、“零库存”战略

美的作为供应链里的“链主”，即核心企业，居于产业链上游且较为稳定的供应商共有300多家。其中60%的供应商是在美的总部顺德周围，还有部分供应商在三天以内车程，只有15%的供应商距离较远，对于这剩下的15%的供应商，只需要在美的周围租赁仓库就可以。

三、“消解分销链存货”战略

在经销商环节上，美的近年来公开了与经销商的部分电子化往来，由以前半年一次的手工性的繁杂对账，改为业务往来的实时对账和审核，运用这些信息，通过合理预测制订其生产计划和安排配送计划以便补货。理想的模式是：经销商基本不用备货，缺货时，美的立刻自动送出去，而不需经销商提醒。这种存货管理上的前移，可以有效地削减和精准的控制销售渠道上昂贵的存货，而不是任其堵塞在渠道中，让其占用经销商的大量资金。

（资料来源：https：//wenku. baidu. com/）

分析： 一个企业要维持正常的运转就必须拥有适量的营运资金，因此必须解决好流动资产和流动负债两个方面的问题，那么你认为企业应该投资多少资金在流动资产上是合适的？你认为企业应该如何进行流动资产的融资？

职业拓展

当危机来临，企业如何做好资金管理？

2020年初，一场突发的新冠病毒疫情在全球蔓延，时时刻刻触动着金融市场的紧张神经。面对危机，企业资金管理团队如何合理应对以平稳度过“至暗时刻”已成为当务之急。资金和风险云管理解决方案的全球领导者Kyriba认为，资金管理团队需要始终在三大关键领域保持优异的表现——业务连续性、激活流动性以及最大程度减少全球供应链中断。

一、守护数据安全，为业务连续性保驾护航

疫情期间，很多公司都要求员工在家办公，财务团队也不例外。为了打赢这场远程办公持久战，财务团队需要制定详细的计划以保证业务连续性和生产效率。远程工作团队的首要任务是维护数据和工作流程的安全，确保远程工作不会给企业机构带来额外的风险。而且，保证资金管理系统不受地点和设备的限制也十分重要，以便财务团队在家中工作时无须 IT 支援也可使用所有资金管理系统。

财务团队在远程办公的过程中可能会面临诸多挑战。例如，一些财务团队在远程工作时通过银行门户来替代 TMS 或 ERP 发起和审批付款，然而这种方法的缺点也显而易见——由于无法集中付款，财务团队不但要耗费大量人力成本，还意味着放弃了付款的全球可视化，并且无法进行欺诈检测筛查。此外，在使用多个支付系统和银行门户时，审批程序也有所不同，这不仅会导致效率低下，还带来了政策不合规和潜在付款欺诈的可能性。

Kyriba 能够为企业提供完整的数据安全性支持，从而确保其财务工作流程经过加密并得到保护。Kyriba 提供的独特的端到端 SaaS 解决方案，通过在云中无缝连接而统一了全球不同的财务系统——银行、ERP 和其他系统。这种连接对于提高现金流动性、风险可视性以及改善直通式处理和安全性至关重要，保证业务的连续性，也降低了 IT 资源成本。

二、激活流动性，精准预测、保护和增长现金

对于任何公司来说，如何保证资产负债情况良好并且拥有充足的现金流动性是公司运营的关键。要做到这点，精准的现金预测必不可少。一般来讲，精通流动性管理的资金主管应最大限度地减少营运资金所需的现金，同时优化多余现金的投资。一个积极的流动性策略，可以帮助企业看到、保护并增长现金。

Kyriba 开创性的主动流动性网络（Active Liquidity Network）涵盖资金管理、风险管理、支付和营运资金管理，它可以帮助企业与重要的外部合作伙伴和信息源连接起来。在经济环境动荡的时期，Kyriba 通过安全且可高度扩展的 SaaS 平台可为企业提供及时且准确的全球现金可视性。因此，当涉及流动资金和风险敞口时，企业可以看到一切，从而更有效地制定策略。它可以帮助司库提供三个关键 KPI，为企业发展提供战略价值：

（1）Kyriba 提供及时且准确的全球现金可视性，帮助资金团队能够创建为整个组织带来精确预测。

（2）凭借对风险敞口、对冲以及自然货币抵消策略有效性的洞察报告，资金团队可以防范外汇波动带来的风险，避免外汇波动对现金流预测和盈利结果造成的破坏。

（3）使资金团队减少对利息收入的依赖，将重点转向银行费用削减、数字化转型和其他成本效益目标，从而推动财务业绩。

美国第四大医疗保险公司 HCSC（Health Care Service Corporation）是 Kyriba 服务的客户之一。通过 Kyriba 的主动流动性平台，HCSC 实现了 100% 的全球资金可见性，包括自动化实现现金头寸以及对账、会计和报告等。值得一提的是，精准的预测大大减少了其营运资金余额（从 40 亿美元减少到 5 000 万美元），同时因为更具战略性的投资决策，使其投资收益增加了 5%。此外，HCSC 还实现了每年节省 240 万美元的银行费用，成功制定安全的业务连续性计划，并实现了许多财务操作的自动化。

三、动态贴现，为供应链注入流动“血液”

在危机时期，为了保证现金流的正常运转，一些大型企业可能会采取延迟付款的

方式来改善营运资金。随着许多行业将付款期限延长至45、60、90天，甚至更长时间，一些中小企业供应商多年来一直感到资金紧张。因此，尽管这种延长应付账款周转天数（DPO）的策略似乎能够更长时间地保有现金，却是以牺牲供应商为代价，尤其是供应商会因特殊时期时断时续的生产周期以及配送问题而导致资金紧张。

实际上，公司财务人员可以通过提前付款贴现计划来实现较高的闲置现金投资回报率。通过向供应链注入现金流动性来为供应商带来“救命钱”，这也降低供应商中断的风险。此外，使用供应链金融作为替代融资方式有助于公司协商更长的付款期限，并有助于增加自由现金流。为改善营运资金管理，Kyriba提供了动态贴现和供应链金融解决方案。这两个计划都会提高现金的可视性和可预测性，使买家和供应商均可受益。

此次疫情危机为众多企业敲响了警钟，虽然悲观情绪一时间难以消散，却也为企业提供了重新审视业务模式的机会。资金管理团队可以采取业务连续性计划，实施积极的流动性策略，以及通过内部协作将流动性注入其企业机构的供应链中，从而做好应对突发情况的准备。这些积极的应对策略不仅能够帮助公司在危机时刻渡过难关，还可能创造出更多增值的机会。

（资料来源：https：//mp. weixin. qq. com/s/Yf－S17LLzh72srNRg2mIFQ）

工作任务二　现金管理

任务描述

通过学习理解现金的概念，现金的持有动机和持有成本，掌握现金持有量的定量分析方法以及现金的日常管理，能够顺利在企业开展日常现金管理活动。

项目活动一　现金内容概述

工作情景

由于衡阳梦幻电器有限公司成立不久，在正常经营活动中，经常会出现资金短期内闲置的情况。

思考：衡阳梦幻电器有限公司可以从哪些方面提高资金的利用率？

理论知识

一、现金的概念

现金是指企业可以立即作为支付手段，并能被普遍接受的资产，即以货币形态占用的那部分资金。广义的现金包括库存现金、银行存款、其他货币资金等。狭义的现金仅指库存现金。这里所讲的现金是指广义的现金。

（一）现金的特点

（1）现金是变现能力最强的资产。现金可以用来满足生产经营开支的各种需要，也是还本付息和履行纳税义务的保证。

（2）拥有足够的现金有利于降低企业风险。拥有现金可以增强企业资产的流动性和债务的可清偿性。

（1）现金不能或很少提供收益，是非营利性资产。现金存量过多，所提供的流动性边际效益会下降，使企业的收益水平降低。

（二）现金的管理目标

对现金的管理，主要围绕以下两个目标来进行：一是保证企业生产经营对现金的需要；二是尽量减少企业闲置现金的数量，提高资金报酬率。

二、现金的持有动机

通常情况下，企业都持有一定数量的现金。其持有动机或原因主要有以下四个方面：

（一）交易性需求

交易性需求是指企业持有现金以满足日常业务的现金支付需要。为了满足交易性需要和日常经营活动对货币的需要，企业必须持有现金。如果每天的现金流出量与现金流入量能密切配合，企业就不需要持有大量的现金，现金余额甚至可以降低到零。但在实际的生产经营过程中，由于各种各样的原因，比如，企业提供的信用条件与企业接受的信用条件不同、季节性的大量现金支出或购买大量廉价原材料等，都会使现金流出与现金流入很难同量同步。因此，为使业务活动正常进行，企业必须持有一定量的现金。这些现金被称为交易性余额。

交易性需求的现金数量取决于企业规模、现金管理体制和管理人员的偏好。企业规模越大，交易性需求的现金数量就越多，反之则越低；采取现金集中管理，建立内部银行的企业，交易性需求的现金数量比采取分散管理的企业要少，反之则较多；愿意承担风险的管理者，其交易性需求的现金数量较少，反之则较多。

（二）预防性需求

预防性需求是指企业持有现金以应付意外事件的现金支付需要。企业现金的收支量通常很难被准确地预测出来，而现金流量的可预测程度也会随着企业管理与行业的不同而有所变化。因此，企业需持有若干现金以防不测。这些当作安全存量用的现金被称为预防性余额。

预防性需求所持有的现金数额，取决于以下三个因素：第一，现金收支预测的准确性程度。现金收支预测的准确性程度越小，所需持有的现金数额就越大，反之则越小。第二，临时借款能力。如果企业临时借款能力强，则预防性需求所需持有的现金数额较小，反之则较大。第三，企业愿冒缺少现金风险的程度。如果企业不愿冒缺少现金的风险，则预防性需求所需持有的现金数额较大，反之则较小。

（三）投机性需求

有时企业也会持有一些现金，以便能随时购买偶然出现的廉价材料或资产，比如在适当时机购入价格有利的有价证券等。一般而言，除金融企业和投资企业外，其他企业很少专为投机动机而持有现金。为达到这一目的而持有的现金余额被称之为投机性余额。

（四）补偿性需求

补偿性需求是指企业维持良好的银企关系，按银行规定在其存款账户中维持一个最低的存款余额的现金需要。银行常常通过将客户的存款以贷款方式放出去获得利润。因此，银行的存款越多，其可贷放的资金也就越多，可获得的利润也可能越多。因此，有时基于贷款存款的规定，有时也因给客户提供额外服务的需要，银行通常会要求客户在其存款账户中维持一个最低的存款余额，这种余额被称为补偿性余额。

需要指出的是，尽管我们可以将大多数企业管理的现金余额视为由交易性、补偿性、预防性和投机性余额四个部分构成，但由于企业可以使用相同的现金余额来同时达到一种以上的目标，所以我们无法估计出企业适当的现金余额。只不过企业在决定其目标现金余额时，我们需要将以上四个因素都纳入考虑范围。

三、现金的持有成本

（一）现金管理成本

现金管理成本是指企业因持有现金而发生的人员工资等管理费用。现金管理成本与现金持有量无直接关系，一般属于固定成本。

（二）现金机会成本

现金机会成本是指企业因持有现金而丧失的再投资收益。由于现金资产盈利能力最低，保留现金必然丧失再投资的机会及相应的投资收益，从而形成持有现金的机会成本，这种成本在数额上等同于资金的投资收益。现金机会成本与现金持有量直接相关，现金持有量越大，机会成本越高，反之则越低。因而机会成本属于变动成本。

（三）现金短缺成本

现金短缺成本是指在现金持有量不足而又无法及时通过有价证券变现等方式加以补充而给企业造成的损失，包括直接损失和间接损失。现金的短缺成本随现金持有量的增加而下降，随现金持有量的减少而上升，即与现金持有量呈负相关。

（四）现金转换成本

现金转换成本是指企业用现金购入有价证券以及转让有价证券换取现金时付出的交易费用，如委托买卖佣金、委托手续费、证券过户费、交割手续费等。现金转换成本中根据交易特征分为以下两种。

1. 变动性转换成本

变动性转换成本是每次根据交易额的多少付出的交易费用（如委托买卖佣金等），即每次变动、总额不变。该费用的多少只与交易的总金额有关，而与交易次数无关，属于决策无关成本。

2. 固定性转换成本

固定性转换成本是按交易次数的多少付出的交易费用（如过户费等），即每次不变、总额变动。转换成本与证券变现次数呈线性关系，即转换成本总额 = 证券变现次数 × 每次转换成本。在现金需要量既定的前提下，现金持有量越小，证券变现的次数越多，相应的转换成本就越大；反之则相反。因此现金持有量的高低必然通过证券变现次数多少而对转换成本产生影响。

四、现金持有量的定量分析

（一）成本分析模型

成本分析模型的基本思路是先找出与持有现金有关的成本，然后再找出相关总成本最低时所对应的现金余额。与企业持有现金相关的成本有机会成本、管理成本和短缺成本，但管理成本与现金持有量无关，且不考虑转换成本，所以现金相关总成本包含机会成本和短缺成本。

现金相关总成本（TC）＝机会成本＋短缺成本

$$机会成本＝平均现金持有量\times 机会成本率＝\frac{现金持有量}{2}\times 机会成本率$$

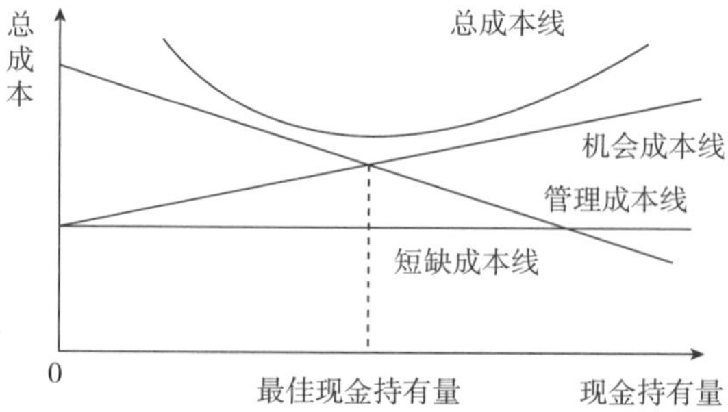

图 5－3　现金成本分析模型图

机会成本与短缺成本随现金持有量的变动呈反方向变化关系：现金持有量越大，机会成本越高，短缺成本越低，现金持有量越小，机会成本越低，短缺成本越高。能使持有现金的机会成本与短缺成本之和最低的现金持有量，就是最佳现金持有量。

【例 5－1】假定衡阳梦幻电器有限公司有四种现金持有方案，它们各自的持有量、管理成本、短缺成本如表 5－1 所示，假设现金的机会成本率为 12%。

表 5－1　现金持有方案

方案项目	甲	乙	丙	丁
现金平均持有量（元）	25 000	50 000	75 000	100 000
机会成本（元）	3 000	6 000	9 000	12 000
管理成本（元）	20 000	20 000	20 000	20 000
短缺成本（元）	12 000	6 750	2 500	0

要求：确定该公司的现金最佳持有量为多少？

解：

四种方案的总成本计算结果如表 5－2 所示：

表 5－2　现金持有成本

方案项目	甲	乙	丙	丁
机会成本（元）	3 000	6 000	9 000	12 000
管理成本（元）	20 000	20 000	20 000	20 000
短缺成本（元）	12 000	6 750	2 500	0
总成本（元）	35 000	32 750	31 500	32 000

将以上各方案的总成本加以比较可知，丙方案的总成本最低，故 75 000 元是该公司的最佳现金持有量。

（二）存货模型

存货模型又称为鲍莫模型（Baumol Model），它是 1952 年由美国经济学家 William. J. Baumol 首先提出的，他认为公司现金持有量在许多方面与存货相似，存货经济订货批量模型可用于确定目标现金持有量，并以此为出发点，建立了鲍莫模型。在存货模型中只需要考虑现金机会成本和转换成本，而不考虑现金管理成本和短缺成本。这是因为：

（1）在一定范围内，现金的管理成本与现金持有量一般没有关系，所以属于决策无关成本。

（2）由于现金短缺成本具有不确定性，其成本往往不容易计量，所以在此也不予考虑。

存货模型的最佳现金持有量就是使现金的机会成本与转换成本之和最低时的现金持有量。假设企业一定时期现金的总需要量确定，支出均衡发生，那么，企业现金持有总成本与持有机会成本、转换成本的关系如图 5－4 所示。从图 5－4 可以看出，企业现金持有总成本与现金持有量呈凹形曲线关系。持有现金的机会成本与证券变现的交易成本相等时，现金管理的总成本最低。此时的现金持有量为最佳现金持有量。

设：TC 为一定时期企业现金持有总成本；T 为一定时期现金的总需要量；

M 为最佳现金余额（或最佳现金持有量）；F 为每次转换的固定成本；

K 为有价证券利率即机会成本率。

现金持有总成本（TC）＝机会成本＋转换成本

＝平均现金余额×机会成本利率＋转换次数×每次转换成本

$$=\frac{M}{2}\cdot K+\frac{T}{M}\cdot F$$

推导：（求导）

$TC' = (\frac{M}{2}\cdot K)' + (\frac{T}{M}\cdot F)' = \frac{K}{2} + TF(-\frac{1}{M^2})$　当 $TC' = 0$ 时，TC 最小，得 M

最佳现金持有量 $M=\sqrt{\frac{2\cdot T\cdot F}{K}}$

最低现金持有总成本 $TC = \sqrt{2\cdot T\cdot F\cdot K}$

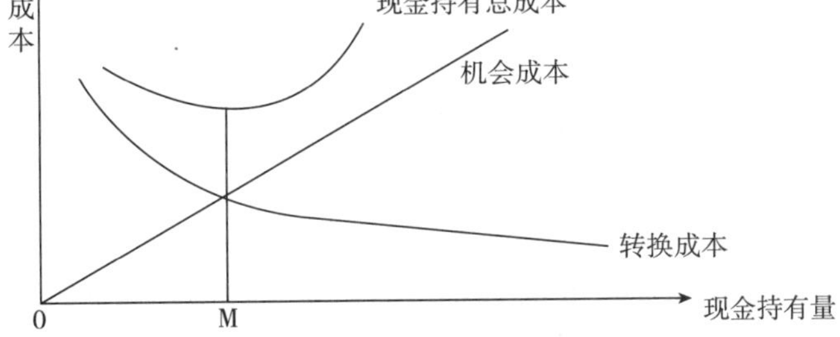

图 5－4　现金持有量的存货模型

【例 5-2】假设衡阳梦幻电器有限公司每月现金需求总量为 5 200 000 元，每次现金转换的成本为 1 000 元，持有现金的机会成本率为 10%。

要求：计算该公司的最佳现金持有量为多少？

解：$M=\sqrt{\frac{2\times 5200\ 000\times 1\ 000}{10\%}}=322\ 490$（元）

公司最佳持有的现金为 322 490 元，持有超过 322 490 元则会降低现金的投资收益率，低于 322 490 元则会加大企业正常现金支付的风险。

【例 5-3】衡阳梦幻电器有限公司现金收支稳定，预计全年（按 360 天计算）现金需要量为 100 万元，现金与有价证券的转换成本为每次 250 元，有价证券年利率为 5%。

要求：1. 计算该公司的最佳现金持有量是多少？

2. 计算该公司最低全年现金管理相关总成本以及其中的转换成本和持有机会成本各是多少？

解：1. 最佳现金持有量 $=\sqrt{\frac{2\times 1\ 000\ 000\times 250}{5\%}}=100\ 000$（元）

2. 最低现金管理相关总成本 $=\sqrt{2\times 1\ 000\ 000\times 250\times 5\%}=5\ 000$（元）

其中：转换成本 $=1\ 000\ 000\div 100\ 000\times 250=2\ 500$（元）

持有机会成本 $=100\ 000\div 2\times 5\%=2\ 500$（元）

有价证券交易次数 $=1\ 000\ 000\div 100\ 000=10$（次）

有价证券交易间隔期 $=360\div 10=36$（天）

实务训练

假定衡阳梦幻电器有限公司 2019 年每月平均现金需要量为 10 万元，有价证券的利率为 1%，假定企业现金管理相关总成本控制目标为 600 元。

要求：1. 计算该公司有价证券的每次转换成本的限额为多少？

2. 计算该公司最低现金持有额为多少？

3. 计算该公司最佳有价证券交易间隔期为多少天？

思维培养

现金在上市公司经营中起着重要作用，因此，现金管理至关重要，公司在现金流量管理过程中，需要考虑的方面有很多。其中最为常见的便是公司资本风险防范、项目投资活动以及相关市场商务活动等内容。而上市公司一旦忽视对资金的科学使用，过度看重对风险的防范与管理，将很容易对公司实际收益造成严重影响。同理，当公司过度重视对资金的使用，而严重忽视了风险的管理，将同样有可能造成公司的金融危机。

思考：你认为如何利用现代金融手段和技术加速现金的周转？

项目活动二　现金收支日常管理

工作情景

衡阳梦幻电器有限公司财务人员近期发现企业现金经常出现大额闲置或严重短缺的问题。

思考：1. 从收款和付款这两个方面分析，如何对该公司的现金进行日常管理？

2. 随着当今世界发展日新月异，高新科学技术层出不穷，企业应收账款的收回也实现了从传统的信箱模式到如今的第三方支付平台"秒到账"模式的转变，作为未来的专业技术人员，你认为财经专业随着技术的进步专业技术知识结构和能力素质需要从哪些方面进行提升？

理论知识

一、收款管理

（一）收款系统

一个高效率的收款系统能够使收款成本和收款浮动期达到最小，同时能够保证与客户汇款及其他现金流入来源相关的信息的质量。

1. 收款成本

收款成本包括浮动期成本、管理收款系统的相关费用（例如银行手续费）及第三方处理费用或清算相关费用。在获得资金之前，收款在途项目使企业无法利用这些资金，也会产生机会成本。信息的质量包括收款方得到的付款人的姓名、付款的内容和付款时间。信息要求及时、准确地到达收款人一方，以便收款人及时处理资金做出发货安排。

2. 收款浮动期

收款浮动期是指从支付开始到企业收到资金的时间间隔。收款浮动期主要是由纸质支付工具导致的，有下列三种类型：

（1）邮寄浮动期：从付款人寄出支票到收款人或收款人的处理系统收到支票的时间间隔；

（2）处理浮动期：是指支票的接受方处理支票和将支票存入银行以收回现金所花的时间；

（3）结算浮动期：是指通过银行系统进行支票结算所需的时间。

（二）收款方式的改善

电子支付方式对比纸质支付方式是一种改进。电子支付方式提供了如下好处：

（1）结算时间和资金可用性可以预计。

（2）向任何一个账户或任何金融机构的支付具有灵活性，不受人工干扰。

（3）客户的汇款信息可与支付同时传送，更容易更新应收账款。

（4）客户的汇款从纸质方式转向电子方式，减少或消除了收款浮动期，降低了收款成本，收款过程更容易控制，并且提高了预测精准度。

二、付款管理

现金支出管理的主要任务是尽可能延缓现金的支出时间。当然，这种延缓必须是合理合法的。控制现金支出的目标是在不损害企业信誉的条件下，尽可能推迟现金的支出。

1. 使用现金浮游量

现金浮游量是指由于企业提高收款效率和延长付款时间所产生的企业账户上的现金余额和银行账户上的企业存款余额之间的差额。

2. 推迟应付款的支付

推迟应付款的支付是指企业在不影响自己信誉的前提下，充分运用供货方所提供的信用优惠，尽可能地推迟应付款的支付期。

3. 汇票代替支票

汇票分为商业承兑汇票和银行承兑汇票，与支票不同的是，承兑汇票并不是见票即付。这一方式的优点是它推迟了企业调入资金支付汇票的实际所需时间。这样企业就只需在银行中保持较少的现金余额。它的缺点是某些供应商可能并不喜欢用汇票付款，银行也不喜欢处理汇票，它们通常需要耗费更多的人力。同支票相比，银行会收取较高的手续费。

4. 改进员工工资支付模式

企业可以为支付工资专门设立一个工资账户，通过银行向职工支付工资。为了最大限度地减少工资账户的存款余额，企业要合理预测开出支付工资的支票到职工去银行兑现的具体时间。

5. 透支

企业开出支票的金额大于活期存款余额。它实际上是银行向企业提供的信用。透支的限额，由银行和企业共同商定。

6. 争取现金流出与现金流入同步

企业应尽量使现金流出与流入同步，这样，就可以降低交易性现金余额，同时可以减少有价证券转换为现金的次数，提高现金的使用效率，节约转换成本。

7. 使用零余额账户

即企业与银行合作，保持一个主账户和一系列子账户。企业只在主账户保持一定的安全储备，而在一系列子账户不需要保持安全储备。当从某个子账户签发的支票需要现金时，所需要的资金立即从主账户划拨过来，从而使更多的资金可以用作他途。

思政人物： 申怡飞：邯郸走出的5G核心技术开拓者

申怡飞1997年出生于邯郸市，从17岁开始研究5G技术，申怡飞毛遂自荐，加入了移动通信国家重点实验室，他研究的方向是极化码技术。他每天早出晚归，把实验室当家，全身心地投入到通用处理器的高效极化码平台优化中，2019年申怡飞所在团队的方案被写入5G行业标准，研究被应用在5G平台。目前，该团队正致力于让极化码更快、更广地服务于通信网络中。5G的时代将是万物互联的时代，它会将每一个智能设备连接起来，构建智能社会，更会将每一个青年连接起来，缔造科技强国。

用中国心打造中国速度，青春的我们就是改变的力量。作为移动通信国家重点实验室的学生，申怡飞信心满满地说："我们应该扛起责任，学好专业，增强本领，把振兴移动通信产业的科技强国理想融入个人志向当中，在青春时代不懈奋斗。"

实务训练

深入调查分析衡阳梦幻电器有限公司的现金管理制度和方式，说明其优点和缺陷，分组讨论并为该企业设计一套新的现金管理方案。

思维培养

伴随我国经济快速发展，流通中现金持续增长，其中，现金使用尤其是大额现金的使用笔数和数额保持在高位，大额现金管理成本持续走高，金融系统现金运行稳定性下降。

当前，非现金支付普及发展成效显著，应继续完善支付结算基础设施，科学评估经济主体现金交易场景必要性，引导经济主体应用非现金支付工具，降低现金流通的社会成本。

思考： 在微信、支付宝等新的支付方式下，非现金支付方式的普及会对企业现金管理带来什么影响？

案例分析

"支付方式"的变迁，重塑了国人生活方式

如今中国经济的飞跃发展，购物方式的不断改变，使得人们支付方式从粮票到现金到刷卡到手机支付，开启了一种全新的移动支付模式，方便了人们的日常生活。

票证支付时代，货币符号是"票"。计划经济时代，人们生活的保障就是"票"，粮票、油票、布票、肉票等等，几乎所有的生活开销都是需要"票"的，都是公家统一发放到每户每人，挣工分才能得到相应的票，对于细粮和肉都是紧俏产品，只有过年的时候人们才舍得用。到如今，这些"票"成为一部分人的记忆，更成为大家作为

收藏的留念，成为了历史的一笔。

纸币支付时代，货币符号是“钱”。改革开放以后，人们的生活变得越来越富足，“票证”时代退出了历史的舞台，一张张纸币成为人们生活的必需品，“现钞”是购买生活用品的流通货币。脱离了有钱也买不到东西的时代，人们的出行和购物标配是“现金”。

刷卡支付时代，货币符号是“卡”。现金时代确实改变了人们的生活，给人们的生活带了方便，但同时也出现了一些弊端。出门在外携带大量现金，除了不方便以外就是担心安全的问题。由此衍生的银行卡业务帮助人们解决了大问题，借记卡、信用卡等陆续出现在人们生活中，不仅携带方便，还可以跨地区使用，成为人们支付方式的一个大的转变。

移动支付时代，货币符号是“码”。70 年的历程中，经济发展从未停歇，购物方式也在不断地转变，从实体购买到线上线下共同发展，使得“移动支付”迅速崛起，一部手机可以畅游全国。支付宝、微信、银行 APP 等等，轻轻扫一扫就可以完成交易，甚至路边卖菜的小摊都实现了移动支付，出门在外一部手机能完成衣、食、住、行的各种需求。收款码、支付码是人们常用的支付方式，扫一扫就可以完成交易。

（资料来源：https：//mbd. baidu. com/newspage/data/landingshare）

分析：从上述案例中发现支付方式的改变使人们生活变得便捷，你认为企业如何利用这种便捷的方式实现更高的效益？

职业拓展

月薪 30000 的财务人，是如何管理现金的？

刚入职成为一名财务人员时也许会遇到这种情况：企业明天需要购进一批原材料，领导问你企业还有多少现金，于是傻傻的你跑去打开保险柜清点了一下库存现金后，便告诉领导还有一万多……

这里需要注意，通常领导所说的“现金”并不是保险柜里的那些纸币，而是企业账户上可动用的资金。因为现金是企业发展的大动脉，是否有流动资金关系着企业的生死存亡，所以管理好企业的资金，财务人员应责无旁贷。

一、每日资金动态汇报

虽然现金只是企业资产构成的一小部分，但是大多数企业都信奉着“现金为王”的法则。因此每日向领导汇报资金动态，是财务人员必须完成的工作。那么具体都需要汇报什么呢？最常见的是三项：

（1）库存现金：其实正常来说，库存现金的存在是为了解决企业的各项杂费，例如办公用品、企业团建等，都可以直接用库存现金支付。因为库存现金一般较少，相对于银行存款就不那么重要了。

（2）银行存款：其实大多数的企业，几乎所有的可移动资金都会存在银行中，银行是资金流动的主要途径。企业在进行销售商品、融资贷款等行为时，大多数款项都要从银行账户流入。相反的，企业进行购买原材料、支付工资等活动，钱款也都要从银行账户流出。

（3）承兑汇票：承兑汇票是最常见的票据，但是因为有承兑日期的限制，所以财务人要妥善处理。

这三项是财务人员每日必须向领导汇报的内容，可以绘制成资金日报统一上报。领导会根据具体情况做出相应的抉择。

二、往来款项的注意

企业要想资金不紧张，只需要注意一点：减少现金的流出，增加现金的流入，减少资金占压时间。这就需要财务人员对这几点尤为关注：应收账款、应付账款、预收账款、预付账款、其他应收款、其他应付款、坏账和存货。因为这些是和企业资金周转息息相关的，都很容易出现潜在的亏损。一旦出现任何预兆，一定要及时告知领导，让资金能够尽快回流。

其实除了企业现有的资金和将要收入的资金，还有很多地方值得财务人员注意，但是这两样对大多数企业来说是最为重要的。既然从事了财务工作，我们便要具备主人翁意识，并时时刻刻注意资金的变化，这样才能成为一个优秀的财务人！

（资料来源：https：//c. m. 163. com/news/a/EN6CB5I10516R5O0. html？ spss = newsapp&spsw = 2&spssid = 3bd03bde103b47ddc561990f3c72ecd5&isFromH5Share = article）

工作任务三　应收账款管理

任务描述

因为市场竞争的需要，各企业普遍存在赊销，从而产生了应收账款。通过学习了解应收账款的功能及成本构成，掌握信用政策的制定和选择方法，并能采用有效的管理措施，为企业减少应收账款所带来的损失。

项目活动一　应收账款的成本

工作情景

衡阳梦幻电器有限公司的小张在查看企业的报表时发现企业本期净利润为 1 000 万元，但企业现购买一台 200 万的生产设备，却无现金支付。

思考：你认为上述事项的原因是什么？

理论知识

一、应收账款的概念和功能

（一）应收账款的概念

应收账款是企业因对外销售商品、提供劳务等而应向购买货物或接受劳务的单位收取的款项，形成企业之间的商业信用。应收账款占流动资产的比重很大，加强应收账款管理对企业财务管理具有特别重要的意义。

（二）应收账款的功能

所谓应收账款的功能是指它在企业生产经营中所具有的作用。应收账款是一种债权性流动资产，就其占用本身来看，并不能直接带来任何收益。但应收账款具有增加销售和减少存货的功能。

1. 增加销售功能

企业销售产品可以采取现销方式或赊销方式。现销方式最大的优点是应计现金流入量与实际现金流入量完全吻合，既能避免坏账损失，又能及时地将收回的款项投入再生产过程，是企业期望的一种销售结算方式。但在激烈竞争的市场条件下，单纯的现销方式将使企业处于不利境地。而赊销方式由于向购买方提供了一定的商业信用，可以使企业扩大产品销售、开拓市场，增强企业竞争力。

2. 减少存货功能

应收账款可以加速产品销售的实现，加快产成品向销售收入的转化速度，降低产成品数量，有利于缩短产成品的库存时间，降低产成品存货的管理费用、仓储费用和保险费用。因此，在企业产成品存货较多时，可以将产成品以较优惠的信用条件赊销出去，将存货转化为应收账款，减少产成品存货，节约开支。

二、应收账款的成本

（一）应收账款的机会成本

应收账款的机会成本是指因资金投放在应收账款上而丧失的其他收入。如投资于有价证券会有利息收入和股息收入。其计算公式为：

应收账款机会成本 = 维持赊销业务所需要的资金 × 资金成本率

（1）计算维持赊销业务所需要的资金。

维持赊销业务所需的资金 = 应收账款平均余额 × 变动成本率

= 应收账款平均余额 ×（变动成本 ÷ 销售收入）

（2）计算应收账款平均余额。

应收账款平均余额 = 年赊销额 ÷ 360 × 平均收账天数

= 平均每日赊销额 × 平均收账天数

（二）应收账款的管理成本

应收账款管理成本是指企业对应收账款进行管理而耗费的开支，是应收账款成本的重要组成部分，主要包括对客户的资信调查费用、应收账款账簿记录费用、收账费用以及其他费用。

（三）应收账款的坏账成本

应收账款坏账成本是指因某些原因无法收回而给持有企业带来的损失。应收账款坏账成本与应收账款数额成正比，即应收账款越多，坏账成本也越多。因此，企业为规避坏账损失带来的不利影响，应按照应收账款余额的一定比例提取坏账准备。

坏账成本 = 赊销额 × 坏账损失率

【例 5－4】假设衡阳梦幻电器有限公司预测 2020 年度赊销额为 3 000 000 元，应收账款平均收账天数为 60 天，变动成本率为 60%，资金成本率为 10%。

要求：1. 计算该公司应收账款的平均余额为多少元？

2. 计算该公司维持赊销业务所需的资金为多少元？

3. 计算该公司应收账款的机会成本为多少？

解：

1. 应收账款平均余额 = 3 000 000 ÷ 360 × 60 = 500 000（元）

2. 维持赊销业务所需要的资金 = 500 000 × 60% = 300 000（元）

3. 应收账款的机会成本 = 300 000 × 10% = 30 000（元）

思政视频： 李录：什么时候需要用机会成本的方式去思考

视频链接： https://mr.baidu.com/r/6DwoHmbXPi?f=cp&u=e575a33d447357f9

实务训练

假定衡阳梦幻电器有限公司 2019 年赊销收入为 720 万元，平均收账期为 60 天，坏账损失为赊销额的 10%，年收账费用为 5 万元。该公司认为通过增加收账人员等措施可以使平均收账期降为 50 天，坏账损失下降为赊销额的 70%。假设公司的资金成本率为 6%，变动成本率为 50%。

要求： 1. 计算该公司原方案应收账款总成本为多少？

2. 计算该公司新增收账费用的上限为多少？

思维培养

一直以来房地产市场对工程机械产品的需求颇为强烈，工程机械各家企业都看到了其中的商机，因此开始实施策略以满足他们对市场份额的需求，一方面开始加速工程机械的产能扩张，另一方面用各种不同的方式拉拢客户。比如最常见的行为就是“低首付”与更为夸张的“零首付”，即解释为数百数千万的机器设备，客户可以通过极低的首付买下。这些策略即便给企业带来了大的市场份额，也为以后企业应收账款难以回收的困境埋下了不安的种子。同时也随着国家金融政策的紧缩调整，下游企业的资金链收紧，这也就使得过去企业受激进信用政策影响下的销售模式的弊端一点点暴露了出来，也使得工程机械制造企业的应收账款大幅增加，最终不可避免地导致出现坏账。

思考： 你认为企业可以采用哪些途径尽可能地降低坏账损失？

项目活动二　信用政策

工作情景

衡阳梦幻电器有限公司在签订销售合同时，均要明确付款时间和付款方式。

思考： 作为销售企业财务管理人员你认为如何明确上述事项对企业最有利？

理论知识

信用政策即应收账款政策，是指企业对应收账款投资进行规划与控制而确立的基本原则与行为规范。信用政策包括信用标准、信用条件和收账政策三部分内容。

一、信用标准

信用标准是客户获得企业商业信用所应具备的最低条件，通常以预期的坏账损失率表示。如果企业的信用标准过高，将使客户因信用品质达不到所设的标准而被企业拒之门外，其结果尽管有利于降低应收账款机会成本、管理成本及坏账成本，却会影响企业市场竞争能力的提高和销售收入的扩大。相反，如果企业采取较低的信用标准，虽然有利于企业扩大销售，提高市场竞争力和占有率，但同时也会导致应收账款机会成本、管理成本及坏账成本的增加。

二、信用条件

信用条件是销货企业要求赊购客户支付货款的条件，由信用期间、折扣期限和现金折扣三个要素组成。

1. 信用期限

信用期限是企业允许顾客从购货到付款之间的时间，或者说是企业给予顾客的付款期间，一般简称为信用期。

产品销售量与信用期限之间存在着一定的依存关系。延长信用期限，可以在一定程度上扩大销售从而增加毛利。但不适当地延长信用期限，也会造成平均收账期延长以及管理成本及坏账成本增加等不良后果。因此，企业是否应给客户延长信用期限，应视延长信用期限增加的边际收入是否大于增加的边际成本而定。

2. 折扣条件

折扣条件包括现金折扣和折扣期限两个方面。现金折扣是指在顾客提前付款时所给予的价格优惠。现金折扣实际是产品价格的扣减，企业决定是否提供以及提供多大程度的现金折扣，应着重考虑提供折扣后所得的收益是否大于现金折扣的成本。而折扣期限是指为顾客规定的可享受现金折扣的付款时间。

现金折扣的表示常用如“2/10，n/60”这样的符号，即客户在发票开出后的 10 天内付款，可以享受 2% 的现金折扣；如果放弃折扣优惠，则全部款项必须在 60 天内付清。60 天为信用期限，10 天为折扣期限，2% 为现金折扣率。

信用条件的选择与信用标准的选择相似，即比较不同的信用条件的销售收入及相关成本，最后计算出各自的净收益，并选择净收益最大的信用条件。

信用成本后收益 = 信用成本前收益 − 信用成本

信用成本前收益 = 销售净额 − 变动成本 − 有变化的固定成本 − 现金折扣

信用成本 = 机会成本 + 管理成本 + 坏账成本

决策原则：选择信用成本后收益最大的方案。

三、收款政策

收款政策是指当客户拖欠甚至拒付账款时企业所采取的收账策略与措施。在企业向客户提供商业信用时，必须考虑三个问题：第一，客户是否会拖欠或拒付账款，程度如何；第二，怎样最大限度地防止客户拖欠账款；第三，一旦遭到拖欠甚至拒付，企业应采取怎样的对策。前两个问题的解决主要靠信用调查和严格信用审批制度，第三个问题则必须通过制订完善的收账政策，采取有效的收账措施予以解决。

一般而言，企业加强收账管理，及早收回货款，可以减少坏账损失，减少应收账款上的资金占用，但会增加收账费用。因此，制定收账政策就是要在增加收账费用与减少坏账损失、减少应收账款机会成本之间进行权衡，若前者小于后者，则说明制定的收账政策是可取的（即选择应收账款总成本最小的方案）。

应收账款总成本 = 机会成本 + 管理成本 + 坏账成本

【例 5－5】 假设衡阳梦幻电器有限公司预测 2020 年度赊销额为 2 400 万元，其信用条件为：n/30，变动成本率为 65%，资金成本率为 20%。假设企业收账政策不变，固定成本总额不变，为扩大销售，该企业提出了三个信用条件的备选方案：A：维持 n/30 的信用条件；B：将信用条件放宽到 n/60；C：将信用条件放宽到 n/90。各备选方案估计的赊销水平、坏账损失率和收账费用等有关数据如下表：

表 5－3　　信用条件备选方案表

项目	A（n/30）	B（n/60）	C（n/90）
年赊销额	2 400	2 640	2 800
应收账款平均收账天数	30	60	90
应收账款平均余额	2 400 ÷ 360 × 30 = 200	2640 ÷ 360 × 60 = 440	2 800 ÷ 360 × 90 = 700
维持赊销业务所需资金	200 × 65% = 130	440 × 65% = 286	700 × 65% = 455
坏账损失率	2%	3%	5%
坏账损失	2 400 × 2% = 48	2 640 × 3% = 79. 2	2 800 × 5% = 140
收账费用	24	40	56

要求： 1. 请选择三个方案中的最优方案；

2. 如果公司为了加速应收账款的回收，决定将信用条件改为：2/10，1/20，n/60（即 D 方案），估计约有 60% 的客户（按赊销额计算）会利用 2% 的折扣，15% 的客户将利用 1% 的折扣。坏账损失率降为 2%，收账费用为 30 万元。公司是否应该改变信用条件？

解：1. 根据资料，通过计算编制信用条件分析评价表：

表 5－4　信用条件分析评价表

项目	A（n/30）	B（n/60）	C（n/90）
年赊销额 变动成本	2 400 1 560	2 640 1 716	2 800 1 820
信用成本前收益	840	924	980
信用成本： 应收账款机会成本 坏账损失 收账费用 小计	 130×20%＝26 48 24 98	 286×20%＝57.2 79.2 40 176.4	 455×20%＝91 140 56 287
信用成本后收益	742	747.6	693

从上表中可知：三个方案，B 方案最优。

2. 应收账款平均收账天数＝60%×10＋15%×20＋（1－60%－15%）×60＝24（天）

应收账款平均余额＝2 640÷360×24＝176（万元）

维持赊销业务所需的资金＝176×65%＝114.4（万元）

应收账款机会成本＝114.4×20%＝22.88（万元）

坏账损失＝2 640×2%＝52.8（万元）

现金折扣＝2 640×（2%×60%＋1%×15%）＝35.64（万元）

编制信用条件分析评价表：

表 5－5　信用条件分析评价表

项目	B（n/60）	D（2/10，1/20，n/60）
年赊销额 减：现金折扣 年赊销净额 变动成本	2 640 —— 2 640 1 716	2 640 35.64 2 604.36 1 716
信用成本前收益	924	888.36
减：信用成本： 应收账款机会成本 坏账损失 收账费用 小计	 286×20%＝57.2 79.2 40 176.4	 22.88 52.8 30 105.68
信用成本后收益	747.6	782.68

计算结果表明，实行现金折扣以后，企业的收益增加 35.08 万元（782.68－747.6），因此，企业最终应选择 D（2/10，1/20，n/60）方案作为最佳方案。

思政视频：大学生申请助学贷款，打工还完贷款，诚实守信，信誉如金

视频链接：https://mr.baidu.com/r/6Dxx24hIpa?f=cp&u=70ce434497b23718

实务训练

衡阳梦幻电器有限公司目前的信用条件过于严厉，不利于扩大销售，公司正在研究修改现行的信用条件。现有甲、乙、丙三个放宽信用条件的备选方案，有关数据如下：

项目	甲方案（n/60）	乙方案（n/90）	丙方案（2/30，n/90）
年赊销额（万元/年）	1 440	1 530	1 620
收账费用（万元/年）	20	25	30
固定成本	32	35	40
坏账损失率	2.5%	3%	4%

已知衡阳梦幻电器有限公司的变动成本率为80%，资金成本率为10%。考虑到有一部分客户会拖延付款，因此预计在甲方案中，应收账款平均收账天数为90天；在乙方案中，应收账款平均收账天数为120天；在丙方案中，估计有40%的客户会享受现金折扣，有40%的客户在信用期内付款，另外的20%客户延期60天付款。

要求：计算比较三个方案，哪个方案较好。

思维培养

1. 情境设问中，假设衡阳梦幻电器有限公司的资金利润率为20%，企业应收账款原有的收账政策和拟改变的收账政策如下表，分析公司拟改变的收账政策方案是否可行？

表5-6　收账政策备选方案资料

项目	现行的收账政策	拟改变的收账政策
年收账费用（万元）	6	10
平均收账天数（天）	60	30
坏账损失率	3%	2%
赊销额（万元）	480	480
变动成本率	60%	60%

2. 除了通过财务数据来分析企业的信用状况，还可以通过哪种方式来判断企业的信用状况？

项目活动三 应收账款的日常管理

工作情景

衡阳梦幻电器有限公司正常给予客户 90 天的账期，一个有长期往来的客户瑞翔公司欠款 100 万。款项到期后，衡阳梦幻电器有限公司因为自己资金紧张，加大力度向瑞翔公司多次催收，仍无法收回，迫于无奈公司走法律程序诉讼。胜诉后到法院申请强制执行，最终在 260 天后收回货款。

思考： 财务人员应如何避免上述情况的发生？

理论知识

信用政策建立以后，企业应该按照制定的信用标准、信用条件与收款政策，做好应收账款的日常控制工作。

一、客户信用管理

（一）搜集顾客信用资料

搜集顾客信用资料是进行客户信用分析和进行应收账款管理的前提。其资料的真实可靠程度直接影响到决策结果。搜集资料必须支付费用，企业必须权衡全面搜集资料所花的费用是否超过其可能提供的收益。客户信用资料可以从以下几个方面获得：财务报表、评估机构信用评级报告、银行调查、其他企业、企业自身经验。

（二）分析顾客信用状况

搜集客户信用资料后，要对这些资料进行分析，并对顾客信用状况进行评估。信用评估的方法很多，常用的有 5C 评估法和信用评分法。

1. 5C 评估法

所谓 5C 评估法，是指重点分析影响信用的品质、能力、资本、抵押和条件五个方面的一种方法。

品质（Character）。品质是指客户愿意如期履行其付款义务的可能性。是评估客户信用品质的首要因素。因为客户是否愿意在货款到期时，尽自己最大的努力来偿还货款，直接决定着应付账款的收回速度和数量。企业可以通过了解客户过去付款的一贯做法以及客户与其他供货企业的关系是否良好来评价客户的品质。

能力（Capacity）。能力是指客户偿付货款的能力，即客户流动资产的数量、质量以及流动比率、速动比率的高低。企业可以通过客户提供的财务报告，并通过对客户进行实地调查、观察来分析客户资产的流动性，对客户的偿债能力做出判断。

资本（Capital）。资本是指客户的财务实力和财务状况。企业可以通过分析客户提供的财务报告分析判断。

抵押（Collateral）。抵押是指客户拒付款项或无力支付款项时，能被用作抵押的资产。如果对客户的信用状况有争议，或是对企业的信用状况不了解，但客户能够提供足够的抵押品，企业也可以向其提供信用。当货款到期客户不能付款时，便可以变卖抵押品抵补货款。

条件（Conditions）。条件是指经济环境对客户能力的影响。企业可通过了解客户在过去类似条件下的付款表现作出判断。

5C 评估法可以判断信用风险的大小，以决定是否提供信用和提供信用的条件。

2. 信用评分法

信用评分法是对一系列财务比率和信用情况指标进行评分，然后进行加权平均，得出顾客综合的信用分数，并以此进行信用评估的一种方法。

其计算公式为：$y = \sum_{i=1}^{n}(a_i x_i)$

式中：y—信用评分数，a_i—i 项目的权数，x_i—i 项目的评分。

在采用信用评分法进行信用评估时，分数在一定标准（例如 80 分）以上时，说明企业的信用状况良好；分数在一定标准（例如 60 分）以下时，则说明信用状况较差；分数在中间时，信用状况一般。

（三）信用决策

搜集了客户的信用资料并进行分析评价后，就必须对有关客户的信用要求做出决策。对新客户来说，由于是初次交易，因此一般比较慎重，在决策前要对客户进行全面的信用分析与评价，严格按照制定的信用政策决策。对老客户来说，不必像新客户那样进行详细的信用分析，而只对每个客户分别规定一个信用限额。同时，定期对老客户进行信用评价与审计。

二、账龄分析

账龄分析表将应收账款划分为未到信用期的应收账款和以 30 天为间隔的逾期应收账款，这是衡量应收账款管理状况的另外一种方法。企业既可以按照应收账款总额进行账龄分析，也可以分顾客进行账龄分析。账龄分析法可以确定逾期应收账款，随着逾期时间的增加，应收账款收回的可能性变小。以信用期为 30 天为例。

表 5-7　　账龄分析表（按金额）

财龄（天）	应收账款金额（万元）	占应收账款总额的百分比（%）
0～30	1 750	70
31～60	375	15
61～90	250	10

续表

账龄（天）	应收账款金额（万元）	占应收账款总额的百分比（%）
91 以上	125	5
合计	2 500	100

表 5-8　　账龄分析表（按客户）

客户编号	客户名称	地区	信用天数	应收总额	信用金额	30-60	60-90	>90
A001	成都×××有限公司	西部区	30	76	0	76	0	0
A002	上海×××电器公司	华东区	30	1 800	0	900	900	0
A003	福建×××有限公司	华南区	30	12 000	0	12 000	0	0
A004	青岛×××有限公司	华东区	25	21 000	0	21 000	0	0
A005	苏州×××有限公司	华东区	60	98 400	65 400	33 000	0	0

三、信用保险

信用保险是对超过正常坏账损失部分的损失进行投保。信用保险可以由保险企业承保，也可以自我保险。正常部分坏账损失保险企业不能承保，超过部分也受到保险额的限制，企业还应承担一部分责任。企业自我保险主要采取提取坏账准备金、商品削价准备金等方式。

四、收账程序与策略

企业催收账款的程序一般是：首先以信函方式催收。将客户拖欠账款的金额、时间及相应文件的复印件寄给客户，请其在规定时间内付款。其次是电话催收。对于信函催款不予理睬的客户，应采取电话方式催收，直至派员面谈催收。最后是采取法律行动。当上述措施无效时，可以交给企业的律师采取法律行动，通过法院裁决。为了提高诉讼效果，可以与其他经常被该客户拖欠或拒付账款的企业联合向法院起诉，以增强该客户信用品质不佳的证据力。

顾客拖欠货款的原因比较多，但可概括为两类：无力偿付和故意拖欠。无力偿付是指顾客因经营管理不善，财务出现困难，没有资金偿付到期债务。对这种情况要进行具体分析，如果顾客确实遇到暂时的困难，经过努力能够东山再起，企业可以帮助顾客渡过难关，以便收回较多的账款。如果顾客遇到严重困难，无法恢复活力，则应及时向法院起诉，以期在企业破产清算时得到债权的部分清偿。故意拖欠是指顾客虽有能力付款但拒付欠款。遇到这种情况，则需要确定合理的讨债方法，以达到收回账款的目的。

思政人物：坚守诚信，创业路越走越宽——贵阳市道德模范刘锋胜的创业故事

2020 年春节前，由于炉具厂季节性生产原因，贵阳市道德模范、清镇市盛锋炉具厂

厂长刘锋胜就停工休息了。肺炎疫情发生后，家在清镇市红塔社区塔山村的他，主动参与疫情防控工作，向村疫情防控卡点捐赠了3台炉子，温暖疫情防控一线工作人员，并向武汉捐款。"是诚信让我走到了今天，我也要尽自己的能力回报社会。"刘锋胜说。

在刘锋胜的"生意经"中有着三大基本原则——质量必须合格，做好售后服务，绝不拖欠工人工资。"要想让自己的产品有市场，就得质量过硬。所以，我们每天生产出的炉子必须验收合格后才能销售。"刘锋胜说。工厂生产的炉具还先后获得"柴煤两炉""柴草气化炉"等国家发明专利。在创业的18年间，刘锋胜因为坚持诚信经营，于2004年获得了清镇市劳动局支持的3000元诚信创业资金，2013年顺利申请了85万元的诚信贷款，2019年8月再次申请到30万元的诚信贷款用于资金周转。这些年，刘锋胜还贷从未出现一次逾期。

因为诚信经营，刘锋胜先后被评为"贵州省首届返乡农民工创业之星"和"第四届贵阳市道德模范（诚实守信类）"。

实务训练

请选择一个上市企业，通过查找其相关信息和资料，使用"5C"法评价其信用。

思维培养

企业信用销售不可避免，你认为财务人员应如何制定相关政策将风险扼杀在摇篮中从而使交易能够顺利进行？

案例分析

景天公司应收账款日常管理案例

景天公司在竞争不断加剧的情况下，调整了原有的信用政策，适当延长了信用期间，放宽了信用标准，公司账龄分析表如下：

应收账款账龄	账户数量	金额（万元）	百分比（%）
信用期内	200	400	40
超过信用期1－20天	100	200	20
超过信用期21－40天	50	100	10
超过信用期41－60天	30	100	10
超过信用期61－80天	20	100	10
超过信用期81－100天	15	50	5
超过信用期100天以上	5	50	5
合计	420	1 000	100

该公司财务总监发现在超过信用期100天以上的客户中，长江公司拖欠款项时间最长，且金额比重较大（40万元），于是财务总监批示：（1）针对不同类型客户制定相应的收账政策；（2）进一步获取、分析长江公司的相关资料，判断该公司具体情况，争取在一个月内解决这一问题。相关工作人员按照指示开始进行资料搜集和拟定收账政策。

初步方案为：（1）对于账龄超过信用期1～20天的客户，由于拖欠时间较短，为了保存市场份额，不予催收；（2）对于账龄超过信用期21～40天的客户，可以通过寄发措辞婉转的信件提示对方已过期款项事宜；（3）对于账龄超过信用期41～60天的客户，可以通过电话催询；（4）对于账龄超过信用期61～100天的客户，可以委派专人与客户方面洽谈；（5）对于账龄超过信用期100天的客户，先委派专人与客户进行措辞严厉的当面洽谈，如果仍无效果，必要时可提请有关部门仲裁或提请诉讼。

财务总监审阅了收账方案，认可了第1至第4条措施，但对于第5条措施，认为应先了解清楚客户的具体情况后方可采用强硬手段。对于长江公司的问题，相关人员进行了追踪和搜集财务资料，发现长江公司偿债能力较差，存货周转速度慢，有积压现象，主营业务利润不足以弥补大额的费用，导致连连亏损。而该公司目前状况的产生，归结起来有这些影响因素：（1）所处地理位置不佳，交通条件不便利；（2）公司规模不大，无法取得规模效应；（3）公司经营场所为租赁形式取得，高额的租金费用使之无力承担；（4）家电零售市场竞争激烈，一些大规模企业分割市场份额，会危及诸如长江公司这样的中小企业。

经过分析景天公司决定：（1）停止对长江公司提供赊销；（2）委派专人与其进行当面洽谈，如仍无效果，必要时可提请有关部门仲裁或提请诉讼。但就在景天公司做出决定之后一周内，公司获知有一家大型家电零售企业正准备合并长江公司，双方正在洽谈相关事宜，如若合并成功，长江公司可以扩充，现在的资产、负债便由合并后的公司承担。面对这种新情况，财务总监决定先暂停款项的催收，视合并结果再定方案。

（资料来源：https：//wenku. baidu. com/）

分析：1. 对于企业已经发生的应收账款，应如何加强日常管理工作？
2. 对逾期付款的客户应采用哪些方法加速应收账款的收回？

职业拓展

如何加快企业应收账款的回笼，避免坏账的发生

应收账款表示企业在销售过程中被购买单位所占用的资金，说通俗点，就是东西卖出去了但钱还没给。对于企业来讲，应收账款是伴随企业的销售行为发生而形成的，

卖的多当然是好事，但卖出去迟迟收不回来钱反而会阻碍公司的业务拓展。

快到年底的时候，大家或许都看过公司业务员各种各样的朋友圈催款形式，虽然效果往往一般，但这也是收回应收账款的一种办法。对于那些迟迟没有把欠款打过来的“钉子户”，老板和财务往往感到如鲠在喉，要是碰到些“订单多、欠得也多”的冤大头，那还得笑脸相迎。针对企业应收账款问题，这里整理了一份应对方案，通过完善企业的制度来解决欠款问题，提前采取预防措施，避免坏账的发生。

一、编制催收表

要求财务人员每周编制应收账款催收表，对于快到期的应收账款一般提前一个月就要挂在表上进行催收，表上要写清楚应催款时间，催收负责人是谁等等。每周一召集全体部门负责人开会，进行应收账款催收工作的安排、布置。

二、经常对账

经常要跟客户发对账函，或者打对账电话沟通下，提醒客户还有这么多的账款还没有付，同时也借对账的名义了解下客户的经营情况，防止客户公司有什么大的异动我们却不知道，比如破产、搬家、转换行业等等。

三、折扣奖励

对于及时付款的客户给予折扣奖励，比如，5 天以内付款的给 3% 的折扣奖励，5－10天内付款的给 2% 的折扣奖励，10－20 天内付款的给 1% 的折扣奖励。以此鼓励客户及时付款。

四、绩效考核

对于销售人员不仅要有销售量的考效，对回款的效率也要进行考核，比如制定一个回款期，对于过期回款的销售人员，这项考核分就为 0 分。以此督促销售人员及时催收并回款。

五、员工奖励

对于长期回款及时的销售人员要给予奖励，并在全公司大会上进行表彰，树立榜样号召大家学习；对于长期没有收回的应收账款，快成坏账了的，可以号召全员进行催收，只要收回款就给予奖励，比如给予应收账款 5%－10% 的现金奖励等等。

六、信用等级划分

对于往来的客商进行信用等级划分，根据他们的付款时长、公司规模、经营能力等各方面进行判断评分，信用等级高的可以给予的赊账期长一些，等级低的给的时间短，甚至不给赊账期。这个信用等级划分要定期进行更新维护。

制定好了制度，我们开始谈执行，简单来讲就是“催”，但催也是有方法的，具有专业催款能力的前辈曾说过四个字“刚柔并济”，嘴巴该甜时甜，该催款时就催款，不低三下四，但也不咄咄逼人。期限一到对方迟迟还没打款，电话过去老板往往有三种反应：第一种是继续拖，哭穷；第二种是甩锅给财务，老板并不知情；第三种是真的忙忘了。

如果是第一种情况，把握原则就很重要了，别心慈手软，他哭穷你就跟着哭惨，他耍赖你就也强势，不要扭捏，更不要跟着他的思路绕，核心目的就一个：打钱！如果是第二种情况，那就要换思路处理了。首先还是直接了当地跟财务挑明，如果对方很爽快地应允，那表示感谢，安心撤离或是挂电话等钱。但如果对方的语气里有迟疑、犹豫、为难地答应，这就等于告诉你本公司没有钱或者我老板想赖账的实情。然后过个小半天或次日去电，表达两个点：第一我们还是没有收到钱，第二我理解你的难处，但我也同样为难。接着，你请他务必给老板传个话，大致意思是，我不跟你耗了，你给我最后付款期限然后付款，否则我们公司会态度强硬地解决这个问题。最后，如果电话方式行不通的，那就上门催，只要没有跑路想法的企业，不会真不还的。

（资料来源：https：//mp. weixin. qq. com/s/a76JJ3PG4bH39E2zgQODcw）

工作任务四　存货管理

任务描述

存货是流动资产中所占比例较大的项目，存货管理好坏，对企业财务状况影响很大。通过学习了解存货的功能和持有成本，掌握经济批量的确定，并能有效地使用存货控制方法及措施。

项目活动一　存货成本管理

工作情景

2020 年上半年某电器配件价格在迅速上涨，刘晓作为衡阳梦幻电器有限公司的采购人员，认为此时应大量购入以降低其今后产品的生产成本。

思考： 作为财务管理人员你认为合理吗？

理论知识

一、存货的概念和功能

存货是指企业在生产经营过程中为销售或耗用而储备的资产，包括原材料、在产品、产成品、商品等。

存货管理的目标，就是在保证生产或销售经营需要的前提下，最大限度地降低存货成本。主要有以下几个方面：

（一）保证生产正常进行。市场上某些物资的供应有时可能不足，一旦生产或销售所需物资短缺，就会出现停工待料、停业待货的事故，造成损失。企业存货储备要的原材料、在制品，可以保证生产经营的连续进行。

（二）利于产品销售。因为顾客需要成批采购，运输也要有一定批量，持有一定的产成品存货更加有利于产品销售。

（三）便于维持均衡生产，降低产品成本。企业生产的季节性产品市场需求不稳定，有时生产能力不能充分运用，有时又需超负荷生产，增加生产成本。而均衡生产有助于降低成本。要保证均衡生产，则不可避免地需要存货。

（四）降低存货取得成本。零散购买物资的价格较高，成批购买不仅可以获得数量折扣这种价格上的优惠，还可以获得比正常购买价格低的价差收益，减少采购费用和管理费用。

（五）防止意外事件的发生。即使是市场供应充足的物资，也可能出现运输故障等意外事件使得供应中断。为防止意外事件发生，企业必须持有一定的保险储备。

二、存货的成本

（一）购置成本

是指由买价和运杂费等构成的成本。购置成本一般随采购数量的增加而成比例增加，但单位采购成本不受采购数量的影响，所以在确定采购批量时，一般可以不考虑。只有当供应方给予数量折扣时，才有必要考虑采购批量和购置成本。

购置成本 = 买价 + 运杂费

（二）订货成本

是指企业向供应方发出订单订货起到材料、商品入库为止整个过程中所发生的各种费用，包括订购手续费，差旅费、邮电费、仓库验收费等。订货成本一般与订货数量无关，而与订货次数有关，因此，在需要量一定的情况下，每次订购批量越大，订购次数就越少，从而订货成本就可减少。订货成本有一部分与订货次数有关，如差旅费、邮资、电话费等费用与进货次数成正比例变动，这类变动性订货成本属于决策的相关成本；另一部分与订货次数无关，如专设采购机构的基本开支等，这类固定性订货成本则属于决策的无关成本。

订货成本 = 固定订货成本 + 变动订货成本

　　　　 = 固定订货成本 + 订货次数 × 每次订货成本

（三）储存成本

是指在生产领用和出售之前因储存存货而发生的各种成本，包括仓储费、保险费、变质损耗费、占用资金支付的利息等。储存成本一般与平均存货量成正比，订购批量越大，平均存货量就越高，因此，从减少储存成本来看，应减少订货批量。储存成本可以按照与储存数额的关系分为变动性储存成本和固定性储存成本两类。其中，固定性储存成本与存货储存数额的多少没有直接的联系，如仓库折旧费、仓库职工的固定月工资等，这类成本属于决策的无关成本；而变动性储存成本则随着存货储存数额的增减成正比例变动关系，如存货资金的应付利息、存货残损和变质损失、存货的保险费用等，这类成本属于决策的相关成本。

储存成本 = 固定储存成本 + 变动储存成本

　　　　 = 固定储存成本 + 平均存货量 × 单位储存成本

（四）缺货成本

是指存货不能满足生产和销售需要时发生的损失。如停工损失，加班加点费或高价购入材料所带来的差价损失以及由于产成品库存不足而丧失销售机会的损失等。这部分成本虽然难以计量，但在确定企业的存货量时应予以适当考虑。

（五）变质过时成本

是指企业产品因储存时间过长引起变质与过时造成的损失，一般不予考虑，但经销鲜活易腐产品与时尚服饰的商业企业应予以适当考虑。

在存货全年需求量已定的情况下，降低订购批量，必然增加订货批次。一方面，使存货的储存成本随平均储存量的下降而减少；另一方面，使订货成本随订购批次的上升而增多。反之，减少订货批次必然增加订货批量，在减少订货成本的同时增加储存成本。所谓经济订货批量，是指企业存货成本最低时的每次订货数量。

三、存货持有成本的优化

（一）存货经济批量的基本模型

存货经济批量的基本模型以下列假设为前提：

（1）企业一定时期的进货总量可以较为准确地予以预测；

（2）存货的耗用或者销售比较均衡；

（3）存货的价格稳定，且不存在数量折扣，进货日期完全由企业自行决定，并且每当存货量降为零时，下一批存货均能马上一次到位；

（4）仓储条件及所需现金不受限制；

（5）不允许出现缺货情形；

（6）所需存货市场供应充足，不会因买不到所需存货而影响其他方面。

经济订货批量的基本模型是分析企业在不考虑数量折扣、不考虑缺货成本和变质过时成本、一次订货、均衡耗用情况下的订货批量模型。企业订货批量与存货成本的关系可以用图 5－5 表示。

存货相关总成本 = 变动订货成本 + 变动储存成本

$$TC = \frac{D}{Q} \cdot K + \frac{Q}{2} \cdot Kc$$

D：全年需要量；K：每次订货成本；Q：每次订货量；Kc：单位存货的年储存成本

变动订货成本 = 年订货次数 × 每次订货成本 = （D/Q） × K

变动储存成本 = 年平均库存量 × 单位存货的年储存成本 = （Q/2） × Kc

决策：求存货相关总成本最低时的经济批量

推导：（求导）$TC' = (\frac{D}{Q} \cdot K)' + (\frac{Q}{2} \cdot Kc)' = DK(-\frac{1}{Q^2}) + \frac{Kc}{2}$

当 $TC' = 0$ 时，TC 最小，得 Q，此时 Q = EOQ

经济订货批量：$EOQ = \sqrt{\frac{2DK}{Kc}}$

最低存货相关总成本：$TC = \sqrt{2KDKc}$

最佳订货次数：$N = \frac{D}{EOQ}$

最佳订货周期：$t = \frac{360}{N}$

经济批量平均占用资金：$W = 年平均库存 \times 单价 = \frac{EOQ}{2} \cdot P$

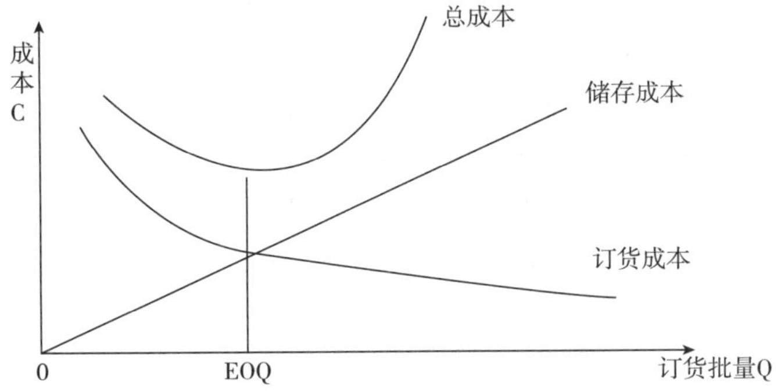

图 5－5　存货经济批量模型

【例 5－6】 衡阳梦幻电器有限公司每年需要外购某材料 108 000 千克，每次订货费用为 5 000 元，年单位材料变动储存成本为 30 元/千克，假设不存在缺货。

要求： 该公司最佳经济订货批量为多少？

解：

最佳经济批量：$EOQ = \sqrt{\frac{2DK}{Kc}} = \sqrt{\frac{2 \times 108\ 000 \times 5\ 000}{30}} = 6\ 000$（千克）

该公司最佳经济订货批量为 6 000 千克。

【例 5－7】 假设衡阳梦幻电器有限公司全年需要购买 A 材料 250 000 件，该材料进货价格为 150 元/件，每次订货需支付运费、订单处理费等变动费用 500 元，材料年单位变动储存成本为 10 元/件。

要求： 利用经济订货基本模型计算 A 材料的经济订货批量和全年订货次数。

解：

A 材料的经济订货批量 $= \sqrt{\frac{2 \times 250\ 000 \times 500}{10}} = 5\ 000$（件）

全年订货次数 $= \frac{全年需求量}{经济订货批量} = \frac{250\ 000}{5\ 000} = 50$（次）

（二）存货经济订货批量的数量折扣模型

企业规定每次订购量达到某一数量界限时，给予价格优惠。于是，购买者就可以利用数量折扣价，取得较低商品价格、较低运输费和较低年订购费用的机会，并使从大批量中得到的节约可能超过抵偿增支的储存成本。在有数量折扣的决策中，订货成本、储存成本以及采购成本都是订购批量决策中的相关成本，这时，上述三种成本的年成本合计最低的方案为最优方案。

存货相关总成本＝购置成本＋变动订货成本＋变动储存成本

$$TC = D \cdot P + \frac{D}{Q} \cdot K + \frac{Q}{2} \cdot Kc$$

D：全年需要量；Kc：单位存货的年储存成本；P：单价；Q：经济批量

决策分四步进行：

（1）计算没有数量折扣时的经济订购批量（不考虑购置成本）；

（2）确定各数量折扣方案的采购量；

（3）计算考虑数量折扣时的年总成本（考虑购置成本）；

（4）比较决策，选择相关总成本低的采购方案。

【例5－8】衡阳梦幻电器有限公司全年需用某种材料40 000千克，每次订货变动成本为25元，单位材料年平均变动储存成本为8元。供应方规定：当一次采购批量小于或等于400千克，单价11元；采购批量400－10 000千克，单价10元；采购批量等于或大于10 000千克，单价为9.5元。

要求：计算该公司最佳经济批量和相关总成本。

解：

正常经济批量：$Q=\sqrt{\frac{2DK}{Kc}}=\sqrt{\frac{2\times 40\,000\times 25}{8}}=500$（千克）

$$TC=D\cdot P+\frac{D}{Q}\cdot K+\frac{Q}{2}\cdot Kc$$

批量为500千克：$TC_1=40\,000\times 10+\frac{40\,000}{500}\times 25+\frac{500}{2}\times 8=404\,000$（元）

批量为400千克：$TC_2=40\,000\times 11+\frac{40\,000}{400}\times 25+\frac{400}{2}\times 8=444\,100$（元）

批量为10 000千克：$TC_3=40\,000\times 9.5+\frac{40\,000}{10\,000}\times 25+\frac{10\,000}{2}\times 8=420\,100$（元）

当公司一次性采购材料数量为500千克时是最适当的，因为此时相关总成本最低。

思政视频：教你如何可以轻松的平衡兴趣和学业两者的关系

视频链接：https：//mr. baidu. com/r/6DzpgO36h2?f = cp&u = 3afe7d33be2d16d4

实务训练

衡阳梦幻电器有限公司每年需耗用A材料90 000件，单位材料年存储成本4元，平均每次进货费用为1 800元，A材料全年平均单价为40元。

要求：1. 计算该公司最佳经济进货批量和经济进货批量相关总成本；

2. 如果每次购买批量在10 000～20 000件之内，可以享受1%的价格折扣；每次购买批量在20 000件以上，价格优惠2%，计算该公司最佳经济进货批量为多少？

思维培养

经过十几年的耕耘，永辉超市的供应链建设已经覆盖全国，并深度下沉至六线城市。通过打通上游优质采购、配合强大的物流体系快速配送、冷链系统保鲜、门店到家，以及强大的智能中台，永辉超市打造了高效的供应链体系，不断建立并强化同行难以拷贝的竞争优势，堪称我国商超行业的“供应链实干家”。

西南证券在研报中指出，生鲜行业的损耗率约为20%～30%，而永辉超市生鲜损耗率仅为3%～4%，可谓是见微知著。2020年是永辉超市高速成长的第20年，20年来供应链功不可没。

思考：你认为永辉超市在供应链建设方面做了什么？供应链又带给了它什么？

项目活动二 存货的控制系统

工作情景

衡阳梦幻电器有限公司江东区仓库中保持有10种商品的库存，有关资料如表所示：

商品编号	单价/元	库存量/件
加密铁丝网	4.00	300
1200w旋钮开关	8.00	1 200
u型压线夹	1.00	290
15＊28铝合金发热板	2.00	140
150A导流件	1.00	270
恒温器	2.00	150
15＊60发热云母板	6.00	40
带线开关芯	2.00	700
12＊60铝合金发热板	5.00	50
隔热铝皮	3.00	2 000

为对这些库存商品进行有效的控制和管理，公司打算根据商品的投资大小进行分类。

思考：如何用 ABC 分类法将这些商品进行分类和管理？

理论知识

存货管理不仅需要各种模型帮助确定适当的存货水平，还需要建立相应的存货控制系统。传统的存货控制系统有定量控制系统和定时控制系统两种。定量控制系统是指当存货下降到一定水平时即发出订货单，订货数量是固定的和事先决定的。定时控制系统是每隔一固定时期，无论现有存货水平多少，即发出订货申请。这两种系统都较简单和易于理解，但不够精确。现在许多大型企业都已采用了计算机存货控制系统。当存货数据输入计算机后，计算机即对这批货物开始跟踪。此后，每当有该货物被取出时，计算机就及时做记录并修正库存余额。当存货下降到订货点时，计算机自动发出订单，并在收到订货时记下所有的库存量。计算机系统能对大量种类的存货进行有效管理，这也是为什么大型企业愿意采用这种系统的原因之一。对于大型企业而言，其存货种类数以十万计，要使用人力及传统方法来对如此众多的库存进行有效管理，及时调整存货水平，避免出现缺货或浪费现象简直是不可能的，但计算机系统对此却能做出迅速有效的反应。

伴随着业务流程重组的兴起以及计算机行业的发展，存货管理系统也得到了很大的发展。从 MRP（物料资源规划）发展到 MRP－Ⅱ（制造资源规划），再到 ERP（企业资源规划），以及后来的柔性制造和供应链管理，甚至是外包（outsourcing）等管理方法的快速发展，都大大地提高了企业存货管理方法的发展。这些新的生产方式把信息技术革命和管理进步融为一体，提高了企业的整体运作效率。以下将对两个典型的存货控制系统进行介绍。

一、ABC 控制系统

ABC 控制系统就是把企业种类繁多的存货，依据其重要程度、价值大小或者资金占用等标准分为三大类：A 类高价值存货，品种数量占整个存货的 5%～20%，但价值占全部存货的 60%～80%；B 类中等价值存货，品种数量占全部存货的 20%～30%，价值占全部存货的 10%～15%；C 类低价值存货，品种数量多，占整个存货的 60%～70%，价值占全部存货的 5%～15%。针对不同类别的存货分别采用不同的管理方法，A 类存货应作为管理的重点，实行重点控制、严格管理；而对 B 类和 C 类存货的重视程度则可依次降低，采取一般管理。

二、适时制库存控制系统

适时制库存控制系统，又称零库存管理、看板管理系统。它最早是由丰田公司提出并将其应用于实践，是指制造企业事先与供应商和客户协调好，只有当制造企业在生产过程中需要原料或零件时，供应商才会将原料或零件送来；而每当产品生产出来就被客户拉走。这样，制造企业的库存持有水平就可以大大下降。显然，适时制库存控制系统需要的是稳定而标准的生产程序以及与供应商的诚信，否则，任何一环出现差错将导致整个生产线的停止。目前，已有越来越多的公司利用适时制库存控制系统减少甚至消除对库存的需求——即实行零库存管理，比如，沃尔玛、丰田、海尔等。适时制库存控制系统进一步的发展被应用于企业整个生产管理过程中——集开发、生产、库存和分销于一体，大大提高了企业运营管理效率。

思政理念：不能“眉毛胡子一把抓”，要分清主次

共产党人的斗争是有方向、有立场、有原则的，不能“眉毛胡子一把抓”，而要分清主次，分清哪些是敌我矛盾、哪些是人民内部矛盾。两类矛盾的性质不同，解决的方法也不同。

对于前者，我们要分清敌我，要勇于斗争、善于斗争、敢战能胜；对于后者，我们要分清是非，要团结一切可以团结的力量，调动一切积极因素，在斗争中争取团结，在斗争中谋求合作，在斗争中争取共赢。

增强斗争本领，要充分运用斗争策略和斗争艺术。当前和今后一个时期，我国发展进入各种风险挑战不断积累甚至集中显露的时期，面临的重大斗争不会少。当问题和矛盾逐步凸显时，我们要紧紧抓住主要矛盾，攻坚克难、各个击破，做到来之能战、战之能胜。

需要看到的是，我们的斗争不是不分青红皂白，是有原则、方向和立场的。斗争的大方向是坚持中国共产党领导和中国特色社会主义制度不动摇。具体来说，就是对危害党的领导和社会主义制度、危害国家主权安全发展利益、危害国家核心利益和重大原则、危害人民根本利益、危害实现“两个一百年”奋斗目标和中华民族伟大复兴的，广大党员干部必须进行坚决斗争，而且必须取得斗争胜利。

实务训练

分析汽车制造企业与4S店的库存关系，对双方造成了什么影响？汽车制造企业的零库存是否反映了其真正销量？

思维培养

碧桂园作为中国房企领军者，素来以其高周转率闻名于业界。其推行的“456”模式也成为各方效仿的典范。所谓的“456”模式是指：拿地后4个月开盘，5个月资金回笼，6个月资金回正。

思考：请查找相关资料，试分析碧桂园的高周转速度。

案例分析

戴尔电脑“零库存”管理

据统计，我国企业的物流成本占产品全部成本的30%左右，其中库存费用大约要占35%，对于众多的制造业和分销商来说，不断增长的库存量已成为一种沉重的负担。企业管理者希望实现他们梦寐以求的“零库存”，保证物料供应和产品分配的顺畅，实现利润最大化。说起“零库存”，很多人马上就想起了戴尔公司。经过充分的传播，戴尔的名声已经与“零库存”联系在一起了。

在库存的数量管理上，戴尔以物料的低库存与成品的零库存而声名远播，其平均物料库存只有约5天。在IT业界，与戴尔最接近的竞争对手也有10天以上的库存，联想的库存管理是中国厂商的最高管理水平，有22天，业内的其他企业平均库存更是达到了50天左右。由于材料成本每周就会有1%的贬值，因此库存天数对产品的成本影响很大，仅低库存一项就使戴尔的产品比许多竞争对手拥有了8%左右的价格优势。

当然，戴尔需要一个组织严密的供应商网络，才能按照这样的安排准点送货，才能实现物料的低库存和成品的零库存。事实上，戴尔的成功源于其效率超乎寻常的供应链，其经常以200%以上的年均增长速度飞速发展。戴尔致力于与少数优秀的供应商合作，并努力使这种合作关系简单化。戴尔拥有稳定的订单，而且这些订单量足够大，比如一次为1亿美元的采购量，足以使想和戴尔合作的供应商动心：自己得执行戴尔的标准，按照戴尔的要求，确保迅速配送，而且这样的经营运作必须是高品质的。

另外，戴尔公司之所以能围绕直销实现JIT（Just In Time）生产，就是因为它有一个组织严密的供应商网络。戴尔公司95%的物料来自这个供应网络，其中75%来自40家最大的供应商，另外20%来自规模略小的20家供应商。戴尔公司几乎每天都要与这60家主要供应商中的每一家打交道，甚至每天要与其中的许多家打多次交道。实际上，戴尔每天都监控着每一个部件的供应状况。在生产运营中，如果生产线上某一部件由于需求量突然增大导致原料不足，主管人员就会立刻联系供应商，确认对方是否可能增加下一次发货的数量。如果问题涉及硬盘之类的通用部件，主管人员就会立即与后备供应商协商。如果穷尽了可供选择的所有供应渠道后，仍然没有收获，主管人员就会与公司内部的销售和营销人员磋商，通过他们的“直线订购渠道”与客户联系，争取把客户对于某些短缺部件的需求转向那些备货充足的部件。所有这些操作，都能在几个小时内完成。

（资料来源：https：//wenku. baidu. com/）

分析： 1. “零库存”是不是意味着没有库存？

2. 在企业里推行“零库存”运行模式需要什么条件？是不是所有的企业都适合“零库存”的管理模式？

职业拓展

仓管员工作要求、责任心及工作规范

作为一位五金仓保管员，我们应该经常思考如何做好自己的工作，比如如何加强仓储物品的保存力度？这是很多仓库管理员遇到的最大疑问，仓库管理从很多角度来说都是一门很大的学问。仓库管理也是企业高管的普遍心病。每天物料出、入库频繁，收发单据数量大，仓管员、录单员加班多，再加上思维观念没有深入人心等原因，很容易造成仓库数据紊乱，影响生产经营。为了切实执行公司仓库的仓储管理制度，总结以下三大经验。

一、仓管员工作要求

一般来说，仓库管理员每天所做的工作可以概括为：收货、发货、退货、备货；物料标识、摆放及账本（系统数据）对应的整理工作；“事故物料”的上报及其管理（因未遵守交期而延迟供给物料时，就会造成停产事件，这时的物料就叫“事故物料”）。我们常常看到，仓管员需要花费很多的时间和精力去寻找缺少的货物，也许当它们被找到的时候已经失效。我们也知道，库存信息失准，物料就有可能提前订购或订购不及时，要么库存增加、资金占用，要么因缺货而导致订单的推迟甚至取消。以上这些问题，其实都与个人的责任心有关。责任心，是一种工作心态，也是一种工作作风，责任心主要取决于人员的素质及工作环境的熏陶。仓管员是仓库的管家，权力小但责任大。

二、仓管员的责任心

对日常的账与物要做到确认再确认，以确保一致；

完成一件工作后要做自我检查，以发现问题及时解决；

对每天的工作进行总结和反思，以提高工作质量；

有强烈的时间观念，凡事及时处理，不说“等一下”；

工作主动，而不是被动等待安排；

对工作现场管理做到“眼到手到”，按7S要求管理。

遗憾的是，很少有仓管员能日复一日地坚持这样做。

三、仓管员工作规范

1. 入库验收：在物料正确的前提下，入库时要把好三关：

数量关：入库时要点清数量；

质量关：对来料质量进行检验和控制；

单据关：单据不全不收，手续不齐不办。审核收到的单据与来料是否相符和一致，并及时送单给录单员。

2. 保管：

摆放科学：摆放合理、整齐、标志鲜明、方便存取

确保质量：防锈、防尘、防潮、防压、防爆、防变质、防损害、防跌落

确保安全：防灾、防霉变、防损、防呆滞、防报废

账、卡、物相符（数量、库位、状态必须一致）

3. 盘点：相当于总结、规范物料的核销制度，严防浪费、消除呆料及坏账。

4. 发放：根据不同的生产需求，决定具体的发料方式，目的是确保及时供应生产、保障销售、服务企业赢利大计。

严明的制度、反复的培训及立竿见影的重奖与重罚机制，较好地规范了仓管员的行为，促进了仓库管理的持续改善，但我们依然要从自身做起，认真谨慎，为企业的高效运行提供更有力的一环。

（资料来源：https：//mp. weixin. qq. com/s/NyF3cyhJa0Q_ZaDIkhRAhQ）

工作任务五　流动负债管理

任务描述

流动负债的各种来源具有不同的获取速度、灵活性、成本和风险。通过学习掌握利用流动负债来有效规划企业的营运资金。

工作情景

假设衡阳梦幻电器有限公司目前流动资金不足，使企业生产处于半停产状况，采取哪些措施能使企业生产进入正常状态？

思考： 无论是短期借款还是商业信用，企业未履行按时还款责任，不仅影响信誉还必须承担法律责任，作为一名大学生你认为应如何从自身做起加强法律意识和自觉履行社会责任？

理论知识

一、短期借款

（一）短期借款的概念

短期借款是指企业向银行等金融机构借入的、偿还期限在 1 年内（含 1 年）的借款。短期借款主要包括临时借款、结算借款、生产周转借款等。其主要用于满足流动资金周转的需求，是企业筹集短期资金最常用的一种方式。生产周转借款是指为满足生产周转的需要，在确定的流动资产计划占用额缺乏足够的资金来源时而向银行取得的借款。临时借款是企业在生产经营过程中由于临时性或季节性原因需要超过计划储备物资而向银行取得的借款。

（二）短期借款的内容

1. 信贷额度

信贷额度亦称贷款限额。是借款人与银行在协议中规定的允许借款人借款的最高限额。如借款人超过限额继续向银行借款，银行可以停止办理借款。此外，若企业信用恶化，即使经银行曾经同意按信贷限额提供贷款，企业也可能得不到借款，因为银行要保证资金收回的安全性。此时，银行无须承担法律责任。

2. 周转信贷协定

周转信贷协定是银行具有法律义务地承诺提供不超过某一次最高限额的贷款协定。

在协定的有效期内，只要企业借款总额未超过最高限额，银行必须满足企业任何时候提出的借款要求。企业享有周转协定，通常对要贷款限额的未使用部分付给银行一笔承诺费。承诺费比率由企业和银行商定后决定。

承诺费 = 未使用金额 × 承诺费率

【例 5 - 9】 衡阳梦幻电器有限公司与银行商定的周转信贷额为 500 万元，承诺费为 0.6%，公司年度内使用了 400 万元，余额为 100 万元。

要求： 计算该公司借款需要向银行支付的承诺费为多少？

解：该公司借款需要向银行支付的承诺费 = 100 × 0.6% = 0.6（万元）

3. 补偿性余额

补偿性余额是企业在银行中保持按贷款限额或实际借用额的一定百分比计算的最低存款余额（补偿性余额比例一般在 10% - 20% 之间）。补偿性余额有助于银行降低贷款风险，补偿其可能遭受的风险；但对借款企业来说，补偿性余额则提高了借款的实际利率，加重了企业的利息负担。往往出现企业借款的实际利率要高于名义利率。

$$\text{补偿性余额贷款实际利率} = \frac{\text{名义利率}}{1 - \text{补偿性余额比率}} \times 100\%$$

【例 5 - 10】 假定衡阳梦幻电器有限公司向银行借款 2 000 万元，名义利率为 10%，银行要求保留 18% 的补偿性余额，企业实际可以动用的借款为 1 640 万元。

要求： 计算该企业借款的实际利率为多少？

$$\text{解：实际利率} = \frac{10\%}{1 - 18\%} \times 100\% = 12.20\%$$

4. 借款抵押

银行向财务风险较大、信誉不好的企业发放贷款，往往需要有抵押品担保，以减少自己蒙受损失的风险。银行贷款金额一般为抵押品账面价值的 30% - 50%。抵押贷款的利率通常要高于非抵押贷款的利率，原因在于银行将抵押贷款视为风险投资，借款企业的信誉不是很好，所以需要收取较高的利息；而银行一般愿意为信誉较好的企业提供贷款，且利率相对会较低。

5. 偿还条件

企业在还款时，希望到期一次还本付息，等于把应该给银行的利息也留在企业暂时使用，这样会降低实际利率；企业不希望采用在贷款期内定期（每月、季）等额偿还，因为会使一部分本金提前偿还，减少了实际资金使用量，从而提高了贷款实际利率。

6. 借款利息的支付方法

（1）利随本清法

利随本清法又可称为收款法，是在借款到期时向银行支付利息的方法。银行向工商企业发放贷款大都采用这种方法收息。

（2）贴现法

贴现法是银行向企业发放贷款时，先从本金中扣除利息部分，而到期时借款企业再偿还全部本金的一种计息方法。采用这种方法，企业可利用的贷款额只有本金扣除利息后的差额部分，因此，实际利率高于名义利率。

$$\text{贴现贷款实际利率} = \frac{\text{利息}}{\text{贷款金额} - \text{利息}} \times 100\%$$

$$= \frac{\text{名义利率}}{1 - \text{名义利率}} \times 100\%$$

【例 5－11】 衡阳梦幻电器有限公司采用贴现法从银行取得借款 200 万元，期限 1 年，名义利率为 12%，利息 24 万元，即实际可用贷款为 176 万元。

要求： 计算该公司贷款的实际利率为多少？

解：

$$\text{该贷款的实际利率} = \frac{24}{200 - 24} \times 100\% = 13.64\%$$

$$= \frac{12\%}{1 - 12\%} \times 100\% = 13.64\%$$

（3）加息法

加息法是银行分期等额偿还贷款时采用的利息收取方法。在分期等额偿还贷款的情况下，银行将根据名义利率计算的利息要加到贷款本金上，计算出贷款的本息和，要求企业在贷款期内分期偿还本金利息之和的金额。由于贷款分期均衡偿还，借款企业实际只平均使用了贷款本金的半数，却支付了全额利息。这样，企业所负担的实际利率便高于名义利率大约 1 倍。

$$\text{加息法贷款实际利率} = \frac{\text{利息}}{\text{贷款平均金额}} \times 100\% = 2 \times \text{名义利率}$$

【例 5－12】 假设衡阳梦幻电器有限公司采用加息法向银行借入年利率为 10% 的贷款 100 000 元，分 12 个月等额偿还本金。

要求： 计算该公司借款的实际利率为多少？

解：

$$\text{该贷款的实际利率} = \frac{100\,000 \times 10\%}{100\,000 \div 2} \times 100\% = 20\%$$

二、短期融资券

（一）短期融资券的含义及特征

短期融资券是指具有法人资格的非金融企业，依照规定的条件和程序在银行间债券市场发行并约定在一定期限内还本付息的有价证券，是由企业发行的无担保短期本票。在我国，短期融资券是指企业依照《短期融资券管理办法》的条件和程序在银行间债券市场发行和交易的、约定在期限不超过 1 年内还本付息的有价证券。中国人民银行对融资券的发行、交易、登记、托管、结算、兑付进行监督管理，是企业筹措短期（一年以内）资金的直接融资方式。

我国短期融资券具有以下特征：（1）发行人为非金融企业；（2）它是一种短期债券品种，期限不超过 365 天；（3）发行利率（价格）由发行人和承销商协商确定；

（4）发行对象为银行间债券市场的机构投资者，不向社会公众发行；（5）实行余额管理，待偿还融资券余额不超过企业净资产的40%；（6）可以在全国银行间债券市场机构投资人之间流通转让。

（二）短期融资券的种类

1. 按发行方式分类，可分为经纪人代销的融资券和直接销售的融资券

经纪人代销的融资券，又称间接销售融资券，是指先由发行人卖给经纪人，然后由经纪人再卖给投资者的融资券。经纪人主要有银行、信托投资公司、证券公司等。企业委托经纪人发行融资券，要先支付一定数额的手续费。

直接销售的融资券，是指发行人直接销售给最终投资者的融资券。直接发行融资券的公司通常是经营金融业务的公司或自己有附属金融机构的公司，它们有自己的分支网点，有专门的金融人才，因此，有力量自己组织推销工作，从而节约了间接发行时应付给证券公司的手续费。

2. 按发行人的不同分类，可分为金融企业的融资券和非金融企业的融资券

金融企业的融资券主要是指由各大公司所属的财务公司、各种信托投资公司、银行控股公司等发行的融资券。这类融资券一般都采用直接发行方式。

非金融企业的融资券是指那些没有设立财务公司的工商企业所发行的融资券。

（三）短期融资券的发行条件

（1）发行人为非金融企业，发行企业均应经过在中国境内外内工商注册且具备债券评级能力的评级机构的信用评级，并将评级结果向银行间债券市场公示。

（2）发行和交易的对象是银行间债券市场的机构投资者，不向社会公众发行和交易。

（3）融资券的发行由符合条件的金融机构承销，企业不得自行销售融资券，发行融资券募集的资金用于本企业的生产经营。

（4）对企业发行融资券实行余额管理，待偿还融资券余额不超过企业净资产的40%。

（5）融资券采用实名记账方式在中央国债登记结算有限责任公司（简称中央结算公司）登记托管，中央结算公司负责提供有关服务。2013年5月之后，融资券的登记托管机构更名为上海清算交易所。

（6）融资券在债权债务登记日的次一工作日，即可以在全国银行间债券市场的机构投资人之间流通转让。

（四）短期融资券的发行程序

（1）公司做出发行短期融资的决策；

（2）办理发行短期融资券的信用评级；

（3）向有关审批机构（中国人民银行）提出发行申请；

（4）审批机关对企业提出的申请进行审查和批准；

（5）正式发行短期融资券，取得资金。

（五）短期融资券的优缺点

1. 短期融资券的优点

（1）短期融资券的筹资成本较低。在西方，短期融资券的利率加上发行成本，通常要低于银行的同期贷款利率。但在我国，目前由于短期融资券市场刚刚建立，还不完善，因而有时会出现短期融资券的利率高于银行借款利率的情况。

（2）短期融资券筹资数额比较大。一般而言，银行不会向企业发放巨额的短期借款，因此，银行短期借款常常面临着数额的限制，而发行短期融资券的数额往往较大，可以筹集更多的资金。

（3）发行短期融资券可以提高企业信誉和知名度。由于能在货币市场上发行短期融资券的都是著名的大公司，因而一个公司如果能发行自己的短期融资券，说明该公司有较好的信誉；同时，随着短期融资券的发行，公司威望和知名度也大大提高。

2. 短期融资券筹资的缺点

（1）发行短期融资券的风险比较大。短期融资券到期必须归还，一般不会有延期的可能。如果到期不归还，会对企业的信誉等产生较严重的后果，因此，风险较大。

（2）发行短期融资券的弹性比较小。只有当企业的资金需求达到一定数量时才能使用短期融资券，如果数量较小，则会加大单位资金的筹资成本。另外，短期融资券一般不能提前偿还，即使企业资金比较充裕，也要到期才能还款。

（3）发行短期融资券的条件比较严格。并不是任何企业都能发行短期融资券，必须是信誉好、实力强、效益高的企业才能使用，而一些小企业或信誉不够好的企业则不可能利用短期融资券来筹集资金。

三、商业信用

商业信用是指在商品交易中，由于延期付款或预收货款而形成的企业之间的借贷关系，即在商品的交换中，由于商品和货币在时间和空间上的分离而形成的企业之间的直接信用行为。

（一）商业信用的主要形式

1. 应付账款

应付账款是企业购买货物暂未付款而欠对方的账款，即卖方允许买方在购货后一定时期内支付货款的一种形式。卖方利用这种方式促销，而对买方来说延期付款则等于向卖方借用资金购进商品，可以满足短期资金需要。

（1）应付账款的成本

如果买方企业购买货物后在规定的折扣期内付款，便可以享受免费信用，在这种情况下企业放弃现金折扣而付出的代价即为应付账款的成本。

（2）利用现金折扣的决策

在信用条件下，因为获得不同信用要付出不同的代价，买方企业要在利用哪种信用之间做出决策。一般来说：

①如果能以低于放弃折扣的隐含利息成本（实质是一种机会成本）的利率借入资

金，便应在现金折扣期内用借入的资金支付货款，享受现金折扣。

②如果在折扣期内将应付账款用于短期投资，所得的投资收益率高于放弃折扣的隐含利息成本，则应放弃折扣而去追求更高的收益。

③如果企业因资金短缺而欲暂延付款期，则需在降低了的放弃折扣成本与预付款带来的损失之间做出选择。暂延付款带来的损失主要是指因企业信用恶化而丧失供应商乃至其他贷款人的信用，或以后招致苛刻的信用条件。

④如果面对两家以上提供不同条件的卖方，应通过均衡方式比较折扣成本的大小，选择信用成本最小的一家。

2. 应计未付款

应计未付款是企业在生产经营和利润分配过程中已经计提但尚未以货币支付的款项。主要包括应付职工薪酬、应交税费、应付股利或利润等。以应付职工薪酬为例，企业通常以半月或月为单位支付工资，在应付工资已计提但未付的这段时间，就会形成应计未付款。它相当于职工给企业的一个信用。应交税费、应付股利或利润也有类似的性质。应计未付款随着企业规模的扩大而增加，企业使用这些自然形成的资金无须付出任何代价。但企业不是总能控制这些款项，因为其支付是有一定时间限制的，企业不能总拖欠这些款项。所以，企业尽管可以充分利用应计未付款项，但并不能控制这些账目的水平。

3. 预收账款

是卖方企业在交付货物之前向买方预先收取部分或全部货款的信用形式。对于卖方来讲，预收账款相当于向买方借用资金后的货物抵偿。预收账款一般用于生产周期长、资金需要量大的货物销售。

（二）现金折扣成本

1. 现金折扣成本的概念

是指在买方赊购商品时，若卖方提供现金折扣，而买方没有利用，这时候买方由于放弃折扣而产生的机会成本，即为现金折扣成本。

2. 现金折扣成本的计算

由于现金折扣的存在，放弃现金折扣就意味着增加成本，其近似计算公式：

$$\text{放弃现金折扣成本}=\frac{\text{折扣百分比}}{1-\text{折扣百分比}}\times\frac{360}{\text{信用期}-\text{折扣期}}$$

（三）商业信用筹资的优缺点

1. 商业信用筹资的优点

（1）筹资便利，容易取得。对于多数企业来说，商业信用是一种持续性的借贷形式。因为商业信用与商品买卖同时进行，属于自然性融资。

（2）企业有较大的机动权。

（3）限制条件少。一般无须担保，相较其他方式筹资条件宽松。

2. 商业信用筹资的缺点

（1）期限短，属于短期融资方式，资金不能长期占用。

（2）风险大，容易恶化企业的信用水平，如果企业长期占用资金会使企业丧失信用，发生信用危机。另外，存在现金折扣，放弃现金折扣，则将负担较高的机会成本。

（3）商业信用筹资成本高。

（4）受外部环境影响较大。

【例 5 – 13】 衡阳梦幻电器有限公司拟采购一批价值 100 万元的电器配件，供应商提供的付款条件为“1/10，N/30”，同期银行借款年利率为 8%，一年按 360 天计算。

要求： 1. 计算该公司放弃现金折扣的信用成本率为多少？

2. 判断公司是否应该放弃现金折扣？说明理由。

解：1. 放弃现金折扣的信用成本率 $= \frac{1\%}{1-1\%} \times \frac{360}{30-10} = 18.18\%$

2. 公司不应该放弃现金折扣，因为放弃现金折扣的信用成本率 18.18% 大于银行借款利息率 8%，所以不应该放弃现金折扣。

思政理念： 加强大学生社会主义法治精神和法治理念的培养

学法尊法是为了更好地守法用法，只有遵守法律才能更好地用好法律。自人类诞生以来，人类、自然、社会之间就存在许许多多不可避免的矛盾，如果不运用法律解决这些矛盾，人类也许还处于野蛮状态，如果解决矛盾的法律得不到社会的遵守和认可，人类就不可能有今天的文明。守法是文明的标志，用法是文明的进化。大学生作为社会主义法治精神和理念的践行者应成为守法的标兵、用法的楷模。守法不仅仅是照章办事，它包括学法、尊法、用法，捍卫法律的权威和尊严；用法不仅仅是按章执行，同样它包含学法、尊法、守法，维护法律的公平和正义。学法、尊法、守法、用法互为融通、彼此协调，促进全民法律意识从自觉、自信到自强。

实务训练

衡阳梦幻电器有限公司在与银行协商一笔 2 000 000 元的 1 年期贷款时，银行提供了下列三种贷款条件供其选择：

（1）年利率为 15%，没有补偿性余额规定，利息在年底支付。

（2）年利率为 12%，补偿性余额等于贷款额的 15%，利息在年底支付。

（3）年利率为 11% 的贴现利率贷款，补偿性余额为贷款额的 10%。

要求： 判断该企业应该选择哪种方式取得贷款，并说明理由。

思维培养

资金是企业运营的命脉，如何充分有效地利用资金是企业日常运营管理中不可忽视的内容。基于货币时间价值理念，短期闲置资金也是有机会成本的，若不加以合理利用，无疑会损害企业的经济利益。合理选择短期闲置资金的管理方式，提高资金使用效率，有助于企业在激烈的竞争市场中更好地生存和发展。

思考：你认为该如何提高资金的使用效率？

案例分析

现金折扣的代价

中宏公司经常性地向友利公司购买原材料，友利公司开出的付款条件为“2/10，N/30”。某天，中宏公司的财务经理王洋查阅公司关于此项业务的会计账目，惊讶地发现，会计人员对此项交易的处理方式是，一般在收到货物后15天支付款项。当王洋询问记账的会计人员为什么不取得现金折扣时，负责该项交易的会计不假思索地回答道，“这一交易的资金成本仅为2%，而银行贷款成本却为12%，因此根本没有必要接受现金折扣。”针对这一案例对如下问题进行分析和回答：

（资料来源：http：//www.9ask.cn/souask/q/q2068494.htm）

分析：1. 中宏公司的会计人员在此项业务处理中混淆了什么财务概念？

2. 中宏公司丧失现金折扣的实际成本有多大？

3. 如果中宏公司无法获得银行贷款，而被迫使用商业信用资金（即利用推迟付款商业信用筹资方式）。那么为降低公司年利息成本，财务经理王洋可采取什么措施？

职业拓展

企业银行贷款流程、所需准备的资料以及注意事项

公司在经营的时候，往往面临流动资金周转缓慢的情况，为了缓解资金缺口压力，有效的方式就是通过贷款解决这一困境，这也是企业需要贷款的重要原因之一。而其中最常见的贷款方式就是通过银行来贷款，接下来是经验之谈。

一、贷款前准备

当预测到公司在未来一段时间将会有资金压力时，财务就要着手准备银行贷款方案，首先和相关的贷款银行洽谈贷款需求，信贷员要求企业提供上年度审计报告与最近一期财务报表，基本测算相应指标数据。企业要了解银行的贷款模式：房产抵押和专利质押等。确定贷款方式后，企业内部撰写贷款方案给管理层查批，内容要写清楚贷款方式以及贷款需求、贷款利率、公司享受贴息优惠及核算优惠后利率、各项成本及总成本等内容，并且至少写两份比较有优势的方案供领导选择。确定好方案后，会根据贷款员要求把银行交易业务，转到贷款银行进行交易，建立与贷款银行的良性信贷关系。

二、需要提供的资料

确认好信贷关系协议后，银行就会给出几份清单，让企业开始准备贷款相关资料。除了提供常规的营业执照、法人代表身份证、基本账户开户许可证、科技企业认定、信促会推荐凭证等一些基础的资料外，还须提供以下几类资料：

（1）借款申请书。

（2）历次实收资本验资报告。

（3）信用评级机构出具的良好的信用评级报告及证书、企业法人及公司信用查询授权书。

（4）近三年的审计报告。

（5）近三个月的财务报表、纳税申报表、最近一期科目明细分析，特别是往来科目前十大明细。

（6）公司开立各银行上年度全年银行流水及截止到申请月份的流水明细及分析资料。

（7）各关联公司最新章程及企业信息咨询报告及基本信息。

（8）已执行未完成及未执行的上下游合同。

（9）专利证书、专利续费收据、评估报告。

（10）房屋评估报告。

需要特别注意，在以上的资料中，最重要的是在请中介机构出具专利与房屋评估报告时，需要充分和银行做好沟通，因为评估价值几乎直接影响到企业最终能贷到款项的数额，以及与企业目标值的差距的多少。大家都知道，不管是房产抵押与专利质押的评估金额都是按照其规定打折后金额为参照贷款额度，所以当评估价值与目标值不相匹配的时候，不是银行想要的结果，他们是会干预进来，并介绍相关评估机构来做评估报告的，记得当时公司贷款的评估机构就换了好几家，其中有三家都是银行介绍的。所以要时刻保证与银行的严谨沟通。

虽然上面资料看起来都是形式资料，但是准备起来也是相当繁琐的，信用评级报告要评级机构最新出具的并且要达到AA级的报告，一纸清单就是提供一摞准备资料，专利评估报告又是一纸清单一摞准备资料，房产评估报告也是一纸清单一摞准备资料，并到科技局开具科技企业证明，到促信会开推荐凭证。总之对内资料还好，只要提供第三方资料就免不了按照一张一张的清单准备资料。特别是，如果企业存在关联企业，那么供应商与客户都要提供到最末级，提供贷款企业客户供应商合同、关联企业客户供应商合同，证明关联企业是否存竞争关系，情况说明都需要解释得清清楚楚。

三、需要注意的事项

资料准备好后给银行确定无误后，全部打印出来，盖好章给银行，银行据此开始准备贷款调查，也就是贷前调查，此阶段主要是看公司持续经营能力，贷款用途、收入回款情况、抵押物、质押物保证人情况等，并测试风险程度。

企业准备的越充分，需要解释说明及补充提供的资料越少。

银行内部需要经过相关部门上会审批，通过后，贷款获批。

然后就是签订质押，抵押合同，明确责任双方权利义务等法律要件。

到此并不算结束，接下来就是提取贷款，又需要进一步准备资料了，提供最末级的采购合同以及增值税发票，每份发票需要提供在国家税务总局的真伪验证单。按照贷款额度与授信额度提取贷款，后续款息操作按双方约定执行。

总的来说，平时要与银行保持良好的银企关系，参与贷款开始就要时时与银行多沟通、多咨询、多确定。有些资料在不知道怎么做的时候，关系好的贷款人员是会帮忙的，毕竟成功发出贷款对他们也有很大的益处；并且银行关注的财务指标一定要保持得漂漂亮亮，一定不要违反贷款合同约定把贷款用于其他不相干的用途。

（资料来源：https：//mp. weixin. qq. com/s/7qmfw5FRc7GUCF3xPC4paw）

课后训练

一、单选题

1. 流动资产是指在1年以内或超过1年的一个营业周期内变现或运用的资产，流动资产的特点不包括（　　）。

A. 占用时间短　B. 周转快　C. 易变现　D. 不易变现

2. 下列关于激进的流动资产融资策略的表述中，错误的是（　　）。

A. 公司以长期融资方式为全部非流动资产融资

B. 一部分永久性流动资产使用短期融资方式融资

C. 一部分永久性流动资产使用长期融资方式融资

D. 短期融资方式支持了部分临时性流动资产

3. 衡阳梦幻电器有限公司与银行商定的周转信贷额为300万元，承诺费率为0.5%，公司借款100万元，平均使用8个月，借款年利率为4%，那么，借款公司向银行支付年承诺费和利息共计（　　）万元。

A. 1.17　B. 4.5　C. 0.5　D. 5.5

4. 衡阳梦幻电器有限公司第二季度各月赊销额分别为100万、120万和150万元，信用条件为n/60，6月底公司应收账款余额为280万元。则该公司在第二季度应收账款平均逾期（　　）天。（一个月按30天计算）

A. 72.58　B. 12.58　C. 8.13　D. 0

5. 与持有存货有关的成本不包括（　　）。

A. 转换成本　B. 缺货成本　C. 储存成本　D. 取得成本

6. 衡阳梦幻电器有限公司需要借入资金50万元，由于贷款银行要求将贷款金额的20%作为补偿性余额，故公司需要向银行申请的贷款数额为（　　）万元。

A. 75　B. 72　C. 62.5　D. 60

7. 衡阳梦幻电器有限公司预测的年度赊销收入净额为3 000万元，应收账款收账期为30天，变动成本率为60%，资金成本率10%，则应收账款的机会成本为（　　）万元。（一年按360天计算）

A. 10　B. 15　C. 18　D. 20

8. 衡阳梦幻电器有限公司采用贴现法从银行贷款，年利率8%，则该项贷款的实际年利率为（　　）。

A. 7%　B. 8.7%　C. 9.6%　D. 11.2%

9. 持有过量现金可能导致的不利后果是（　　）。

A. 财务风险加大　B. 偿债能力下降

C. 收益水平下降　D. 资产流动性下降

10. 衡阳梦幻电器有限公司 3 月 10 日赊购商品时双方约定的信用条件为“2/10，N/20”。该企业在 3 月 15 日有能力付款，但直到 3 月 20 日才支付这笔款项。其目的是运用现金日常管理策略中的（　　）。

A. 使用现金浮游量　　B. 推迟应付款的支付

C. 力争现金流量同步　　D. 加速收款

二、多选题

1. 在流动资产投资策略的选择上，如果一个公司采取保守性策略，以下表述合理的有（　　）。

A. 盈利能力较强

B. 营运风险较低

C. 企业资产具有较高流动性

D. 具有低水平的流动资产与销售收入比率

2. 在短期借款的相关规定中，使得企业实际利率高于名义利率的有（　　）。

A. 贴现法　　B. 利随本清法

C. 信贷额度　　D. 银行要求保留补偿性余额

3. 制定企业的信用政策，需考虑的因素包括（　　）。

A. 现金折扣　　B. 存货数量

C. 资本成本　　D. 收账费用

4. 衡阳梦幻电器有限公司每年耗用某种材料 10 000 千克，该材料单位成本为 8 元，单位储存成本为 2 元，一次订货成本为 25 元，符合经济订货基本模型的全部假设条件，则下列说法中正确的有（　　）。

A. 经济订货量为 500 千克

B. 最佳订货周期为 1 个月

C. 与经济批量有关的总成本为 1 000 元

D. 经济订货量占用资金为 2 000 元

5. 与应收账款机会成本有关的因素有（　　）。

A. 应收账款平均余额　　B. 销售成本率

C. 变动成本率　　D. 资金成本率

6. 下列有关信用期间的表述中，正确的有（　　）。

A. 降低信用标准意味着将延长信用期间

B. 缩短信用期间可能增加当期现金流量

C. 延长信用期间会扩大销售

D. 延长信用期间将增加应收账款的机会成本

7. 在确定经济订货批量时，下列表述中正确的有（　　）。

A. 年相关储存成本与年相关订货成本相等时的采购批量，即为经济订货批量

B. 随每次订货批量的变动，相关订货费用和相关储存成本呈反方向变化

C. 相关储存成本的高低与每次订货批量成正比

D. 相关订货成本的高低与每次订货批量成反比

8. 在短期借款的利息计算和偿还方法中，企业实际负担利率高于名义利率的有（　　）。

A. 补偿性余额　　B. 收款法　　C. 加息法　　D. 贴现法

9. 衡阳梦幻电器有限公司每年所需要的零部件为 4900 件，该公司每次的订货费用为 25 元，每件零部件的变动储存成本为 2 元。下列说法中正确的是（　　）。

A. 相关存货总成本为 350 元　　B. 经济订货批量为 700 件

C. 相关存货总成本为 700 元　　D. 经济订货批量为 350 件

10. 下列属于存货固定储存成本的有（　　）。

A. 存货的保险费用　　B. 仓库折旧费

C. 存货资金应计利息　　D. 仓库职工的固定工资

三、判断题

1. 根据存货经济订货批量基本模型，经济订货批量是能够使订货成本与储存成本相等的订货批量。（　　）

2. 衡阳梦幻电器有限公司按照“2/10，N/30”的付款条件购入货物 100 万元，如果该公司在 10 天内付款，需要支付 98 万元，如果该公司在第 40 天付款，则放弃折扣的信用成本率约为 24.49%。（　　）

3. 在存货的 ABC 分类法下，应当重点管理的是品种数量较少但金额较大的存货。（　　）

4. 企业营运资金在全部资金中占有相当大的比重，而且周转期短，形态易变，因此，营运资金管理是企业财务管理工作的一项重要内容。（　　）

5. 企业花费的收账费用越多，坏账损失就会越少，并且平均收账期也会越短。（　　）

6. 收款法付息、贴现法付息和加息法付息均会使短期借款的实际利率小于名义利率。（　　）

7. 衡阳梦幻电器有限公司在营运资金管理中，想要降低流动资产的持有成本、提高企业的收益水平，应采取宽松的流动资产投资策略。（　　）

8. 账龄分析表比计算应收账款周转天数更能揭示应收账款的变化趋势。（　　）

9. 在其他条件不变的情况下，随每次订货批量的变动，变动订货成本和变动储存成本呈反方向变化。（　　）

10. 存货管理的目标是在保证生产或销售需要的前提下，最大限度地降低存货成本。（　　）

四、计算题

1. 衡阳梦幻电器有限公司现金收支状况比较稳定，预计全年需要现金 250 000 元，现金与有价证券的交易成本为每次 500 元，有价证券的年利率为 10%。

要求：（1）计算最佳现金持有量。

（2）计算最佳现金持有量下的全年现金管理总成本、全年现金交易成本和全年现金持有机会成本。

（3）计算最佳现金持有量下的全年有价证券交易次数和有价证券交易间隔期。

2. 衡阳梦幻电器有限公司向银行借款 10 000 元，支付银行贷款利息的方式同银行协商后，银行提出三种方案：

（1）如果采用贴现法付息，利息率为 6%；

（2）如果采用收款法付息，利息率为 7%；

（3）如果采用加息法付息，利息率为 5%。

要求：如果你是该公司财务经理，你会选择哪种支付利息方式？并说明理由。

3. 衡阳梦幻电器有限公司每年需耗用 A 材料 45 000 件，单位材料年存储成本为 20 元，平均每次进货费用为 180 元，A 材料全年平均单价为 240 元。假定没有数量折扣，也不会出现陆续到货和缺货的现象。

要求：（1）计算 A 材料的经济订货批量；

（2）计算 A 材料年度最佳订货次数；

（3）计算 A 材料的变动订货成本；

（4）计算 A 材料的变动存储成本。

五、综合计算分析题

衡阳梦幻电器有限公司是一家集研发、生产、销售于一体的家用电器全产业链公司，2019 年发生营运管理业务如下：

业务资源一：2019 年 12 月，原料采购中心根据采购计划预备采购材料 10000 千克，不含税单价为 50 元/千克，供应商为一般纳税人，增值税税率为 13%，成交后全额开具增值税专用发票，采用转账支付，并给出了如下付款条件：立即付款，享受的现金折扣率为 6%；15 天内付款，享受的现金折扣率 5%；30 天内付款，享受的现金折扣率为 3%；45 天内付款，享受的现金折扣率为 1%；60 天内付款，享受的现金折扣率为 0。

业务资源二：为保证家用电器的销售量又能最大程度上节约存货管理成本，公司想从整体需求量上分析出生产家用电器的原料经济订货批量。根据经验，原料购买来源和本公司的资金情况基本情况如下：

（1）公司能够及时补充原料，需要原料时市场上很容易获得。

（2）原料能及时到货。

（3）原料不会因为季节或其他原因存在缺货成本。

（4）公司根据销量容易确定需求量而且稳定。

（5）原料的价格变化幅度不大。

根据销售部门、生产部门和采购部门提供的数据进行整合，分析出每台电器原料的需求为 200 克，各季度需要量按照销售预算制定。采购部门年基本开支为 500 000

元，其中每年支付的仓库管理费和租金为 150 000 元。订货固定成本和储存固定成本按各季度平均分配。每次的订货变动成本为 16 元/千克，原料的平均单价为 10 元/千克，单位库存变动成本为平均单价的 5%。

业务资源三：财务中心工作人员正在测算公司的最佳现金持有量，相关资料如下：

（1）各方案的相关成本如下表：

项目	方案 1	方案 2	方案 3	方案 4
现金平均持有量	20 000.00	40 000.00	60 000.00	80 000.00
短缺成本	4 000.00	2 000.00	400.00	0.00
管理费用成本	400.00	400.00	400.00	400.00

（2）同期国债利率为 5%（此利率作为机会成本率）

（3）公司现金收入平稳，预计全年（按 360 天计算）现金需要量为 3 200 000 元，现金与有价证券的转换成本为每次 160 元。

业务资源四：公司预计 2020 年赊销收入为 720 万元，平均收现期为 60 天，坏账损失为赊销额的 10%，年收账费用为 5 万元。公司认为通过增加收账人员等措施，可以使平均收现期降为 50 天，坏账损失降为赊销额的 7%。假设公司的资金成本率为 6%，变动成本率为 50%，一年按 360 天计算。

任务一：根据业务资源一，完成放弃现金折扣成本率计算表。以完整小数位数引用计算，带有%的项目以%形式四舍五入保留两位小数填制答案，并根据放弃现金折扣成本率计算结果进行最划算付款期限选择，以“方式 1/2/3/4/5”填制答案。

放弃现金折扣成本率计算表

方式	付款期限	折扣率（%）	付款额（元）	折扣额（元）	放弃折扣信用成本率（%）
方式 1	立即付款	6.00%			
方式 2	15 天付款	5.00%			
方式 3	30 天付款	3.00%			
方式 4	45 天付款	1.00%			
方式 5	60 天付款	0.00%			
应选择方式为					

任务二：根据业务资源二和其他资料，完成 2019 年电器原料订货成本预测，以完整小数位数引用计算，金额单位为元，销售数量、预计需用量以四舍五入保留整数填制答案，季度最佳订货次数以向上取整保留整数填制答案，其余结果以四舍五入保留 2 位小数填制答案。

2019 年订货成本预测

项目	第一季度	第二季度	第三季度	第四季度
销售数量（台）	5 000	5 500	6 000	5 000
用量（克/台）				
预计需用量（千克）				
订货固定成本				
订货变动成本				
购置成本				
库存固定成本				
库存变动成本				
经济订货批量（千克）				
季度最佳订货次数（次）				
批次相关总成本				

任务三：根据业务资源三，运用成本分析模式完成公司最佳现金持有量计算，以完整小数位数引用计算，金额单位为元，计算结果以四舍五入保留 2 位小数填制答案，并根据现金持有总成本判断应选择哪种方案，以方案 1/方案 2/方案 3/方案 4 填制答案。

公司最佳现金持有量计算表

项目	方案 1	方案 2	方案 3	方案 4
现金平均持有量				
短缺成本				
管理费用成本				
机会成本				
现金持有总成本				
应选择哪个方案				

任务四：根据业务资源四，完成应收账款成本计算表，以完整小数位数引用计算，金额单位为元，计算结果以四舍五入保留 2 位小数填制答案。

应收账款成本计算表

项目	原方案	新方案	
机会成本			
坏账损失			
收账费用			
总成本费用			
新增收账费用的上限为（　　）合理。			

项目六　收益与分配管理

【知识目标】

要求理解股利政策与企业价值、股利支付形式与程序。掌握销售预测分析、销售定价管理。了解收益分配管理的意义、收益分配的原则、收益与分配管理的内容、利润分配制约因素、股票分割和股票回购。

【能力目标】

能进行销售预测分析；能进行销售定价；能进行分配方案的制定和分析。

【思政目标】

培养学生树立大局意识，强化责任担当，培养公平法制的思想观念。

工作任务一　收益与分配管理概述

任务描述

通过学习能够了解收益分配的意义、原则及其具体内容。

工作情景

衡阳梦幻电器有限公司2019年累计实现收入2 200万元，累计发生成本费用支出1 800万元。2020年公司准备继续扩大生产经营规模，新建一条生产线，经财务部门测算预计要投入50万。对2019年实现的利润股东们提出要增加分红比例，董事会提出要优先满足企业资金需要，董事长李梦幻陷入了困惑。

思考： 1. 该公司年末可供分配的收益有多少？

2. 利润分配应按什么程序进行？

3. 股东与董事会各提出的方案对企业会产生什么影响？

4. 收益分配如何兼顾公平与效率？

理论知识

一、收益分配管理的概念

广义收益分配是指对企业收入和净利润进行分配的过程（本书研究）。狭义收益分配是指对企业净收益进行分配的过程。收益分配管理是对企业收益与分配的主要活动及其形成的财务关系的组织与调节，是企业将一定时期内所创造的经营成果合理地在企业内、外部各利益相关者之间进行有效分配的过程。

收益与分配管理作为现代企业财务管理的重要内容之一，对于维护企业与各相关利益主体的财务管理、提升企业价值具有重要意义。具体而言，企业收益与分配管理的意义表现在以下三个方面：

1. 收益分配集中体现了企业所有者、经营者与职工之间的利益关系

企业所有者是企业权益资金的提供者，按照谁出资、谁受益的原则，其应得的投资收益须通过企业的收益分配来实现，而获得投资收益的多少取决于企业盈利状况及利润分配政策。通过收益分配，投资者能实现预期的收益，提高企业的信誉程度，有利于增强企业未来融通资金的能力。

企业的债权人在向企业投入资金的同时也承担了一定的风险，企业的收益分配应体现出对债权人利益的充分保护。除了按时支付到期本金、利息外，企业在进行收益分配时也要考虑债权人未偿付本金的保障程度，否则将在一定程度上削弱企业的偿债能力，从而降低企业的财务弹性。

职工是价值的创造者，是企业收入和利润的源泉。通过薪资的支付以及各种福利的提供，可以提高职工的工作热情，为企业创造更多价值。因此，为了正确、合理地处理好企业各方利益相关者的需求，就必须对企业所实现的收益进行合理分配。

2. 收益分配是企业再生产的条件以及优化资本结构的重要措施

企业在生产经营过程中所投入的各类资金，随着生产经营活动的进行不断地发生消耗和转移，形成成本费用，最终构成商品价值的一部分。销售收入的取得，为企业成本费用的补偿提供了前提，为企业简单再生产的正常进行创造了条件。通过收益分配，企业能形成一部分自行安排的资金，可以增强企业生产经营的财力，有利于企业适应市场需要扩大再生产。

此外，留存收益是企业重要的权益资金来源，收益分配的多少，影响企业积累的多少，从而影响权益与负债的比例，即资本结构。企业价值最大化的目标要求企业的资本结构最优，因而收益分配便成了优化资本结构、降低资本成本的重要措施。

3. 收益分配是国家建设资金的重要来源之一

在企业正常的生产经营活动中，职工不仅为自己创造了价值，还为社会创造了一定的价值，即利润。利润代表企业的新创财富，是企业收入的重要构成部分。除了满足企业自身的生产经营性积累外，通过收益分配，国家财政也能够集中一部分企业利润，由国家有计划地分配使用，实现国家政治职能和经济职能，发展能源、交通和原材料基础工业，为社会经济的发展创造良好条件。

二、收益分配的原则

收益分配作为一项重要的财务活动，应当遵循以下原则：

（一）依法分配原则

企业的收益分配必须依法进行。为了规范企业的收益分配行为，维护各利益相关者的合法权益，国家颁布了相关法规。这些法规规定了企业收益分配的基本要求、一般程序和重要比例，企业应当认真执行，不得违反。

（二）分配与积累并重原则

企业的收益分配必须坚持积累与分配并重的原则。企业通过经营活动赚取收益，既要保证企业简单再生产的持续进行，又要不断积累企业扩大再生产的财力基础。恰当处理分配与积累之间的关系，留存一部分净收益以供未来分配之需，能够增强企业抵抗风险的能力，同时，也可以提高企业经营的稳定性与安全性。

（三）兼顾各方利益原则

企业的收益分配必须兼顾各方面的利益。企业是经济社会的基本单元，企业的收益分配涉及国家、企业股东、债权人、职工等多方面的利益。正确处理它们之间的关系，协调其矛盾，对企业的生存、发展是至关重要的。企业在进行收益分配时，应当统筹兼顾，维护各利益相关者的合法权益。

思政视频：中国为什么提“绿水青山就是金山银山”

视频链接：https：//haokan. baidu. com/v? vid = 3938663535127236490&pd = bjh&fr = bjhauthor&type = video

（四）投资与收益对等原则

企业进行收益分配应当体现“谁投资谁受益”、收益大小与投资比例相对等的原则。这是正确处理投资者利益关系的关键。企业在向投资者分配收益时，应本着平等一致的原则，按照投资者投资额的比例进行分配，不允许任何一方随意多分多占，以从根本上实现收益分配中的公开、公平和公正，保护投资者的利益。

三、收益与分配管理的内容

企业通过销售产品、提供劳务、转让资产使用权等活动取得收入，而这些收入的去向主要是两个方面：一是弥补成本费用，即为取得收入而发生的资源耗费；二是形成利润，即收入匹配成本费用后的余额。收入、成本费用和利润三者之间的关系可以简单表述为：

收入 - 成本费用 = 利润

可以看出，广义的收益分配首先是对企业收入的分配，即对成本费用进行弥补，进而形成利润的过程，然后，对其余额（即利润）按照一定的程序进行再分配。显然，收入的取得、成本费用的发生以及利润的形成与流向便构成了收益分配的主要内容。因此，收益分配管理包括了收入管理、成本费用管理和利润分配管理三个部分。

（一）收入管理

收入是企业收益分配的首要对象。企业的收入多种多样，其中，销售收入是指企业在日常经营活动中，由于销售产品、提供劳务等所形成的货币收入。这是企业收入的主要构成部分，是企业能够持续经营的基本条件。企业的再生产过程包括供应、生产和销售三个相互联系的阶段。企业只有把生产出来的产品及时销售出去，取得销售收入，才能保证再生产过程的继续进行。

销售收入的制约因素主要是销量与价格。由于企业一般是按照“以销定产”的原则组织生产，那么对于销售量的预测便显得尤为重要。科学的销售预测可以加速企业的资金周转，提高企业的经济效益。产品价格是企业获得市场占有率、提升产品竞争能力的重要因素。产品价格的制定直接或间接地影响着销售收入。一般来说，价格与销售量呈反向变动关系：价格上升，销量减少；反之，销量增加。企业可以通过不同的价格制定方法与运用策略来调节产品的销售量，进而影响销售收入。所以，销售预测分析与销售定价管理便构成了收入管理的主要内容。

（二）成本费用管理

企业取得的收入首先应当弥补成本费用。成本费用是商品价值中所耗费的生产资料的价值和劳动者必要劳动所创造的价值之和，在数量上表现为企业的资金耗费。收入必须首先弥补成本费用，才可以保证企业简单再生产的持续进行。成本费用有多种不同的分类，比如，按照经济用途可以分为生产成本和期间费用；按照成本性态可以分为固定成本、变动成本和混合成本等。

成本费用管理对于提高经营效率、增加企业收益具有重要意义，主要的成本费用管理模式包括归口分级管理、成本性态分析、标准成本管理、作业成本管理和责任成本管理等。

（三）利润分配管理

利润分配是收益分配第二层次的内容，也是狭义的收益分配。利润是收入弥补成本费用后的余额。由于成本费用包括的内容与表现的形式不同，利润所包含的内容与形式也有一定的区别。若成本费用不包括利息和所得税，则利润表现为息税前利润；若成本费用包括利息而不包括所得税，则利润表现为利润总额；若成本费用包括了利息和所得税，则利润表现为净利润。

值得说明的是，本章所指利润分配是指对净利润的分配。根据我国公司法及相关法律制度的规定，公司净利润的分配应按照下列顺序进行：

1. 弥补以前年度亏损

企业在提取法定公积金之前，应先用当年利润弥补亏损。企业年度亏损可以用以下年度的税前利润弥补，下一年度不足弥补的，可以在五年之内用税前利润连续弥补，连续十年未弥补的亏损则用税后利润弥补。其中，税后利润弥补亏损可以用当年实现的净利润，也可以用盈余公积转入。

2. 提取法定盈余公积金

根据公司法的规定，法定盈余公积金的提取比例为当年税后利润（弥补亏损后）的10%。当年法定盈余公积的累积额已达注册资本的50%时，可以不再提取。法定盈余公积金提取后，根据企业的需要，可用于弥补亏损或转增资本，但企业用盈余公积金转增资本后，法定盈余公积金的余额不得低于转增前公司注册资本的25%。提取法定盈余公积金的目的是为了增加企业内部积累，以利于企业扩大再生产。

3. 提取任意盈余公积金

根据公司法的规定，公司从税后利润中提取法定公积金后，经股东会或股东大会决议，还可以从税后利润中提取任意盈余公积。这是为了满足企业经营管理的需要，控制向投资者分配利润的水平，以及调整各年度利润分配的波动。

4. 向股东（投资者）分配股利（利润）

根据公司法的规定，公司弥补亏损和提取公积金后所余税后利润，可以向股东（投资者）分配股利（利润）。其中，有限责任公司股东按照实缴的出资比例分取红利，全体股东约定不按照出资比例分取红利的除外；股份有限公司按照股东持有的股份比例分配，但股份有限公司章程规定不按照持股比例分配的除外。

实务训练

要求学生在网上查找贵州茅台公司2018年与2019年利润表，分析该企业分配的项目、收益分配的变化情况及变动原因。

思维培养

2020年4月21日晚间，贵州茅台披露了2019年年报，2019年公司实现营业收入854.30亿元，同比增长16.01%；实现归属于上市公司股东的净利润412.06亿元，同比增长17.05%；实现归属于上市公司股东的扣非净利润414.07亿元，同比增长16.36%。

在全球新冠疫情的特殊时期，茅台仍发布了其上市以来总额最高的分红方案，拟每10股派发现金红利170.25元（含税），共分配利润213.87亿元，向市场传递了信心。

思考： 1. 企业各相关利益群体是如何参与企业收益分配的，不同的财务管理目标在会计数据上如何体现？

2. 如何利用收益分配手段实现相关者利益最大化的财务目标？

案例分析

股东利润分配纠纷

（1）刘某系A公司股东，持股比例为15%。2019年10月，刘某以公司经营良好，有可分配利润89万，但公司从2011年以来一直未分配利润为由向法院起诉公司。法院认为，公司未召开股东会讨论盈余分配问题，股东可享有的利润处于不确定状态，股东要求分配利润的权利，须待公司股东会讨论通过利润分配方案后方可行使，故驳回了刘某的诉讼请求。

（2）甲公司于2010年成立，股东为乙公司和丙公司，出资比例分别为45%和55%。公司章程规定每年分配利润一次。至2018年底，甲公司从未召开股东会讨论利润分配事宜，亦未向股东分配过利润，2019年，乙公司向法院起诉甲公司，请求甲公司分配至2018年底的利润1 500万元。法院委托的审计结果显示，甲公司2010年未实现销售收入，2011年至2013年连续亏损，2014年至2018年连续盈利，截至2018年底的净利润为1 500万元。法院认为甲公司在连续多年有巨额利润的情况下，既不召开股东会做出利润分配决议，也不向乙公司作不分配利润的说明，从根本上侵害了乙公司的股东权益，违反诚实信用原则，乙公司的请求应予支持。

（资料来源：http：//www.lawtime.cn/info/gongsi/gsflunwen/20110916123747.html）

分析： 1. 上述案例（1）和案例（2）都是股东请求分配公司利润，为什么法院的判决不一样？
2. 公司没有召开股东会做出分配利润决议，公司股东是否享有直接向法院起诉的权利？

职业拓展

区块链+会计

习总书记近日在中共中央政治局第十八次集体学习中强调，我们要把区块链作为核心技术自主创新的重要突破口，加快推动区块链技术和产业创新发展。那么，区块链技术是如何推动财务会计变革和发展？区块链是一连串使用密码学方法产生相关联的数据块，其本质就是一个去中心化的分布式账本数据库，具有四大特性：分布式记账、开放透明、去中心化、不可篡改。区块链是一种技术，技术本身是中立的，只要机制设计合理，其所具有的独特性将对传统会计带来冲击，在财务会计转型发展中起到举足轻重的作用。

（资料来源：《航空财会》2019 年 04 期）

工作任务二　收入管理

任务描述

通过学习理解并掌握销售量、销售价格的预测和制定方法。

项目活动一　销售预测分析

工作情景

衡阳梦幻电器有限公司 2019 年 1 月 –6 月微波炉的销售情况如下表所示：

月份	1	2	3	4	5	6
销量（台）	650	660	680	700	710	730

思考： 1. 该公司可以采用哪些方法来预测销量？

2. 假设根据上述资料，用加权平均法预测该公司 7 月份微波炉销售量时规定 $n=6$，$W_1=0.1$，$W_2=0.1$，$W_3=0.1$，$W_4=0.2$，$W_5=0.2$，$W_6=0.3$，则 7 月份微波炉销售量预测数为多少？

3. 企业如何在扩大产品销量的同时树立良好的品牌信誉？

理论知识

销售预测分析是指通过市场调查，以有关的历史资料和各种信息为基础，运用科学的预测方法或管理人员的实际经验，对企业产品在计划期间的销售量或销售额做出预计或估量的过程。企业在进行销售预测时，应充分研究和分析企业产品销售的相关资料，如产品价格、产品质量、售后服务、推销方法等。此外，对企业所处的市场环境、物价指数、市场占有率及经济发展趋势等情况也应进行研究分析。销售预测的方法有很多种，主要包括定性分析法和定量分析法。

一、销售预测的定性分析法

定性分析法，即非数量分析法，是指由专业人员根据实际经验，对预测对象的未来情况及发展趋势做出预测的一种分析方法。它一般适用于预测对象的历史资料不完备或无法进行定量分析时，主要包括推销员判断法、专家判断法和产品寿命周期分析法。

（一）推销员判断法

推销员判断法，又称意见汇集法，是由企业熟悉市场情况及相关变化信息的经营管理人员对由推销员调查得来的结果进行综合分析，从而做出较为正确预测的方法。这种方法用时短、耗费小，比较实用。在市场发生变化的情况下，能很快地对预测结果进行修正。

（二）专家判断法

专家判断法，是由专家根据他们的经验和判断能力对特定产品的未来销售量进行判断和预测的方法，主要有以下三种不同形式：

（1）个别专家意见汇集法，即分别向每位专家征求对本企业产品未来销售情况的个人意见，然后将这些意见加以综合分析，确定预测值。

（2）专家小组法，即将专家分成小组，运用专家们的集体智慧进行判断预测的方法。此方法的缺陷是预测小组中专家意见可能受权威专家的影响，客观性较德尔菲法差。

（3）德尔菲法，又称函询调查法，它采用函询的方式，征求各方面专家的意见，各专家在互不通气的情况下，根据自己的观点和方法进行预测，然后由企业把各个专家的意见汇集在一起，通过不记名方式反馈给各位专家，请他们参考别人的意见修正本人原来的判断，如此反复数次，最终确定预测结果。

（三）产品寿命周期分析法

产品寿命周期分析法就是利用产品销售量在不同寿命周期阶段上的变化趋势进行销售预测的一种定性分析方法，它是对其他预测分析方法的补充。产品寿命周期是指产品从投入市场到退出市场所经历的时间，一般要经过萌芽期、成长期、成熟期和衰退期四个阶段。判断产品所处的寿命周期阶段，可根据销售增长率指标进行。一般地，萌芽期增长率不稳定，成长期增长率最大，成熟期增长率稳定，衰退期增长率为负数。

二、销售预测的定量分析法

定量分析法，也称数量分析法，是指在预测对象有关资料完备的基础上，运用一定的数学方法，建立预测模型做出预测。它一般包括趋势预测分析法和因果预测分析法两大类。

（一）趋势预测分析法

趋势预测分析法主要包括算术平均法、加权平均法、移动平均法和指数平滑法等。

（1）算术平均法，即将若干历史时期的实际销售量或销售额作为样本值，求出其算术平均数，并将该平均数作为下期销售量的预测值。其计算公式为：

$$Y=\frac{\sum X_i}{n}$$

式中：Y——预测值；

X_i——第 i 期的实际销售量；

n——期数。

算术平均法适用于每月销售量波动不大的产品的销售预测。

【例 6-1】 衡阳梦幻电器有限公司 2012 年～2019 年的微波炉销售量资料如下表：

年度	2012	2013	2014	2015	2016	2017	2018	2019
销售量（台）	3 250	3 300	3 150	3 350	3 450	3 500	3 400	3 600

要求：采用算术平均法计算该公司 2020 年微波炉的预测销售量为多少台？

解：

预测销售量（Y）=

$$\frac{\sum X_i}{n} = \frac{3\ 250 + 3\ 300 + 3\ 150 + 3\ 350 + 3\ 450 + 3\ 500 + 3\ 400 + 3\ 600}{8} = 3\ 375$$

（台）

（2）加权平均法，同样是将若干历史时期的实际销售量或销售额作为样本值，将各个样本值按照一定的权数计算得出加权平均数，并将该平均数作为下期销售量的预测值。一般地，由于市场变化较大，离预测期越近的样本值对其影响越大，而离预测期越远的则影响越小，所以权数的选取应遵循“近大远小”的原则。其计算公式为：

$$Y = \sum_{i=1}^{n} W_i X_i$$

式中：Y——预测值；

W_i——第 i 期的权数（$0 < W_i < 1$，且 $\sum W_i = 1$）；

X_i——第 i 期的实际销售量；

n——期数。

加权平均法较算术平均法更为合理，计算也较方便，因而在实践中应用较多。

【例 6-2】 沿用【例 6-1】中的资料，假设 2012～2019 年各期数据的权数分别为：

年度	2012	2013	2014	2015	2016	2017	2018	2019
销售量（台）	3 250	3 300	3 150	3 350	3 450	3 500	3 400	3 600
权　数	0.04	0.06	0.08	0.12	0.14	0.16	0.18	0.22

要求：采用加权平均法计算该公司 2020 年微波炉的预测销售量为多少台？

解：

预测销售量（Y）$= \sum_{i=1}^{n} W_i X_i = 3\ 250 \times 0.04 + 3\ 300 \times 0.06 + 3\ 150 \times 0.08 + 3\ 350 \times$

0.12 +3 450 ×0.14 +3 500 ×0.16 +3 400 ×0.18 +3 600 ×0.22 =3 429（台）

（3）移动平均法，是从 n 期的时间数列销售量中选取 m 期（m 数值固定，且 m < n/2）数据作为样本值，求其 m 期的算术平均数，并不断向后移动计算观测期平均值，以最后一个 m 期的平均数作为未来第 n +1 期销售预测值的一种方法。这种方法假设预测值主要受最近 m 期销售量的影响。其计算公式为：

$$Y_{n+1}=\frac{X_{n-(m-1)}+X_{n-(m-2)}+....+X_{n-1}+X_n}{m}$$

为了使预测值更能反映销售量变化的趋势，可以对上述结果按趋势值进行修正，其计算公式为：

$$\overline{Y_{n+1}}=Y_{n+1}+(Y_{n+1}-Y_n)$$

由于移动平均法只选用了 n 期数据中的最后 m 期作为计算依据，故而代表性较差。此法适用于销售量略有波动的产品预测。

【例 6 -3】沿用【例 6 -1】中的资料，假定该公司预测前期（即 2019 年）微波炉的预测销售量为 3 475 台。

要求：分别用移动平均法和修正的移动平均法预测该公司 2020 年微波炉的销售量（假设样本期为 3 期）。

解：

①根据移动平均法的计算公式，公司 2020 年微波炉的预测销售量为：

$$\text{预测销售量 } Y_{2020}=\frac{X_{2017}+X_{2018}+X_{2019}}{3}=\frac{3\ 500+3\ 400+3\ 600}{3}=3\ 500\text{（台）}$$

②根据修正的移动平均法计算公式，公司 2020 年的预测销售量为：

修正后的预测销售量 $\overline{Y_{2020}}=Y_{2020}+(Y_{2020}-Y_{2019})=3\ 500+(3\ 500-3\ 475)=3\ 525$（台）

（4）指数平滑法，实质上是一种加权平均法，是以事先确定的平滑指数 a 及（1 - a）作为权数进行加权计算，预测销售量的一种方法。其计算公式为：

$$Y_{n+1}=aX_n+(1-a)Y_n$$

式中：Y_{n+1}——未来第 n +1 期的预测值；

Y_n——第 n 期预测值，即预测前期的预测值；

X_n——第 n 期的实际销售量，即预测前期的实际销售量；

a——平滑指数；

n——期数。

一般地，平滑指数的取值通常在 0.3 ~0.7 之间，其取值大小决定了前期实际值与预测值对本期预测值的影响。采用较大的平滑指数，预测值可以反映样本值新近的变化趋势；采用较小的平滑指数，则反映了样本值变动的长期趋势。因此，在销售量波动较大或进行短期预测时，可选择较大的平滑指数；在销售量波动较小或进行长期预测时，可选择较小的平滑指数。

该方法运用比较灵活，适用范围较广，但在平滑指数的选择上具有一定的主观随意性。

【例 6-4】 沿用【例 6-1】中的资料，2019 年微波炉实际销售量为 3 600 台，原预测销售量为 3 475 台，平滑指数 a = 0.5。

要求： 用指数平滑法预测公司 2020 年微波炉的销售量为多少台？

解：

该公司 2020 年微波炉的预测销售量为：

$Y_{2020} = a \cdot X_{2019} + (1-a) \cdot Y_{2019} = 0.5 \times 3\,600 + (1-0.5) \times 3475 = 3\,537.5$（台）

（二）因果预测分析法

因果预测分析法是指通过影响产品销售量（因变量）的相关因素（自变量）以及它们之间的函数关系，并利用这种函数关系进行产品销售预测的方法。因果预测分析法最常用的是回归分析法，本章主要介绍回归直线法。

回归直线法，也称一元回归分析法。它假定影响预测对象销售量的因素只有一个，根据直线方程 y = a + bx，按照最小二乘法原理，来确定一条误差最小的、能正确反映自变量 x 和因变量 y 之间关系的直线，其常数项 a 和系数 b 的计算公式为：

$$a = \frac{\sum y - b\sum y}{n}$$

$$b = \frac{n\sum xy - \sum x\sum y}{\sum x^2 - (\sum x)^2}$$

待求出 a、b 的值后，代入 y = a + bx，结合自变量 x 的取值，即可求得预测对象 y 的预测销售量或销售额。

【例 6-5】 沿用【例 6-1】中的资料，假定微波炉销售量只受广告费支出大小的影响，2019 年度预计广告费支出为 155 万元，以往年度的广告费支出资料如下表：

年度	2012	2013	2014	2015	2016	2017	2018	2019
销售量（台）	3 250	3 300	3 150	3 350	3 450	3 500	3 400	3 600
广告费（万元）	100	105	90	125	135	140	140	150

要求： 根据上述资料采用回归直线法预测该公司 2020 年微波炉的销售量为多少台？

解：

年度	广告费支出 x（万元）	销售量 y（台）	xy	x^2
2012	100	3 250	325 000	10 000
2013	105	3 300	346 500	11 025
2014	90	3 150	283 500	8 100
2015	125	3 350	418 750	15 625

续表

年度	广告费支出 x（万元）	销售量 y（台）	xy	x^2
2016	135	3 450	465 750	18 225
2017	140	3 500	490 000	19 600
2018	140	3 400	476 000	19 600
2019	150	3 600	540 000	22 500
n = 8	$\sum x = 985$	$\sum y = 27\ 000$	$\sum xy = 3\ 345\ 500$	$\sum x^2 = 124\ 675$

根据公式，有：

$$b = \frac{n\sum xy - \sum x \sum y}{\sum x^2 - (\sum x)^2} = \frac{8 \times 3\ 345\ 500 - 985 \times 27\ 000}{8 \times 124\ 675 - 985^2} = 6.22$$

$$a = \frac{\sum y - b\sum y}{n} = \frac{27\ 000 - 6.22 \times 985}{8} = 2\ 609.16$$

将 a、b 代入公式，得出结果，即 2020 年微波炉的预测销售量为：

$y = a + bx = 2\ 609.16 + 6.22x = 2\ 609.16 + 6.22 \times 155 = 3\ 573.26$（台）

实务训练

衡阳梦幻电器有限公司 2011 ~2019 年电烤箱的销售量资料如下：

年度	2011	2012	2013	2014	2015	2016	2017	2018	2019
销售量（台）	1 950	1 980	1 890	2 010	2 070	2 100	2 040	2 260	2 110
权数	0.03	0.05	0.07	0.08	0.1	0.13	0.15	0.18	0.21

要求： 1. 采用算术平均法预测该公司 2020 年电烤箱的销售量为多少台？

2. 采用加权平均法预测该公司 2020 年电烤箱的销售量为多少台？

3. 分别用移动平均法和修正的移动平均法预测该公司 2020 年电烤箱的销售量为多少台？（假设样本期为 4 期）

4. 若平滑指数 a =0.6，采用指数平滑法预测该公司 2020 年电烤箱的销售量为多少台？（假设移动平均样本期为 4 期）

思维培养

2020 年第三季度，排名中国智能手机市场前五的厂商分别是：华为、Vivo、Oppo、小米、苹果。

华为出货量 3 420 万台，同比下降 18%，虽然仍处于领导地位，但华为国内手机出货量有史以来首次下跌，市场占有率自去年同期的 42.5% 及上季度的 44.3% 跌至 41.2%。

Vivo 出货量 1 530 万台，同比下降 13%，市场份额 18.4% 排名第二。

Oppo 出货量 1 390 万台，同比下降 18%，市场份额 16.8% 排名第三。

小米出货量 1 050 万台，同比增长 19%，市场份额 12.6% 排名第四。小米也是本季度唯一增长的厂商，并且缩小了与前三名的差距。

苹果出货量 510 万台，同比下降 1%，市场份额 6.2% 排名第五。

Canalys 分析师贾沫认为：市场下滑符合我们的预期。华为因美国商务部在 8 月 17 日出台的禁令被迫限制其智能手机出货，这在一定程度上造成了部分渠道真空，因为其他厂商并未能立刻填补空缺。华为正面临自 2016 年登顶国内智能手机市场以来最严峻的挑战。如果美国政府的政策方向不做改变，那么华为也将尝试去转变其战略重心，着力于打造鸿蒙操作系统和软件生态。

思考： 1. 在美国禁止为华为公司提供芯片的背景下，华为公司该如何走出困境？

2. 华为公司可以从哪些方面提高其智能手机的销售量？

（资料来源：http://www.elecfans.com/d/1356844.html）

项目活动二　销售定价管理

工作情景

衡阳梦幻电器有限公司为降低企业单一产品风险，准备进军化妆品领域，投资一条新生产线生产甲化妆品，根据前期的市场调查预估本月的销售量为 20 000 套，应负担的固定成本总额为 460 000 元，单位产品变动成本为 240 元，该化妆品的消费税税率为 5%。

思考： 1. 公司可以采用哪些方法来预测销售价格？

2. 采用保本点定价法测算的甲化妆品的销售价格为多少元？

3. 公司在制定新产品的销售价格时应考虑什么因素？从“中国制造”到“中国智造”，当代大学生可以做什么？

理论知识

销售定价不仅影响产品的边际贡献，而且影响产品的销售数量与市场地位，从而对企业收入产生复杂而直接的影响。正确制定销售定价策略，直接关系到企业的生存和发展，加强销售定价管理是企业财务管理的重要内容。

一、销售定价管理的含义

销售定价管理是指在调查分析的基础上，选用合适的产品定价方法，为销售的产品制定最为恰当的售价，并根据具体情况运用不同价格策略，以实现经济效益最大化的过程。

企业销售各种产品都必须确定合理的产品销售价格。产品价格的高低直接影响销售量的大小，进而影响企业的盈利水平。单价水平过高，导致销售量降低，如果达不到保本点，企业就会亏损；单价水平过低，虽然会起到促销作用，但单位毛利降低，使企业的盈利水平下降。因此，产品销售价格的高低，价格策略运用的恰当与否，都会影响到企业正常的生产经营活动，甚至影响到企业的生存和发展。进行良好的销售定价管理，可以使企业的产品更富有吸引力，扩大市场占有率，改善企业的相对竞争地位。

二、影响产品价格的因素

影响产品价格的因素非常复杂，主要包括以下几个方面：

（一）价值因素

价格是价值的货币体现，价值的大小决定着价格的高低，而价值量的大小又是由生产产品的社会必要劳动时间决定的。因此，提高社会劳动生产率，缩短生产产品的社会必要劳动时间，可以相对降低产品价格。

（二）成本因素

成本是影响定价的基本因素。企业必须获得可以弥补已发生成本费用的足够多的收入，才能长期生存发展下去。虽然短期内的产品价格有可能会低于其成本，但从长期来看，产品价格应等于总成本加上合理的利润，否则企业无利可图，难以长久生存。

（三）市场供求因素

市场供求变动对价格的变动具有重大影响。当一种产品的市场供应大于需求时，就会对其价格产生向下的压力；而当其供应小于需求时，则会推动价格的提升。市场供求关系是永远矛盾着的两个方面，因此，产品价格也会不断地波动。

（四）竞争因素

产品竞争程度不同，对定价的影响也不同。竞争越激烈，对价格的影响也越大。在完全竞争的市场，企业几乎没有定价的主动权；在不完全竞争的市场，竞争的强度主要取决于产品生产的难易和供求形势。为了做好定价决策，企业必须充分了解竞争者的情况，尤其是竞争对手的定价策略。

（五）政策法规因素

各个国家对市场物价的高低和变动都有限制和法律规定，同时国家会通过生产市场、货币金融等手段间接调节价格。企业在制定定价策略时一定要很好地了解本国及所在国有关方面的政策和法规。

三、产品定价方法

产品定价方法主要包括以成本为基础的定价方法和以市场需求为基础的定价方法两大类。

（一）以成本为基础的定价方法

企业成本范畴基本上有三种成本可以作为定价基础，即变动成本、制造成本和完全成本。

变动成本是指其总额会随业务量的变动而变动的成本。变动成本可以作为增加产量的定价依据，但不能作为一般产品的定价依据。

制造成本是指企业为生产产品或提供劳务等发生的直接费用支出，一般包括直接材料、直接人工和制造费用。由于它不包括各种期间费用，因此不能正确反映企业产品的真实价值消耗和转移。利用制造成本定价不利于企业简单再生产的继续进行。

完全成本是指企业为生产、销售一定种类和数量的产品所发生的费用总额，包括制造成本和管理费用、销售费用及财务费用等各种期间费用。在完全成本基础上制定价格，既可以保证企业简单再生产的正常进行，又可以使劳动者为社会劳动所创造的价值得以全部实现。因此，当前产品定价的基础，仍然是产品的完全成本。

1. 完全成本加成定价法

是在完全成本的基础上，加合理利润来定价。合理利润的确定，在工业企业一般是根据成本利润率，而在商业企业一般是根据销售利润率。在考虑税金的情况下，有关计算公式为：

①成本利润率定价：

$$成本利润率 = \frac{预测利润总额}{预测成本总额} \times 100\%$$

$$单位产品价格 = \frac{单位成本 \times (1 + 成本利润率)}{1 - 适用税率}$$

②销售利润率定价：

$$销售利润率 = \frac{预测利润总额}{预测销售总额} \times 100\%$$

$$单位产品价格 = \frac{单位成本}{1 - 销售利润率 - 适用税率}$$

上述公式中，单位成本是指单位完全成本，可以用单位制造成本加上单位产品负担的期间费用来确定。

【例 6－6】 衡阳梦幻电器有限公司为降低企业单一产品风险，准备进军化妆品领域，投资一条新生产线生产甲化妆品，预计单位产品的制造成本为 100 元，计划销售 10 000 套，计划期的期间费用总额为 900 000 元，该产品适用的消费税税率为 5%，成本利润率必须达到 20%。

要求： 采用完全成本加成定价法测算该公司甲化妆品的单位售价为多少元？

解：

$$单位售价 = \frac{\left(100 + \frac{900\ 000}{10\ 000}\right) \times (1 + 20\%)}{1 - 5\%} = 240\ （元）$$

完全成本加成定价法可以保证全部生产耗费得到补偿，但它很难适应市场需求的变化，往往导致定价过高或过低。并且，当企业生产多种产品时，间接费用难以准确分摊，从而会导致定价不准确。

2. 保本点定价法

保本点，又称盈亏平衡点是指企业在经营活动中既不盈利也不亏损的销售水平，在此水平上利润等于零。在这种方法下，成本需按其性态，即随产量变动而变动的关系，分为固定成本和变动成本。保本点定价法的基本原理就是根据产品销售量计划数和一定时期的成本水平、适用税率来确定产品的销售价格。采用这一方法确定的价格是最低销售价格。其计算公式为：

$$单位产品价格=\frac{单位固定成本+单位变动成本}{1-适用税率}=\frac{单位完全成本}{1-适用税率}$$

【例 6－7】衡阳梦幻电器有限公司为降低企业单一产品风险，准备进军化妆品领域，投资一条新生产线生产甲化妆品，本期计划销售量为 10 000 套，应负担的固定成本总额为 250 000 元，单位产品变动成本为 70 元，适用的消费税税率为 5%。

要求：采用保本点定价法测算甲化妆品的单位售价为多少元？

解：

$$甲化妆品的单位售价=\frac{\frac{250\ 000}{10\ 000}+70}{1-5\%}=100（元）$$

3. 目标利润法

目标利润是指企业在预定时期内应实现的利润水平。目标利润定价法是根据预期目标利润和产品销售量、产品成本、适用税率等因素来确定产品销售价格的方法。其计算公式为：

$$单位产品价格=\frac{目标利润总额+完全成本总额}{产品销量\times（1-适用税率）}=\frac{单位目标利润+单元完全成本}{1-适用税率}$$

【例 6－8】衡阳梦幻电器有限公司为降低企业单一产品风险，准备进军化妆品领域，投资一条新生产线生产甲化妆品，本期计划销售量为 10 000 套，目标利润总额为 240 000 元，完全成本总额为 520 000 元，适用的消费税税率为 5%。

要求：采用目标利润法测算甲化妆品的单位售价为多少元？

解：

$$甲化妆品的单位售价=\frac{240\ 000+520\ 000}{10\ 000\times（1-5\%）}=80（元）$$

4. 变动成本定价法

是指企业在生产能力有剩余的情况下增加生产一定数量的产品所应分担的成本。这些增加的产品可以不负担企业的固定成本，只负担变动成本。在确定价格时产品成本仅以变动成本计算。此处所指变动成本是指完全变动成本，包括变动制造成本和变动期间费用。其计算公式为：

$$单位产品价格=\frac{单位变动成本\times（1+成本利润率）}{1-适用税率}$$

【例 6－9】衡阳梦幻电器有限公司为降低企业单一产品风险，准备进军化妆品领域，投资一条新生产线生产甲化妆品，设计生产能力为 12 000 套，计划生产 10 000 套，预计单位产品的变动成本为190元，计划期的固定成本费用总额为950 000元，该产品适用的消费税税率为5%，成本利润率必须达到20%。假定本年度接到一额外订单，订购1 000套甲化妆品，单价300元。

要求：1. 计算该公司计划内产品单位售价为多少元？

2. 该公司是否应接受这一额外订单？

解：

1. 根据上述资料，公司计划内生产的产品价格为：

$$计划内甲化妆品的单位售价=\frac{\left(\frac{950\ 000}{10\ 000}+190\right)\times(1+20\%)}{1-5\%}=360（元）$$

2. 追加生产1 000套的变动成本为190元，则：

$$计划外甲化妆品单位售价=\frac{190\times(1+20\%)}{1-5\%}=240（元）$$

因为额外订单单价高于其按变动成本计算的价格，故应接受这一额外订单。

（二）以市场需求为基础的定价方法

以成本为基础的定价方法，主要关注企业的成本状况而不考虑市场需求状况，因而这种方法制定的产品价格不一定满足企业销售收入或利润最大化的要求。最优价格应是企业取得最大销售收入或利润时的价格。以市场需求为基础的定价方法可以契合这一要求，主要有需求价格弹性系数定价法和需求函数定价法等。

1. 需求价格弹性系数定价法

产品在市场上的供求变动关系，实质上体现在价格的刺激和制约作用上。需求增大导致价格上升，刺激企业生产；而需求减小，则会引起价格下降，从而制约了企业的生产规模。从另一个角度看，企业也可以根据这种关系，通过价格的升降来作用于市场需求。在其他条件不变的情况下，某种产品的需求量随其价格的升降而变动的程度，就是需求价格弹性系数。其计算公式为：

$$E=\frac{\Delta Q/Q_0}{\Delta P/P_0}$$

式中：E——某种产品的需求价格弹性系数；

ΔP——价格变动量；

ΔQ——需求变动量；

P_0——基期单位产品价格；

Q_0——基期需求量。

运用需求价格弹性系数确定产品的销售价格时，其基本计算公式为：

$$P=\frac{P_0\cdot Q_0^{\alpha}}{Q^{\alpha}}$$

式中：P_0——基期单位产品价格；

Q_0——基期销售数量；

E——需求价格弹性系数；

P——单位产品价格；

Q——预计销售数量；

α——需求价格弹性系数绝对值的倒数，即$\frac{1}{|E|}$。

【**例 6－10**】衡阳梦幻电器有限公司生产销售某产品，2019 年前三个季度中，实际销售价格和销售数量如下表所示：

项目	第一季度	第二季度	第三季度
销售价格（元）	750	800	780
销售数量（件）	3 859	3 378	3 558

要求：若公司在第四季度要完成 4 000 件的销售任务，那么销售价格应为多少？

解：

根据上述资料，产品的销售价格的计算过程为：

$$E_1=\frac{(3\,378-3\,859)\ /3\,859}{(800-750)\ /750}=-1.87$$

$$E_2=\frac{(3\,558-3\,378)\ /3\,378}{(780-800)}=-2.13$$

$$E=\frac{E_1+E_2}{2}=\frac{-1.87-2.13}{2}=-2$$

$$\alpha=\frac{1}{|E|}=\frac{1}{|-2|}=\frac{1}{2}$$

$$P=\frac{P_0\cdot Q_0^{\alpha}}{Q^{\alpha}}\ \frac{780\times 3\,558^{\frac{1}{2}}}{4\,000^{\frac{1}{2}}}=735.64\text{（元）}$$

即第四季度要完成 4 000 件的销售任务，其单位产品的销售价格为 735.64 元。

2. 边际分析定价法

边际分析定价法是指基于微分极值原理，通过分析不同价格与销售量组合下的产品边际收入、边际成本和边际利润之间的关系，进行定价决策的一种定量分析方法。

边际是指每增加或减少一个单位所带来的差异。那么，产品边际收入、边际成本和边际利润就是指销售量每增加或减少一个单位所形成的收入、成本和额利润的差额。按照微分极值原理，如果利润函数的一阶导数等于零，即边际利润等于零，边际收入等于边际成本，那么，利润将达到最大值。此时的价格就是最优销售价格。

当收入函数和成本函数均可微时，直接对利润函数求一阶导数，即可得到最优售价；当收入函数或成本函数为离散型函数时，可以通过列表法，分别计算各种价格与销售量组合下的边际利润，那么，在边际利润大于或等于零的组合中，边际利润最小时的价格就是最优售价。

四、价格运用策略

企业之间的竞争在很大程度上表现为企业产品在市场上的竞争。市场占有率的大小是衡量产品市场竞争能力的主要指标。除了提升产品质量之外，根据具体情况合理运用不同的价格策略，可以有效地提高产品的市场占有率和企业的竞争能力。其中，主要的价格运用策略有以下几种：

（一）折让定价策略

折让定价策略是指在一定条件下，以降低产品的销售价格来刺激购买者，从而达到扩大产品销售量的目的。价格的折让主要表现是折扣，一般表现为单价折扣、数量折扣、现金折扣、推广折扣和季节性折扣等形式。单价折扣，是指给予所有购买者以价格折扣，而不管其购买数量的多少。数量折扣，即按照购买者购买数量的多少所给予的价格折扣。购买数量越多，则折扣越大；反之，则越小。现金折扣，即按照购买者付款期限长短所给予的价格折扣，其目的是鼓励购买者尽早偿还货款，以加速资金周转。推广折扣，是指企业为了鼓励中间商帮助推销本企业产品而给予的价格优惠。季节折扣，即企业为鼓励购买者购买季节性商品所给予的价格优惠。这样可以鼓励购买者提早采购，减轻企业的仓储压力，加速资金周转。

（二）心理定价策略

心理定价策略是指针对购买者的心理特点而采取的一种定价策略，主要有声望定价、尾数定价、双位定价和高位定价等。声望定价，是指企业按照其产品在市场上的知名度和在消费者中的信任程度来制定产品价格的一种方法。一般地，声望越高，价格越高，这就是产品的“名牌效应”。尾数定价，即在制定产品价格时，价格的尾数取接近整数的小数（如 199.9 元）或带有一定谐音的数（158 元）等。它一般只适用于价值较小的中低档日用消费品定价。双位定价，是指在向市场以挂牌价格销售时，采用两种不同的标价来促销的一种定价方法。比如：某产品标明“原价 158 元，现促销价 99 元”。这种策略适用于市场接受程度较低或销路不太好的产品。高位定价，即根据消费者“价高质优”的心理特点实行高标价促销的方法。但高位定价必须是优质产品，不能弄虚作假。

（三）组合定价策略

组合定价策略是针对相关产品组合所采取的一种方法。它根据相关产品在市场竞争中的不同情况，使互补产品价格有高有低，或使组合售价优惠。对于具有互补关系的相关产品，可以采取降低部分产品价格而提高互补产品价格，以促进销售，提高整体利润，如便宜的整车与高价的配件等。对于具有配套关系的相关产品，可以对组合购买进行优惠，比如西服套装中的上衣和裤子等。组合定价策略可以扩大销售量、节约流通费用，有利于企业整体效益的提高。

（四）寿命周期定价策略

寿命周期定价策略是根据产品从进入市场到退出市场的生命周期，分阶段确定不同价格的定价策略。产品在市场中的寿命周期一般分为推广期、成长期、成熟期和衰退期。推广期产品需要获得消费者的认同，进一步占有市场，应采取低价促销策略；成长期的产品有了一定的知名度，销售量稳步上升，可以采用中等价格；成熟期的产品市场知名度处于最佳状态，可以采用高价促销，但由于市场需求接近饱和，竞争激烈，定价时必须考虑竞争者的情况，以保持现有市场销售量；衰退期的产品市场竞争力下降，销售量下滑，应该降价促销或维持现价并辅之以折扣等其他手段，同时，积极开发新产品，保持企业的市场竞争优势。

思政视频：中国被称为世界工厂，从中国制造到中国“智造”都经历了什么？

视频链接：https：//haokan. baidu. com/v？ vid = 13371943063834051591&pd = bjh&fr = bjhauthor&type = video

实务训练

1. 假设衡阳梦幻电器有限公司生产 A 化妆品，预计单位产品的制造成本为 150 元，计划销售 70 000 件，计划期的期间费用总额为 3 500 000 元，该产品适用的消费税税率为 5%，目标成本利润率为 25%。

要求：采用完全成本加成定价法测算单位 A 化妆品的销售价格应为多少元？

2. 假设衡阳梦幻电器有限公司生产 B 化妆品，设计生产能力为 12 000 套，计划生产 10 000 套，预计单位产品的变动成本为 190 元，计划期的固定成本费用总额为 950 000元，该产品适用的消费税税率为 5%，成本利润率必须达到 20%。假定本年度接到一额外订单，订购 1 000 件 B 化妆品，单价 300 元。

要求：计算该公司计划内 B 化妆品单位售价为多少元？该公司是否应接受这一额外订单？

3. 假设衡阳梦幻电器有限公司生产销售甲产品，2019 年前三个季度中，实际销售价格和销售数量如表所示：

项目	第一季度	第二季度	第三季度
销售价格（元）	750	800	780
销售数量（件）	3 859	3 378	3 558

要求：若企业在第四季度要完成 4 000 件的销售任务，那么销售价格应为多少元？

思维培养

2019 年的家电“双 11”如同一场战役，格力电器是“战争”的发起者。11 月 9 日晚，格力电器突然宣布“让利 30 亿元”补贴消费者。美的、海信、创维等一众厂商毫不犹豫立马跟进。在空调行业一直有个不成文的“共识”：只要格力不涨价，其他企业不敢涨。只要格力降价，其他企业没有一家敢不降。

思考：为了提高企业产品销量，和竞争对手打“价格战”的方式可取吗？

案例分析

招徕定价术

北京地铁有家每日商场，每逢节假日都要举办一元拍卖活动，所有拍卖商品均以1元起价，报价每次增加5元，直至最后定夺。但这种由每日商场举办的拍卖活动由于基价定得过低，最后的成交价就比市场价低得多，因此会给人们产生一种卖得越多，赔得越多的感觉。岂不知，该商场用的是招徕定价术，它以低廉的拍卖品活跃商场气氛增大客流量，带动了整个商场的销售额上升。

（资料来源：https：//wenku. baidu. com/view/bfca2fed6294dd88d0d26b25. html）

分析： 1. 什么样的商品适合采用招徕定价术定价？

2. 采用招徕定价术的商品是否会造成商城的亏损？

职业拓展

智能财务

智能财务是覆盖财务流程的智能化，它涵盖三个层面：第一，是基于业务与财务相融合的智能财务共享平台，这是智能财务的基础。第二，是基于商业智能的智能管理会计平台，这是智能财务的核心。第三，是基于人工智能的智能财务平台，这代表智能财务的发展。

企业智能财务共享平台是现代企业财务体系拥抱“互联网”“云计算”等技术的全新理念和有力探索。互联网和“云”的核心思想是连接，共享的核心思想是开放。架构于互联网和“云”上的智能财务共享平台通过连接和数字化改造，实现了财务与业务的实时连带发生，颠覆了传统交易方式，消灭了报销、报账流程，真正实现了业务财务的深度一体化。

商业智能（BI）是一套商业方面辅助决策的解决方案。它通过组建企业级数据仓库，得到企业数据的全局视图，在此基础上，再利用合适的查询和分析工具、数据挖掘OLAP等工具对数据进行分析和处理，形成有用的信息。总体而言，商业智能拥有强大的建模能力、多维度的构架体系、专业的数据处理技术和灵活的技术特点，与管理会计对信息平台的要求吻合。

人工智能正逐步渗透到财务领域，有两个技术已经影响到会计领域：一是专家系统，应用在记账凭证的处理、现金管理、存货管理、风险评估等领域；二是神经网络，应用在信用评估、预算管理、内部审计、破产预测等方面 。技术进步正在彻底改变财务工作。企业应该早一步采用全新的财务思想，构建起连通、集约、自动、高效的智能化财务体系，以便早一步在激烈竞争的市场中取得优势。

（资料来源：https：//baike. so. com/doc/26797526 -28110455. html）

工作任务三　利润分配管理

任务描述

通过学习，树立正确的利润分配观念，理解股利分配理论，掌握股利政策及分配方式。

项目活动一　股利政策与企业价值

工作情景

衡阳梦幻电器有限公司因经营需要，原股东李梦幻邀请了自己的两位大学同学张恒和刘军投入资金来共同经营公司，公司的注册资本变更为人民币1亿元，其中张恒投入了3 200万，占注册资本的30%；刘军投入了2 130万，占注册资本的20%。同时三人约定了利润分配比例为5：3：2。经营一年以后，公司并没有如期分配利润，刘军不再看好公司经营前景，决定退出公司，李梦幻和张恒未就现有的企业的利润分配约定新的比例。

思考： 1. 依照相关的法律规定，现该企业的利润在李梦幻和张恒之间应如何分配？

2. 影响利润分配的因素有哪些？

3. 公司在分配利润的时候如何做到不违反相关法律法规的规定？

4. 企业在经营过程中需要对股东和员工承担责任的同时，是否还需要对消费者和自然环境承担责任？

理论知识

一、股利分配理论

企业的股利分配方案既取决于企业的股利政策，又取决于决策者对股利分配的理解与认识，即股利分配理论。股利分配理论是指人们对股利分配的客观规律的科学认识与总结，其核心问题是股利政策与公司价值的关系问题。市场经济条件下，股利分配要符合财务管理目标。人们对股利分配与财务目标之间关系的认识存在不同的流派与观念，还没有一种被大多数人所接受的权威观点和结论。但主要有以下两种较流行的观点：

（一）股利无关论

股利无关论认为，在一定的假设条件限制下，股利政策不会对公司的价值或股票的价格产生任何影响，投资者不关心公司股利的分配。公司市场价值的高低，是由公司所选择的投资决策的获利能力和风险组合所决定，而与公司的利润分配政策无关。

由于公司对股东的分红只是盈利减去投资之后的差额部分，且分红只能采取派现或股票回购等方式，因此，一旦投资政策已定，那么，在完全的资本市场上，股利政策的改变就仅仅意味着收益在现金股利与资本利得之间分配上的变化。如果投资者按理性行事的话，这种改变不会影响公司的市场价值以及股东的财富。该理论是建立在完全资本市场理论之上的，假定条件包括：第一，市场具有强式效率；第二，不存在任何公司或个人所得税；第三，不存在任何筹资费用；第四，公司的投资决策与股利决策彼此独立。

（二）股利相关理论

与股利无关理论相反，股利相关理论认为，企业的股利政策会影响股票价格和公司价值。主要观点有以下几种：

（1）“手中鸟”理论。该理论认为，用留存收益再投资给投资者带来的收益具有较大的不确定性，并且投资的风险随着时间的推移会进一步加大，因此，厌恶风险的投资者会偏好确定的股利收益，而不愿将收益留存在公司内部，去承担未来的投资风险。该理论认为公司的股利政策与公司的股票价格是密切相关的，即当公司支付较高的股利时，公司的股票价格会随之上升，公司价值将得到提高。

（2）信号传递理论。该理论认为，在信息不对称的情况下，公司可以通过股利政策向市场传递有关公司未来获利能力的信息，从而会影响公司的股价。一般来讲，预期未来获利能力强的公司，往往愿意通过相对较高的股利支付水平吸引更多的投资者。对于市场上的投资者来讲，股利政策的差异或许是反映公司预期获利能力的有价值的信号。如果公司连续保持较为稳定的股利支付水平，那么投资者会对公司未来的盈利能力与现金流量抱有乐观的预期。如果公司的股利支付水平突然发生变动，那么股票市价也会对这种变动做出反应。

（3）所得税差异理论。该理论认为，由于普遍存在的税率和纳税时间的差异，资本利得收入比股利收入更有助于实现收益最大化目标，公司应当采用低股利政策。一般来说，对资本利得收入征收的税率低于对股利收入征收的税率；再者，即使两者没有税率上的差异，由于投资者对资本利得收入的纳税时间选择更具有弹性，投资者仍可以享受延迟纳税带来的收益差异。

（4）代理理论。该理论认为，股利政策有助于减缓管理者与股东之间的代理冲突，即股利政策是协调股东与管理者之间代理关系的一种约束机制。该理论认为，股利的支付能够有效地降低代理成本。首先，股利的支付减少了管理者对自由现金流量的支配权，这在一定程度上可以抑制公司管理者的过度投资或在职消费行为，从而保护外部投资者的利益；其次，较多的现金股利发放，减少了内部融资，导致公司进入资本市场寻求外部融资，从而公司将接受资本市场上更多的、更严格的监督，这样便通过资本市场的监督减少了代理成本。因此，高水平的股利政策降低了企业的代理成本，但同时增加了外部融资成本，理想的股利政策应当使两种成本之和最小。

二、股利政策

股利政策是指在法律允许的范围内，企业是否发放股利、发放多少股利以及何时发放股利的方针及对策。股利政策由企业在不违反国家有关法律、法规的前提下，根据本企业具体情况制定。股利政策既要保持相对稳定，又要符合公司财务目标和发展目标。在实际工作中，通常有以下几种股利政策可供选择：

（一）剩余股利政策

剩余股利政策是指公司在有良好的投资机会时，根据目标资本结构，测算出投资所需的权益资本额，先从盈余中留用，然后将剩余的盈余作为股利来分配，即净利润首先能满足公司的资金需求，如果还有剩余，就可以用来派发股利；如果没有，则不派发股利。剩余股利政策的理论依据是 MM 股利无关理论。根据 MM 无关理论，在完全理想状态下的资本市场中，公司的股利政策与普通股每股市价无关，故而股利政策只需随着公司投资、融资方案的制定而自然确定。因此，采用剩余股利政策时，公司要遵循如下四个步骤：

（1）设定目标资本结构，在此资本结构下，公司的加权平均资本将达到最低水平；

（2）确定公司的最佳资本预算，并根据公司的目标资本结构预计资金需求中所需增加的权益资本数额；

（3）最大限度地使用留存收益来满足资金需求中所需增加的权益资本数额；

（4）留存收益在满足公司权益资本增加需求后，若还有剩余再用来发放股利。

【例 6 - 11】 假设衡阳梦幻电器有限公司 2019 年税后净利润为 1 000 万元，2020 年的投资计划需要资金 1 200 万元，公司的目标资本结构为权益资本占 60%，债务资本占 40%。

要求： 假设该公司采用剩余股利政策进行分配利润，计算该公司 2019 年可以发放的股利为多少？

按照目标资本结构的要求，公司投资方案所需的权益资本数额为：1 200 × 60% = 720（万元）

公司当年全部可用于分派的盈利为 1 000 万元，除了满足上述投资方案所需的权益资本数额外，还有剩余可用于发放股利。2019 年，公司可以发放的股利为：1 000 - 720 = 280（万元）

假设该公司当年流通在外的普通股为 1 000 万股，那么，每股股利为：280 ÷ 1 000 = 0.28（元/股）

剩余股利政策的优点是：留存收益优先保证再投资的需要，有助于降低再投资的资金成本，保持最佳的资本结构，实现企业价值的长期最大化。

剩余股利政策的缺陷是：若完全遵照执行剩余股利政策，股利发放额就会每年随着投资机会和盈利水平的波动而波动。在盈利水平不变的前提下，股利发放额与投资机会的多寡呈反方向变动；而在投资机会维持不变的情况下，股利发放额将与公司盈利呈同方向波动。剩余股利政策不利于投资者安排收入与支出，也不利于公司树立良好的形象，一般适用于公司初创阶段。

（二）固定或稳定增长的股利政策

固定或稳定增长的股利政策是指公司将每年派发的股利额固定在某一特定水平或是在此基础上维持某一固定比率逐年稳定增长。公司只有在确信未来应予不会发生逆转时才会宣布实施固定或稳定增长的股利政策。在这一政策下，应首先确定股利分配额，而且该分配额一般不随资金需求的波动而波动。

固定或稳定增长股利政策的优点有：（1）由于股利政策本身的信息含量，稳定的股利向市场传递着公司正常发展的信息，有利于树立公司的良好形象，增强投资者对公司的信心，稳定股票的价格。（2）稳定的股利额有助于投资者安排股利收入和支出，有利于吸引那些打算进行长期投资并对股利有很高依赖性的股东。（3）稳定的股利政策可能会不符合剩余股利理论，但考虑到股票市场会受多种因素影响（包括股东的心理状态和其他要求），为了将股利维持在稳定的水平上，即使推迟某些投资方案或暂时偏离目标资本结构，也可能比降低股利或股利增长率更为有利。

固定或稳定增长股利政策的缺点有，股利的支付与企业的盈利相脱节，即不论公司盈利多少，均要支付固定的或按固定比率增长的股利，这可能会导致企业资金紧缺，财务状况恶化。此外，在企业无利可分的情况下，若依然实施固定或稳定增长的股利政策，也是违反《公司法》的行为。

因此，采用固定或稳定增长的股利政策，要求公司对未来的盈利和支付能力能做出准确的判断。一般来说，公司确定的固定股利额不宜太高，以免陷入无力支付的被动局面。固定或稳定增长的股利政策通常适用于经营比较稳定或正处于成长期的企业，且很难被长期采用。

（三）固定股利支付率政策

固定股利支付率政策是指公司将每年净利润的某一固定百分比作为股利分派给股东。这一百分比通常称为股利支付率，股利支付率一经确定，一般不得随意变更。在这一股利政策下，只要公司的税后利润一经计算确定，所派发的股利也就相应确定了。固定股利支付率越高，公司留存的净利润越少。

固定股利支付率的优点：（1）采用固定股利支付率政策，股利与公司盈余紧密地配合，体现了“多盈多分、少盈少分、无盈不分”的股利分配原则。（2）由于公司的获利能力在年度间是经常变动的，因此，每年的股利也应当随着公司收益的变动而变动。采用固定股利支付率政策，公司每年按固定的比例从税后利润中支付现金股利，从企业支付能力角度看，这是一种稳定的股利政策。

固定股利支付率的缺点：（1）大多数公司每年的收益很难保持稳定不变，导致年度间的股利额波动较大，由于股利的信号传递作用，波动的股利很容易给投资者带来经营状况不稳定、投资风险较大的不良印象，成为公司的不利因素。（2）容易使公司面临较大的财务压力。这是因为公司实现的盈利多，并不能代表公司有足够的现金流用来支付较多的股利额。(3) 合适的固定股利支付率的确定难度比较大。

由于公司每年面临的投资机会、筹资渠道都不同，而这些都可以影响到公司的股利分派，所以，一成不变地奉行固定股利支付率政策的公司在实际中并不多见，固定股利支付率政策只是比较适用于那些处于稳定发展且财务状况也较稳定的公司。

【例 6－12】 假设衡阳梦幻电器有限公司长期以来用固定股利支付率政策进行股利分配，确定的股利支付率为30%。2019 年公司的税后净利润为 1 500 万元。

要求： 1. 假设该公司执行固定股利支付率政策，则 2019 年需要发放的股利为多少元?

2. 如果公司下一年度的投资预算为 2 000 万元，目标资本结构为权益资本占 60%。该公司采用剩余股利政策，则 2019 年可以发放的股利为多少元?

解：

1. 2019 年度需要支付的股利为：

1 500 × 30% = 450（万元）

2. 公司投资方案所需的权益资本额为：

2 000 × 60% = 1 200（万元）

公司 2019 年度可以发放的股利为：1 500 － 1 200 = 300（万元）

（四）低正常股利加额外股利政策

低正常股利加额外股利政策，是指公司事先设定一个较低的正常股利额，每年除了按正常股利额向股东发放股利外，还在公司盈余较多、资金较为充裕的年份向股东发放额外股利。但是，额外股利并不固定化，不意味着公司永久地提高了股利支付率。可以用以下公式表示：

$$Y = a + bX$$

其中：Y——每股股利；

X——每股收益；

a——低正常股利；

b——股利支付比率。

低正常股利加额外股利政策的优点：(1) 赋予公司较大的灵活性，使公司在股利发放上留有余地，并具有较大的财务弹性。公司可根据每年的具体情况，选择不同的股利发放水平，以稳定和提高股价，进而实现公司价值的最大化。(2) 使那些依靠股利度日的股东每年至少可以得到虽然较低但比较稳定的股利收入，从而吸引住这部分股东。

低正常股利加额外股利政策的缺点：(1) 由于年份之间公司盈利的波动使得额外股利不断变化，造成分派的股利不同，容易给投资者收益不稳定的感觉。(2) 当公司在较长时间持续发放额外股利后，可能会被股东误认为“正常股利”，一旦取消，传递出的信号可能会使股东认为这是公司财务状况恶化的表现，进而导致股价下跌。

相对来说，对那些盈利随着经济周期波动较大的公司或者盈利与现金流量很不稳定时，低正常股利加额外股利政策也许是一种不错的选择。

三、利润分配制约因素

企业的利润分配涉及企业相关各方的切身利益，受众多不确定因素的影响，在确定分配政策时，应当考虑各种相关因素的影响，主要包括法律、公司、股东及其他因素：

（一）法律因素

为了保护债权人和股东的利益，法律规定就公司的利润分配做出如下规定：

（1）资本保全约束。规定公司不能用资本（包括实收资本或股本和资本公积）发放股利，目的在于维持企业资本的完整性，保护企业完整的产权基础，保障债权人的利益。

（2）资本积累约束。规定公司必须按照一定的比例和基数提取各种公积金，股利只能从企业的可供分配利润中支付。此处可供分配利润包含公司当期的净利润按照规定提取各种公积金后的余额和以前累积的未分配利润。另外，在进行利润分配时，一般应当贯彻“无利不分”的原则，即当企业出现年度亏损时，一般不进行利润分配。

（3）超额累积利润约束。由于资本利得与股利收入的税率不一致，如果公司为了避税而使得盈余的保留大大超过了公司目前及未来的投资需要时，将被加征额外的税款。

（4）偿债能力约束。要求公司考虑现金股利分配对偿债能力的影响，确定在分配后仍能保持较强的偿债能力，以维持公司的信誉和借贷能力，从而保证公司的正常资金周转。

（二）公司因素

公司基于短期经营和长期发展的考虑，在确定利润分配政策时需要关注以下因素：

（1）现金流量。由于会计规范的要求和核算方法的选择，公司盈余与现金流量并非完全同步，净收益的增加不一定意味着可供分配的现金流量的增加。公司在进行利润分配时，要保证正常的经营活动对现金的需求，以维持资金的正常周转，使生产经营得以有序进行。

（2）资产的流动性。企业现金股利的支付会减少其现金持有量，降低资产的流动性，而保持一定的资产流动性是企业正常运转的必备条件。

（3）盈余的稳定性。一般来讲，公司的盈余越稳定，其股利支付水平也就越高。

（4）投资机会。如果公司的投资机会多，对资金的需求量大，那么它就很可能会考虑采用低股利支付水平的分配政策；相反，如果公司的投资机会少，对资金的需求量小，那么它就很可能倾向于采用较高的股利支付水平。此外，如果公司将留存收益用于再投资所得报酬低于股东个人单独将股利收入投资于其他投资机会所得的报酬时，公司就不应多留存收益，而应多发股利，这样有利于股东价值的最大化。

（5）筹资因素。如果公司具有较强的筹资能力，随时能筹集到所需资金，那么它会具有较强的股利支付能力。另外，留存收益是企业内部筹资的一种重要方式，它同发行新股或举债相比，不需花费筹资费用，同时增加了公司权益资本的比重，降低了财务风险，便于低成本取得债务资本。

（6）其他因素。由于股利的信号传递作用，公司不宜经常改变其利润分配政策，应保持一定的连续性和稳定性。此外，利润分配政策还会受到其他公司的影响，比如不同发展阶段、不同行业的公司股利支付比例会有差异，这就要求公司在进行政策选择时要考虑发展阶段以及所处行业状况。

（三）股东因素

股东在控制权、收入和税赋方面的考虑也会对公司的利润分配政策产生影响。

（1）控制权。现有股东往往将股利政策作为维持其控制地位的工具。企业支付较高的股利导致留存收益的减少，当企业为有利可图的投资机会筹集所需资金时，发行新股的可能性增大，新股东的加入必然稀释公司的控制权。所以，股东会倾向于较低的股利支付水平，以便从内部的留存收益中取得所需资金。

（2）稳定的收入。如果股东依赖现金股利维持生活，他们往往要求企业能够支付稳定的股利，而反对过多的留存。

（3）避税。由于股利收入的税率要高于资本利得的税率，一些高股利收入的股东处于避税的考虑而往往倾向于较低的股利支付水平。

（四）其他因素

（1）债务契约。一般来说，股利支付水平越高，留存收益越少，企业的破产风险加大，就越有可能损害到债权人的利益。因此，为了保证自己的利益不受侵害，债权人通常都会在债务契约、租赁合同中加入关于借款企业股利政策的限制条款。

（2）通货膨胀。通货膨胀会带来货币购买力水平下降，导致固定资产重置资金不足，此时，企业往往不得不考虑留用一定的利润，以便弥补由于购买力下降而造成的固定资产重置资金缺口。因此，在通货膨胀时期，企业一般会采取偏紧的利润分配政策。

思政视频：用 GDP 见证中国经济发展崛起

视频链接：https：//haokan. baidu. com/v？ vid = 4654625508297310501&pd = bjh&fr = bjhauthor&type = video

实务训练

2020 年 M 公司获得 1 500 万元的净利润，其中 300 万元用于支付股利。2020 年企业正常经营，在过去 5 年中，净利润增长率一直保持在 10%。然而，预计 2021 年净利润将达到 1 800 万元，2020 年公司预期将有 1 200 万元的投资机会。预计 M 公司未来无法维持 2021 年的净利润增长水平（2021 年的高水平净利润归因于当年引进的盈余水平超常的新生产线），公司仍将恢复到 10% 的增长率。2020 年 M 公司的目标负债率为 40%，未来将维持在此水平。

要求分别计算在以下各种情况下 M 公司 2021 年的预期股利：

（1）公司采取稳定增长的股利政策，2021 年的股利水平设定旨在使股利能够按长期盈余增长率增长；

（2）公司保持 2020 年的股利支付率；

（3）公司采用剩余股利政策；

（4）公司采用低正常股利加额外股利政策，固定股利基于长期增长率，超额股利基于剩余股利政策（分别指明固定股利和超额股利）。

思维培养

我国上市公司的股利政策也带有鲜明的特色，主要有：（1）送红股的上市公司多，派现金的上市公司相对较少；（2）送红股和公积金转增股本的比例大，股本扩张迅速；（3）不分配利润的公司占有相当的比重；（4）每年股利政策变动大的上市公司多，执行较为稳定股利政策的上市公司少。

思考： 1. 此情形给我国经济、企业、股东分别带来了什么影响？

2. 你认为企业应如何建立可持续发展的股利分配政策？

案例分析

股利分配案例

某网络上市公司现有资产总额 2 000 万元，企业已连续亏损两年；权益乘数为 2，该公司目前的资本结构为最佳资本结构，权益资本均为普通股，每股面值 10 元，负债的年平均利率为 10%。该公司年初未分配利润为 258 万元，当年实现营业收入 8 000 万元，固定成本 700 万元，变动成本率 60%，所得税率 25%，该公司按 10% 和 5% 提取盈余公积金和公益金。预计下一年度投资计划需要资金 4 000 万元。

（资料来源：https：//www. docin. com/p－1500948291. html）

分析： 1. 案例中的公司采用何种股利政策为佳？

2. 如果该公司采取剩余股利政策，其当年盈余能否满足下一年度投资对权益资本的需要？若不能满足，应增发多少普通股？

项目活动二　股利支付形式与程序

工作情景

假设衡阳梦幻电器为股份制公司，2019 年末的股东权益如下：

股东权益：	
普通股（面值1元，流通在外10 000万股）	10 000
资本公积	1 640
盈余公积	850
未分配利润	7 110
股东权益合计	19 600

假定该公司在2020年3月的年度股东大会上通过了如下的利润分配方案：以2019年末的总股本为基数，向全体股东分配10%的股票股利，假如利润分配前的股票每股市价为5元。

思考： 1. 股票股利分配后公司股东权益总额为多少元？

2. 股票股利分配后公司的普通股、资本公积、未分配利润分别为多少元？

理论知识

一、股利支付形式

股利支付形式可以分为不同的种类，主要有以下四种：

（一）现金股利

现金股利是以现金支付的股利，它是股利支付最常见的方式。公司选择发放现金股利除了要有足够的留存收益外，还要有足够的现金，而现金充足与否往往会成为公司发放现金股利的主要制约因素。

（二）财产股利

财产股利是以现金以外的其他资产支付的股利，主要是以公司所拥有的其他公司的有价证券，如债券、股票等，作为股利支付给股东。

（三）负债股利

负债股利是以负债方式支付的股利，通常以公司的应付票据支付给股东，有时也以发放公司债券的方式支付股利。

财产股利和负债股利实际上是现金股利的替代，但这两种股利支付形式在我国公司实务中很少使用。

（四）股票权利

股票权利是公司以增发股票的方式所支付的股利，我国实务中通常也称其为“红股”。股票股利对公司来说，并没有现金流出企业，也不会导致公司的财产减少，而只是将公司的留存收益转化为股本。但股票权利会增加流通在外的股票数量，同时降低股票的每股价值。它不改变公司股东权益总额，但会改变股东权益的构成。

【例6－13】 假设衡阳梦幻电器为股份有限公司，该公司在2019年发放股票股利前，其资产负债表上的股东权益账户情况如下表所示：

（单位：万元）

普通股（面值1元，发行在外2 000万股）	2 000
资本公积	3 000
盈余公积	2 000
未分配利润	3 000
股东权益合计	10 000

假设该公司宣布发放10%的股票股利，现有股东每持有10股即可获赠1股普通股。若该股票当时市价为5元，那么随着股票股利的发放，需从“未分配利润”项目划转出的资金为：

2 000×10%×5 ＝1 000（万元）

由于股票面值（1元）不变，发放200万股，“普通股”项目只应增加200万元，其余的800万元（1 000－200）应作为股票溢价转至“资本公积”项目，而公司的股东权益总额并未发生改变，仍是10 000万元，股票股利发放后的资产负债表上的股东权益部分如下表所示。

（单位：万元）

普通股（面值1元，发行在外2 200万股）	2 200
资本公积	3 800
盈余公积	2 000
未分配利润	2 000
股东权益合计	10 000

假设某股东在公司派发股票股利之前持有公司的普通股10万股，那么，他所拥有的股权比例为：

10万股÷2 000万股 ＝0.5%

派发股利之后，他所拥有的股票数量和股份比例为：

10×（1＋10%）＝11（万股）

11万股÷2 200万股 ＝0.5%

可见，发放股票股利不会对公司股东权益总额产生影响，但会引起资金在各股东权益项目间的再分配。而股票股利派发前后每一位股东的持股比例也不会发生变化。需要说明的是，例题中股票股利以市价计算价格的做法，是很多西方国家所通行的，但在我国，股票股利价格则是按照股票面值来计算的。

发放股票股利虽不直接增加股东的财富，也不增加公司的价值，但对股东和公司都有特殊意义。

对股东来讲，股票股利的优点主要有：

（1）派发股票股利后，理论上每股市价会成比例下降，但实务中这并非必然结果。

因为市场和投资者普遍认为，发放股票股利往往预示着公司会有较大的发展和成长，这样的信息传递会稳定股价或使股价下降比例减少甚至不降反升，股东便可以获得股票价值相对上升的好处。

（2）由于股利收入和资本利得税率的差异，如果股东把股票股利出售，还会给他带来资本利得纳税上的好处。

对公司来讲，股票股利的优点主要有：

（1）发放股票股利不需要向股东支付现金，在再投资机会较多的情况下，公司就可以为再投资提供成本较低的资金，从而有助于公司的发展。

（2）发放股票股利可以降低公司股票的市场价格，既有利于促进股票的交易和流通，又有利于吸引更多的投资者成为公司股东，进而使股权更为分散，有效地防止公司被恶意控制。

（3）股票股利的发放可以传递公司未来发展前景良好的信息，从而增强投资者的信心，在一定程度上稳定股票价格。

思政理念：自然人股东的“税后税”该不该交？

企业年底分红是上市公司对股东的投资回报，但对自然人股东来说，一旦分红，依据现行税法就必须交纳个人所得税，尽管这是“税后税”，但国家税法不改变，个税就必须交纳，为了避免缴纳股利分红的个税，个别股东采用非法的手段避税，这些行为既违反了相关的法律法规，也与我们倡导的“诚信”价值观不相符合，当然在遵守相关的法律法规前提下，也可以合理进行税务筹划，减轻纳税负担。

二、股利支付程序

公司股利的发放必须遵守相关的要求，按照日程安排来进行。一般情况下，先由董事会提出分配预案，然后提交股东大会决议通过才能进行分配。股东大会决议通过分配预案后，要向股东宣布发放股利的方案，并确定股权登记日、除息日和股利发放日。

（1）股利宣告日，即股东大会决议通过并由董事会将股利支付情况予以公告的日期。公告中将宣布每股应支付的股利、股权登记日、除息日以及股利支付日。

（2）股权登记日，即有权领取本期股利的股东资格登记截止日期。凡是在此指定日期收盘之前取得公司股票，成为公司在册股东的投资者都可以作为股东享受公司分派的股利。在这一天之后取得股票的股东则无权领取本次分派的股利。

（3）除息日，即领取股利的权利与股票分离的日期。在除息日之前购买的股票才能领取本次股利，而在除息日当天或是以后购买的股票，则不能领取本次股利。由于失去了“付息”的权利，除息日的股票价格会下跌。

（4）股利发放日，即公司按照公布的分红方案向股权登记日在册的股东实际支付股利的日期。

【例 6－14】假设衡阳梦幻电器为股份有限公司，并在深圳证券交易所上市，于

2020 年 4 月 10 日公布 2019 年度的最后分红方案，其公告如下：“2020 年 4 月 9 日在衡阳召开的股东大会，通过了董事会关于每股分派 0.15 元的 2019 年股息分配方案。股权登记日为 4 月 25 日，除息日为 4 月 26 日，股东可在 5 月 10 日至 25 日之间通过深圳交易所按交易方式领取股息。特此公告。”

该公司的股利支付程序如图 6－1 所示。

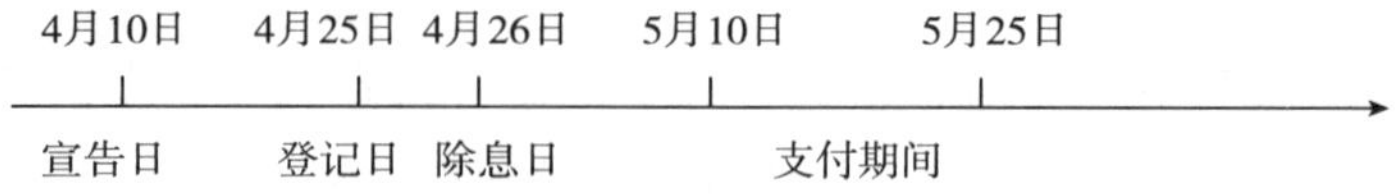

图 6－1　股利支付程序图

实务训练

假设衡阳梦幻电器为股份有限公司，该公司在 2019 年发放股票股利前，其资产负债表上的股东权益账户情况如下表所示：

（单位：万元）

普通股（面值 1 元，发行在外 5 000 万股）	5 000
资本公积	2 000
盈余公积	1 000
未分配利润	8 000
股东权益合计	16 000

假设该公司宣布发放 10% 的股票股利，现有股东每持有 10 股，即可获赠 1 股普通股。若该股票当时市价为 5 元。

要求： 1. 计算该公司股东权益总额为多少元？

2. 计算该公司未分配利润金额为多少元？
3. 计算该公司股本金额为多少元？
4. 计算该公司资本公积金额为多少元？

思维培养

格力电器股份有限公司，2019 年年度权益分派方案已获 2020 年 6 月 1 日召开的 2019 年年度股东大会审议通过，方案内容为：以公司总股本 6 015 730 878 股为基数，向全体股东每 10 股派发现金红利人民币 12 元（含税），不送红股，不以公积金转增股本，共计派发现金 7，218，877，053.60 元，剩余未分配利润结转至以后年度分配。

思考： 上市公司股利的支付方式不同是否会引起股价的不同变化？为什么？

项目活动三　股票分割与股票回购

工作情景

衡阳梦幻电器有限公司为了拓宽对外投资渠道，准备去股票市场购买一家公司的股票作为交易性金融资产持有，经过筛选后发现有甲上市公司和乙上市公司的股票符合条件准备持有，后通过查阅相关文件发现，甲上市公司公告在未来的十二个月内将公司股票进行分割，乙上市公司公告在未来六个月内要回购本公司流通在外 1/10 的股票。

思考： 1. 在股票成交价格相同的情况下，衡阳梦幻电器有限公司应选择购买甲公司股票还是乙公司股票？为什么？

2. 股票分割和股票回购对公司的股价会带来什么影响？

3. 为了操纵本公司股价，部分上市公司会恶意回购本公司股票，这种行为是否违反法律法规？如何防范这种行为？

理论知识

一、股票分割

股票分割又称拆股，即将一股股票拆分成多股股票的行为。股票分割一般只会增加发行在外的股票总数，但不会对公司的资本结构产生任何影响。股票分割与股票股利非常相似，都是在不增加股东权益的情况下增加了股份的数量，所不同的是，股票股利虽不会引起股东权益总额的改变，但股东权益的内部结构会发生变化，而股票分割之后，股东权益总额及其内部结构都不会发生任何变化，变化的只是股票面值。

股票分割的作用如下：

（1）降低股票价格。股票分割会使每股市价降低，买卖该股票所需资金量减少，从而可以促进股票的流通和交易。流通性的提高和股东数量的增加，会在一定程度上加大对公司股票恶意收购的难度。此外，降低股票价格还可以为公司发行新股做准备，因为股价太高会使许多潜在投资者力不从心而不敢轻易对公司股票进行投资。

（2）向市场和投资者传递“公司发展前景良好”的信号，有助于提高投资者对公司股票的信心。

与股票分割相反，如果公司认为其股票价格过低，不利于其在市场上的声誉和未来的再筹资时，为提高股票的价格，会采取反分割措施。反分割又称股票合并或逆向分割，是指将多股股票合并为一股股票的行为。反分割显然会降低股票的流通性，提高公司股票投资的门槛，它向市场传递的信息通常都是不利的。

【例 6-15】假设衡阳梦幻电器为股份有限公司，并在深圳证券交易所上市，该公司 2019 年年末资产负债表上的股东权益账户情况如下表所示：

（单位：万元）

普通股（面值 10 元，发行在外 1 000 万股）	10 000
资本公积	10 000
盈余公积	5 000
未分配利润	8 000
股东权益合计	33 000

要求：1. 假设股票市价为 20 元，该公司宣布发放 10% 的股票股利，即现有股东每持有 10 股即可获赠 1 股普通股。发放股票股利后，股东权益有何变化？每股净资产是多少？

2. 假设该公司按照 1∶2 的比例进行股票分割。股票分割后，股东权益有何变化？每股净资产是多少？

解：

根据上述资料，分析计算如下：

1. 发放股票股利后股东权益情况如下表所示：

（单位：万元）

普通股（面值 10 元，发行在外 1 100 万股）	11 000
资本公积	11 000
盈余公积	5 000
未分配利润	6 000
股东权益合计	33 000

每股净资产为：33 000 ÷ （1 000 + 100） = 30 （元/股）

2. 股票分割后股东权益情况如下所示：

（单位：万元）

普通股（面值 5 元，发行在外 2 000 万股）	10 000
资本公积	10 000
盈余公积	5 000
未分配利润	8 000
股东权益合计	33 000

每股净资产为：33 000 ÷ （1 000 × 2） = 16.5 （元/股）

二、股票回购

（一）股票回购的含义及方式

股票回购是指上市公司出资将其发行在外的普通股以一定价格购买回来予以注销

或作为库存股的一种资本运作方式。公司不得随意收购本公司的股份。只有满足相关法律规定的情形才允许股票回购。

股票回购的方式主要包括公开市场回购、要约回购和协议回购三种。其中，公开市场回购，是指公司在公开交易市场上以当前市价回购股票；要约回购是指公司在特定期间向股东发出的以高于当前市价的某一价格回购既定数量股票的要约；协议回购则是指公司以协议价格直接向一个或几个主要股东回购股票。

（二）股票回购的动机

在证券市场上，股票回购的动机多种多样，主要有以下几点：

（1）现金股利的替代。现金股利政策会对公司产生未来的派现压力，而股票回购不会。当公司有富余资金时，通过回购股东所持股票将现金分配给股东，这样，股东就可以根据自己的需要选择继续持有股票或出售获得现金。

（2）改变公司的资本结构。无论是现金回购还是举债回购股份，都会提高公司的财务杠杆水平，改变公司的资本结构。公司认为权益资本在资本结构中所占比例较大时，为了调整资本结构而进行股票回购，可以在一定程度上降低整体资金成本。

（3）传递公司信息。由于信息不对称和预期差异，证券市场上的公司股票价格可能被低估，而过低的股价将会对公司产生负面影响。一般情况下，投资者会认为股票回购意味着公司认为其股票价值被低估而采取的应对措施。

（4）基于控制权的考虑。控股股东为了保证其控制权，往往采取直接或间接的回购股票，从而巩固既有的控制权。另外，股票回购使流通在外的股份数变少，股价上升，从而可以有效地防止敌意收购。

（三）股票回购的影响

股票回购对上市公司的影响主要表现在以下几个方面：

（1）股票回购需要大量资金支付回购成本，容易造成资金紧张，降低资产流动性，影响公司的后续发展。

（2）股票回购无异于股东退股和公司资本的减少，也可能会使公司的发起人股东更注重创业利润的实现，从而不仅在一定程度上削弱了对债权人利益的保护，而且忽视了公司的长远发展，损害了公司的根本利益。

（3）股票回购容易导致公司操纵股价。公司回购自己的股票容易导致其利用内幕消息进行炒作，加剧公司行为的非规范化，损害投资者的利益。

思政视频：贵州原副省长王晓光受贿贪污内幕交易案一审宣判获刑20年

视频链接：https：//video. sina. cn/news/2019 – 04 – 23/detail – ihvhiewr7828356. d. html？ oid =4076838714480784&vt =4

实务训练

1. 从网上查找2019年进行股票回购的上市公司，通过其股价的变化，分析这些企业回购的原因及对市场的影响。

2. 平保公司年终进行利润分配前的股东权益情况如下表所示（单位：万元）。

股本（面值3元已发行100万股）	300
资本公积	300
未分配利润	600
股东权益合计	1 200

回答下列互不关联的两个问题：

（1）如果公司宣布发放10%的股票股利，若当时该股票市价为5元，股票股利的金额按照当时的市价计算，并按发放股票股利后的股数发放现金股利每股0.1元。则计算发放股利后的股东权益各项目的数额；

（2）如果按照1股换3股的比例进行股票分割，计算进行股票分割后股东权益各项目的数额。

思维培养

格林美股份有限公司关于部分限制性股票回购注销完成的公告

特别提示：

1. 格林美股份有限公司（以下简称“公司”）本次回购注销的限制性股票数量共计90.48万股，占注销前公司总股本的0.02%，回购注销完成后公司股份总数由4 784 427 057股变更为4 783 522 257股，注册资本由4 784 427 057元变更为4 783 522 257元。

2. 本次回购注销的限制性股票为公司2016年限制性股票激励计划授予的限制性股票90.48万股，授予日为2017年2月6日，回购价格为2.6909元/股，涉及人数27人。

3. 2020年11月2日，公司已在中国证券登记结算有限责任公司深圳分公司办理完成了上述限制性股票的回购注销手续。公司将依法办理相关的工商变更登记手续。

思考：针对这一公告，相比大小股东的增持行为，上市公司公布的回购计划引来诸多议论，这是什么原因？该公司股票回购注销会给该企业带来什么影响？

（资料来源：https：//finance. sina. com. cn/roll/2020 - 11 - 04/doc - iiznctkc9358988. shtml）

案例分析

苏宁易购股份回购案

2019年8月21日苏宁易购（002024）公司公告了《关于回购部分社会公众股份

的报告书》（2019－081 号公告），内容如下：

1. 公司使用自有资金以集中竞价交易方式回购公司股份，回购总金额不低于人民币 10 亿元（含）且不超过人民币 20 亿元（含），回购价格不超过 15 元/股（含），若全额回购且按回购总金额上限和回购股份价格上限测算，预计可回购股份数量约 13 333.33万股，回购股份比例约占公司总股本的 1.43%，具体回购股份的数量以回购期满时实际回购的股份数量为准。本次回购股份实施期限为自公司第六届董事会第四十六次会议审议通过本次回购股份方案之日起 12 个月内。

2. 本次回购股份用于员工持股计划或者股权激励。

3. 风险提示：（1）本次回购股份存在回购期限内股票价格持续超出回购价格上限，而导致本次回购计划无法顺利实施的风险；（2）回购股份用于员工持股计划或者股权激励，可能因员工持股计划或者股权激励未能经公司董事会和股东大会等决策机构审议通过、激励对象放弃认购等原因，导致已回购股票无法全部授出的风险，存在回购股份有效期满未能将回购股份过户至股权激励或员工持股计划的风险。（3）公司将在回购期限内根据市场情况择机做出回购决策并予以实施。

4. 回购股份的方式、价格区间。

（1）公司通过深圳证券交易所交易系统以集中竞价交易方式进行回购公司部分已发行的社会公众股份。

（2）为保护投资者利益，结合近期公司股价，本次回购股份价格不超过人民币 15 元/股（含），未超过公司董事会通过回购股份决议前三十个交易日公司股票交易均价 150%。具体回购价格由董事会授权公司管理层在回购实施期间结合公司股票价格、财务状况和经营状况确定。

（3）若公司在回购期内发生资本公积转增股本、派发股票或现金红利、股票拆细、缩股、配股或发行股本权证等事宜，自股价除权除息之日起，相应调整回购价格上限。

5. 回购股份的种类、用途、数量、占公司总股本的比例及用于回购的资金总额。

（1）回购股份的种类：公司发行的人民币普通股（A 股）。

（2）回购股份的用途：本次回购股份用于员工持股计划或者股权激励。

（3）用于回购的资金总额：公司用于回购的资金总额不低于人民币 10 亿元（含）且不超过人民币 20 亿元（含），具体回购资金总额以回购期满时实际回购股份使用的资金总额为准。

6. 回购股份的数量和占公司总股本的比例：在回购总金额不低于人民币 10 亿元（含）且不超过人民币 20 亿元（含），回购股份价格不超过人民币 15 元/股（含）的条件下，若全额回购且按回购总金额上限和回购股份价格上限测算，预计可回购股份数量约 13 333.33 万股，回购股份比例约占公司总股本的 1.43%，具体回购股份的数量以回购期满时实际回购的股份数量为准。

7. 管理层关于本次回购股份对公司经营、盈利能力、财务、研发、债务履行能力、未来发展影响和维持上市地位等情况的分析。

截至 2019 年 3 月 31 日公司总资产 2 094.96 亿元、归属于上市公司股东的净资产

809.41 亿元、流动资产 1 296.93 亿元，假设以本次回购资金总额的上限 20 亿元计算，本次回购资金占公司总资产、归属于上市公司股东的净资产和流动资产的比重分别为 0.95%、2.47%、1.54%，公司将拥有足够的资金支付本次股份回购款。公司现金流良好，本次回购不会对公司的经营、盈利能力、财务、研发、债务履行能力和未来发展产生重大影响。

如前所述，若按照回购数量约 13 333.33 万股测算，回购后不会导致公司控制权发生变化，也不会改变公司的上市公司地位，股权分布情况仍然符合上市条件。公司全体董事承诺，本次回购股份不会损害上市公司的债务履行能力和持续经营能力。

8. 上市公司董事、监事、高级管理人员、控股股东、实际控制人在董事会做出回购股份决议前六个月内买卖本公司股份的情况，是否存在单独或者与他人联合进行内幕交易及操纵市场行为的说明，以及在回购期间的增减持计划；持股 5% 以上股东未来六个月的减持计划（如适用）。

经公司自查，公司董事、监事、高级管理人员、控股股东、实际控制人在第六届董事会第四十六次会议审议（2019 年 8 月 15 日）前六个月内不存在买卖本公司股票的行为，也不存在单独或者与他人联合进行内幕交易及市场操纵的行为，以及在回购期间未有增减持计划。持股 5% 以上股东未来六个月不存在减持计划。

（资料来源：http：//quotes. money. 163. com/f10/ggmx_002024_4982548. html）

分析： 1. 苏宁易购为什么要实施股份回购计划？

2. 实施股票回购会给企业带来哪些风险？

职业拓展

1 + X 证书制度

2019 年 2 月，国务院印发《国家职业教育改革实施方案》，明确提出从 2019 年开始，在职业院校、应用型本科高校启动“学历证书 + 若干职业技能等级证书”制度试点（以下称 1 + X 证书制度试点）工作。“1”为学历证书，“X”为若干职业技能等级证书。学历证书全面反映学校教育的人才培养质量。职业技能等级证书是毕业生、社会成员职业技能水平的凭证，反映职业活动和个人职业生涯发展所需要的综合能力。“1”是基础，“X”是“1”的补充、强化和拓展，书证相互衔接融通正是“1 + X 证书制度”的精髓所在。

目前与财会专业相关的 X 证书主要有中联集团的《1 + X 智能财税职业技能等级证书》、新道的《业财一体信息化应用职业技能等级证书》和《财务数字化应用职业技能等级证书》以及由正保远程教育和网中网共同开发的《财务共享服务职业技能等级证书》。

（部分资料来源：http：//game. 99cj. com/jf/news/getNewsById？newsId = 5e6354ffe4b03c76299f0c9f00000000）

课后训练

一、单项选择题

1. 上市公司按照剩余股利政策发放股利的好处是（　　）。

A. 有利于公司合理安排资金结构

B. 有利于投资者安排收入与支出

C. 有利于公司稳定股票的市场价格

D. 有利于公司树立良好的形象

2. 我国上市公司不得用于支付股利的权益资金是（　　）。

A. 资本公积　　B. 任意盈余公积

C. 法定盈余公积　　D. 上年未分配利润

3. 在下列股利分配政策中，能保持股利与利润之间一定的比例关系的政策是（　　）。

A. 剩余股利政策　　B. 固定股利政策

C. 固定股利支付率政策　　D. 低正常股利加额外股利政策

4. 某企业 2019 年实际销售量为 2 600 吨，原预测销售量为 2 485 吨，平滑指数 a = 0.7。用指数平滑法预测公司 2020 年的销售量为（　　）吨。

A. 2 565.5　　B. 2 519.5　　C. 2 532.5　　D. 2 110.5

5. 因果预测分析法是指通过影响产品销售量（因变量）的相关因素（自变量）以及它们之间的函数关系，并利用这种函数关系进行产品销售预测的方法，因果预测分析法最常用的是（　　）。

A. 加权平均法　　B. 移动平均法　　C. 指数平滑法　　D. 回归分析法

6. 下列定价方法中有利于保证企业简单再生产的正常进行的定价方法是（　　）。

A. 变动成本为基础的定价方法　　B. 固定成本为基础的定价方法

C. 制造成本为基础的定价方法　　D. 完全成本为基础的定价方法

7. 某企业生产甲产品，本期计划销售量为 5 000 件，目标利润总额为 100 000 元，完全成本总额为 256 250 元，适用的消费税税率为 5%。根据上述资料，运用目标利润法预测单位甲产品的销售价格为（　　）元。

A. 71.25　　B. 75　　C. 80.25　　D. 81.5

8. 企业在销售某种产品时标明“原价 500 元，现促销价 380 元”，这属于（　　）。

A. 折让定价　　B. 双位定价　　C. 尾数定价　　D. 声望定价

9. 某公司采用剩余股利政策，目前的资金结构是 40% 的负债资金，60% 的股权资金，明年的计划投资是 1 000 万元，今年的税后净利润为 800 万元，则本年可以发放的现金股利为（　　）万元。

A. 1 000　　B. 600　　C. 200　　D. 400

10. 下列股利分配政策中，能使企业保持最佳的资本结构，并实现企业价值长期最大化的是（　　）。

A. 剩余股利政策　　B. 固定或稳定增长的股利政策

C. 低正常股利加额外股利政策　　D. 固定股利支付率政策

二、多项选择题

1. 上市公司发放股票股利可能导致的结果有（　　）。

A. 公司股东权益内部结构发生变化

B. 公司股东权益总额发生变化

C. 公司每股利润下降

D. 公司股份总额发生变化

2. 影响企业边际贡献大小的因素有（　　）。

A. 固定成本　　B. 销售单价

C. 单位变动成本　　D. 产销量

3. 以协商价格作为企业内部各组织单位之间相互提供产品的转移价格，需要具备的条件有（　　）。

A. 有非竞争性的市场可以交易

B. 买卖双方有权自行决定是否买卖

C. 完整的组织单位之间的成本转移流程

D. 高一级管理层对转移价格的适当干预

4. 从公司的角度看，制约股利分配的因素有（　　）。

A. 控制权　　B. 筹资因素

C. 盈余的稳定性　　D. 资产的流动性

5. 下列（　　）的情况下，公司会限制股利的发放。

A. 盈利不够稳定　　B. 筹资能力强

C. 投资机会不多　　D. 收益可观但资产流动性差

6. 主要依靠股利维持生活或对股利有较高依赖性的股东赞成的公司股利政策有（　　）。

A. 剩余股利政策　　B. 固定或稳定增长股利政策

C. 低正常股利加额外股利政策　　D. 固定股利支付率政策

7. 预测对象的历史资料不完备或无法进行定量分析时可以采用的预测方法包括（　　）。

A. 推销员判断法　　B. 德尔菲法

C. 产品寿命周期法　　D. 指数平滑法

8. 下列（　　）属于影响产品价格的因素。

A. 成本因素　　B. 市场供求因素

C. 竞争因素　　D. 利率因素

9. 下列符合股利分配代理理论的观点的是（　　）。
A. 股利政策相当于是协调股东与管理者之间代理关系的一种约束机制
B. 股利政策向市场传递有关公司未来盈利能力的信息
C. 用留存收益再投资带给投资者的收益具有很大的不确定性
D. 使代理成本和外部融资成本之和最小的政策是最优股利政策
10. 发放股票股利的优点主要有（　　）
A. 可将现金留存公司用于追加投资
B. 可以使股权更为分散，有效地防止公司被恶意控制
C. 帮助股东避税
D. 股票价值相对上升

三、判断题

1. 在除息日之前，股利权从属于股票；从除息日开始，新购入股票的人不能分享本次已宣告发放的股利。（　　）

2. 采用剩余股利分配政策的优点是有利于保持理想的资金结构，降低企业的总和资金成本。（　　）

3. 利用平滑指数法预测销售量时，在销售量波动较大或进行短期预测时，可选择较大的平滑指数。（　　）

4. 利用过去 N 期数据预测未来销量时，移动平均法预测未来销量比算数平均法预测未来销量的代表性好。（　　）

5. 派发股票股利有可能会导致公司资产的流出或负债的增加。（　　）

6. 采用保本点定价法，成本须按其性态，即随产量变动而变动的关系，分为固定成本和变动成本。（　　）

7. 成长期的公司产品有了一定的知名度，销售量稳步上升，可以采用高价促销。（　　）

8. 股东为防止控制权稀释，往往希望公司提高股利支付率。（　　）

9. 在连续通货膨胀的条件下，公司应采取偏紧的股利政策。（　　）

10. 股票回购容易造成资金紧缺，资产流动性变差，影响公司发展后劲。（　　）

四、计算题

1. 衡阳梦幻公司 2018 年的净利润为 1 200 万元，分配的现金股利为 420 万元。2019 年的净利润为 900 万元。预计 2020 年该公司的投资计划需要资金 500 万元。该公司的目标资本结构为股权资本占 60%，债权资本占 40 %。

要求：
（1）如果采用剩余股利政策，计算该公司 2019 年应分配的现金股利额；
（2）如果采用固定股利政策，计算该公司 2019 年应分配的现金股利额；
（3）如果采用固定股利支付率政策，计算该公司 2019 年应分配的现金股利额。

2. 衡阳梦幻公司的一款智能小家电单位可变成本为20元，总固定成本为40 000元，预测总销量为6 000，成本加成率为20%，请计算产品价格为多少元？

3. 衡阳梦幻公司某种产品单位变动成本为6元/件，在销量1 000件以内，总固定成本为20 000元，试求：

（1）销量为1 000件时的保本价格；

（2）销量为500件时，且要实现5 000元的目标利润，则单价为多少？

4. 衡阳梦幻公司A产品全年销售量为400件，全年固定成本为40 000元，变动成本为120 000元，现在由于市场竞争激烈，公司决定采用边际贡献定价法，全年计划实现边际贡献20 000元，试求A产品单价及此价格下的总收入和利润。

五、综合计算分析题

衡阳梦幻电器公司是一家专注智能家电生产的企业，公司通过分析多年的销售数据发现智能家电的销售量与公司的广告费支出和产品的定价有重要的关系，故拟采用因果预测分析法，根据2020年的智能扫地机器人的预计广告费支出来预测2020年智能扫地机器人的销售量，采用需求价格弹性系数法，根据2019年第四季度的销售量来预测第四季度的销售价格，相关的业务资源如下：

智能机器人历年销量表

年度	2014	2015	2016	2017	2018	2019
销售量（台）	3 400	3 600	3 800	4 200	4 400	4 800

智能机器人历年广告费支出表

年度	2014	2015	2016	2017	2018	2019
销售量（台）	3 400	3 600	3 800	4 200	4 400	4 800
广告费（万元）	80	90	125	140	140	160

智能机器人2019年销售价格与销售量情况表

项目	第一季度	第二季度	第三季度
销售价格（元）	800	780	750
销售数量（台）	860	950	1 200

任务一：根据业务资源完成回归分析计算表。以完整小数位数引用计算，销售量四舍五入保留整数填制答案，其余结果四舍五入保留2位小数填制答案。

回归分析计算表

序号	年度	广告费支出 x（万元）	销售量 y（台）	xy	X^2
1	2014				
2	2015				
3	2016				
4	2017				
5	2018				
6	2019				
n = 6	合计				

任务二：根据已完成任务，完成 2020 年销售量的预测。以完整小数位数引用计算，销售量四舍五入至百位保留整数填制答案，如 1 230 保留至百位为 1 200，其余计算结果四舍五入保留整数填制答案。

回归分析计算表

项目	计算结果
a	
b	

销售量预测表

预计广告费（万元）	预计 2020 年销售量
180	

任务三：根据业务资源完成 2019 年第四季度销售价格预测表。计算过程以完整小数位数引用计算，销售量四舍五入保留整数填制答案，其余结果四舍五入保留 2 位小数填制答案。

销售价格预测表

项目	第一季度	第二季度	第三季度	第四季度
销售价格（元）				
销售数量（台）				

项目七 财务报表分析

【知识目标】

要求理解财务分析的含义及目的，掌握财务分析的方法、掌握偿债能力分析、运营能力分析、盈利能力分析及发展能力分析的内容，理解财务综合指标分析的含义及内容，了解业绩评价的意义、内容及评价指标的构成和评价方法。

【能力目标】

能运用基本的财务分析方法对企业的偿债能力、营运能力、盈利能力及发展能力进行分析；具备对企业的业绩评价的基本能力。

【思政目标】

培养学生要增强“四个意识”，牢固树立“四个自信”，充分认识到“四个意识”与“四个自信”对自身的重要性。

工作任务一　财务分析概述

任务描述

通过学习，学生能够理解并掌握财务分析的概念及意义和不同报表使用者财务分析的目的。

项目活动一　财务分析的概念

工作情景

衡阳梦幻电器有限公司财务人员根据企业的经营情况编制出2019年度的财务报告并递交了董事会，但董事会还要求财务部门必须要根据公司的实际情况对其财务状况和经营成果进行分析，并递交财务分析报告。

思考： 1. 董事会为什么要求财务部门对公司的财务报告进行分析？

2. 财务报告编制时，要求会计人员要具有准确、认真的职业精神，处理票据业务要细心准确，审核原始单据要独立公正，编制记账凭证要规范，账簿登记要完整，从而提供真实准确、客观公正的会计报表。会计人员在日常工作中应该如何养成细心、责任、有担当等良好的职业素养和职业道德？

理论知识

一、财务分析的意义

（一）概念

财务分析是以会计核算和报表资料及其他相关资料为主要依据，采用一系列专门的分析技术和方法，对企业的投资活动、筹资活动、经营活动的偿债能力、盈利能力和营运能力进行分析和评价，为企业投资者、债权人、经营者及其他关心企业的组织和个人了解企业过去、评价企业现状、预测企业未来，做出正确决策提供准确的信息或依据。

（二）意义

（1）财务分析是评价财务状况、衡量经营业绩的重要依据。

（2）财务分析是挖掘潜力、改进工作、实施财务管理目标的重要手段。

（3）财务分析是合理实施投资决策的重要步骤。

二、财务分析的目的

财务分析的目的受财务分析主体和财务分析服务对象的制约，不同的财务分析主体进行财务分析的目的是不同的，不同的财务分析服务对象所关心的问题也是不同的。财务分析信息的需求者主要包括企业所有者、企业债权人、企业经营决策者和政府等。

（一）从企业投资者角度看财务分析的目的。企业投资者包括企业的所有者和潜在的投资者，他们主要关心其资本保值和增值状况，对企业投资的回报率极为关注，重视企业获利能力指标。

（二）从企业债权人角度看财务分析的目的。他们没有参与企业剩余收益的分配，分析目的一是看其对企业的借款或其他债权是否能及时、足额收回，即研究企业偿债能力的大小；二是看债权者的收益状况与风险程度是否相适应，为此，还应将偿债能力与盈利能力分析相结合。

（三）从企业经营决策者角度看财务分析的目的。企业经营管理者财务分析的目的是综合和多方面的。从对企业所有者负责的角度，他们首先关心盈利能力，这是他们的总体目标。其次，他们还必须对企业经营者理财的各个方面予以详尽地了解和掌握。主要包括运营能力、偿债能力、盈利能力及发展能力等信息。

（四）从政府角度看财务分析的目的。政府兼有多重身份，既是宏观经济管理者，又是国有企业的所有者和重要的市场参与者，因此政府对企业财务分析的关注点因所具身份不同而异。政府除关注投资所产生的经济效益外，还必须对投资的社会效益予以考虑。

总的来说，财务分析的基本内容包括偿债能力分析、运营能力分析、盈利能力分析和发展能力分析，四者是相辅相成的关系。

三、财务分析的局限性

通过财务分析，有利于优化企业经营管理，提高决策水平，促进企业价值最大化目标的实现，但同时必须清醒地认识到，财务分析方法与评价的结果不是绝对的，有可能会与实际情况相去甚远，即财务分析有一定的局限性。

（一）资料来源的局限性

财务报表是财务分析的主要依据，财务报表数据的局限性决定了财务分析与评价的局限性。

（1）缺乏可比性。财务分析实际上就是数据资料的比较过程，而比较的双方必须具有可比性才有意义。然而数据是否可比受众多条件的制约，如：计算方法、计价标准、时间跨度和经营规模等。一旦这些条件发生变动而企业在分析时又未予以考虑，必然会对分析的结果造成不利影响。

（2）缺乏可靠性。可靠的数据才能提供可靠的信息。但报表数据是否真实可靠，不仅受制于企业的主观因素及人为因素，还受通货膨胀的影响。同时也与会计方法的有效性密切相关。如果通货膨胀严重、会计方法不当或者过多的掺杂了各种人为因素和主观因素，就必然使财务报表数据缺乏可靠性，从而影响财务分析的结果。

（3）存在滞后性。进行财务分析，不单是为了评价企业以往的财务状况，更在于对企业未来的经营理财活动进行指导和规划。而财务报表的各项数据及其有关的资料大多属于企业的历史资料，有一定的滞后性。如果单纯依据这些资料，而不考虑企业的发展变化情况，其分析结果的及时性会大打折扣，严重时还有可能对企业的决策行为产生误导作用。

（二）分析方法的局限性

具有可比性是进行财务分析的前提。一般情况下，各种分析方法运用的有效性都以各种条件不变或具有可比性为前提。一旦这些前提条件发生变化或者已经不再具备，财务分析的结果就会与实际相背离，而这种变化通常是客观存在的。

（三）分析指标的局限性

出于保护自身商业秘密和市场利益的目的，企业向社会披露的指标通常仅限于财务通则以及会计制度和准则等有关规定要求披露的信息。同时，企业基于市场形象的考虑，或为了得到政府及其金融机构的良好评价，可能还存在对这些公开信息加以粉饰的情况。因此，投资者依据这些指标有时难以对企业真实的经营理财状况做出正确的评价。此外，在指标名称、计算公式、计算口径等方面也存在较大的不规范性：如何将资金时间价值观念纳入财务分析当中，如何消除通货膨胀的影响等都缺乏统一规定及标准，所有这些也同样降低了财务指标的有效性。

针对上述种种缺陷，在进行财务分析时可采取如下弥补措施：

（1）尽可能去异求同，增强指标的可比性。例如，将不同会计方法的影响差异剔除；将某些特殊的个别事件和因素剔除；选择同行业同等规模的企业进行横向比较等。

（2）应考虑物价变动的影响，并将资金时间价值观念有机纳入分析过程。

（3）注意各种财务分析方法的综合运用。如定量分析与定性分析相结合、趋势分析与比率分析相结合、横向分析与纵向分析相结合、总量分析与个量分析相结合、静态分析与动态分析相结合，以便取长补短，发挥财务分析的总体功能效应。

（4）不能仅凭某一项或某几项指标便草率做出结论，而必须将各项指标综合权衡，并结合社会经济环境的变化及企业不同时期具体经营理财目标的不同进行系统分析。

（5）不要机械地遵循所谓的标准，而应当善于运用“例外管理”原则，对各种异常现象进行追踪调查和深入剖析。

四、财务分析步骤

（一）明确分析目的

（二）拟订分析提纲

（三）搜集分析资料

（四）进行具体分析
（五）做出分析结论
（六）编写分析报告

思政理念：四个意识之政治意识

新冠肺炎疫情发生以来，在以习近平同志为核心的党中央坚强领导和统一指挥下，打响了疫情防控的人民战争、总体战、阻击战，充分彰显了中国特色社会主义的制度优势。疫情发生后，党中央把确保人民生命安全和身体健康作为第一位的任务。疫情就是命令，防控就是责任，党组织一声号令，党员干部齐上阵。一份份摁着鲜红手印的请战书，一张张被口罩勒出血印的面孔，一个个坚毅的身影，一批批紧急集结的支援队伍……无不诉说着共产党员为民而战的初心和使命。冲在最危险、最前沿的一线"站岗放哨"的基层党员干部，一个口罩、一个测温仪、一瓶消毒液、一张桌子就是他们的武器。这些抗疫过程中的生动事例，会让学生们更加深刻地理解中国共产党的领导是中国特色社会主义最本质的特征。

打开"全民抗疫"这本思政书，学生们在"一方有难、八方支援"中，在历史与现实、理论与实际的高度融合中，感知爱国主义、集体主义、社会主义，在"坚持全国一盘棋"中，认识中国特色社会主义集中力量办大事的优势，进而能够树立正确的历史观、民族观、国家观和文化观。

（资料来源：http：//theory. gmw. cn/2020 - 03/25/content_33683127. htm）

实务训练

从网上下载格力电器2019年的年报，了解其年报的内容和格式。

思维培养

巴菲特说："只有你愿意花时间学习如何分析财务报表，你才能够独立地选择投资目标"。巴菲特进行财务报表分析的目的不是分析所有公司，而是寻找极少数超级明星："我们始终在寻找那些业务清晰易懂、业绩持续优异、能力非凡，并且为股东着想的管理层来经营的大公司。这种目标公司并不能充分保证我们投资盈利：我们不仅要在合理的价格上买入，而且我们买入的公司的未来业绩还要与我们的预测相符。但是这种投资方法——寻找超级明星——给我们提供了走向真正成功的唯一机会"。对企业未来发展前景进行财务预测是财务报表分析的最终目标。巴菲特说得非常明确："我关注的是公司未来20年甚至30年的盈利能力。"

1. 财务管理人员在撰写财务分析报告之前，需要对企业生产经营的各环节进行走访、调查和分析。你认为财务管理人员需要对企业哪些方面的情况进行了解？

2. 财务管理人员在对企业进行财务分析的过程中，具体应该分为哪些步骤？

（http：//practice. dongao. com/csgh/20180629904574. shtml）

项目活动二　财务分析的方法

工作情景

面对衡阳梦幻电器有限公司2019年度的财务报告数据，李梦幻正准备编制该公司的财务分析报告。

思考： 李梦幻应采用什么财务分析方法，才能从繁杂的会计数据中找到企业生产经营的状况和规律？

理论知识

开展企业财务分析，需要运用一定的技术和方法。财务分析的方法主要有趋势分析法、比率分析法和因素分析法等。

一、趋势分析法

（一）概念

趋势分析法，是通过对比两期或连续数期财务报告中的相同指标，确定其增减变动的方向、数额和幅度，来说明企业财务状况或经营成果的变动趋势的一种方法。采用这种方法，可以分析引起变化的主要原因、变动性质，并预测企业未来发展前景。

（二）分析步骤

（1）计算趋势比率或指数。

（2）根据指数计算结果，评价与判断企业各项指标的变动趋势及其合理性。

（3）预测未来的发展趋势。

（三）方式

1. 会计报表的比较

这是将连续数期的会计报表的金额并列起来，比较其相同指标的增减变动金额和幅度，据以判断企业财务状况和经营成果发展变化的一种方法。会计报表的比较，具体包括资产负债表比较、利润表比较及现金流量表比较等。比较时，既要计算出表中有关项目增减变动的绝对额，还要计算出其增减变动的百分比。其计算公式为：

$$差异额 = 报告期数额 - 基期数额$$

$$差异率 = \frac{差异额}{基期数额}$$

【例7-1】 衡阳梦幻电器有限公司2017年和2018年资产负债表部分项目资料如下表所示：

（单位：元）

项目	2017.12.31	2018.12.31
货币资金	11 861 977	17 196 070
应收票据	12 889 151	7 427 488
应收款项	14 593 347	23 105 189
存货	30 448 937	35 626 897
其他流动资产	13 827 580	23 529 597
债权投资	3 289 954	5 187 732
长期股权投资	2 888 274	2 211 732
固定资产	20 729 881	25 056 791
无形资产	3 392 402	6 868 538
资产总计	128 841 935	170 600 711

要求： 计算该公司2017～2018年资产项目的差异额和差异率分别为多少？

解：

衡阳梦幻电器有限公司2017～2018年资产项目的差异额和差异率计算如下表所示：

项目	2017.12.31		2018.12.31		差异额	差异率
	金额	占总资产比例	金额	占总资产比例		
货币资金	11 861 977	9.21%	17 196 070	10.08%	5 334 093	44.97%
应收票据	12 889 151	10.00%	7 427 488	4.35%	-5 461 663	-42.37%
应收账款	14 593 347	11.33%	23 105 189	13.54%	8 511 842	58.33%
存货	30 448 937	23.63%	35 626 897	20.88%	5 177 960	17.01%
其他流动资产	13 827 580	10.73%	23 529 597	13.79%	9 702 017	70.16%
债权投资	3 289 954	2.55%	5 187 732	3.04%	1 897 778	57.68%
长期股权投资	2 888 274	2.24%	2 211 732	1.30%	-676 542	-23.42%
固定资产	20 729 881	16.09%	25 056 791	14.69%	4 326 910	20.87%
无形资产	3 392 402	2.63%	6 868 538	4.03%	3 476 136	102.47%
资产总计	128 841 935	100.00%	170 600 711	100.00%	41 758 776	32.41%

2. 重要财务指标比较

这是将不同时期财务报告中的相同指标或比率进行比较，直接观察其增减变动情况及变动幅度，考察其发展趋势，预测其发展前景。对不同时期财务指标的比较，可以有以下两种方法：

（1）定基动态比率

定基动态比率是以某一时期的数额为固定的基期数额而计算出来的动态比率。其计算公式为：

$$定基动态比率 = \frac{分析期数额}{固定基期数额} \times 100\%$$

（2）环比动态比率

环比动态比率是以每一分析期的前期数额为基期数额而计算出来的动态比率。其计算公式为：

$$环比动态比率 = \frac{分析期数额}{前期数额} \times 100\%$$

【例 7-2】 衡阳梦幻电器有限公司 2015～2018 年利润表部分项目资料如下表所示：

（单位：元）

项目	2015 年	2016 年	2017 年	2018 年
营业收入	121 265 180	142 310 967	139 347 124	159 841 701
营业成本	93 023 104	106 075 881	103 226 579	116 057 883
营业利润	9 323 650	13 450 504	14 916 873	17 435 975

要求：以 2015 年作为基期，计算该公司 2016～2018 年上述利润表项目的定基动态比率和环比动态比率分别为多少？

解：

衡阳梦幻电器有限公司 2016～2018 年利润项目定基动态比率和环比动态比率的计算结果如下表所示：

项目	动态比率	2016 年	2017 年	2018 年
营业收入	环比	117.36%	97.92%	114.71%
	定基	117.36%	114.91%	131.81%
营业成本	环比	114.03%	97.31%	112.43%
	定基	114.03%	110.97%	124.76%
营业利润	环比	144.26%	110.90%	116.89%
	定基	144.26%	159.99%	187.01%

3. 会计报表项目构成的比较

这是在会计报表比较的基础上发展而来的。它是以会计报表中的某个总体指标作为 100%，再计算出其各组成项目占该总体指标的百分比，从而来比较各个项目百分比的增减变动，以此来判断有关财务活动的变化趋势。这种方法比前述两种方法更能准确地分析企业财务活动的发展趋势，既可用于同一企业不同时期财务状况的纵向比较，又可用于不同企业之间的横向比较，同时能消除不同时期之间业务规模差异的影响，有利于分析企业的耗费水平和盈利水平。

（四）注意事项

（1）用于进行对比的各个时期的指标，在计算口径上必须一致。

（2）剔除偶发性项目的影响，使作为分析的数据能反映正常的经营状况。

（3）应运用例外原则，对某项有显著变动的指标做重点分析，研究其产生的原因，以便采取对策，趋利避害。

二、比率分析法

比率分析法是通过计算各种比率指标来确定经济活动变动程度的分析方法。比率是相对数，采取这种方法，能够把某些条件下的不可比指标变为可以比较的指标，以利于进行分析。比率一般有不同的类型，主要有三类：一是构成比率，二是效率比率，三是相关比率。

（一）构成比率

构成比率又称结构比率，它是某项财务指标的各组成部分数值占总体数值的百分比，反映部分与总体的关系。其计算公式为：

$$构成比率=\frac{某小组成部分数额}{总体数额}$$

比如，企业资产中流动资产、固定资产和无形资产占资产总额的百分比（资产构成比例）；企业负债中流动负债和长期负债占负债总额的百分比（负债构成比例）；库存商品中直接材料成本、直接人工成本和制造费用占库存商品总成本的百分比（成本构成比例）。利用构成比率指标，可以考察总体中某个部分的形成和安排是否合理，以便协调各项财务活动。

（二）效率比率

效率比率是某项经济活动中所费与所得的比例，反映投入与产出的关系。利用效率比率指标，可以进行得失比较，考察经营成果，评价经济效益。例如，将利润项目与销售成本、销售收入、资本金等项目加以对比，可计算出成本利润率、销售利润率以及资本金利润率等利润率指标，可以从不同角度观察比较企业盈利能力的高低及其增减变化情况。

（三）相关比率

相关比率是以某个项目和与其有关但又不同的项目加以对比所得的比率，反映有关经济活动的相互关系。利用相关比率指标，可以考察企业有联系的相关业务安排得是否合理，以保障运营活动顺畅进行。比如：将流动资产与流动负债加以对比，计算出流动比率，据以判断企业的短期偿债能力。

比率分析法的优点是计算简便，计算结果也比较容易判断，而且可以使某些指标在不同规模的企业之间进行比较，甚至能在一定程度上超越行业间的差别进行比较。但采用这一方法时应该注意以下几点：

（1）对比项目的相关性。计算比率的子项和母项必须具有相关性，把不相关的项目进行对比是没有意义的。在构成比率指标中，部分指标必须是总体指标这个大系统中的一个小系统；在效率比率指标中，投入与产出必须有因果关系；在相关比率指标中，两个对比指标也要有内在联系，才能评价有关经济活动之间是否协调均衡，安排是否合理。

（2）对比口径的一致性。计算比率的分子项与分母项必须在计算时间、范围等方面保持口径一致。

（3）衡量标准的科学性。运用比率分析，需要选用一定的标准与之对比，以便对企业的财务状况做出评价。通常而言，科学合理的对比标准有：（1）预定目标，如预算指标、设计指标、定额指标、理论指标等；（2）历史标准，如上期实际、上年同期实际、历史先进水平以及有典型意义的实际水平等；（3）行业标准，如主管部门或行业协会颁布的技术标准、国内外同类企业先进水平、国内外同类企业的平均水平等；（4）公认标准。

三、因素分析法

因素分析法是依据分析指标与其影响因素的关系，从数量上确定各因素对分析指标影响方向和影响程度的一种方法。采用这种方法的出发点在于，当有若干因素影响分析指标时，假定其他因素不变，确定某个因素单独变化所产生的影响。因素分析法具体有两种：一是连环替代法，二是差额分析法。

（一）连环替代法

连环替代法是将分析指标分解为各个可以计算的因素，并根据各个因素之间的依存关系，顺次用各个因素的比较值（实际值）替代基准值（计划值），据以测定各因素对分析指标的影响。

采用连环替代法进行具体综合经济指标分析时，其步骤如下：

（1）根据综合经济指标的性质，确定影响其发生变动的个别因素，并用数学关系式表示。在数学表达式中，各因素排序原则是先数量指标，再质量指标。

（2）分别将基期（如计划、标准、预算、上年同期）和报告期（本期实际）的因素值代入数学表达式。

（3）根据基期和报告期同样因素顺序的算式，依次以报告期替代基期数值。每完成一次替换，得到一个与前一个算式相差一个因素值的新算式。凡被替换过的因素，便将报告期数字保留下来，直到替换完毕。

（4）将每次所得替换算式与相邻的前一个算式相比较，比较所得的差异，即为两算式中的差别因素变动对综合经济指标变化的影响程度。

（5）将各因素对综合经济指标影响程度的数值加总求和。检查其代数和是否等于综合经济指标报告期数值与基期数值之差。如果相等，一般证明因素分析法的计算是正确的。

（6）根据各因素对综合经济指标差异影响的方向和程度分析确定主要的影响因素，并有针对性地提出改进意见。

【例7－3】 衡阳梦幻电器有限公司2019年8月某材料费用的实际数是5 040元，计划数是4 000元，实际比计划多1 040元。影响费用总额三个因素的数值如下表所示：

项目	单位	计划数	实际数
产品产量	件	100	120
单位产品材料消耗量	千克	8	7
材料单价	元	5	6
材料费用总额	元	4 000	5 040

要求： 采用连环替代法计算该公司各个因素的变动对材料费用总额的影响。

解：

根据表中资料，运用连环替代法，可以计算各因素变动对材料费用总额的影响程度，具体如下：

计划指标：$100\times8\times5=4\ 000$（元）　(1)

第一次替换：$120\times8\times5=4\ 800$（元）　(2)

第二次替换：$120\times7\times5=4\ 200$（元）　(3)

第三次替换：$120\times7\times6=5\ 040$（元）（实际数）　(4)

各因素变动的影响程度分析：

(2)－(1)＝$4\ 800-4\ 000=800$（元）　产量增加的影响

(3)－(2)＝$4\ 200-4\ 800=-600$（元）　材料节约的影响

(4)－(3)＝$5\ 040-4\ 200=840$（元）　单价提高的影响

$800-600+840=1\ 040$（元）　全部因素的影响

（二）差额分析法

差额分析法是连环替代法的一种简化形式，它是利用各个因素的比较值与基准值之间的差额来计算各因素对分析指标的影响。它通过计算各个因素报告期与基期的差额，与同度量因素比较，直接得出各因素变动对综合指标差异的影响。

【例7－4】 承【例7－3】，要求：采用差额分析法计算该公司各个因素的变动对材料费用总额的影响。

解：

(1) 由于产品产量提高对材料费用的影响：

$(120-100)\times8\times5=800$（元）

(2) 由于单位产品材料耗用量降低对材料费用的影响：

$120\times(7-8)\times5=-600$（元）

(3) 由于材料单价提高对材料费用的影响：

$120\times7\times(6-5)=840$（元）

各因素共同对材料费用的影响：

800 - 600 + 840 = 1 040（元）

思政理念： 四个意识之大局意识

大局意识要求自觉从大局看问题，把工作放到大局中去思考、定位、布置，做到正确认识大局、自觉服从大局、坚决维护大局。增强大局意识，就是要正确处理中央与地方、局部与全局、当前与长远的关系，自觉从党和国家大局出发想问题、办事情、抓落实，坚决贯彻落实中央决策部署，确保中央政令畅通。

为了响应国家"一带一路"号召，红豆集团2018年进一步加大了在柬埔寨西哈努克港经济特区的投入力度，以实际行动彰显大局意识。"三大攻坚战"是党中央部署的工作重点，是影响全局的重点。红豆集团开展了产业扶疆项目——在霍尔果斯建立了红豆服装生产基地；慈善扶贫项目——建立了2000万元的"无锡耀庭慈善基金"等一系列精准脱贫项目。强化大局意识，提高履职能力。民营企业也要审时度势，为国分忧，强化改革开放的大局意识，强化履职社会的大局意识。

（资料来源：http：//xh. xhby. net/mp3/pc/c/201809/17/c533466. html）

实务训练

假设衡阳梦幻电器有限公司2019年12月某材料费用的实际数是3 402元，计划数是3300元，实际比计划多102元。影响费用总额三个因素的数值如下表所示：

项目	单位	计划数	实际数
产品产量	件	110	135
单位产品材料消耗量	千克	7.5	8.4
材料单价	元	4	3
材料费用总额	元	3 300	3 402

要求： 1. 采用连环替代法计算该公司各个因素的变动对材料费用总额的影响。

2. 采用差额分析法计算该公司各个因素的变动对材料费用总额的影响。

3. 从网上查找格力公司2016～2018年的销售额和净利润数据，利用Excel表格进行定比和环比数据处理，画出趋势图，分析变化情况。

思维培养

2020年4月30日，美的集团发布了2019年年度报告。报告显示：2019年实现营业总收入2 794亿元，净利润253亿元，归母净利润242亿元，每股收益3.60元。与此同时，经营活动现金流增速快，现金分红比例持续提升。

思考： 1. 你认为应该如何评价美的集团的财务状况？

2. 通过网上搜索资料，对比同行业的格力电器、海尔智家 2019 年年报数据，试简单评价这三家企业的财务业绩。

案例分析

康美药业财务造假恶意欺骗投资者

今年 4 月 30 日，康美药业在一份标题为《关于前期会计差错更正的公告》中阐述了 2017 年年报中出现的 14 项会计错误。公告称，由于财务数据出现会计差错，造成康美药业 2017 年营业收入多计入 88.98 亿元，营业成本多计入 76 亿元，销售费用少计入 5 亿元，财务费用少计入 2 亿元，销售商品多计入 102 亿元，货币资金多计入 299 亿元，筹资活动有关的现金项目多计入 3 亿元。

随着证监会的立案调查，康美药业"不翼而飞"的 300 亿元逐渐浮出水面。证监会表示，经查，2016 年至 2018 年期间，康美药业涉嫌通过伪造、变造增值税发票等方式虚增营业收入，通过伪造、变造大额定期存单等方式虚增货币资金，将不满足会计确认和计量条件工程项目纳入报表，虚增固定资产等。同时，康美药业涉嫌未在相关年度报告中披露控股股东及关联方非经营性占用资金情况。上述行为致使康美药业披露的相关年度报告存在虚假记载和重大遗漏。

这意味着，这 300 亿元纯属康美药业在业绩上动手脚，虚增数额。调查显示，2016 年至 2018 年，该公司分别虚增货币资金 225.48 亿元、299.44 亿元和 361.88 亿元，累计金额高达 886 亿元以上，占同期净资产比率分别达到 76.74%、93.18% 和 108.24%。

根据康美药业披露，2016～2018 年，康美药业分别虚增营业收入 89.99 亿元、100.32 亿元和 16.13 亿元，虚增营业利润 6.56 亿元、12.51 亿元、1.65 亿元。

对此，康美药业在公告中"轻描淡写"地表示，"公司就上述问题带来的影响，向广大投资者致以最诚恳的歉意。公司将提高规范运作及信息披露水平，严格规范信息披露的相关管理制度，针对查实的相关问题进行认真切实整改，努力提升公司治理水平"。

康美药业的股价自 2018 年 12 月 28 日的 9.21 元，跌至目前的 3 元左右，投资者损失惨重。新浪股民维权平台的数据显示，截至 2019 年 8 月 19 日上午 10 时，康美药业的股民维权数量已经达到 4 582 起，位列第一，远远超过第二名 ST 康得新的 2 604 起。由于索赔区间长，维权股民数量多，股民损失大，康美药业被索赔或成为 A 股历史上索赔人数、索赔金额最大的事件。

有业内人士表示，市场中的各类主体，不管是上市公司还是中介机构，都必须谨记和坚持"四个敬畏"，敬畏市场，敬畏法治，敬畏专业，敬畏投资者。任何与市场规律和法律法规对抗、不敬畏风险、伤害投资者的行为，最终必然会受到市场和法律的惩罚。

（资料来源：http：//finance.jrj.com.cn/2019/08/20052027999181.shtml）

分析：1. 市场经济是信用经济，现代社会是诚信社会，信用及诚信是和谐社会的坚定基石。正所谓“人无信不立，国无信不强”，信用的重要性越来越被公众所熟知和重视。针对上述“康美造假”案例，企业应如何加强诚信建设？

2. 职业道德对会计人员有哪些启示？

职业拓展

财务共享中心建立以及对财务人员的影响

财务共享中心对财务人员的能力提出新要求，需具备财务业务判断能力、财务业务分析能力、前端业务了解能力以及问题解决能力。

一、为什么要建立财务共享中心

财务共享中心就是通过集中化、标准化和端到端的核算流程管理，低成本、高效率地为集团提供信息决策支持。集团公司的职责，负责制定和维护集团财务政策，建立集团管理会计体系，牵头内部业务风险管理的框架建设、集中的资金管理与资本运作。而区域中心财务部需要执行集团财务政策，实施集团管理会计体系、经营层面财务数据分析，为高层就公司战略、业务发展等重要决策提供支持信息。

二、财务共享服务中心的建立流程

在财务共享服务中心模式下，财务流程需要建立强大的网络系统以及企业信息系统，作为 IT 平台，并搭建财务共享服务中心体系，完成财务共享服务系统与其他系统的对接。首先要对财务共享服务中心建立做一个全方位的规划，包括项目立项/启动，（调研阶段）收集流程文件和方案，设计调研表，编制调研工作计划，确定调研实施人员，实施人员进场，完成财务组织和流程调研报告，完成 FSSC 总体设计，完成 FSSC 岗位职责，完成 FSSC 流程设计，拟定 FSSC 服务水平和标准，人员配备和培训，（试点阶段）实施 ERP，数据迁移，验证流程以及质量控制等，项目计划大约 6 个月的时间。

财务共享中心是一个主要致力于代表若干业务单位进行交易处理的实体。通过合并处理业务，财务共享中心得以利用其规模优势，以较低的成本提供更好的服务。基础财务工作交付给财务共享中心后，当地财务团队从繁琐的财务交易处理中解脱出来，更加关注财务数据对业务的支持作用。财务共享中心利用服务水平协议定义业务单位所接受服务的水平，着重追求流程效率最大化和持续优化。

三、管理架构的重塑与财务影响

将区域中心财务部的交易处理型操作工作集中到财务共享中心，区域中心财务部则聚焦于各项增值性决策支持类管理工作，这样可以让管理型与操作型事务相分离；财务内控整体协调，交易处理型的财务共享中心，以及决策支持型的区域中心财务部，共同担负起建立、健全公司整体财务内控体系的责任；为管理能力的提升提供空间，深化区域中心财务部的财务精细化管理工作和业务支持能力，强调财务分析、业务支持、合规审核等岗位的设置，加强集团政策管理、决策支持、规划监督型的职能与岗位设置；兼顾工作效率，财务共享中心与区域中心财务部职责划分，要考虑工作的可分割性以及财务部门与业务部门紧密的交互性。

财务共享中心设置在区域中心下，优势就是便于集团会计政策和执行标准的贯彻落实，财务共享中心不受区域中心财务部自身利益考量的约束；便于各区域财务共享中心之间统一作业标准，形成横向的可对比性，减少操作层面的个性化和差异化；由于财务共享中心的人员要和各层级的业务部门、财务部沟通，较独立的位置有利于平等对话，当财务共享中心的操作人员在某些问题上恪守职业原则时，有较强的话语权。但也存在一些缺点：财务部和财务共享中心在组织设置上分界清晰，但实际业务操作上有一定的交叉点，可能造成双方在业务上相互支持力度不够；项目初期，全面管理及协调工作量较大。

四、财务共享中心模式下财务人员的转型

1. 转型为财务管理人员：原有财务人员转型为注重价值创造的管理者，作为高层财务与风险管理者，他们需要围绕公司价值来评价战略并做出战略选择，站在企业全局的角度，规划企业的财务资源，为实现企业的战略目标提出建设性意见。

2. 转型为财会技术人员：原有财务人员转型为财务共享中心运营业务人员、关键技术人员以及运营管理者。

3. 转型为管理会计人员：利用财务知识推动业务决策的科学化，同时把业务数据转化成财务信息，从而让决策机构得到业务单位的重要信息。

同时财务共享中心对财务人员的能力提出新要求，需具备财务业务判断能力、财务业务分析能力、前端业务了解能力以及问题解决能力。财务业务判断能力，即理解业务信息如何对账务处理产生影响；财务业务分析能力，即定量分析和诠释财务数据的能力并提供见解；前端业务了解能力，即了解各业务循环的背景、复杂性、主要问题；问题解决能力，即解决复杂问题和开发创新、实用解决方案的能力。财务共享中心重点关注和培训具有较强业务技能、财务知识和沟通能力的关键员工。

（资料来源：http：//news. esnai. com/2017/1222/167582. shtml）

工作任务二　财务指标分析

任务描述

通过学习，学生掌握总结和评价企业财务状况与经营成果的分析指标，包括偿债能力指标、运营能力指标、获利能力指标和发展能力指标。

项目活动一　偿债能力分析

工作情景

新年伊始，新型冠状病毒引发的肺炎疫情在全国乃至全球蔓延，成为经济运行中突发的不可抗力事件。企业的经营管理在受疫情影响的同时，更面临着资金链断裂与融资难、融资贵的困境。疫情期间，很多企业面临着负债到期无法兑付的问题。衡阳梦幻电器有限公司也面临着支付货款、偿还利息、支付工人工资等各种负债问题。

思考： 1. 试分析，在疫情影响下衡阳梦幻电器有限公司面临哪些融资困境？

2. 结合国家当前出台的各项经济政策，有针对性地给衡阳梦幻电器有限公司提出相应的融资策略。

理论知识

偿债能力指企业偿还到期债务（包括本息）的能力。偿债能力分析包括：短期偿债能力分析、长期偿债能力分析。

一、短期偿债能力分析

短期偿债能力比率分析是指根据对企业流动资产和流动负债的关系及有关项目的变动情况的分析，来判断流动资产及时足额偿还流动负债的保证程度。衡量短期偿债能力的比率有流动比率、速动比率和现金流动负债比三个指标。

（一）流动比率

流动比率是指企业流动资产与流动负债之比。它反映了企业货币资金和可转化为货币资金的其他流动资产可偿还短期债务的程度。其计算公式为：

$$流动比率 = \frac{流动资产}{流动负债} \times 100\%$$

流动比率反映了企业流动资产与流动负债的倍数关系，其数值越大，短期负债越有保障，偿债能力越强。一般而言，企业流动比率应保持一个合理的数值。这是因为：(1) 企业流动资产在清偿流动负债以后应有余力应付其日常生产经营活动；(2) 流动资产中存货的变现能力有碍于市场状态的限制，各项应收账款的变现也存在一定的难度；(3) 企业要实现资金的最佳效果，其流动资产和长期资产中的固定资产要有一个合理的搭配，而且变现能力强的资产其盈利水平最低。因此，企业应结合其所处的行业特点和自身的经营状况，流动比率的数值必须大于1，且保持在2左右为宜。

注意问题：

(1) 虽然流动比率越高，企业偿还短期债务的流动资产保证程度越强，但这并不等于说企业已有足够的现金或存款用来偿债。流动比率过高也可能是存货积压、应收账款增多而且收账期过长，以及其他流动资产增加所致，而真正可用来偿债的现金和存款却严重不足，所以，企业应在分析流动比率的基础上，进一步对现金流量加以考察。

(2) 从短期债权人的角度看，自然希望流动比率越高越好。但从企业经营角度看，过高的流动比率通常意味着企业闲置现金的持有量过多，必然造成企业机会成本的增加和盈利能力的降低。因此，企业应尽可能将流动比率维持在不使货币资金闲置的水平。

(3) 流动比率是否合理，不同行业、不同企业以及同一企业不同时期的评价标准是不同的。因此，不应用统一的标准来评价各企业流动比率合理与否。

(4) 在分析流动比率时应当剔除一些虚假因素的影响。

(二) 速动比率

速动资产是企业速动资产与流动负债的比值。所谓速动资产是指流动资产减去变现能力较差且不稳定的存货、预付账款、一年内到期的非流动资产、其他流动资产等之后的余额。由于剔除了存货等变现能力较弱且不稳定的资产，因此，速动比率较之流动比率能够更加准确、可靠地评价企业资产的流动性及其偿还短期负债的能力。其计算公式为：

$$速动比率 = \frac{速动资产}{流动负债} \times 100\%$$

其中：速动资产 = 货币资金 + 交易性金融资产 + 应收款项 + 应收票据等

= 流动资产 − 存货 − 预付账款 − 一年内到期的非流动资产 − 其他流动资产等

如果报表中有应收利息、应收股利和其他应收款项目，可视情况将其归入速动资产。

分析：(1) 一般情况下，速动比率越高，表明企业偿还流动负债的能力越强。

(2) 国际上通常认为速动比率为100% (1：1) 时较为恰当。

(3) 如果速动比率大于100%，尽管债务偿还的安全性较高，却会因企业现金及应收账款资金占用过多而大大增加企业的机会成本。

注意问题：尽管速动比率较之流动比率更能反映出流动负债偿还的安全性和稳定

性，但并不能认为速动比率较低的企业的流动负债到期绝对不能偿还。

（三）现金流动负债比率

现金流动负债比率是企业一定时期的经营现金净流量同流动负债的比率，它可以从现金流量的角度来反映企业当期偿付短期负债的能力。其计算公式为：

$$现金流动负债比率 = \frac{年经营现金净流量}{年末流动负债} \times 100\%$$

其中：年经营现金净流量指一定时期内，企业经营活动所产生的现金及现金等价物流入量与流出量的差额。分母中的流动负债一般采用的是期末数，而非平均数，因为实际需要偿还的是期末金额，而非平均金额。

分析：（1）该指标越大，表明企业经营活动产生的现金净流量越多，越能保障企业按期偿还到期债务，但也不是越大越好，该指标过大则表明企业流动资金利用不充分，盈利能力不强。

（2）国际上通常认为现金流动负债比率为20%时较为恰当。

【例7－5】衡阳梦幻电器有限公司2016年－2018年相关财务数据如下表所示：

（单位：元）

项目	2016.12.31	2017.12.31	2018.12.31
流动资产	86 427 075	93 367 706	120 621 320
预付账款	1 414 470	988 625	1 587 366
存货	25 020 030	30 448 937	35 626 897
其他流动资产	16 593 892	13 827 580	23 529 597
速动资产	43 398 682	48 102 564	59 877 460
经营活动现金净流量	24 788 512	26 764 254	26 695 009
流动负债	73 142 849	72 003 849	89 184 000

要求：计算该公司流动比率、速动比率和现金流动负债比率分别是多少？

解：

衡阳梦幻电器有限公司2016～2018年短期偿债能力指标计算结果如下表所示：

短期偿债能力指标	2016.12.31	2017.12.31	2018.12.31
流动比率	118.16%	129.67%	135.25%
速动比率	59.33%	66.81%	67.14%
现金流量比率	22.95%	26.06%	18.72%

二、长期偿债能力分析

长期偿债能力是企业偿还长期负债的能力。企业长期偿债能力的衡量指标主要有资产负债率、产权比率、权益乘数和已获利息倍数等指标。

（一）资产负债率

资产负债率又称为负债比率，指企业负债总额对资产总额的比率。它表明企业资产总额中债权人提供资金所占的比重，以及企业资产对债权人权益的保障程度。其计算公式为：

$$资产负债率 = \frac{负债总额}{资产总额} \times 100\%$$

（1）一般情况下，资产负债率越小，表明企业长期偿债能力越强。但并不是该指标对谁都是越小越说明利用较少的自有资本投资形成了较多的生产经营用资产，不仅扩大了生产经营规模，而且在经营状况良好的情况下，还可以利用财务杠杆的原理，得到较多的投资利润，如果该指标过小则表明企业对财务杠杆利用不够。但资产负债率过大则表明企业的债务负担重。企业资金实力不强，不仅对债权人不利，而且企业有濒临倒闭的危险。此外，企业的长期偿债能力与获利能力密切相关，因此企业的经营决策者应当将偿债能力指标与获利能力指标结合起来分析，予以平衡考虑。

（2）保守者认为该指标不应高于50%，国际上认为资产负债率为60%合适。

（二）产权比率

产权比率是指负债总额与所有者权益总额的比率，是企业财务结构稳健与否的重要标志，也称为资本负债率。它反映企业所有者权益对债权人的保障程度。其计算公式为：

$$产权比率 = \frac{负债总额}{所有者权益总额} \times 100\%$$

分析：一般情况下，产权比率越低，表明企业的长期偿债能力越强，债权人权益的保障程度越高，承担的风险越小，但企业不能充分地发挥负债的财务杠杆效应。所以，企业在评价产权比率适度与否时，应从提高获利能力与增强偿债能力两个方面综合进行，即在保障债务偿还安全的前提下，应尽可能提高产权比率。

产权比率与资产负债率对评价偿债能力的作用基本相同，两者的主要区别是：资产负债率侧重于分析债务偿付安全性的物质保障程度，产权比率则侧重于揭示财务结构的稳健程度以及自有资金对偿债风险的承受能力。

（三）权益乘数

权益乘数是指资产总额与股东权益总额的比值。它反映企业资产总额与股东权益的倍数关系。其计算公式为：

$$权益乘数 = \frac{资产总额}{股东权益总额} = \frac{1}{1 - 资产负债率} = 1 + 产权比率$$

反映了企业财务杠杆的大小，权益乘数越大，说明股东投入的资本在资产中所占的比重越小，财务杠杆越大。一般情况下，权益乘数显然应该大于1，因此不用百分数表示。权益乘数和资产负债率及产权比率的变动方向一致，即资产负债率越高，产权比率越高，权益乘数就越大，反之亦然。

（四）已获利息倍数

已获利息倍数是指企业一定时期息税前利润与利息支出的比率，它反映了获利能力对债务偿付的保证程度。其中：息税前利润总额是指利润总额与利息支出的合计数，利息支出指实际支出的借款利息、债券利息等。其计算公式为：

$$已获利息倍数 = \frac{息税前利润}{利息费用} \times 100\%$$

$$息税前利润 = 利润总额 + 利息费用$$
$$= 净利润 + 所得税 + 利息费用$$

其中：分子中息税前利润中的“利息费用”仅包括利润表财务费用中的“利息费用”。分母的“利息费用”是指本期的全部应付利息，不仅包括计入利润表中财务费用的利息费用，还应包括计入资产负债表固定资产等成本的资本化利息。

分析：已获利息倍数不仅反映了企业获利能力的大小，而且反映了获利能力对偿还到期债务的保证程度。它既是企业举债经营的前提依据，也是衡量企业长期偿债能力大小的重要标志。一般情况下，已获利息倍数越高，表明企业长期偿债能力越强。

国际上通常认为已获利息倍数为 3 时较为适合。从长期来看，若要维持正常的偿债能力，利息保障倍数至少要大于 1，如果利息保障倍数过小，企业将面临亏损以及偿债的安全性与稳定性下降的风险。究竟企业已获利息倍数应是多少才算偿付能力强，这要根据往年经验结合行业特点来判断。

【例 7 –6】衡阳梦幻电器有限公司 2016 ~2018 年相关财务数据如下表所示：

（单位：元）

项目	2016. 12. 31	2017. 12. 31	2018. 12. 31
息税前利润：	14 174 437	16 283 292	19 285 543
利润总额	13 990 685	16 051 354	18 914 603
利息费用	183 752	231 938	370 940
资产	120 292 088	128 841 935	170 600 711
负债	74 560 632	72 810 313	101 624 015
所有者权益	45 731 455	56 031 622	68 976 696

要求：计算该公司资产负债率、产权比率、权益乘数和已获利息倍数分别是多少。

解：

衡阳梦幻电器有限公司 2016 ~2018 年长期偿债能力指标计算如下表所示：

指标	2016. 12. 31	2017. 12. 31	2018. 12. 31
资产负债率	61. 98%	56. 51%	59. 57%
产权比率	163. 04%	129. 95%	147. 33%
权益乘数	263. 04%	229. 95%	247. 33%
已获利息倍数	77. 14	70. 21	51. 99

思政理念：四个意识之看齐意识

看齐意识要求向党中央看齐，向党的理论和路线方针政策看齐，向党中央决策部署看齐，做到党中央提倡的坚决响应，党中央决定的坚决执行，党中央禁止的坚决不做。

在改革开放的历史进程中，党和政府制定我国经济发展的大政方针政策，推动着市场经济健康发展。党领导中国人民取得了经济社会发展的巨大成就，创造了世界瞩目的中国模式和中国经验。对于企业而言要有看齐意识，坚决执行和响应党和政府的政策和号召。“既要金山银山，又要绿水青山”，绿色发展和可持续发展已成为我国走新型工业化道路、调整优化经济结构、转变经济发展方式的重要动力，成为推动中国走向富强的有力支撑。如今经济效益不再是企业发展的唯一指标，在绿水青山就是金山银山理念的指导下，各企业应当主动承担起生态环境保护的责任，从源头做好污染防治工作，让企业在绿色发展的理念中走得更远。共处一片蓝天下，良好的生态环境与我们息息相关，我们有责任、有义务保护好这个家园，这不仅是一种环境治理的智慧，更体现着一种生态文明建设的责任意识，我们要充分发挥人民群众的监督作用，在日常生活中贡献自己的一分力量。

（资料来源：https：//www.sohu.com/a/339038596_292016）

实务训练

1. 假设衡阳梦幻电器有限公司2019年的资产负债表和利润表部分项目如下表所示：

衡阳梦幻电器有限公司资产负债表（简表）

2019年12月31日　　　　单位：万元

资产	期末余额	年初余额	负债及所有者权益	期末余额	年初余额
流动资产：			流动负债：		
货币资金	800	700	短期借款	2 200	2 100
交易性金融资产	600	1 000	应付账款	1 000	1 100
应收账款	1 400	1 200	预收账款	800	400
预付账款	80	40	其他应付款	200	200
存货	5 000	4 000	流动负债合计	4 200	3 800
其他流动资产	90	60	非流动负债		
流动资产合计	7 970	7 000	长期借款	2 500	1 600
非流动资产			非流动负债合计	2 500	1 600
持有至到期投资	400	400	负债合计	6 700	5 400
固定资产	15 000	13 000	所有者权益：		
无形资产	600	500	实收资本	12 000	12 000
非流动资产合计	16 000	13 900	盈余公积	1 500	1 500
			未分配利润	3 770	2 000
			所有者权益合计	17 270	15 500
资产总计	23 970	20 900		23 970	20 900

衡阳梦幻电器有限公司利润表（简表）

2019 年度　　单位：万元

项目	本期金额	上期金额
一、营业收入	21 200	18 800
减：营业成本	12 400	10 900
税金及附加	1 200	1 080
销售费用	1 900	1 620
管理费用	1 000	800
财务费用	300	200
加：投资收益	300	300
二、营业利润	4 700	4 500
加：营业外收入	150	100
减：营业外支出	650	600
三、利润总额	4 200	4 000
减：所得税费用	1 680	1 600
四、净利润	2 520	2 400

假设该公司2018年和2019年度的经营现金净流量分别为2 000万元和3 000万元，该公司2019年度利润表中财务费用全部为利息支出。

要求：1. 计算该公司2019年的流动比率、速动比率和现金流动负债比率分别是多少？

2. 计算该公司2019年的资产负债率、产权比率、权益乘数和已获利息倍数分别是多少？

2. 根据格力和海尔2016～2018年的会计报表，计算两个企业的偿债能力指标，并分析两个企业偿债能力的差异和原因。

思维培养

衡阳梦幻电器有限公司2016～2018年短期偿债能力指标计算结果如下表所示：

短期偿债能力指标	2016. 12. 31	2017. 12. 31	2018. 12. 31
流动比率	118. 16%	129. 67%	135. 25%
速动比率	59. 33%	66. 81%	67. 14%
现金流量比率	33. 89%	37. 17%	29. 93%

思考：1. 你认为可以从哪些方面提升该公司的偿债能力？

2. 试说明为什么偿债能力指标并不是越大越好？

案例分析

超15家房企资产负债率超80% 融创碧桂园及万科领头

行业普遍认为，资产负债率的适宜水平是40%～60%，而70%已经是资产负债率的警戒线了。不过，据房掌柜对30家上市房企的2018年报负债率统计来看，房地产行业的负债率已是整体踏足在警戒线之外了。2017年上市房企的整体资产负债率是78.76%，而掌柜财经的统计结果显示，已有近6成的房企负债率超过去年的平均值。

不少知名房企当前的资产负债均处于高位，融创、碧桂园、万科的负债率分别为89.80%、89.36%和84.59%，占据了榜单的前三甲位置。而中海地产却是一枝独秀，凭借59.52%的负债率成为行业最低。

上市房企2018年负债率TOP30

排名	企业名称	总负债金额（亿元）	总资产（亿元）	负债率
1	融创中国	6 435.53	7 166.6	89.80%
2	碧桂园	14 562.86	16 296.94	89.36%
3	万科	12 929.59	15 285.79	84.59%
4	新城控股	2 793.62	3 303.18	84.57%
5	阳光城	2 223.67	2 633.97	84.42%
6	佳兆业	1 926.89	2 290.28	84.13%
7	中国奥园	1 581.24	1 888.58	83.73%
8	金科股份	1 929.32	2 306.99	83.63%
9	正荣地产	1 169.20	1 413.95	82.69%
10	融信中国	1 678.26	2 034.44	82.49%

融创中国：负债率行业最高89.80% 去杠杆效果初现

2018年，融创中国严控拿地速度，加速去杠杆的策略确实有了不少的成绩，资产增厚至7 166.60亿元，相比上年末增长了15%。负债总额为6 435.53亿元，资产负债率89.80%，相较2017年的90.26%而言，有了0.46%的降幅。

与此同时，融创中国的账上现金余额为1 201.98亿元，高于市场预期。现金充裕的同时，融创的负债也在逐步降低。融创的净负债率水平继续保持稳步下降的趋势，截至2018年底的净负债率为149%，同比大幅下降了53个百分点，降杠杆取得明显成效。

有业内预测，未来两年随着利润的释放，现金与净资产会稳步提升，净负债率会持续下降至100%以内。

碧桂园：高负债14562.86亿 净负债却只有49.6%

高周转、高负债一直是碧桂园狂飙突进的秘诀之一。在已披露的2018房企年报中，碧桂园的总负债仅次于恒大，达到了14 562.86亿元，资产负债率仅次于融创，为 89.36%。

不过，由于房地产行业的特殊性，预收账款同样被计入了负债，而如果刨去这一块的资金，碧桂园的净资产负债率仅为 49.6%，比 2017 年的 56.9% 改善颇多，处于行业中的低位水平。

更值得一提的是，在系统性的资金管控下，碧桂园账面上有充足的现金。截至 2018 年期末，公司现金余额约为 2 425.4 亿元，占总资产比例达到 14.9%。同时，现金余额对于短期有息债务的覆盖比例达到 1.92 倍，现金充裕，短期偿债无忧。

（资料来源：http：//hn.fzg360.com/index.php/news/view/id/37836.html）

分析：从各大房企披露的年报来看，可以说整个房地产行业都面临着高负债的情况。你是如何看待高资产负债率给企业带来的影响？

项目活动二　营运能力分析

工作情景

截至 2020 年 2 月中国家用空调的总库存是 4 532 万套。新冠肺炎疫情对家电制造业造成一定冲击，复工率、原材料供应以及海外市场订单交付等是家电行业在疫情中面临的集体困难。但更重要的是，我国的家电产业已进入存量市场，疫情则进一步抑制了家电品类的消费需求。衡阳梦幻电器有限公司作为新兴的中小家电企业，冲击影响比较大。

思考：1. 在疫情时期，衡阳梦幻电器有限公司应该如何减少库存积压？

2. 此次新冠肺炎疫情给中国乃至全球诸多行业的供应链带来了严峻的考验，衡阳梦幻电器有限公司应如何做好应急时期的供应链管理？

理论知识

企业拥有或控制的生产资料表现为各项资产占用。因此，企业运营能力实际上就是企业的总资产及其各个组成要素的运营能力。资产运营能力的强弱取决于资产的周转速度、资产运行状况、资产管理水平等多种因素。

一般说来，资产周转速度越快，资产的使用效率越高，则资产运营能力越强；反之，运营能力越差。资产的周转速度通常用周转率和周转期表示。所谓周转率，即企业在一定时期内资产的周转额与平均余额的比率，它反映企业资产在一定时期的周转次数。周转次数越多，表明周转越快，资产运营能力越强。这一指标的反指标是周转天数，它是周转次数的倒数与计算期天数的乘积，反映资金周转一次所需要的天数。周转天数越少，表明周转速度越快，资产运营能力越强。其计算公式分别为：

$$周转率(周转次数)=\frac{周转额}{资产平均余额}\times 100\%$$

$$周转期(周转天数)=\frac{360}{周转次数}\times 100\%$$

资产平均余额＝（期初资产余额＋期末资产余额）/2

具体地说，企业运营能力分析可以从以下几个方面进行：流动资产周转情况分析、固定资产周转情况分析以及总资产周转情况分析等。

一、流动资产周转情况分析

反映流动资产周转情况的指标主要有应收账款周转率、存货周转率和流动资产周转率。

（一）应收账款周转率

它是企业一定时期主营业务收入与平均应收账款余额的比率，是反映应收账款周转速度的指标。其计算公式为：

$$应收账款周转率(周转次数)=\frac{主营业务收入}{平均应收账款余额}\times 100\%$$

$$平均应收账款余额=\frac{期初应收账款余额+期末应收账款余额}{2}$$

应收账款周转率反映了企业应收账款变现速度的快慢及管理效率的高低，周转率高表明：①收账迅速，账龄较短；②资产流动性强，短期偿债能力强；③可以减少收账费用和坏账损失，从而相对增加企业流动资产的投资收益。同时借助应收账款周转期与企业信用期限的比较，还可以评价购买单位的信用程度，以及企业原订的信用条件是否适当。④同时也要注意应收账款周转率并不是越高越好，要结合该公司所属行业的特殊性来看待，如果该公司赊销比现金销售有可能更有利，那么周转率就不会越高越好。

利用上述公司计算应收账款周转率时还应注意以下几个问题：

①计算应收账款周转率应该是使用赊销额，但是外部分析人员无法在财务报表中取得公司的赊销数据，同时还应该扣除销售折扣和销售折让后的数额才是主营业务收入净额，在这里我们直接使用主营业收入作为替代进行计算。

②公式中的应收账款包括会计核算中“应收账款”和“应收票据”等全部赊销账款在内，此处将其简称为“应收账款”；

③如果应收账款余额的波动性较大，应尽可能使用更详尽的计算资料，如按每月应收账款余额来计算其平均占用额；

④分子、分母的数据应注意时间的对应性。

（二）存货周转率

它是企业一定时期营业成本（或销售成本，下同）与平均存货余额的比率，是反映企业流动资产流动性的一个指标，也是衡量企业生产经营各环节中存货运营效率的一个综合性指标。其计算公式为：

$$存货周转率（周转次数）=\frac{主营业务成本}{平均存货余额}$$

$$其中：平均存货余额=\frac{年初存货余额+年末存货余额}{2}$$

$$存货周转天数=\frac{360}{存货周转次数}$$

存货周转速度的快慢，不仅反映出企业采购、储存、生产、销售各环节管理工作状况的好坏，而且对企业的偿债能力及获利能力产生决定性的影响。

一般来讲，存货周转率越高越好，存货周转率越高，表明其变现的速度越快，周转额越大，资金占用水平越低。因此，通过存货周转分析，有利于找出存货管理存在的问题，尽可能降低资金占用水平。存货既不能存储过少，否则可能造成生产中断或销售紧张；又不能储存过多，而形成呆滞、积压。一定要保持结构合理、质量可靠。其次，存货是流动资产的重要组成部分，其质量和流动性对企业流动比率具有举足轻重的影响，并进而影响企业的短期偿债能力。因此，企业要加强存货管理，提高存货的变现能力和盈利能力。

计算存货周转率应注意以下几个问题：

①存货计价方法对存货周转率具有较大的影响，因此，在分析企业不同时期或不同企业的存货周转率时，应注意存货计价方法的口径是否一致。

②分子、分母的数据应注意时间上的对应性。

（三）流动资产周转率

这是反映一定时期营业收入与平均流动资产总额的比率，是反映企业流动资产周转速度的指标。其计算公式为：

$$流动资产周转率(周转次数)=\frac{主营业务收入净额}{平均流动资产余额}\times 100\%$$

$$平均流动资产=\frac{期初流动资产余额+期末流动资产余额}{2}$$

$$流动资产周转天数=\frac{360}{流动资产周转次数}$$

在一定时期以内，流动资产周转次数越多，表明以相同的流动资产完成的周转额越多，流动资产利用效果越好。从流动资产周转天数来看，周转一次所需要的天数越小，表明流动资产在经历生产和销售各阶段时所占用的时间越短。生产经营任何一个环节上的工作改善，都会反映到周转天数的缩短上来。

【例 7-7】衡阳梦幻电器有限公司 2015～2018 年相关财务资料如下表所示：

（单位：元）

项目	2015 年	2016 年	2017 年	2018 年
应收账款	25 485 008	28 748 295	27 482 498	30 532 677
存货	23 197 724	25 020 030	30 448 937	35 626 897
流动资产	65 326 732	86 427 075	93 367 706	120 621 320

续表

项目	2015 年	2016 年	2017 年	2018 年
固定资产	21 572 161	21 521 814	20 729 881	25 056 791
总资产	96 946 025	120 292 088	128 841 935	170 600 711
平均应收账款	——	27 116 651	28 115 396	29 007 588
平均存货	——	24 108 877	27 734 484	33037 917
平均流动资产	——	75 876 904	89 897 391	106 994 513
平均固定资产	——	21 546 988	21 125 848	22 893 336
平均总资产	——	108 619 056	124 567 012	149 721 323
营业收入	——	142 310 967	139 347 124	159 841 701
营业成本	——	106 075 881	103 226 579	116 057 883

要求：计算该公司应收账款周转率、存货周转率、流动资产周转率以及周转天数分别是多少？

解：衡阳梦幻电器有限公司 2016～2018 年流动资产营运能力计算如下表所示：

指标	2016 年	2017 年	2018 年
应收账款周转率（次数）	5.25	4.96	5.51
应收账款周转天数	68.60	72.64	65.33
存货周转率（次数）	4.39	3.72	3.51
存货周转天数	81.82	96.72	102.48
流动资产周转率（次数）	1.88	1.55	1.49
流动资产周转天数	191.94	232.24	240.97

二、固定资产周转情况分析

反映固定资产周转情况的主要指标是固定资产周转率，它是企业一定时期营业收入与平均固定资产净值的比率。是衡量固定资产利用效率的一项指标。其计算公式为：

$$\text{固定资产周转率(周转次数)} = \frac{\text{主营业务收入净额}}{\text{平均固定资产净值}} \times 100\%$$

$$\text{平均固定资产净值} = \frac{\text{期初固定资产净值} + \text{期末固定资产净值}}{2}$$

$$\text{固定资产周转天数} = \frac{360}{\text{固定资产周转次数}}$$

需要说明的是，与固定资产有关的价值指标有固定资产原价、固定资产净值和固定资产净额等。其中：固定资产原价是指固定资产的历史成本。固定资产净值为固定资产原价扣除已计提的累计折旧后的金额（即，固定资产净值＝固定资产原价－累计折旧）。固定资产净额则是固定资产原价扣除已计提的累计折旧及已计提的减值准备后的余额（即固定资产净额 = 固定资产原价 - 累计折旧 - 已计提的减值准备）。

一般情况下，固定资产周转率越高，表明企业固定资产利用越充分，同时也表明企业固定资产投资得当，固定资产结构合理，能够充分发挥效率。反之，如果固定资产周转率不高，则表明固定资产使用效率不高，提供的生产成果不多，企业的运营能力不强。

运用固定资产周转率时，需要考虑固定资产因计提折旧的影响其净值在不断地减少，以及因更新重置其净值突然增加的影响。同时，由于折旧方法的不同，可能影响其可比性，故在分析时，一定要剔除这些不可比因素。

三、总资产周转情况分析

反映总资产周转情况的主要指标是总资产周转率，它是企业一定时期营业收入与平均总资产的比值，可以用来反映企业全部资产的利用效果。其计算公式如下：

$$总资产周转率(周转次数) = \frac{主营业务收入净额}{平均资产总额} \times 100\%$$

$$平均资产总额 = \frac{期初资产总额 + 期末资产总额}{2}$$

$$总资产周转天数 = \frac{360}{总资产周转次数}$$

总资产周转率越高，表明企业全部资产的使用效率越高；反之，如果该指标较低，则说明企业利用全部资产进行经营的效率较差，最终会影响企业的盈利能力。企业应采取各项措施来提高企业的资产利用程度，比如提高销售收入或处理多余的资产。

需要说明的是，在上述指标的计算中均以年度作为计算期，在实际中，计算期应视分析的需要而定，但应保持分子与分母在时间口径上的一致。如果资金占用的波动性较大，企业应采用更详细的资料进行计算。如果各期占用额比较稳定，波动不大，季度、年度的平均资金占用额也可以直接用（期初数 + 期末数） ÷2 这个公式来计算。

【例 7 -8】 承【例 7 -7】

要求： 计算该公司固定资产周转率、总资产周转率以及周转天数分别是多少？

解：

衡阳梦幻电器有限公司 2016 ~2018 年固定资产周转率和总资产周转率以及周转天数计算如下表：

指标	2016 年	2017 年	2018 年
固定资产周转次数	6.60	6.60	6.98
固定资产周转天数	54.50	54.57	51.56
总资产周转次数	1.31	1.12	1.07
总资产周转天数	274.77	321.81	337.20

思政理念： 四个意识之核心意识

核心意识要求在思想上认同核心、在政治上围绕核心、在组织上服从核心、在行动上维护核心。增强核心意识，就是要始终坚持、切实加强党的领导特别是党中央的集中统一领导，更加紧密地团结在以习近平同志为核心的党中央周围，更加坚定地维护党中央权威，更加自觉地在思想上政治上行动上同党中央保持高度一致，更加扎实地把党中央部署的各项任务落到实处，确保党始终成为中国特色社会主义事业的坚强领导核心。

党的全部历史昭示我们：在我们这样的大党、大国，必须有一个在实践中形成的坚强的中央领导集体，在这个领导集体中必须有一个核心。作为新时代的大学生，更应当努力学习科学文化知识，并将它们转化为先进的生产力，才不愧于“社会主义建设者和接班人”这样的责任担当。大学生应当敢于有梦、勇于圆梦、激情追梦，每个人既是追梦者，也是圆梦人，为把我国建设成为富强民主文明和谐美丽的现代化强国，我们应当努力学习科学文化知识，自觉坚守“核心”，在知行合一中主动担当作为。

（资料来源：http：//www. qstheory. cn/politics/2019 -08/15/c_1124880954. htm）

实务训练

1. 假设衡阳梦幻电器有限公司2019年的资产负债表和利润表如下表所示：

衡阳梦幻电器有限公司资产负债表（简表） （单位：万元）

资产	期末余额	年初余额	负债及所有者权益	期末余额	年初余额
流动资产：			流动负债：		
货币资金	800	700	短期借款	2 200	2 100
交易性金融资产	600	1 000	应付账款	1 000	1 100
应收账款	1 400	1 200	预收账款	800	400
预付账款	80	40	其他应付款	200	200
存货	5 000	4 000	流动负债合计	4 200	3 800
其他流动资产	90	60	非流动负债		
流动资产合计	7 970	7 000	长期借款	2 500	1 600
非流动资产			非流动负债合计	2 500	1 600
持有至到期投资	400	400	负债合计	6 700	5 400
固定资产	15 000	13 000	所有者权益：		
无形资产	600	500	实收资本	12 000	12 000
非流动资产合计	16 000	13 900	盈余公积	1 500	1 500
			未分配利润	3 770	2 000
			所有者权益合计	17 270	15 500
资产总计	23 970	20 900	负债及所有者权益总计	23 970	20 900

衡阳梦幻电器有限公司利润表（简表）

项目	本期金额	上期金额
一、营业收入	21 200	18 800
减：营业成本	12 400	10 900
税金及附加	1 200	1 080
销售费用	1 900	1 620
管理费用	1 000	800
财务费用	300	200
加：投资收益	300	300
二、营业利润	4 700	4 500
加：营业外收入	150	100
减：营业外支出	650	600
三、利润总额	4 200	4 000
减：所得税费用	1 680	1 600
四、净利润	2 520	2 400

假设该公司2017年末应收账款余额为1 100万元，存货余额为3 500万元，流动资产余额为6 500万元，固定资产净值为11 500万元，资产总额为18 500万元。

要求：计算该公司2019年的应收账款周转率、存货周转率、流动资产周转率、固定资产周转率和总资产周转率以及周转天数分别为多少？

2. 根据格力和海尔2016～2018年的会计报表，计算两个企业的营运能力指标，并分析两个企业营运能力的差异和原因。

思维培养

海尔集团取得今天的业绩，和实行全面的信息化管理是分不开的。借助先进的信息技术，海尔发动了一场管理革命：以市场链为纽带，以订单信息流为中心，带动物流和资金流的运动。通过整合全球供应链资源和用户资源，逐步向“零库存、零营运资本和（与用户）零距离”的终极目标迈进。

思考：如何辩证看待“零库存”的管理理念？

案例分析

獐子岛的扇贝，又双叒“跑路”了？

2019年11月11日晚间，獐子岛集团股份有限公司发布风险提示称，底播扇贝在近期出现大比例死亡，其中部分海域死亡贝壳比例约占80%以上。公司初步判断已构成重大底播虾夷扇贝存货减值风险。

深交所于当日火速向獐子岛下发关注函，要求公司说明底播虾夷扇贝存货减值风险是否对公司2019年度经营业绩构成重大影响；要求公司说明底播虾夷扇贝在10月末至今短时间内出现较大面积死亡的原因、发现减值迹象的时间，以及此前信息披露是否真实、准确、完整，公司是否存在隐瞒减值迹象的情况。

这已经不是扇贝第一次“出事”了。

2014年10月，獐子岛发布公告称，公司养殖的扇贝因北黄海遭遇几十年一遇的冷水团，造成绝收。当年，獐子岛年度业绩巨亏11.89亿元。

2018年1月，獐子岛扇贝没跑，却被“饿死了”。当月，公司发布公告称，在盘查底播虾夷扇贝年末存量时，发现海洋牧场遭受重大灾害，扇贝长期处于饥饿状态，日益消瘦，品质也越来越差，甚至出现大规模死亡。

2019年4月，獐子岛公告，一季度亏损4 314万元，同比下滑379.43%。原因仍然是虾夷扇贝受灾，导致产量及销量大幅下滑。

今年7月，证监会发函直指獐子岛“财务造假”，终还“跑路”扇贝以“清白”。7月10日晚间，獐子岛收到中国证监会下发的《行政处罚及市场禁入事先告知书》。獐子岛涉嫌财务造假、虚假记载等违法，公司及23名相关人员将被证监会处罚，董事长吴厚刚被终身市场禁入。

獐子岛扇贝多次出现问题，在一定程度上暴露出该公司内部管理水平、公司治理存在不小的问题。当前，推动上市公司提高质量是资本市场全面深化改革的12项重点任务之一，上市公司是资本市场的基石，应当是中国优秀企业的代表，应在规范运作、强化信息披露、自觉履行社会责任等方面做出表率，对投资者应存敬畏之心。

獐子岛扇贝多次出事，虽然不能排除自然灾害带来的原因，但更多反映出公司内部的运营体制、管理水平等方面存在问题。

从审计角度讲，资本市场资深研究人士熊锦秋认为，农业企业尤其是水产品养殖企业具有相当特殊性，由于虾夷扇贝、鱼等水产品覆盖在水面之下，外人难以搞清真实情况，上市公司对存货的准确盘点以及会计师对上市公司财务数据的审计，都有相当难度。

事实上，上市公司担负着自我规范、自我提高、自我完善的直接责任、第一责任，完善的公司治理是保障上市公司质量的第一道防线。上市公司董监高需勤勉尽责，完善公司治理和内部控制，确保公司健康稳定发展。

（资料来源：https://mp.weixin.qq.com/s/pXcWXGo4p3HYKQz-H0ukdA
https://mp.weixin.qq.com/s/kFD263jaJd4hJUv1H3-Syg）

分析： 1. 上述案例中，你是如何看待獐子岛公司利用“资产减值损失”这个会计科目策划的这一出戏？

2. 信息披露制度是资本市场健康发展的制度基石，是维护投资者权益的重要保障。上市公司应严格遵循信息披露各项规定，同时加大惩戒力度，增强监管震慑力，你认识该如何构建法治社会？

职业拓展

互联网个人征信体系怎么建

征信一词最早在我国出现是在《左传·昭公八年》中，有“君子之言，信而有征，故怨远于其身”，其中，“信而有征”即为可验证其言为信实，或征求、验证信用。征信被广泛用作信用调查的同义词是在民国初期。近现代以来，中国大陆、香港、台湾等地使用“征信”一词来概括企业和个人信用调查。

征信系统已经在金融机构信用风险管理中广泛应用，有效解决了信息不对称问题，提高了社会公众融资的便利性，创造了更多的融资机会，促进了信贷市场发展。征信系统的广泛应用，显著提高了社会信用意识，在全社会形成“守信激励、失信惩戒”的激励约束机制。

“互联网＋”背景下个人征信体系的构建与我们每个人的利益息息相关，互联网时代的来临使我们每个人都与网络相联系，网购已经成为当今生活的主流。就当前的淘宝网来说，每年的“双十一”成交量已经成亿增长，这充分说明我国当前的互联网经济已经呈现出良好的发展态势，个人征信体系优良者能获得更为便捷的服务。比如，当前支付宝推出的“芝麻信用”，信用较好的用户可以享受优待，在衣食住行方面都可以获得更为便捷和优越的服务，进而在全社会形成一个崇尚诚信之风的社会氛围，使互联网交易变得更加有效率，从而淘汰那些信用不良的用户，优化“互联网＋”背景下的金融交易环境。

“互联网＋”这一大背景是在互联网经济日益成熟以及全球化步伐日益加快的基础之上提出的，当前的跨国交易已经变得越来越普遍，凸显互联网的普惠精神。随着国际合作的深入，个人信用已经变得越来越重要，同时这也体现着一个国家的国民素质。在互联网经济时代，“制网权”逐渐成为衡量国家实力的标准之一，每个国家都希望在互联网经济中占据一定的地位，国家的信用体现在每个国民身上，因此个人征信体系的构建在一定程度上也决定国家在互联网经济中的地位。通过构建互联网个人征信体系能够在国际交易中拥有更好的信用，从而增加国际交流与合作，对国家的经济体系建设具有积极意义。

相对于传统隐私，“互联网＋”背景下个人隐私的范围进一步扩大，不仅包括个人的基本信息，还包括个人的社交信息，现在就有一些网站具有浏览锁定的功能，对于个人经常浏览的信息能够进行追踪，从而发送针对性信息，这虽然能够节约个人的时间成本，但是在一定程度上也是一种信息窥视行为。个人的信用数据对于互联网经济而言是一种非常重要的经济资源，信息泄露所造成的后果是无法想象的。在建立个人征信系统的同时应该通过政策、技术手段予以保密，避免信息被不良利用。对个人而言，要提高国民的法律素养，明确隐私权的重要性，在保护自身信息的同时也要保护他人的信息，规范征信业务的过程。

对于个人失信的惩罚机制，是征信体系的最后保护机制，只有增加个人失信的违法成本，才能更好地完善互联网背景下的个人征信体系。一方面，通过设置个人失信“黑名单”制度，定期对个人的信用进行评级，对于不达标的个人进行惩罚。当然对于信用评级并不是一成不变的，如果“黑名单”内的个人表现良好，可以将其移除“黑名单”，采用灵活的机制，来保障该制度的权威性；另一方面，完善个人失信的申诉机制。对于失信行为的定性在一定程度上具有误差，因此可以建立申诉机制，个人如果认为评级有问题，可以及时进行申诉，申诉对象可以是评级网站，也可以是政府机构，这样才能够保障失信惩罚机制的合理性。

（资料来源：http：//www. pbccrc. org. cn/zxzx/zxzs/201401/87814073facf4b9795480d40fd626467. shtml

http：//theory. people. com. cn/n1/2018/0514/c40531 －29986243. html）

项目活动三　盈利能力分析

工作情景

2018 年衡阳梦幻电器有限公司利润总额达到了 1 891 万元，净利润达到了 1 586 万元。

思考：你认为应从哪些方面持续提升衡阳梦幻电器有限公司的盈利能力？

理论知识

生存、发展、获利是经营企业的目标，而只有盈利才能使企业更好地生存与发展。盈利能力是指企业获取利润的能力。所以如何分析和评价企业的盈利能力成为财务管理人员工作的主要内容之一。

盈利能力就是企业资金增值的能力。它通常体现为企业收益数额的大小与水平的高低。

一、营业利润率

营业利润率是企业一定时期营业利润与营业收入的比率。其计算公式为：

$$营业利润率=\frac{营业利润}{营业收入}\times 100\%$$

营业利润率越高，表明企业市场竞争力越强，发展潜力越大，从而盈利能力越强。企业的利润包括营业利润、利润总额和净利润三种形式。营业收入包括主营业务收入和其他业务收入，收入来源有商品销售收入、提供劳务收入和让渡资产使用权收入等。因此，在实务中也经常使用营业净利率、营业毛利率等指标（计算公式如下）来分析企业经营业务的获利水平。此外，通过考察营业利润占整个利润总额比重的升降，可以发现企业经营理财状况的稳定性、面临的危险或者可能出现的转机迹象。

$$营业净利率=\frac{净利润}{营业收入}\times 100\%$$

$$营业毛利率=\frac{毛利额}{营业收入}\times 100\%$$

其中：毛利额 = 营业收入 − 营业成本

二、成本费用利润率

成本费用利润率是指企业一定时期利润总额与成本费用总额的比率。其计算公式如下：

$$成本费用利润率=\frac{利润总额}{成本费用总额}\times 100\%$$

其中：成本费用总额 = 营业成本 + 税金及附加 + 销售费用 + 管理费用 + 财务费用

该指标越高，说明企业为取得利润而付出的代价越小，成本费用控制得越好，盈利能力越强。

同利润一样，成本费用的计算口径也可以分为不同层次，比如主营业务成本、营业成本等。在评价成本费用开支效果时，应当注意成本费用与利润之间在计算层次和口径上的对应关系。

三、总资产报酬率

总资产报酬率总额是息税前利润与平均资产总额的比率。它是反映企业资产综合利用效果的指标，也是衡量企业利用债权人和所有者权益总额所取得盈利的重要指标。其计算公式为：

$$总资产报酬率=\frac{息税前利润}{平均资产总额}\times 100\%$$

其中：息税前利润 = 利润总额 + 利息支出

= 净利润 + 所得税 + 利息支出

平均资产总额 = （年初资产总额 + 年末资产总额）/2

总资产报酬率全面反映企业全部资产的获利水平，企业所有者和债权人对该指标都非常关心。一般情况下，该指标越高，表明企业资产利用效果越好，整个企业盈利能力越强，经营管理水平越高。企业还可以将该指标与市场资本利率进行比较，如果前者较后者大，则说明企业可以充分利用财务杠杆，适当举债经营，以获得更多的收益。

四、净资产收益率

净资产收益率是指企业一定时期净利润与平均净资产的比率。它是反映自有资金投资收益水平的指标，是企业盈利能力指标的核心。其计算公式为：

$$净资产收益率=\frac{净利润}{平均净资产(所有者权益)}\times 100\%$$

净资产 = 资产 − 负债 = 所有者权益

$$平均净资产=\frac{所有者权益年初数+所有者权益年末数}{2}$$

净资产收益率是评价企业自有资本及其积累获取报酬水平的最具综合性与代表性的指标，反映企业资本运营的综合效益。该指标通用性强，适应范围广，不受行业局限，在国际上的企业综合评价中使用率非常高。通过对该指标的综合对比分析，可以看出企业获利能力在同行业中所处的地位，以及与同类企业的差异水平。一般认为，净资产收益率越高，企业自有资本获取收益的能力越强，运营效益越好，对企业投资人和债权人权益的保证程度越高。

【例 7－9】 衡阳梦幻电器有限公司 2016～2018 年利润表相关数据如下表所示（单位：元）。

项目	2016 年	2017 年	2018 年
营业收入	142 310 967. 02	139 347 124. 00	159 841 701. 00
营业成本	106 075 881. 18	103 226 579. 00	116 057 883. 00
销售毛利	36 235 085. 84	36 120 545. 00	43 783 818. 00
营业利润	13 450 503. 68	14 916 873. 00	17 435 975. 00
利润总额	13 990 685. 00	16 051 354. 00	18 914 603. 00
成本费用总额：	129 368 976. 84	126 518 365. 00	143 428 251. 00
营业成本	106 075 881. 18	103 226 579. 00	116 057 883. 00
税金及附加	809 596. 21	911 330. 00	1 077 119. 00
销售费用	14 733 917. 42	14 799 769. 00	17 678 451. 00
管理费用	7 498 255. 09	7 441 755. 00	9 620 777. 00
财务费用	251 326. 94	138 932. 00	－1 005 979. 00
息税前利润	14 174 436. 59	16 283 292. 00	19 285 543. 00

要求： 计算该公司营业利润率、营业净利率、营业毛利率、成本费用利润率、总资产报酬率、净资产收益率分别为多少？

解：

衡阳梦幻电器有限公司 2016～2018 年盈利能力指标计算如下表：

指标	2016 年	2017 年	2018 年
营业利润率	9. 45%	10. 70%	10. 91%
营业净利率	7. 37%	8. 64%	8. 88%
营业毛利率	25. 46%	25. 92%	27. 39%
成本费用利润率	10. 81%	12. 69%	13. 19%
总资产报酬率	13. 05%	13. 07%	12. 88%
净资产收益率	27. 46%	26. 78%	25. 38%

思政理念：四个自信之道路自信

道路自信是对发展方向和未来命运的自信。坚持道路自信就是要坚定走中国特色社会主义道路，这是实现社会主义现代化的必由之路，是为近代历史反复证明的客观真理，是党领导人民从胜利走向胜利的根本保证，也是中华民族走向繁荣富强、中国人民幸福生活的根本保证。

《大国重器》以独特的视角记录了中国装备制造业创新发展的历史。该片将镜头对准了普通的产业工人和装备制造业企业转型升级创新中的关键人物，真实记录了他们的智慧、生活和梦想，通过人物故事和制造细节，鲜活地讲述了充满中国智慧的机器制造故事，再现了中国装备制造业从无到有，赶超世界先进水平背后的艰辛历程，展望了中国装备制造业迈向高端制造的未来前景。

但是要发展就要创新，个人是这样，企业是这样，一个国家一个民族更是这样。只有坚定不移地走创新之路，我们才能不断巩固和发展中国特色社会主义伟大事业。

（资料来源：《大国重器（第二季）》纪录片 http://jingji.cctv.com/special/dgzq/）

实务训练

1. 假设衡阳梦幻电器有限公司2019年利润表如下表所示：

2019年衡阳梦幻电器有限公司利润表简表　　单位：万元

项目	本期金额	上期金额
一、营业收入	21 200	18 800
减：营业成本	12 400	10 900
税金及附加	1 200	1 080
销售费用	1 900	1 620
管理费用	1 000	800
财务费用	300	200
加：投资收益	300	300
二、营业利润	4 700	4 500
加：营业外收入	150	100
减：营业外支出	650	600
三、利润总额	4 200	4 000
减：所得税费用	1 680	1 600
四、净利润	2 520	2 400

该公司2017年、2018年和2019年资产年末总额分别为18 500万元、23 970万元、20 900万元。

要求：计算该公司营业利润率、营业净利率、营业毛利率、成本费用利润率、总资产报酬率、净资产收益率分别为多少？

2. 根据格力和海尔2016~2018年的会计报表，计算两个企业的盈利能力指标，并分析两个企业盈利能力的差异和原因。

思维培养

为贯彻落实党中央、国务院决策部署，推进增值税实质性减税，2019 年增值税进一步改革：增值税一般纳税人发生增值税应税销售行为或者进口货物，原适用 16% 税率的，税率调整为 13%；原适用 10% 税率的，税率调整为 9%。

思考：减税降费除了能减轻企业税费负担的同时，还能给企业带来哪些影响？

案例分析

2019《财富》中国 500 强利润率最高的 40 家公司排行榜

2019 年 7 月 10 日，财富中文网发布了最新的《财富》中国 500 强排行榜，考量了全球范围内最大的中国上市企业在过去一年的业绩和成就。据榜单显示：中石化、中石油和中国建筑位列榜单前三甲，中国平安蝉联非国有企业第一位。

据数据统计，今年中国 500 家上榜的上市公司总营业收入达到 45.5 万亿元人民币，较去年增长 14.8%，再创新高；净利润达到了 3.625 万亿元，较去年增长 4.21%，相比去年 24.24% 的涨幅而言，受宏观经济影响大幅放缓。今年上榜公司的年营收门槛为 162.38 亿元，相比去年提升了 17%。去年中国 GDP 首次突破 90 万亿元，这 500 家上市公司的收入总和也再次超过了中国当年 GDP 的一半。

从利润率来看：在 2019《财富》中国 500 强利润率最高的 40 家上市公司中，贵州茅台、中国长江电力、中国生物制药位列前三。其中，贵州茅台利润率高达 45.6%，由去年的第四位跃居榜首。今年首次上榜的中通快递以 24.9% 的利润率进入榜单位列第 33 位。值得一提的是，在 2019《财富》中国 500 强利润率最高的 40 家上市公司中，商业银行占据了 21 家，可见商业银行的赚钱能力是非常强的。以下是榜单详情：

2019《财富》中国 500 强利润率最高的 40 家公司排行榜

排名	《财富》中国 500 强排名	公司名称	利润率
1	122	贵州茅台股份有限公司	45.60%
2	179	中国长江电力股份有限公司	44.15%
3	396	中国生物制药股份有限公司	43.31%
4	203	上海银行股份有限公司	41.09%
5	309	南京银行股份有限公司	40.40%
6	291	宁波银行股份有限公司	38.67%

续表

排名	《财富》中国500强排名	公司名称	利润率
7	10	中国建设银行股份有限公司	38.65%
8	6	中国工商银行股份有限公司	38.47%
9	62	兴业银行股份有限公司	38.30%
10	252	江苏银行股份有限公司	37.09%

(资料来源：http://top.askci.com/news/20190712/0925241149642.shtml)

分析： 1. 为什么白酒行业是全球最具核心竞争力的消费品公司?

2. 上述案例中，利润率最高的前10家公司，有8家是银行，为什么银行业会成为利润率较高的企业?

项目活动四　发展能力分析

工作情景

据中国家用电器协会发布的数据，2018年家电行业主营业务收入为1.49万亿，同比增长9.9%，利润1 225.5亿元，同比增长2.5%。其中，国内家电市场零售规模达到8 204亿元，同比增长1%，增速有所减缓；而家电行业出口额达到686.3亿美元，同比增长9.9%，增速依然稳定。面对当前时代，人工智能、机器学习、虚拟现实、智能家居、工业互联、5G网络等等对人类的工作以及人类未来所需的技能有着巨大的影响，商业模式的创新，人口结构的变化，新竞争者与新业态不断出现。李梦幻所经营的衡阳梦幻电器有限公司正面临着巨大的挑战。

思考： 基于国内外的新形势下，结合家电行业特点，试分析衡阳梦幻电器有限公司未来发展的前景如何?

理论知识

分析发展能力主要考察营业收入增长率、资本保值增值率、总资产增长率和营业利润增长率等指标。

一、营业收入增长率

营业收入增长率是企业本年营业收入增长额与上年营业收入总额的比率。它反映企业营业收入的增减变动情况，是评价企业成长状况和发展能力的重要指标。其计算公式为：

$$营业收入增长率 = \frac{本年营业务收入总额 - 上年营业务收入总额}{上年营业务收入总额} \times 100\%$$

营业收入增长率是衡量企业经营状况和市场占有能力，预测企业经营业务拓展趋势的重要标志。不断增加营业收入，是企业生存的基础和发展的条件。若该指标大于0，表示企业本年的主营业务收入有所增加，指标值越高，表明增长速度越快，企业市场前景越好；若该指标小于0，则说明产品或服务不适销对路、质次价高、市场份额萎缩或是在售后服务等方面存在问题。该指标在实际操作时，应结合企业历年的营业收入水平、企业市场占有情况、行业未来发展及其他影响企业发展的潜在因素进行前瞻性预测，或者结合企业前三年的营业收入增长率做出趋势分析判断。

二、资本保值增值率

资本保值增值率是指企业扣除客观因素后的本年末所有者权益总额与年初所有者权益总额的比率，反映企业当年资本在企业自身努力下的实际增减变动情况，其计算公式为：

$$资本保值增值率 = \frac{扣除客观原因后的年末所有者权益总额}{年初所有者权益总额} \times 100\%$$

一般来说，资本保值增值率越高，表明企业的资本保全状况越好，所有者权益增长越快，债权人的债务越有保障。该指标通常应当大于100%。

三、资本积累率

资本积累率是指企业本年所有者权益增长额与年初所有者权益的比率。它反映企业当年资本的积累能力，是评价企业发展潜力的重要指标。其计算公式为：

$$资本积累率 = \frac{本年所有者权益增长额}{年初所有者权益总额} \times 100\%$$

资本积累率是企业当年所有者权益总的增长率，反映了企业所有者权益当年的变动水平，体现了企业资本的积累情况，是企业发展强盛的标志，也是企业扩大再生产的源泉，展示了企业的发展潜力。资本积累率还反映了投资者投入企业资本的保全性和增长性。该指标若大于0，则指标值越高表明企业的资本积累越多，持续发展的能力越大；该指标如为负值，表明企业资本受到侵蚀，所有者权益受到损害，应予充分重视。

四、总资产增长率

总资产增长率是指企业本年总资产增长额同年初总资产的比率，它反映企业本期资产规模的增长情况。其计算公式为：

$$总资产增长率 = \frac{本年总资产增长额}{年初资产总额} \times 100\%$$

其中：本年总资产增长额 = 年末资产总额 - 年初资产总额

总资产增长率是从企业资产总量扩张方面衡量企业的发展能力，表明企业规模增长水平对企业发展后劲的影响。该指标越高，表明企业一定时期内资产经营规模扩张的速度越快。但在实际分析时，应注意考虑资产规模扩张的质和量的关系，以及企业的后续发展能力，避免资产盲目扩张。

五、营业利润增长率

营业利润增长率是指企业本年营业利润增长与上年营业利润总额的比率，反映企业营业利润的增减变动情况，其计算公式为：

$$营业利润增长率=\frac{本年营业利润增长额}{上年营业利润总额}\times100\%$$

其中：本年营业利润增长额 = 本年营业利润 - 上年营业利润

一般认为，该指标越高，表明企业所有者权益得到保障的程度越大，应对风险和持续发展的能力越强。

【例7-10】 衡阳梦幻电器有限公司2015～2018年相关财务数据如下表所示：

（单位：元）

项目	2015年	2016年	2017年	2018年
营业收入	121 265 180.00	142 310 967.02	139 347 124.00	159 841 701.00
营业利润	9 323 650.00	13 450 503.68	14 916 873.00	17 435 975.00
总资产	96 946 024.77	120 292 088.16	128 841 935.00	170 600 711.00
所有者权益	39 080 562.28	45 731 455.24	56 031 622.00	68 976 696.00

要求： 计算该公司营业收入增长率、资本保值增值率、总资产增长率和营业利润增长率分别为多少？

解：

衡阳梦幻电器有限公司2016～2018年发展能力指标计算计算如下表：

盈利能力指标	2016年	2017年	2018年
营业收入增长率	17.36%	-2.08%	14.71%
资本保值增值率	117.02%	122.52%	123.10%
资本积累率	17.02%	22.52%	23.10%
总资产增长率	24.08%	7.11%	32.41%
营业利润增长率	44.26%	10.90%	16.89%

思政理念： 四个自信之理论自信

理论自信是对马克思主义理论特别是中国特色社会主义理论体系的科学性、真理性的自信。坚持理论自信就是要坚定对共产党执政规律、社会主义建设规律、人类社会发展规律认识的自信，就是要坚定实现中华民族伟大复兴、创造人民美好生活的自信。

中国共产党人的近期理想是2020年全面建成小康社会；中期理想分两个阶段，即2035年基本实现社会主义现代化，到21世纪中叶把我国建成富强民主文明和谐美丽的社会主义现代化强国，从而实现中华民族伟大复兴的中国梦；远期理想就是实现共产主义。历史经验告诉我们，只要坚持中国特色社会主义道路自信、理论自信、制度自信和文化自信，我们就有实现远大理想的无穷力量，就能毫无畏惧地面对一切困难和挑战，坚定不移开辟新天地、创造新奇迹；只要我们坚持实现远大理想不懈怠、不动摇、不折腾，就会进一步激发中国特色社会主义道路、理论体系、制度与文化的自信。

（资料来源：http：//www. wenming. cn/djw/ds/jtrds/xxyd/jyjl/201801/t20180124_4570418. shtml）

实务训练

1. 假设衡阳梦幻电器有限公司2018~2019年部分财务数据如下表所示：

（单位：万元）

项目	2018年	2019年
营业收入	18 800	21 200
营业利润	4 500	4 700
总资产	20 900	23 970
所有者权益	15 500	17 270

要求： 计算该公司营业收入增长率、资本保值增值率、总资产增长率和营业利润增长率分别是多少？

2. 根据格力和海尔2016~2018年的会计报表，计算两个企业的发展能力指标，并分析两个企业发展能力的差异和原因。

思维培养

河北德龙钢铁集团曾经是河北省的排污大户。大量钢铁企业是通过关闭来解决污染问题，但是这家企业通过大力推广环保先进技术，变成了一个环保型的钢铁企业，变成了国家3A级旅游景区。德龙钢铁成为旅游点，向人们讲解钢铁是怎样炼成的，甚至污水处理等也都成了展览馆。德龙钢铁在这些工作上花费了很多资金，也花费了很多心血和技术，使一个民营钢铁厂成为全国最优秀的、吨钢成本最低的企业。目前，这家企业每年节约标准煤300万吨，吨钢耗水只有1.7吨，是全国平均水平的一半。现在，德龙是年产3 000万吨钢的大型钢铁企业，在全世界排名第六。这是一个通过环保来推动企业发展的例子，也为其他企业树立了标杆。

思考： 1. 结合从“排污大户”到3A级旅游景区的德龙钢铁，试分析该公司在生产经营的过程中如何实现了经济效益、社会效益双赢？

2. 你认为在企业未来的发展中，如何把“可持续发展”“绿水青山就是金山银山”落实到各个经营环节中呢？

案例分析

华为手机发展史：十年再造一个新华为

华为2018年公司预计实现销售收入1085亿美元，同比增长21%，手机业务出货超过两亿台，收入超过500亿美元，已经超过运营商业务，成为华为的主要业务。

2017年华为营收为人民币6 036亿元，约合925亿美元。华为运营商业务占比首次跌破50%。运营商业务收入2 978亿，同比增长3%，对总体收入的贡献49%系首次降至50%以下；消费者业务营收2 372亿，同比增长32%，占据收入39%；企业业务549亿，占比9%。

华为公司近两年业务情况表

（人民币百万元）	2017年	2016年	同比变动
运营商业务	297 828	290 561	2.50%
企业业务	54 948	40 666	35.10%
消费者业务	237 249	179 808	31.90%
其他	13 586	10 539	28.90%
合计	603 621	521 574	15.70%

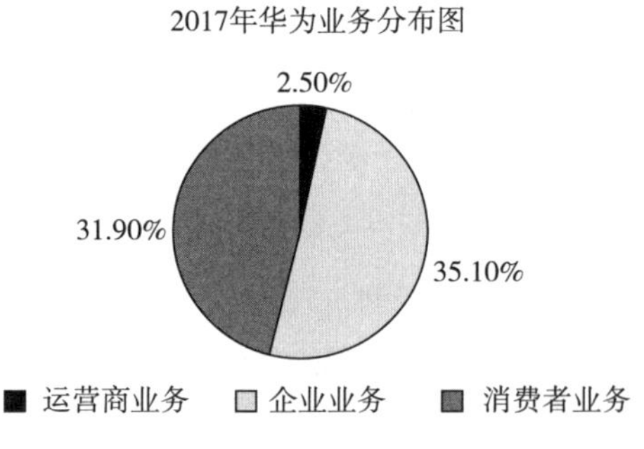

显而易见，运营商业务在2017年几无增长。而华为的手机业务则在2018年继续高增长，从2017年的出货量1.53亿台，收入2 360亿元，增长超过50%，出货量突破两亿台，收入超过500亿美元。华为2018年公司预计实现销售收入1 085亿美元，同比增长21%，手机业务已成为华为的主要业务。

2004年华为终端公司正式成立，2005年获得了生产资质，但也只生产定制机，不面向个人消费者。华为在2008年时，甚至想把手机业务卖掉，只是遇上了金融危机，并没有成功，于是继续自己生产定制机。

这一生产就生产到2009年，随着IOS和安卓系统的争斗，华为也跟上步伐在西班牙的“世界移动通信大会”上首次展示了其首款安卓智能手机。2010年华为手机的销量只有300万台。

华为手机真正的突破来自2011年。当iPhone和安卓系统都大获成功时，华为终于意识到手机市场可能是一个前所未有的大市场，于是把原来欧洲总裁余承东拉过来负责手机，并坚定地认为一定要面向消费者做手机，而不是面向运营商做手机。这也就拉开了和中兴手机的差距，要知道在此之前，华为的老对手中兴手机论销量还是国产手机第一。但基本只做运营商市场的中兴手机因为远离消费者市场，现在已经基本被人遗忘了。而华为手机却做出了500亿美元的收入。

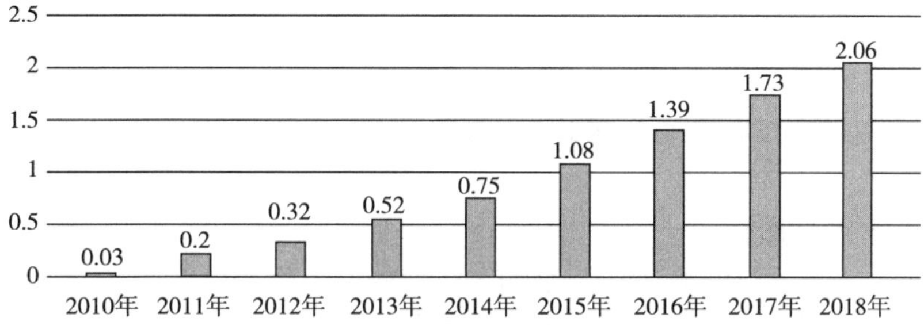

2010～2018年华为手机销量（亿台）

近日在接受外媒CNBC采访时，任正非透露，华为2019年的收入目标为1 250亿美元（约合人民币8 450亿元），这也是华为第一次公开提出2019年新目标，同比2018年增长大约15%。

同2018年的1 085亿美元收入相比，华为的收入增长目标显然是要依靠手机业务的，手机业务在华为2019年收入中的占比会接近60%。

（资料来源：https：//baijiahao. baidu. com/s? id＝1624498452071269606）

分析： 1. 你认为近几年来华为手机为什么能发展如此迅速？

2. 在中国经济融入全球化的时代，一个优秀的企业需要有全球性的战略精髓才能发奋图强，你认为华为是如何一步步走向国际化的舞台成为民族品牌的？

3. 在经济全球化的背景下，作为当代大学生该如何面临这种挑战和机遇？

项目活动五　上市公司常用财务指标

工作情景

如果衡阳梦幻电器有限公司为一家上市公司，要研究和分析该公司的经营态势和发展前景。

思考：评价上市公司经营业绩和财务状况的常用财务指标有哪些？

理论知识

一、每股收益

每股收益是综合反映企业盈利能力的重要指标，可以用来判断和评价管理层的经营业绩。

（一）基本每股收益

$$基本每股收益 = \frac{归属于公司普通股股东的净利润}{发行在外的普通股加权平均数}$$

（二）稀释每股收益

企业存在稀释性潜在普通股时，应当计算稀释每股收益。潜在普通股主要包括：可转换公司债券、认股权证和股份期权等。

（1）可转换公司债券。对于可转换公司债券，计算稀释每股收益时，分子的调整项目为可转换公司债券当期已确认为费用的利息等的税后影响额；分母的调整项目为假定可转换公司债券当期期初或发行日转换为普通股的股数加权平均数。

（2）认股权证和股份期权。认股权证、股份期权等的行权价格低于当期普通股平均市场价格时，应当考虑其稀释性。

计算稀释每股收益时，作为分子的净利润金额一般不变；分母的调整项目为增加的普通股股数，同时还应考虑时间权数。

行权价格和拟行权时转换的普通股股数，按照有关认股权证合同和股份期权合约确定。公式中的当期普通股平均市场价格，通常按照每周或每月具有代表性的股票交易价格进行简单算术平均计算。在股票价格比较平稳的情况下，可以采用每周或每月股票的收盘价作为代表性价格；在股票价格波动较大的情况下，可以采用每周或每月股票最高价与最低价的平均值作为代表性价格。无论采用何种方法计算平均市场价格，一经确定，不得随意变更，除非有确凿证据表明原计算方法不再适用。当期发行认股权证或股份期权的，普通股平均市场价格应当自认股权证或股份期权的发行日起计算。

【例7-11】假设衡阳梦幻电器有限公司2019年7月1日按面值发行年利率3%的

可转换公司债券，面值 10 000 万元，期限为 5 年，利息每年末支付一次，发行结束一年后可以转换股票，转换价格为每股 5 元，即每 100 元债券可转换为 1 元面值的普通股 20 股。2019 年该公司归属于普通股股东的净利润为 30 000 万元，2019 年发行在外的普通股加权平均数为 40 000 万股，债券利息不符合资本化条件，直接计入当期损益，所得税税率 25%。假设不考虑可转换公司债券在负债成分和权益成分之间的分拆，且债券票面利率等于实际利率。

要求： 计算该公司稀释每股收益为多少？

解：

基本每股收益 $=\dfrac{30\ 000}{40\ 000}=0.75$（元）

假设全部转股，所增加的净利润 $=10\ 000\times3\%\times\dfrac{6}{12}\times(1—25\%)=112.5$（万元）

假设全部转股，所增加的年加权平均普通股股数 $=\dfrac{10\ 000}{100}\times20\times\dfrac{6}{12}=1\ 000$（万股）

增量股的每股收益 $=\dfrac{112.5}{1\ 000}=0.1125$（元）

增量股的每股收益小于原每股收益，可转换债券具有稀释作用。

稀释每股收益 $=\dfrac{30\ 000+112.5}{40\ 000+1\ 000}\approx0.73$（元）

在分析每股收益指标时，应注意企业利用回购库存股的方式减少发行在外的普通股股数，使每股收益简单增加。另外，如果企业将盈利用于派发股票股利或配售股票，就会使企业流通在外的股票数量增加，这样将会大量稀释每股收益。在分析上市公司公布的信息时，投资者应注意区分公布的每股收益是按原始股股数还是按完全稀释后的股份计算规则计算的，以免受到误导。

对投资者来说，每股收益是一个综合性的盈利概念，能比较恰当地说明收益的增长或减少。人们一般将每股收益视为企业能否成功地达到其利润目标的计量标志，也可以将其看成判断一家企业管理效率、盈利能力和股利来源的标志。

每股收益这一财务指标在不同行业、不同规模的上市公司之间具有相当大的可比性，因而在各上市公司之间的业绩比较中被广泛地加以引用。此指标越大，盈利能力越好，股利分配来源越充足，资产增值能力越强。

二、每股股利

每股股利是股利总额与普通股股份数的比值。

$$每股股利=\frac{现金股利总额-优先股股利}{发行在外的普通股股数}$$

在公司分配方案的公告中每股股利通常表述为“每 10 股发放现金股利 xx 元”，所以投资者需要将分配方案中的现金股利再除以 10 才可以得到每股股利。此外，如果公司一年中有两次股利发放，需要将两次股利相加后除以总股本得出年度每股股利。

每股股利反映的是上市公司每一普通股获取股利的大小。每股股利越大，则企业股本获利能力就越强；每股股利越小，则企业股本获利能力就越弱。但须注意，上市公司每股股利发放多少，除了受上市公司获利能力大小影响以外，还取决于企业的股利发放政策。如果企业为了增强企业发展的后劲而增加企业的公积金，则当前的每股股利必然会减少；反之，则当前的每股股利会增加。

反映每股股利和每股收益之间关系的一个重要指标是股利发放率，即每股股利分配额与当期的每股收益之比。借助于该指标，投资者可以了解一家上市公司的股利发放政策。

三、市盈率

市盈率是股票每股市价与每股收益的比率。

$$市盈率 = \frac{每股市价}{每股收益}$$

【例 7－12】 假设衡阳梦幻电器有限公司 2018 年末每股市价 30.4 元。要求：计算该公司 2018 年末市盈率为多少？

解：$市盈率 = \frac{30.4}{1.06} = 28.75$（倍）

一方面，市盈率越高，意味着企业未来成长的潜力越大，投资者对该股票的评价越高，反之，投资者对该股票评价越低。另一方面，市盈率越高，说明投资于该股票的风险越大；市盈率越低，说明投资于该股票的风险越小，当然还要结合公司相处的行业进行分析。

影响企业股票市盈率的因素有：第一，上市公司盈利能力的成长性。如果上市公司预期盈利能力不断提高，说明企业具有较好的成长性，虽然目前市盈率较高，也值得投资者进行投资。第二，投资者所获报酬率的稳定性。如果上市公司经营效益良好且相对稳定，则投资者获取的收益也较高且稳定，投资者就愿意持有该企业的股票，则该企业的股票市盈率会由于众多投资者的普通看好而相应提高。第三，市盈率也受到利率水平变动的影响。当市场利率水平变化时，市盈率也应做相应的调整。在股票市场的实务操作中，利率与市盈率之间的关系常用如下公式表示：

$$市场平均市盈率 = \frac{1}{市场利率}$$

所以，上市公司的市盈率一直是广大股票投资者进行中长期投资的重要决策指标。

对于因送红股、公积金转增股本、配股造成股本总数比上一年年末数增加的公司，其每股税后利润按变动后的股本总数予以相应摊薄。

四、每股净资产

每股净资产，又称每股账面价值，是指企业净资产与发行在外的普通股股数之间的比率。

$$每股净资产 = \frac{股东权益总额}{发行在外的普通股股数}$$

每股净资产显示了发行在外的每一普通股股份所能分配的企业账面净资产的价值。这里所说的账面净资产是指企业账面上的资产减去负债后的余额，即股东权益总额。每股净资产指标反映了在会计期末每一股份在企业账面上到底值多少钱，它与股票面值、发行价值、市场价值乃至清算价值等往往有较大差距。

利用该指标进行横向和纵向对比，可以衡量上市公司股票的投资价值。如在企业性质相同、股票市价相近的条件下，某一企业股票的每股净资产越高，则企业发展潜力与其股票的投资价值越大，投资者所承担的投资风险越小。但是也不能一概而论，在市场投机气氛较浓的情况下，每股净资产指标往往不太受重视。投资者，特别是短线投资者注重股票市价的变动，有的企业的股票市价低于其账面价值，投资者会认为这个企业没有前景，从而失去对该企业股票的兴趣；如果市价高于其账面价值，而且差距较大，投资者会认为企业前景良好，有潜力，因而甘愿承担较大的风险购进该企业股票。

五、市净率

市净率是每股市价与每股净资产的比率，是投资者用以衡量、分析个股是否具有投资价值的工具之一。

$$市净率 = \frac{每股市价}{每股净资产}$$

【例 7－13】 假设衡阳梦幻电器有限公司 2018 年末每股市价 30.4 元。要求：计算该公司 2018 年末市盈率为多少？

解：$市净率 = \frac{30.4}{4.6} = 6.6$（倍）

净资产代表的是全体股东共同享有的权益，是股东拥有公司财产和公司投资价值最基本的体现，它可以用来反映企业的内在价值。一般来说，市净率较低的股票，投资价值较高；反之，则投资价值较低。但有时较低市净率反映的可能是提资者对公司前景的不良预期，而较高市净率则相反。因此，在判断某只股票的投资价值时，还要综合考虑当时的市场环境以及公司经营情况、资产质量和盈利能力等因素。

【例 7－14】 衡阳梦幻电器有限公司 2016～2018 年部分财务数据如下表所示：

（单位：元）

项目	2016.12.31	2017.12.31	2018.12.31
净利润	11 646 329	13 624 655	15 861 912
现金净流量	16 788 512	18 764 254	16 695 009
优先股股利	0	0	0
现金股利	8 000 000	8 800 000	15 000 000
股东权益	45 731 455	56 031 622	68 976 696
普通股股数	10 000 000	11 000 000	15 000 000
发行在外普通股的加权平均数	10 000 000	10 083 333	15 000 000

假设公司 2017 年 11 月 29 日发行 100 万新股，2018 年 2 月 8 日，经公司 2017 年度股东大会决议，以截止 2017 年末公司总股本为基础，向全体股东每 10 股送红股 4 股。

要求：计算该公司每股收益、每股现金流量、每股股利和每股净资产分别为多少？

解：

衡阳梦幻电器有限公司 2016 年度归属于普通股股东的净利润为 11 646 329 元，2016 年末的股本为 1 000 万股，2017 年 11 月 29 日发行新股 100 万股。

解：2017 年基本每股收益 $=\dfrac{11\ 646\ 329}{10\ 000\ 000+1\ 000\ 000\times 1/12}\approx 1.35$（元/股）

衡阳梦幻电器有限公司 2017 年度归属于普通股股东的净利润为 13 624 655 元，2017 年末的股本为 1 100 万股，2018 年 2 月 8 日，经公司 2017 年度股东大会决议，以截止 2017 年末公司总股本为基础，向全体股东每 10 股送红股 4 股，工商注册登记变更完成后公司总股本变为 1 500 万股。

解：2018 年基本每股收益 $=\dfrac{13\ 624\ 655}{10\ 000\ 000+4\ 000\ 000}\approx 1.06$（元/股）

该公司每股收益、每股现金流量、每股股利和每股净资产计算如下表所示：

项目	2016. 12. 31	2017. 12. 31	2018. 12. 31
每股收益	1. 16	1. 35	1. 06
每股现金流量	1. 19	0. 58	0. 04
每股股利	0. 8	0. 8	1. 0
每股净资产	4. 57	5. 09	4. 60

思政理念：四个自信之制度自信

制度自信是对中国特色社会主义制度具有制度优势的自信。坚持制度自信就是要相信社会主义制度具有巨大优越性，相信社会主义制度能够推动发展、维护稳定，能够保障人民群众的自由平等权利和人身财产权利。

2019 年我们喜迎中华人民共和国成立 70 周年，70 年披荆斩棘，70 年风雨兼程，中国共产党团结带领亿万人民创造了新中国波澜壮阔、惊天动地的历史，用短短 70 年走过了西方发达国家几百年才走完的道路，在政治、文化、社会、生态等方面都获得了全方位的发展。

70 年来的实践充分证明，作为我国一项基本政治制度，中国共产党领导的多党合作和政治协商制度是中国共产党、中国人民和各民主党派、无党派人士的伟大政治创造，是从中国土壤中生长出来的新型政党制度，不仅符合当代中国实际，而且符合中华民族一贯倡导的天下为公、兼容并蓄、求同存异等优秀传统文化，是对人类政治文明的重大贡献，以大团结大联合奠定了新中国 70 年民主政治的基础，推动实现了广泛有效的人民民主，凝聚起了海内外中华儿女实现中华民族伟大复兴中国梦的智慧和磅礴力量。

（资料来源：http：//www. 93. gov. cn/html/93gov/zt/jg70th/zwxd/190813199729798584. html）

实务训练

1. 假设衡阳梦幻电器有限公司 2015 年发行在外的股数为 1 000 万股，年初的股东权益总额为 600 万元，年资本保值增值率 1.2。2018 年年初的负债总额 400 万元，股东权益是负债总额的 3 倍，2018 年资本积累率 50%，2018 年年末的资产负债率 60%，负债的年均利率为 8%。2018 年该公司的固定成本总额 170 万元，实现净利润 308.2 万元，每股市价为 15.5 元，该公司所得税税率为 25%。

要求： 1. 计算该公司 2015 年年末的股东权益总额和每股净资产。

2. 计算该公司 2018 年年初的股东权益总额、年初的资产负债率。
3. 计算该公司 2018 年年末的股东权益总额、负债总额、产权比率。
4. 计算该公司 2018 年息税前利润、总资产报酬率、净资产收益率、每股收益、市盈率、已获利息倍数、三年资本平均增长率。

2. 从网上查找格力和海尔 2018 年报表，计算两个企业的上市公司常用财务指标，并分析按现在的股价是否具有投资价值。

思维培养

2020 年 4 月 2 日，瑞幸咖啡公告披露，一项内部调查发现其首席运营官伪造了 2019 年销售额约 22 亿元（约合 3.1 亿美元）。瑞幸咖啡自曝财务造假瞬间引发股价崩塌，其中盘中六次熔断，最终跌幅超过 75%。

思考： 企业财务数据造假会给企业自身和社会带来什么样的影响？

案例分析

哪些上市公司热衷分红派现呢？

据 Wind 数据显示，共有 2602 家上市公司在 2018 年度报告期实施或公布了分红预案，占 A 股总数的约 72.95%。相比 2017 年度的 79.68% 下降了 7.03 个百分点。其中，2 583 家公司累计派发现金“红包” 11 520.93 亿元（税前），相比 2017 年的 11 115.26 亿元同比增长 3.65%。

从行业来看，热衷派发“红包”的公司主要集中在化工行业，共有 228 家公司拟进行现金分红，累计分红金额为 679.12 亿元。此外，机械设备、医药生物、电子、计算机、汽车等行业上市公司集中派现也比较多，去年拟进行现金分红的公司数量都超过 130 家。从派现数额来看，去年 A 股每股派现的平均值为 0.1956 元，大部分仍居于 0.1 – 1 元之间，累计达 1 478 家，占比 57.22%。贵州茅台（1 127.010，4.68，0.42%）连续九年蝉联“分红王”，每 10 股现金分红 145.39 元。

一般而言，上市公司要进行分红派现的话，自身需要有收入和利润，但是爱施德、平庄能源等9家公司去年亏损仍选择了现金分红，还有107家公司拟分红金额超过了净利润。

除了慷慨分红的公司，也有一些“铁公鸡”继续一毛不拔。目前在A股市场，有28家公司上市以来从未分红，其中最长的金杯汽车1992年上市，至今已27年。

（资料来源：https：//m. hexun. com/news/2019 - 04 - 11/196789937. html）

分析： 你认为高分红的公司一定是有发展潜力的企业吗？你如何看待上市公司长期不分红的现象？

工作任务三　财务综合指标分析

任务描述

通过学习，学生了解到财务分析的最终目的在于全方位地了解企业经营理财的状况，并对企业经济效益的优劣做出系统的合理的评价。要想对企业财务状况和经营成果有一个总的评价，就必须进行相互关联的分析，采用适当的标准进行综合性评价。

工作情景

年底将至，李梦幻需要对衡阳梦幻电器有限公司整个生产经营情况做出合理的评价。

思考：如何利用财务综合指标对该公司的生产经营情况做出合理的评价？

理论知识

一、财务综合指标分析的概念

（一）概念

财务分析的最终目的在于全方位地了解企业经营的状况，并借以对企业经济效益的优劣做出系统的合理评价。单独分析任何一项财务指标，都难以全面评价企业的财务状况和经营成果，所谓财务综合指标分析就是将营运能力、偿债能力、盈利能力和发展能力等诸方面的分析纳入一个有机的整体之中，全面地对企业经营状况、财务状况进行揭示与披露，从而对企业经济效益的优劣做出准确的评价与判断。

（二）特点

综合指标分析的特点体现在其财务指标体系的要求上，一个健全有效的综合财务指标体系必须具备三个基本要素。

1. 指标要素齐全适当

这是指所设置的评价指标必须能涵盖企业运营能力、偿债能力和盈利能力等诸方面总体考核的要求。

2. 主辅指标功能匹配

这里要强调两个方面：第一，在确立运营能力、支付能力和盈利能力诸方面评价的主要指标与辅助指标的同时，进一步明晰总体结构中各项指标的主辅地位；第二，不同范畴的主要考核指标所反映的企业经营状况、财务状况的不同侧面与不同层次的信息有机统一，应当能够全面而详实地揭示出企业经营理财的实绩。

3. 满足多方信息需要

这要求评价指标体系必须能够提供多层次、多角度的信息资料，既能满足企业内部管理当局实施决策对充分而具体的财务信息的需要，又能满足外部投资者和政府凭以决策和实施宏观调控的要求。

二、综合指标分析方法

（一）杜邦财务分析体系

杜邦分析法，又称杜邦财务分析体系，简称杜邦体系，是利用各主要财务比率指标间的内在联系，对企业财务状况及经济效益进行综合系统分析评价的方法。该体系是以净资产收益率为起点，以总资产净利率和权益乘数为核心，重点揭示企业获利能力及权益乘数对净资产收益率的影响，以及各相关指标间的相互影响作用关系。因其最初由美国杜邦企业成功应用，故得名。

杜邦分析法将净资产收益率（权益净利率）分解如图 7－1 所示。其分析关系式为：

$$净资产收益率=总资产净利率\times 权益乘数=营业净利率\times 总资产周转率\times 权益乘数$$

$$其中：营业净利率=\frac{净利润}{营业收入}$$

$$总资产周转率=\frac{营业收入}{平均资产总额}$$

$$权益乘数=\frac{资产总额}{所有者权益总额}=\frac{1}{1-资产负债率}$$

在具体运用杜邦体系进行分析时，可以采用前文所述的因素分析法，首先确定营业净利率、总资产周转率和权益乘数的基准值，然后顺次代入这三指标的实际值，分别计算分析这三个指标的变动对净资产收益率的影响方向和程度，还可以使用因素分析法进一步分解各个指标并分析其变动的深层次的原因，找出解决方法。

运用杜邦分析法需要注意以下几点：

（1）净资产收益率是一个综合性最强的财务分析指标，是杜邦分析体系的起点。

财务管理的目标之一是使股东财富最大化，净资产收益率反映了企业所有者投入资本的获利能力，说明了企业筹资、投资、资产营运等各项财务及其管理活动的效率，而不断提高净资产收益率是使所有者权益最大化的基本保证。所以，这一财务分析指标是企业所有者、经营者都十分关心的。而净资产收益率高低的决定因素主要有三个，即销售净利率、总资产周转率和权益乘数。这样，在进行分解之后，就可以将净资产收益率这一综合性指标升降变化的原因具体化，从而它比只用一项综合性指标更能说明问题。

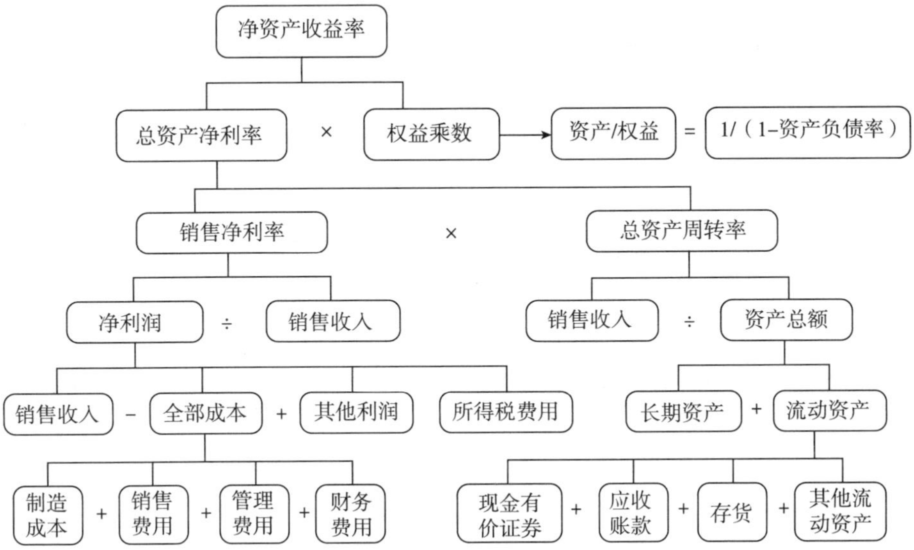

图 7－1　杜邦分析图

注：①本章销售净利率即营业净利率，销售收入即营业收入，销售费用即营业费用。

②上图中有关资产、负债与权益指标通常用平均值计算。

（2）销售净利率反映了企业净利润与销售收入的关系，它的高低取决于销售收入与成本总额的高低。

要想提高销售净利率，一要扩大销售收入，二要降低成本费用。扩大销售收入既有利于提高销售净利率，又有利于提高总资产周转率。降低成本费用是提高销售净利率的一个重要因素，从杜邦分析图可以看出成本费用的基本结构是否合理，从而找出降低成本费用的途径和加强成本费用控制的办法。如果企业财务费用支出过高，就要进一步分析其负债比率是否过高；如果管理费用过高，就要进一步分析资金周转情况等等。从图 7－1 中还可以看出，提高销售净利率的另一途径是提高其他利润。为了详细地了解企业成本费用的发生情况，在具体列示成本总额时，还可根据重要性原则，将那些影响较大的费用单独列示，以便为寻求降低成本的途径提供依据。

（3）影响总资产周转率的一个重要因素是资产总额。

资产总额由流动资产与长期资产组成，它们的结构合理与否将直接影响资产的周转速度。一般来说，流动资产直接体现企业的偿债能力和变现能力，而长期资产则体现了企业的经营规模、发展潜力。两者之间应该有一个合理的比例关系。如果发现某项资产比重过大，影响资金周转，就应深入分析其原因，例如企业持有的货币资金超过业务需要，就会影响企业的盈利能力；如果企业占有过多的存货和应收账款，则既会影响获利能力，又会影响偿债能力。因此，还应进一步分析各项资产的占用数额和周转速度。

（4）权益乘数主要受资产负债率指标的影响。

资产负债率越高，权益乘数就越高，说明企业的负债程度比较高，给企业带来了较多的杠杆利益，同时，也带来了较大的风险。

【例 7－15】 假设衡阳梦幻电器有限公司 2017～2018 年部分财务数据如下表所示：

（单位：万元）

年度	净利润	销售收入	平均资产总额	平均负债总额	全部成本	制造成本	销售费用	管理费用	财务费用
2017	2 400	18 800	19 700	4 700	14 600	11 980	1 620	800	200
2018	2 520	21 200	22 435	6 050	16 800	13 600	1 900	1 000	300

基本财务比率

年度	2017 年	2018 年
净资产收益率	16. 38%	15. 54%
权益乘数	1. 35	1. 39
资产负债率	25. 84%	27. 95%
总资产净利率	12. 13%	11. 18%
销售净利率	12. 77%	11. 89%
总资产周转率（次）	0. 95	0. 94

要求： 分析该公司净资产收益率变化的原因。

解：

（1）对净资产收益率的分析。

该企业的净资产收益率在 2017 年至 2018 年略有下降。从 2017 年的 16. 38% 减少至 2018 年的 15. 54%。企业的投资者在很大程度上依据这个指标来判断是否投资或是否转让股份，考察经营者业绩和决定股利分配政策。这些指标对企业的管理者也至关重要。

净资产收益率 ＝ 权益乘数 × 总资产净利率

2017 年：16. 38% ＝1. 35 ×12. 13%

2018 年：15. 54% ＝1. 39 ×11. 18%

通过分解可以明显地看出，该企业净资产收益率的变动在于资本结构（权益乘数）变动和资产利用效果（总资产净利率）变动两方面共同作用的结果。

（2）对总资产净利率的分析。

总资产净利率 ＝ 销售净利率 × 总资产周转率

2017 年：12. 13% ＝12. 77% ×0. 95

2018 年：11. 18% ＝11. 89% ×0. 94

通过分解可以看出 2018 年该企业的总资产周转率略有下降，说明资产的利用效果有些下降，表明该企业利用其总资产产生销售收入的效率在减少。总资产周转率下降的同时引起了销售净利率的减少，两方面共同阻碍了总资产净利率的增加。

（3）对销售净利率的分析。

$$销售净利率 = \frac{净利润}{销售收入}$$

2017 年：12.77% =2 400 ÷18 800

2018 年：11.89% =2 520 ÷21 200

该企业 2018 年销售收入有所提高，但是净利润的提高幅度却很小，分析其原因是成本费用增多，从资料中可知：全部成本从 2017 年的 14 600 万元增加到 2018 年的 16 800 万元，比销售收入的增加幅度要大 2.29%。

（4）对全部成本的分析。

全部成本 = 制造成本 + 销售费用 + 管理费用 + 财务费用

2017 年：14 600 =11 980 +1 620 +800 +200

2018 年：16 800 =13 600 +1 900 +1 000 +300

本例中，导致该企业净资产收益率小的主要原因是全部成本过大。也正是因为全部成本的大幅度提高导致了净利润提高幅度不大，而销售收入大幅度增加，就引起了销售净利率的降低，显示出该企业销售盈利能力的降低。资产净利率的下降主要是因为总资产周转率略有下降，加上销售净利率减少，两方面共同影响净资产收益率的降低。

（5）对权益乘数的分析。

$$权益乘数 = \frac{资产总额}{权益总额}$$

$$2017 年：1.35 = \frac{20\ 900}{20\ 900 - 5\ 400}$$

$$2018 年：1.39 = \frac{23\ 970}{23\ 970 - 6\ 700}$$

该企业的权益乘数增加，说明企业的资本结构在 2017 年至 2018 年发生了变动，2018 年的权益乘数较 2017 年有所增加。权益乘数越大，企业负债程度越高，偿还债务能力下降，财务风险提高。这个指标同时也反映了财务杠杆对利润水平的影响。该企业的权益乘数一直处于 1 ~2 之间，也即负债率低于 50%，属于保守型企业。管理者应该准确把握企业所处的环境，准确预测利润，合理利用财务杠杆的作用。

（6）结论。对于该企业，最为重要的就是要努力降低各项成本，在控制成本上下功夫，同时要保持较高的总资产周转率。这样，可以使销售净利率得到提高，进而使总资产净利率有较大的提高。

（二）沃尔比重评分法

沃尔比重评分法是指将选定的财务比率用线性关系结合起来，并分别给定各自的分数比重，然后通过与标准比率进行比较，确定各项指标的得分及总体指标的累计分数，从而对企业的信用水平做出评价的方法。

企业财务综合分析的先驱者之一是亚历山大·沃尔。他在20世纪初出版的《信用晴雨表研究》和《财务报表比率分析》中提出了信用能力指数的概念，他把若干个财务比率用线性关系结合起来，以此来评价企业的信用水平，被称为沃尔评分法。他选择了七种财务比率，将流动比率、产权比率、固定资产比率、存货周转率、应收账款周转率、固定资产周转率、自有资金周转率七个指标用线性关系结合起来，分别给定了其在总评价中所占的比重，总和为100分；然后，确定标准比率，并与实际比率相比较，评出每项指标的得分，求出总评分。

【例7－16】 假设衡阳梦幻电器有限公司2018年的财务状况评分的结果如下表所示：

沃尔综合评分表

财务比率	比重 1	标准比率 2	实际比率 3	相对比率 4＝3÷2	综合指数 5＝1×4
流动比率	25	2.00	1.66	0.83	20.75
净资产/负债	25	1.50	2.39	1.59	39.75
资产/固定资产	15	2.50	1.84	0.736	11.04
销售成本/存货	10	8	9.94	1.243	12.43
销售收入/应收账款	10	6	8.61	1.435	14.35
销售收入/固定资产	10	4	0.55	0.1375	1.38
销售收入/净资产	5	3	0.40	0.133	0.67
合计	100				100.37

从上表可知，该企业的综合指数为100.37，总体财务状况是不错的，综合评分达到标准的要求。但由于该方法技术上的缺陷，夸大了达到标准的程度。尽管沃尔评分法在理论上还有待证明，在技术上也不完善，但它还是在实践中被广泛地加以应用。

沃尔评分法从理论上有一个弱点，就是未能证明为什么要选择这七个指标，而不是更多或更少，或者选择别的财务比率，以及未能证明每个指标所占比重的合理性。沃尔的分析法从技术上讲有一个问题，就是当某一个指标严重异常时，会对综合指数产生不合逻辑的重大影响。这个缺陷是由相对比率与比重相“乘”而引起的。财务比率提高50%，其综合指数增加100%；而财务比率缩小50%，其综合指数仅减少50%。

现代社会与沃尔的时代相比，已有很大的变化。一般认为企业财务评价的内容首先是盈利能力，其次是偿债能力，再次是成长能力，它们之间大致可按5∶3∶2的比重来分配。盈利能力的主要指标是总资产报酬率、销售净利率和净资产收益率，这三个指标可按2∶2∶1的比重来安排。偿债能力有四个常用指标。成长能力有三个常用指标（都是本年增量与上年实际量的比值）。假定仍以100分为总评分。

【例7－17】 承【例7－16】，以电器企业的标准值为评价基础，则其综合评分标准如下表所示：

综合评分表

指标	评分值	标准比率（%）	行业最高比率（%）	最高评分	最低评分	每分比率的差
盈利能力：						
总资产报酬率	20	5.5	15.8	30	10	1.03
销售净利率	20	26.0	56.2	30	10	3.02
净资产收益率	10	4.4	22.7	15	5	3.66
偿债能力：						
自有资本比率	8	25.9	55.8	12	4	7.475
流动比率	8	95.7	253.6	12	4	39.475
应收账款周转率	8	290	960	12	4	167.5
存货周转率	8	800	3 030	12	4	557.5
成长能力：						
销售增长率	6	2.5	38.9	9	3	12.13
净利增长率	6	10.1	51.2	9	3	13.7
总资产增长率	6	7.3	42.8	9	3	11.83
合计	100			150	50	

标准比率以本行业平均数为基础，在给每个指标评分时，应规定其上限和下限，以减少个别指标异常对总分造成不合理的影响。上限可定为正常评分值的1.5倍，下限可定为正常评分值的0.5倍。此外，给分不是采用“乘”的关系，而采用“加”或“减”的关系来处理，以克服沃尔评分法的缺点。例如，总资产报酬率每分比率的差为1.03% =（15.8% －5.5%）÷（30分－20分）。总资产报酬率每提高1.03%，多给1分，但该项得分不得超过30分。

根据这种方法，对该企业的财务状况重新进行综合评价，得124.94分（如下表），属于中等略偏上水平。

财务情况评分表

指标	实际比率 1	标准比率 2	差异 3 =1 －2	每分比率 4	调整分 5 =3 ÷4	标准评分值 6	得分 7 =5 +6
盈利能力：							
总资产报酬率	10	5.5	4.5	1.03	4.37	20	24.37
销售净利率	33.54	26.0	7.54	3.02	2.50	20	22.50
净资产收益率	13.83	4.4	9.43	3.66	2.58	10	12.58

续表

指标	实际比率 1	标准比率 2	差异 3 = 1 − 2	每分比率 4	调整分 5 = 3 ÷ 4	标准评分值 6	得分 7 = 5 + 6
偿债能力：							
自有资本比率	72.71	25.9	46.81	7.475	6.26	8	14.26
流动比率	166	95.7	70.3	39.475	1.78	8	9.78
应收账款周转率	861	290	571	167.5	3.41	8	11.41
存货周转率	994	800	194	557.5	0.35	8	8.35
成长能力：							
销售增长率	17.7	2.5	15.2	12.13	1.25	6	7.25
净利增长率	−1.74	10.1	−11.84	13.7	−0.86	6	5.14
总资产增长率	46.36	7.3	39.06	11.83	3.30	6	9.30

思政理念：四个自信之文化自信

文化自信是对中国特色社会主义文化先进性的自信。坚持文化自信就是要激发党和人民对中华优秀传统文化的历史自豪感，在全社会形成对社会主义核心价值观的普遍共识和价值认同。

1927 年 1 月，著名会计学家、教育家潘序伦在上海创办会计师事务所，借用《论语》中“民无信不立”之意，将其定名为“立信会计师事务所”。1980 年 8 月，潘序伦、马一行、顾树桢等 11 位社会经济界著名人士联名倡议复办立信会计专科学校。潘序伦为学校复办捐出一生积蓄，设立潘序伦奖学金，将存书与出书版税全部投入会计教育。

上海立信会计金融学院坚持弘扬诚信文化育人，谱写信用中国精神，传承诚信文化基因，凝练“诚信为本，学验并重”的办学特色，逐步优化完善“六环节、六目标”诚信教育体系。诚信是立信文化的灵魂和精髓，集中体现了立信人对科学道德的态度，对学风的追求和对社会责任的坚守。

（资料来源：https：//baike.so.com/doc/23864029－24421453.html）

实务训练

1. 根据万科和佛山照明 2019 年的会计报表，绘制两个企业的杜邦分析图，并分析两个企业的差异及原因。

2. 某公司有关资料如下表。

单位：万元

	2017 年	2018 年	2019 年
净利润		3 600	3 780
主营业务收入净额		28 000	30 000
年末资产总额	28 000	30 000	35 000
年末股东权益总额	19 500	22 000	25 000
年末普通股股数	18 000	18 000	18 000
普通股平均股数		18 000	18 000

假定 2018 年、2019 年每股市价均为 4.8 元。

要求： 1. 分别计算 2018 年、2019 年的如下指标（要求所涉及的资产负债表的数均取平均数）：①主营业务净利率；②总资产周转率；③权益乘数；④平均每股净资产；⑤每股收益；⑥市盈率。

2. 用连环替代法分析主营业务净利率、总资产周转率、权益乘数和平均每股净资产各个因素对每股收益指标的影响。

思维培养

科创板在 2019 年迅速推进，成为资本市场年内的最大亮点。7 月 22 日，科创板首批 25 家上市公司集体挂牌上市，意味着科创板正式开市。至今短短五个月内，已有 67 家企业登录科创板，总市值达到 8 416.43 亿元。

思考： 你认为在上交所设立科创板并试点注册制有何意义？

案例分析

格力和美的杜邦分析对比

50% 的负债率是分界线，70% 的负债率是警戒线。如果你不了解行业，你看到 99% 负债率的制造企业一定避之不及，而如今波音的资产负债率就有这么高。

而格力电器的负债率是 63.97%，美的集团负债率为 64.34%。难道美的和格力如此强大的公司也蕴含很大的风险？答案当然是需要看具体行业。格力电器的负债当中，99% 来自流动负债。但你会看到 1 600 亿流动负债当中只有 200 亿需要支付利息，其他都来自供应商。

所以对于比率，我们必须从行业分析切入数字比率，脱离行业玩不转。

对于比率，所有人最关心的当然是 ROE（净资产收益率），这简直是一个人人都会挂在嘴边的指标，但实际上，ROE 这个指标单纯来看没有实质意义。我们在考虑 ROE 的时候要关注两个层面：其一是，任何 ROE 都不能脱离股价而独立存在，也不可能脱离行业发展空间而独立存在。比如有些企业 ROE 很低，却是其股价市盈率的几百倍。再比如有些企业 ROE 很高，但行业有明显天花板。又或者 ROE 来自于企业多借钱，靠杠杆赚钱，有风险。

而对于 ROE 本身，我们依然是将其分解，而这些数字如今简单易得，下图来自于东方财富所做的格力电器的杜邦分析。

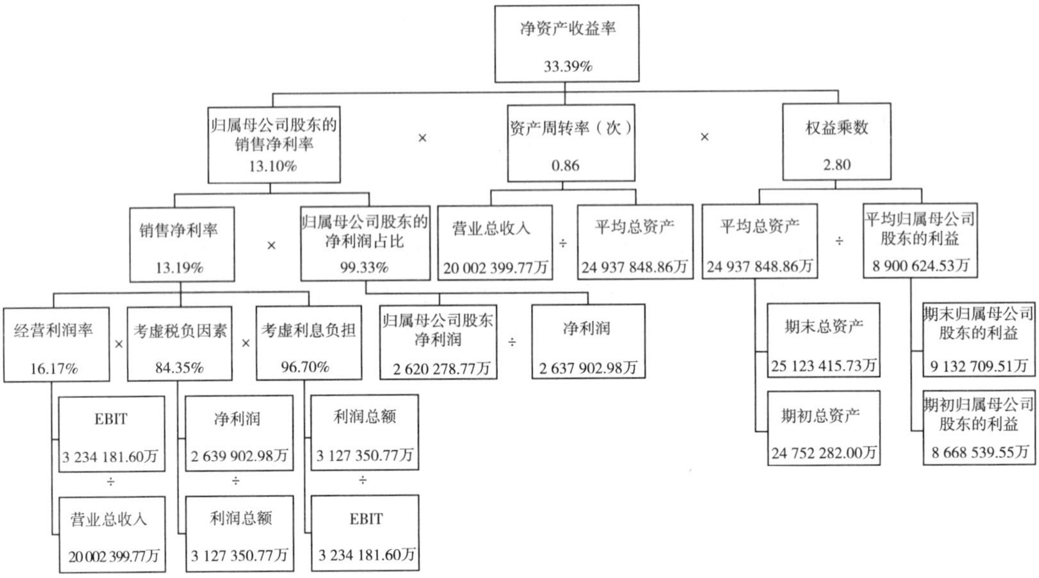

实际上 ROE 的分解就是宏观地看一个企业的财务数据，他的作用在于避免繁琐，净资产收益率被分解为销售净利率、总资产周转率和权益乘数。这三个指标分别代表着盈利能力，运营能力和债务融资能力。盈利能力代表产品竞争力，运营能力代表产销规模，而债务融资能力这部分说明企业是否通过借贷提高企业盈利。我们当然希望前两个指标高一些，杠杆率低一些。

而 ROE 最终的使用，必须结合比较，就他分解的这些数据，和历史比较，和同行业的其他企业来比较，比如，格力比较美的。下图是美的集团 2018 年的杜邦分析。

美的和格力的比较：

美的的权益乘数和总资产周转率高于格力，而美的 ROE 却低于格力，主要是格力销售利润率更高。也就是说格力电器的产品利润更高。这符合我们对两家企业的认知，因为美的的产品线更加广泛，空调行业格力的毛利率是 36% 的毛利，而且空调占了格力 77% 的营收份额。而美的大多数产品毛利率在 30% 左右。相对来说，格力比美的的盈利能力更强，但是受到空调行业景气度的影响也更加剧烈。

继而，如果杜邦分析还不能满足，你可以继续去具体科目金额上比较。当然是重要的科目，而不是那种细小的科目。比如货币资金方面，格力更加充裕，而销售费用方面，格力支出的更少（相对于营收的费用比率更低）。所以 2018 年格力各方面的表现大致上好于美的。

（资料来源：https：//chuansongme. com/account/cannes8118）

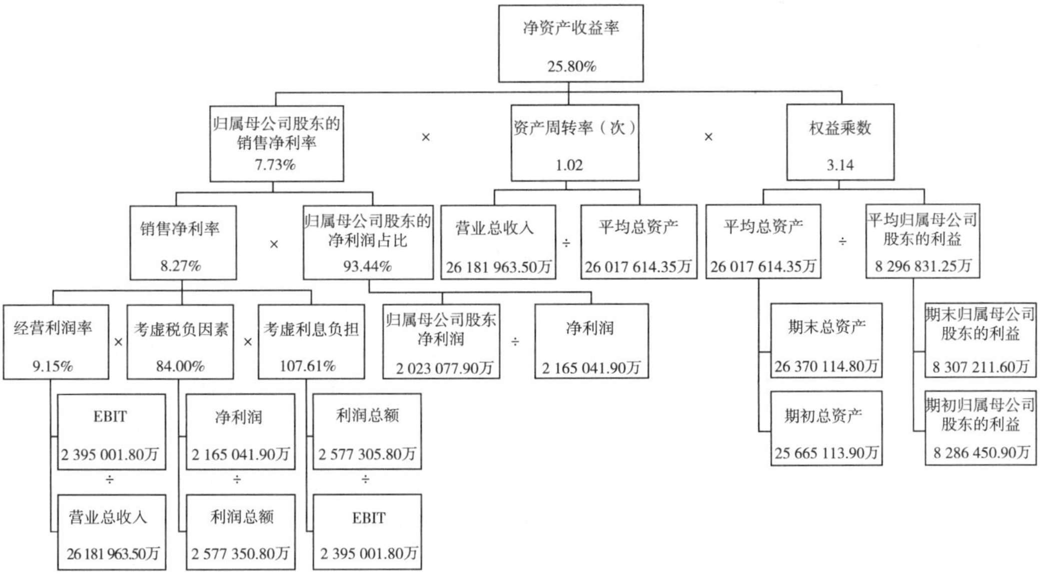

分析： 1. 上述案例中，如何通过杜邦分析法来全面分析两家企业的财务状况和经营成果？

2. 在同类企业完全竞争的情况下，每个企业是否应该秉承社会主义核心价值观进行良性竞争？

职业拓展

疫情引动财税审向数字化、智能化和云端化发展

新型冠状病毒肺炎疫情牵动着全世界亿万人的心。面对这场突如其来的考验，各方人员正在凝心聚力，共克时艰。作为中国会计领域从事会计信息化科学研究的专业机构，中国会计学会会计信息化专业委员会于2020年2月中旬组织部分委员，撰写了“抗疫中的会计信息化洞见”系列短文，试图从会计信息化的视角剖析这次抗疫过程中出现的新思维、新技术、新产品和新模式及其对会计行业的影响。现将该系列短文的主要观点归结如下，希望引发广大会计工作者对会计信息化事业发展的关注。

一、智能财务是企业重要发展方向

会计信息化专业委员会主任、上海国家会计学院副院长刘勤教授认为，此次“新冠”必将带动以“大智移云物区”等技术应用为特征的新数字经济的发展。其中，人工智能具有可以模拟、延伸和扩展人类智能的特点，不仅可以替代人类7×24小时不间断地完成一些计算类和程序类的工作，还可在复杂的场合模拟和延伸部分原本只有人类才具有的感知智能，甚至正在尝试模拟人类更高层次的认知智能。这些特点，使当前人工智能技术在类似病毒肆虐的高危场合部分替代人类工作成为可能，并已在本

次新冠疫病的诊疗和疫情的防控中取得有效运用。智能财务是企业重要的发展方向，对未来智能财务系统建设而言，可充分借鉴成熟的人工智能技术，挖掘更多的智能财务应用场景，简化系统配置，提高部署速度。

二、企业财税工作将逐渐移步云端

会计信息化专业委员会委员、用友网络科技股份有限公司产品总监任晓慧认为，本次疫情对财税工作的数字化、智能化、云端化等方面都将产生深远影响，包括无纸化、移动化、智能化报账实现财务与员工的在线连接，云端税务平台实现财务与税务的在线连接，上下游供应链协同实现财务与客户和供应商的在线连接，云端的银企直联实现财务与银行的在线连接，云端电子会计档案管理系统实现档案管理者和档案用户之间的在线连接。可见，借助云端化的财税云服务，实现财务与员工、客户和供应商、税务机构、金融机构、审计机构的在线连接，对财务人员的工作方式进行重塑，一方面解决了企业财税工作迫在眉睫的远程办公和业务协同问题，同时也为财税数智化转型打下了坚实基础，让财税工作为企业创造了更深层次的价值。

三、政府会计业务全程实现零接触

会计信息化专业委员会委员、安徽工业大学商学院汪家常教授认为，防控新冠疫情，需要行政事业单位会计业务全流程“零接触”，这不仅是防控疫情的权宜之计，更是提升行政事业单位会计信息化、自动化水平的根本之策，也迫使行政事业单位的会计信息系统朝一体化、数字化和智能化方向迈上更高台阶。但真正实现政府会计业务全流程“零接触”，如业务原始单据采集“零接触”、审批业务“零接触”、收付款业务“零接触”、项目评审与评价业务“零接触”等，却是一项长期而又艰巨的工作，首先需要行政事业单位管理系统的一体化，在此基础上进而实现业务过程的数字化和智能化。

四、信息化协同管理模式作用凸显

会计信息化委员会副主任委员、合肥工业大学朱卫东教授等认为，以大智移云物为代表的新一代信息化技术，成就了远程式、分散式的信息化协同管理模式。其中，人机协同解决了异地办公问题、业务链运转问题，而智能财务决策支持系统则解决了分析与决策协同问题，包括财务与运营监控协同、财务结果与原因追溯协同、财务风险识别与追踪协同等。智能财务决策支持系统以分析为中心，对数据进行全方位、立体式分析，可以实现核算、分析、预测、管控四位一体，具有实时性、交互性、可视性和操作性，体现穿透、联动、集成、高效等特点，可以实现财务报告标准化、信息网络化、决策智能化，进而提高集团型企业财务分析智能化水平。

五、大数据助力企业精准防控疫情

会计信息化专业委员会委员、浪潮集团副总裁魏代森认为，运用云计算、大数据等技术进行精确翔实的数据归集和分析，能够有效助力科学化战疫决策。围绕数据需求，从用户视角出发，将疫情数据以完整的、结构化的、及时的、细颗粒度的方式开放出来，并提供便捷的展示方式，不仅便于公众查找、获取和理解数据，也为各个单位提供了深化数据应用的途径，释放出数据的社会价值。如利用跨时空大数据融合共享技术支撑轨迹追踪预警分析，播报疫情实时更新数据以及时破除虚假消息，员工疫情预防信息上报以形成企业信息采集通道，移动端防疫日报助力管理者随时随地决策，监控云屏炫酷展现以快速提供决策支持等。

六、疫情引动审计数字化转型升级

会计信息化专业委员会委员、上海财经大学会计学院饶艳超副教授认为，“拥抱远程审计，引动审计数字化转型升级”是抗疫之战中组织面临的“危中之机”。远程审计，也称联网审计、在线审计、虚拟审计，是审计师将信息和通信技术与数据分析结合起来，以评估财务数据和内部控制的准确性，收集电子证据，并与客户进行互动的过程。远程审计的所有工作都不需要审计师亲自到客户现场执行，其优势在于节省时间金钱、避开不利现场、减少后勤工作、提升审计效率等，其障碍源于网络等技术问题、被审计方参与度问题、审计证据信任问题和审计师知识技能问题等。当前的信息和通信技术发展已经可以满足大多数审计流程中各工作阶段审计任务的远程审计需求。结合传统审计流程开展的远程审计，需要整个审计生态链上的所有参与者共同的理念转变、主动参与和支持推动，才能有效实施。远程审计未来将由与传统审计流程结合转向按需审计，即由持续风险监控和评估输出结果触发。

七、会计人员的网络学习资源丰富

会计信息化专业委员会副主任委员、华东理工大学胡仁昱教授认为，在当前防疫克艰的形势下，网络教育的优势特显。经过多年的培育，目前网络财会人员继续教育已趋成熟。为积极响应党中央、国务院关于新型冠状病毒感染肺炎疫情防控的部署要求，助力抗击新型冠状病毒的同时，帮助广大会计人员合理利用好弹性工作和居家隔离时间，提升会计专业水平和各类会计考试备考水平，全国各家会计网络教育平台积极响应国家的号召，充分发挥学科专业优势，开展多种形式的在线教学活动，纷纷推出防控疫情相关财务专题讲座和公益课程，为财务人员足不出户就能学习提供各种便利条件和服务。

八、大共享助推中小企业恢复运营

会计信息化专业委员会委员、华中师范大学经管学院教授李闻一等认为，新冠疫情的出现，给中小微企业复工带来巨大挑战，比如资金问题、员工返岗和流失问题、在线协调办公问题等，而大共享可助推中小企业在疫情期间恢复运营。大共享是指基于业财税融的服务要点，构建包含财务、税务、金融、人事、采购、IT 等模块的共享服务平台，为供应商、企业、客户、银行、税务、海关等提供产业链协同价值，提升政府部门、园区运营商和中小微企业服务响应能力。大共享，可帮助中小微企业快速对接财税金融政策，可为中小微企业提供在线办公解决方案，可帮助中小微企业解决员工就近招聘和灵活用工问题。

九、疫情催生企业数字化转型契机

会计信息化专业委员会委员、中兴新云总裁陈虎博士等认为：应对疫情带来的生存危机，催生出企业远程协同办公、信息化变革、数字化转型等契机，财务作为企业运营的重要支撑组织，在非常时期更需要积极应对，保证实时协同，支持业务运转，进行正常财务管理，做好现金流预测、收入预测、成本&费用预测，以及长期对行业的影响预测等工作，以财务的在线化、自动化和数字化转型，帮助企业渡过危机。中兴新云基于协同办公平台及FOL财务云系统平台迅速恢复工作，如协同办公实现零接触、高运转，公司培训实现练内功、促转型，费用报销实现移动化、智能化，收入&收款实现智能分类、自动确认，涉税业务实现在线化、自动化等。

十、数字化助力战略即兴能力发挥

会计信息化专业委员会委员、浪潮集团副总裁魏代森等认为：制定渐确定性下的临场应变策略，加强变革时代不确定性环境及事件管理态势下的企业持续经营和成长发展，是疫情当下企业需要重点思考的课题。疫情期间，为了应对员工防疫、用工闲置、线下营销困难、资金短缺、上下游断链等运营困境，企业纷纷开展了在家办公、远程协同、共享员工、线上营销、降低成本等一系列的即兴行为。疫情下企业的即兴行为，看似是为了解决燃眉之急的权宜之计，实则是组织对外部环境变化的及时回应，即企业战略即兴能力的发挥，这需要感知型、敏捷型组织支撑及数字化基础支撑。感知型、敏捷型组织是具有对环境的规模感知力，能够进行自动化分析，并快速形成商业决策能力、灵活快速执行战略的新型组织形式。打造企业数字化核心能力，主要包括企业数字化基础设施建设、数智化应用、大数据分析等。

（资料来源：https：//mp. weixin. qq. com/s/4I14K_9PBSxcRmV7uu7f4A）

课后训练

一、单项选择题

1. 企业所有者作为投资人，关心其资本的保值和增值状况，因此较为重视企业的（　　）。

A. 偿债能力　　B. 营运能力　　C. 盈利能力　　D. 发展能力

2. 说明企业财务状况或经营成果变动趋势的方法是（　　）。

A. 横向比较法　　B. 趋势分析法　　C. 预算差异分析法　　D. 比率分析法

3. 以下各项中，不属于比率指标的类型是（　　）。

A. 构成比率　　B. 环比动态比率　　C. 效率比率　　D. 相关比率

4. A 公司的流动资产由速动资产和存货组成，年末流动资产为 80 万元，年末流动比率为 2，年末速动比率为 1.2，则年末存货余额为（　　）万元。

A. 40　　B. 48　　C. 32　　D. 60

5. A 公司 2019 年年末资产总额为 6500 万元，产权比率为 5，则资产负债率为（　　）。

A. 83.33%　　B. 69.72%　　C. 82.33%　　D. 85.25%

6. 资产负债率越低，长期偿债能力越强，下列各项中，应适当降低资产负债率的是（　　）。

A. 营业周期短的企业　　B. 提高负债利息率

C. 流动资产所占比重较大的企业　　D. 兴旺期间的企业

7. A 公司 2019 年的营业收入为 6 000 万元，年初应收账款余额为 200 万元，年末应收账款余额为 800 万元，坏账准备按应收账款余额的 8% 计提。每年按 360 天计算，则该公司的应收账款周转天数为（　　）天。

A. 12　　B. 30　　C. 48　　D. 24

8. 下列各项中，不能反映流动资产营运能力的指标是（　　）。

A. 存货周转率　　B. 总资产周转率

C. 应收账款周转率　　D. 流动资产周转率

9. A 公司 2019 年流动资产平均余额为 200 万元，流动资产周转次数为 5 次，2019 年净利润为 420 万元，则 2019 年 A 公司营业净利率为（　　）。

A. 42%　　B. 30%　　C. 35%　　D. 28.25%

10. 杜邦财务分析体系的核心指标是（　　）

A. 总资产报酬率　　B. 总资产周转率

C. 净资产收益率　　D. 销售利润率

11. A 公司 2019 年年初所有者权益总额比 2018 年年初所有者权益总额增加 12%，年末所有者权益总额比 2018 年年末所有者权益总额增加 20%，本年没有影响所有者权益的客观因素，则该企业 2019 年的资本保值增值率比 2018 年的资本保值率提高了（　　）。

A. 1.67%　　B. 2%　　C. 7%　　D. 12%

12. 下列各项中，不会稀释公司每股收益的是（　　）。

A. 发行认股权证　　B. 发行短期融资券

C. 发行可转换公司债券　　D. 授予管理层股份期权

13. 下列关于营运能力分析的指标中，说法错误的是（　　）。

A. 一定时期内，流动资产周转天数越少，可相对节约流动资产，增强企业盈利能力

B. 一般来讲，存货周转速度越快，存货占用水平越低，流动性越强

C. 在一定时期内，应收账款周转次数多，表明企业收账缓慢

D. 在一定时期内，应收账款周转次数多，表明应收账款流动性强

14. 假设业务发生前速动比率等于 100%，偿还应付账款若干，将会（　　）。

A. 增大流动比率，不影响速动比率

B. 增大速动比率，不影响流动比率

C. 增大流动比率，也增大速动比率

D. 降低流动比率，也降低速动比率

15. 关于衡量短期偿债能力指标的说法正确的是（　　）。

A. 流动比率较高时说明企业有足够的现金或存款用来偿债

B. 如果速动比率较低，则企业没有能力偿还到期的债务

C. 与其他指标相比，用现金流动负债比率评价短期偿债能力更加谨慎

D. 现金流动负债比率 = 现金/流动负债 × 100%

二、多项选择题

1. 采用趋势分析法时，应注意的问题包括（　　）。

A. 指标的计算口径必须一致　　B. 衡量标准的科学性

C. 剔除偶发性项目的影响　　D. 运用例外原则

2. 下列说法正确的有（　　）。

A. 效率比率反映投入与产出的关系

B. 资本利润率属于效率比率

C. 权益乘数属于相关比率

D. 由于资产 = 负债 + 所有者权益，因此，资产负债率属于构成比率

3. 下列关于每股收益的表达式正确的有（　　）。

A. 总资产收益率 × 平均每股净资产

B. 股东权益收益率 × 平均每股净资产

C. 总资产收益率 × 权益乘数 × 平均每股净资产

D. 营业净利率 × 总资产周转率 × 权益乘数 × 平均每股净资产

4. 属于财务分析的局限性表现在（　　）。
A. 资料来源的局限性　　B. 分析方法的局限性
C. 分析对象的局限性　　D. 分析指标的局限性
5. 运用因素分析法进行分析时，应注意的问题有（　　）。
A. 因素分解的关联性　　B. 因素替代的顺序性
C. 顺序替代的连环性　　D. 计算结果的准确性
6. 某企业固定资产周转率高，可以反映出的信息有（　　）。
A. 固定资产投资得当　　B. 固定资产利用效率高
C. 企业的营运能力强　　D. 提供的生产成果较少
7. 由杜邦分析体系可知，提高净资产收益率的途径可以有（　　）。
A. 加强负债管理，提高资产负债率
B. 增加资产流动性，提高流动比率
C. 加强销售管理，提高销售利润率
D. 加强资产管理，提高资产利润率
8. 下列说法正确的有（　　）。
A. 产权比率与资产负债率对评价偿债能力的作用基本相同
B. 资本保值增值率 = 本年所有者权益增长额/年初所有者权益 × 100%
C. 盈余现金保障倍数 = 现金净流量/净利润
D. 产权比率侧重于揭示自有资金对偿债风险的承受能力
9. 在其他条件不变的情况下，会引起总资产周转率指标上升的经济业务有（　　）。
A. 用现金购置一项固定资产
B. 用银行存款偿还负债
C. 借入一笔短期借款
D. 用银行存款支付一年的电费
10. 下列各项中，影响总资产净利率的因素有（　　）。
A. 产权比率　　B. 营业净利率
C. 息税前利润　　D. 总资产周转率
11. 计算资本保值增值率时，期末所有者权益的计量应当考虑的有（　　）。
A. 企业经营成果的影响　　B. 企业利润分配政策的影响
C. 总资本的影响　　D. 行业未来发展的影响
12. 下列各项属于稀释性潜在普通股的有（　　）。
A. 可转换公司债券　　B. 认股权证　　C. 股票期权　　D. 优先股
13. 下列选项中，能够影响企业的偿债能力的因素有（　　）。
A. 可动用的银行存款指标或授信额度　　B. 资产质量
C. 或有事项和承诺事项　　D. 经营租赁

三、判断题

1. 资产负债率 × 权益乘数 = 产权比率。（　　）

2. 权益乘数的高低取决于企业的资本结构，负债比率越高，权益乘数越低，财务风险越大。 （ ）

3. 应收账款周转率属于财务业绩定量评价中评价企业资产质量基本指标。 （ ）

4. 为了充分地发挥负债的财务杠杆效应，企业应该尽可能提高产权比率。 （ ）

5. 市盈率是评价上市公司盈利能力的指标，它反映投资者愿意对公司每股股利支付的价格。 （ ）

6. 资本收益率＝净利润/平均实收资本（股本）×100%。 （ ）

7. 净资产收益率是评价企业自有资本及其积累获取报酬水平的最具综合性与代表性的指标。 （ ）

8. 从企业股东的角度出发，资产负债率越低越好，企业的负债越安全，财务风险越小。 （ ）

9. 在采用因素分析法进行净资产收益率的分析时，可以随意颠倒营业净利率、总资产周转率和权益乘数的顺序。 （ ）

10. 财务分析中的效率指标，是某项财务活动中所费与所得之间的比率，反映投入与产出的关系。 （ ）

11. 现金比率用于分析企业的短期偿债能力，所以现金比率越大越好。 （ ）

12. 计算利息保障倍数时，其中的“应付利息”既包括当期计入财务费用中的利息费用，也包括计入固定资产成本的资本化利息。 （ ）

13. 应收账款周转率过低对企业不利，企业应保持较高的应收账款周转率。

（ ）

14. 所有者权益增长率是指所有者权益的期末总额与期初总额之比。 （ ）

15. 负债比率越高，则权益乘数越大，财务风险越大。 （ ）

四、计算题

1. 衡阳梦幻电器有限公司的相关资料如下，2019 年度营业收入为 18 000 万元，营业成本为 10 000 万元，净利润为 2 250 万元。衡阳梦幻电器有限公司 2019 年年末资产总额为 60 000 万元，所有者权益总额为 25 000 万元，全年发行在外的普通股加权平均数为 10 000 万股，年末每股市价为 2. 25 元。（计算中需要使用期初与期末平均数的，以期末数替代）

要求：（1）计算衡阳梦幻电器有限公司 2019 年年末的权益乘数；

（2）计算衡阳梦幻电器有限公司的营业净利率；

（3）计算衡阳梦幻电器有限公司的总资产净利率；

（4）计算衡阳梦幻电器有限公司的总资产周转率；

（5）计算衡阳梦幻电器有限公司的市盈率。

2. 衡阳梦幻电器有限公司 2018 年营业收入净额为 4 200 万元，流动资产平均余额 1 000 万元，固定资产平均余额 680 万元，全部资产由流动资产和固定资产两部分组成；2019 年营业收入净额为 4 800 万元，流动资产平均余额为 1 250 万元，固定资产平均余额为 750 万元。

要求：（1）计算 2018 年与 2019 年的总资产周转率（次）、流动资产周转率（次）和资产结构（流动资产占总资产的百分比）；

（2）运用差额分析法计算流动资产周转率与资产结构变动对全部资产周转率的影响。

五、综合计算分析题

衡阳梦幻电器有限公司财务部准备近期分析公司财务数据，有关资料如下：

业务资源一：

衡阳梦幻电器有限公司 2017～2019 年资产负债表　　单位：万元

资　产	2017 年	2018 年	2019 年	负债和所有者权益	2017 年	2018 年	2019 年
流动资产：				流动负债：			
货币资金	14 107.2	12 067.4	16 020.8	短期借款	0	0	6 000
应收账款	338.3	219	919.2	应付账款	10 063.6	15 538.1	14 271.6
预付款项	607.1	1 011.3	2 290.9	预收款项	1 522.3	17 686.2	11 439.7
其他应收款	6 553.6	5 177.2	4 486	应付职工薪酬	550	731.3	636
存货	33 579.8	47 244.6	49 581.2	应交税费	1 971.9	2 994.5	3 835.8
持有待售资产	0	0	0	其他应付款	3 525.5	4 492.08	6 420.718
一年内到期的非流动资产	0	75	55.3	流动负债合计	17 633.3	41 442.18	42 603.818
流动资产合计	55 186	65 794.5	73 353.4	非流动负债：	——	——	——
非流动资产：	——	——	——	长期借款	64 249	73 000	89 000
固定资产	106 679.5	107 020.5	109 515.5	非流动负债合计	64 249	73 000	89 000
在建工程	21 778.2	51 160.2	58 667.7	负债合计	81 882.3	114 442.18	131 603.818
无形资产	5 277	5 980.5	10 193	所有者权益：	——	——	——
长期待摊费用	754.8	2 595.9	3 420.9	实收资本	100 000	10 0000	100 000
递延所得税资产	14.4	32.8	304.1	盈余公积	1 621.14	3 207.675	4 539.9198
其他非流动资产	0	0	0	未分配利润	6 186.46	14 934.545	19 310.8622
非流动资产合计	134 503.9	166 789.9	182 101.2	所有者权益合计	107 807.6	118 142.22	123 850.782
资产总计	189 689.9	232 584.4	255 454.6	负债和所有者权益总计	189 689.9	232 584.4	255 454.6

衡阳梦幻电器有限公司 2017～2019 年利润表　　单位：万元

项目	2017 年	2018 年	2019 年
一、营业收入	1 179 475	1 257 429	1 245 756.162
减：营业成本	1 120 306	1 172 904	1 160 102.83
税金及附加	807.2	1 842.6	1 541.8
销售费用	40 373	51 376	58 964.1
管理费用	10 800	11 000	9 000
研发费用	535.8	436.1	692.5
财务费用	4 096.1	5 404.1	4 424.5
其中：利息费用	4 200	5 200	4 300
利息收入	482.144	441.348	520.416
资产减值损失	0	0	0
加：其他收益	0	0	0
投资收益（损失以“－”号填列）	0	0	0
公允价值变动收益（损失以“－”号填列）	0	0	0
资产处置收益（损失以“－”号填列）	0	0	0
二、营业利润（亏损以“－”号填列）	2 556.9	14 466.2	11 030.432
加：营业外收入	180.9	163.7	218.7
减：营业外支出	1 724	333	752.9
三、利润总额（亏损总额以“－”号填列）	1 013.8	14 296.9	10 496.232
减：所得税费用	206.2	3 720	1 614.6
四、净利润（净亏损以“－”号填列）	807.6	10 576.9	8 881.632

注：

（1）已获利息倍数＝EBIT/I，利息费用以利润表中的利息费用为准，不考虑资本化利息。全年以 365 天计算。

带息负债比率＝带息负债/负债总额，带息负债包括短期借款和长期借款。

（2）成本费用利润率＝营业利润/（营业成本＋税金及附加＋管理费用＋销售费用＋研发费用＋财务费用）×100%

资本收益率＝净利润/（平均实收资本＋平均资本公积）

资本积累率是指所有者权益合计的增长率。

任务一：根据业务资源一，完成偿债能力及营运能力分析表。计算过程以完整小数位引用计算，标有%的项目以%形式四舍五入保留 2 位小数填制答案，其余结果四舍五入保留 2 位小数填制答案。全年以 360 天计算。

衡阳梦幻电器有限公司偿债能力及营运能力分析表

项目	2019 年	上年同期	增减额	增减幅度（%）
流动比率				
速动比率				
资产负债率（%）				
产权比率				
权益乘数				
已获利息倍数				
带息负债比率（%）				
存货（收入）周转率（次）				
存货（收入）周转期（天）				
固定资产周转率（次）				
固定资产周转期（天）				
总资产周转率（次）				
总资产周转期（天）				

任务二：根据业务资源一，完成盈利能力及发展能力分析表。计算过程以完整小数位引用计算，标有%的项目以%形式四舍五入保留 2 位小数填制答案，其余结果四舍五入保留 2 位小数填制答案。

衡阳梦幻电器有限公司盈利能力及发展能力分析表

指标	2019 年	上年同期	同比增减
营业利润率（%）			
营业净利率（%）			
销售毛利率（%）			
成本费用利润率（%）			
净资产收益率（%）			
资本收益率（%）			
营业收入增长率（%）			
资本积累率（%）			
总资产增长率（%）			
营业利润增长率（%）			

任务三：根据业务资源一和已完成任务，完成杜邦因素分析表。以完整小数位数

引用计算，带有%的项目以%形式四舍五入保留2位小数填制答案，其余结果以四舍五入保留2位小数填制答案，并根据因素分析结果，按各因素对净资产收益率变化产生影响的绝对值从大到小使用A/B/C进行排序。

衡阳梦幻电器有限公司杜邦因素分析表

序号	因素分析	指标名称	2018年实际值	2019年实际值	第一次因素替代	第二次因素替代	第三次因素替代	因素影响大小排序
1	分析对象	净资产收益率（%）						——
2	第一因素	销售净利率（%）						
3	第二因素	总资产周转率（次数）						
4	第三因素	权益乘数						
因素对净资产收益率变化产生的影响（%）								——

注：此时的权益乘数公式为（期初资产总额+期末资产总额）/（期初所有者权益总额+期末所有者权益总额）。

附 录

附表一　复利终值系数表

期数	1%	2%	3%	4%	5%	6%	7%	8%	9%	10%
1	1.0100	1.0200	1.0300	1.0400	1.0500	1.0600	1.0700	1.0800	1.0900	1.1000
2	1.0201	1.0404	1.0609	1.0816	1.1025	1.1236	1.1449	1.1664	1.1881	1.2100
3	1.0303	1.0612	1.0927	1.1249	1.1576	1.1910	1.2250	1.2597	1.2950	1.3310
4	1.0406	1.0824	1.1255	1.1699	1.2155	1.2625	1.3108	1.3605	1.4116	1.4641
5	1.0510	1.1041	1.1593	1.2167	1.2763	1.3382	1.4026	1.4693	1.5386	1.6105
6	1.0615	1.1262	1.1941	1.2653	1.3401	1.4185	1.5007	1.5869	1.6771	1.7716
7	1.0721	1.1487	1.2299	1.3159	1.4071	1.5036	1.6058	1.7138	1.8280	1.9487
8	1.0829	1.1717	1.2668	1.3686	1.4775	1.5938	1.7182	1.8509	1.9926	2.1436
9	1.0937	1.1951	1.3048	1.4233	1.5513	1.6895	1.8385	1.9990	2.1719	2.3579
10	1.1046	1.2190	1.3439	1.4802	1.6289	1.7908	1.9672	2.1589	2.3674	2.5937
11	1.1157	1.2434	1.3842	1.5395	1.7103	1.8983	2.1049	2.3316	2.5804	2.8531
12	1.1268	1.2682	1.4258	1.6010	1.7959	2.0122	2.2522	2.5182	2.8127	3.1384
13	1.1381	1.2936	1.4685	1.6651	1.8856	2.1329	2.4098	2.7196	3.0658	3.4523
14	1.1495	1.3195	1.5126	1.7317	1.9799	2.2609	2.5785	2.9372	3.3417	3.7975
15	1.1610	1.3459	1.5580	1.8009	2.0789	2.3966	2.7590	3.1722	3.6425	4.1772
16	1.1726	1.3728	1.6047	1.8730	2.1829	2.5404	2.9522	3.4259	3.9703	4.5950
17	1.1843	1.4002	1.6528	1.9479	2.2920	2.6928	3.1588	3.7000	4.3276	5.0545
18	1.1961	1.4282	1.7024	2.0258	2.4066	2.8543	3.3799	3.9960	4.7171	5.5599
19	1.2081	1.4568	1.7535	2.1068	2.5270	3.0256	3.6165	4.3157	5.1417	6.1159
20	1.2202	1.4859	1.8061	2.1911	2.6533	3.2071	3.8697	4.6610	5.6044	6.7275
21	1.2324	1.5157	1.8603	2.2788	2.7860	3.3996	4.1406	5.0338	6.1088	7.4002
22	1.2447	1.5460	1.9161	2.3699	2.9253	3.6035	4.4304	5.4365	6.6586	8.1403
23	1.2572	1.5769	1.9736	2.4647	3.0715	3.8197	4.7405	5.8715	7.2579	8.9543
24	1.2697	1.6084	2.0328	2.5633	3.2251	4.0489	5.0724	6.3412	7.9111	9.8497
25	1.2824	1.6406	2.0938	2.6658	3.3864	4.2919	5.4274	6.8485	8.6231	10.835
26	1.2953	1.6734	2.1566	2.7725	3.5557	4.5494	5.8074	7.3964	9.3992	11.918
27	1.3082	1.7069	2.2213	2.8834	3.7335	4.8223	6.2139	7.9881	10.245	13.110

续表

期数	1%	2%	3%	4%	5%	6%	7%	8%	9%	10%
28	1.3213	1.7410	2.2879	2.9987	3.9201	5.1117	6.6488	8.6271	11.167	14.421
29	1.3345	1.7758	2.3566	3.1187	4.1161	5.4184	7.1143	9.3173	12.172	15.863
30	1.3478	1.8114	2.4273	3.2434	4.3219	5.7435	7.6123	10.063	13.268	17.449
40	1.4889	2.2080	3.2620	4.8010	7.0400	10.286	14.974	21.725	31.409	45.259
50	1.6446	2.6916	4.3839	7.1067	11.467	18.420	29.457	46.902	74.358	117.39
60	1.8167	3.2810	5.8916	10.520	18.679	32.988	57.946	101.26	176.03	304.48

期数	12%	14%	15%	16%	18%	20%	24%	28%	32%	36%
1	1.1200	1.1400	1.1500	1.1600	1.1800	1.2000	1.2400	1.2800	1.3200	1.3600
2	1.2544	1.2996	1.3225	1.3456	1.3924	1.4400	1.5376	1.6384	1.7424	1.8496
3	1.4049	1.4815	1.5209	1.5609	1.6430	1.7280	1.9066	2.0972	2.3000	2.5155
4	1.5735	1.6890	1.7490	1.8106	1.9388	2.0736	2.3642	2.6844	3.0360	3.4210
5	1.7623	1.9254	2.0114	2.1003	2.2878	2.4883	2.9316	3.4360	4.0075	4.6526
6	1.9738	2.1950	2.3131	2.4364	2.6996	2.9860	3.6352	4.3980	5.2899	6.3275
7	2.2107	2.5023	2.6600	2.8262	3.1855	3.5832	4.5077	5.6295	6.9826	8.6054
8	2.4760	2.8526	3.0590	3.2784	3.7589	4.2998	5.5895	7.2058	9.2170	11.703
9	2.7731	3.2519	3.5179	3.8030	4.4355	5.1598	6.9310	9.2234	12.166	15.917
10	3.1058	3.7072	4.0456	4.4114	5.2338	6.1917	8.5944	11.806	16.060	21.647
11	3.4785	4.2262	4.6524	5.1173	6.1759	7.4301	10.657	15.112	21.199	29.439
12	3.8960	4.8179	5.3503	5.9360	7.2876	8.9161	13.215	19.343	27.983	40.037
13	4.3635	5.4924	6.1528	6.8858	8.5994	10.699	16.386	24.759	36.937	54.451
14	4.8871	6.2613	7.0757	7.9875	10.1472	12.839	20.319	31.691	48.757	74.053
15	5.4736	7.1379	8.1371	9.2655	11.9737	15.407	25.196	40.565	64.359	100.713
16	6.1304	8.1372	9.3576	10.748	14.129	18.488	31.243	51.923	84.954	136.969
17	6.8660	9.2765	10.761	12.468	16.672	22.186	38.741	66.461	112.139	186.278
18	7.6900	10.575	12.375	14.463	19.673	26.623	48.039	85.071	148.024	253.338
19	8.6128	12.056	14.232	16.777	23.214	31.948	59.568	108.89	195.391	344.540
20	9.6463	13.743	16.367	19.461	27.393	38.338	73.864	139.38	257.916	468.574
21	10.804	15.668	18.822	22.574	32.324	46.005	91.592	178.41	340.449	637.261
22	12.100	17.861	21.645	26.186	38.142	55.206	113.574	228.36	449.393	866.674
23	13.552	20.362	24.891	30.376	45.008	66.247	140.831	292.30	593.199	1 178.68
24	15.179	23.212	28.625	35.236	53.109	79.497	174.631	374.14	783.023	1 603.00

续表

期数	12%	14%	15%	16%	18%	20%	24%	28%	32%	36%
25	17.000	26.462	32.919	40.874	62.669	95.396	216.542	478.90	1 033.59	2 180.08
26	19.040	30.167	37.857	47.414	73.949	114.48	268.512	613.00	1 364.34	2 964.91
27	21.325	34.390	43.535	55.000	87.260	137.37	332.955	784.64	1 800.93	4 032.28
28	23.884	39.204	50.066	63.800	102.97	164.84	412.864	1 004.3	2 377.22	5 483.90
29	26.750	44.693	57.575	74.009	121.50	197.81	511.952	1 285.6	3 137.94	7 458.10
30	29.960	50.950	66.212	85.850	143.37	237.38	634.820	1 645.5	4 142.07	10 143.0
40	93.051	188.88	267.86	378.72	750.38	1 469.8	5 455.9	19 427	66 520.8	219 562
50	289.00	700.23	1 083.7	1 670.7	3 927.4	9 100.4	46 890	229 350	1 068 308	4 752 755
60	897.60	2 595.9	4 384.0	7 370.2	20 555	56 348	402 996	2 707 685	17 156 784	102 880 840

附表二　复利现值系数表

期数	1%	2%	3%	4%	5%	6%	7%	8%	9%	10%
1	0.9901	0.9804	0.9709	0.9615	0.9524	0.9434	0.9346	0.9259	0.9174	0.9091
2	0.9803	0.9612	0.9426	0.9246	0.9070	0.8900	0.8734	0.8573	0.8417	0.8264
3	0.9706	0.9423	0.9151	0.8890	0.8638	0.8396	0.8163	0.7938	0.7722	0.7513
4	0.9610	0.9238	0.8885	0.8548	0.8227	0.7921	0.7629	0.7350	0.7084	0.6830
5	0.9515	0.9057	0.8626	0.8219	0.7835	0.7473	0.7130	0.6806	0.6499	0.6209
6	0.9420	0.8880	0.8375	0.7903	0.7462	0.7050	0.6663	0.6302	0.5963	0.5645
7	0.9327	0.8706	0.8131	0.7599	0.7107	0.6651	0.6227	0.5835	0.5470	0.5132
8	0.9235	0.8535	0.7894	0.7307	0.6768	0.6274	0.5820	0.5403	0.5019	0.4665
9	0.9143	0.8368	0.7664	0.7026	0.6446	0.5919	0.5439	0.5002	0.4604	0.4241
10	0.9053	0.8203	0.7441	0.6756	0.6139	0.5584	0.5083	0.4632	0.4224	0.3855
11	0.8963	0.8043	0.7224	0.6496	0.5847	0.5268	0.4751	0.4289	0.3875	0.3505
12	0.8874	0.7885	0.7014	0.6246	0.5568	0.4970	0.4440	0.3971	0.3555	0.3186
13	0.8787	0.7730	0.6810	0.6006	0.5303	0.4688	0.4150	0.3677	0.3262	0.2897
14	0.8700	0.7579	0.6611	0.5775	0.5051	0.4423	0.3878	0.3405	0.2992	0.2633
15	0.8613	0.7430	0.6419	0.5553	0.4810	0.4173	0.3624	0.3152	0.2745	0.2394
16	0.8528	0.7284	0.6232	0.5339	0.4581	0.3936	0.3387	0.2919	0.2519	0.2176
17	0.8444	0.7142	0.6050	0.5134	0.4363	0.3714	0.3166	0.2703	0.2311	0.1978
18	0.8360	0.7002	0.5874	0.4936	0.4155	0.3503	0.2959	0.2502	0.2120	0.1799
19	0.8277	0.6864	0.5703	0.4746	0.3957	0.3305	0.2765	0.2317	0.1945	0.1635
20	0.8195	0.6730	0.5537	0.4564	0.3769	0.3118	0.2584	0.2145	0.1784	0.1486
21	0.8114	0.6598	0.5375	0.4388	0.3589	0.2942	0.2415	0.1987	0.1637	0.1351
22	0.8034	0.6468	0.5219	0.4220	0.3418	0.2775	0.2257	0.1839	0.1502	0.1228
23	0.7954	0.6342	0.5067	0.4057	0.3256	0.2618	0.2109	0.1703	0.1378	0.1117
24	0.7876	0.6217	0.4919	0.3901	0.3101	0.2470	0.1971	0.1577	0.1264	0.1015
25	0.7798	0.6095	0.4776	0.3751	0.2953	0.2330	0.1842	0.1460	0.1160	0.0923
26	0.7720	0.5976	0.4637	0.3607	0.2812	0.2198	0.1722	0.1352	0.1064	0.0839
27	0.7644	0.5859	0.4502	0.3468	0.2678	0.2074	0.1609	0.1252	0.0976	0.0763

续表

期数	1%	2%	3%	4%	5%	6%	7%	8%	9%	10%
28	0.7568	0.5744	0.4371	0.3335	0.2551	0.1956	0.1504	0.1159	0.0895	0.0693
29	0.7493	0.5631	0.4243	0.3207	0.2429	0.1846	0.1406	0.1073	0.0822	0.0630
30	0.7419	0.5521	0.4120	0.3083	0.2314	0.1741	0.1314	0.0994	0.0754	0.0573
35	0.7059	0.5000	0.3554	0.2534	0.1813	0.1301	0.0937	0.0676	0.0490	0.0356
40	0.6717	0.4529	0.3066	0.2083	0.1420	0.0972	0.0668	0.0460	0.0318	0.0221
45	0.6391	0.4102	0.2644	0.1712	0.1113	0.0727	0.0476	0.0313	0.0207	0.0137
50	0.6080	0.3715	0.2281	0.1407	0.0872	0.0543	0.0339	0.0213	0.0134	0.0085
55	0.5785	0.3365	0.1968	0.1157	0.0683	0.0406	0.0242	0.0145	0.0087	0.0053

期数	12%	14%	15%	16%	18%	20%	24%	28%	32%	36%
1	0.8929	0.8772	0.8696	0.8621	0.8475	0.8333	0.8065	0.7813	0.7576	0.7353
2	0.7972	0.7695	0.7561	0.7432	0.7182	0.6944	0.6504	0.6104	0.5739	0.5407
3	0.7118	0.6750	0.6575	0.6407	0.6086	0.5787	0.5245	0.4768	0.4348	0.3975
4	0.6355	0.5921	0.5718	0.5523	0.5158	0.4823	0.4230	0.3725	0.3294	0.2923
5	0.5674	0.5194	0.4972	0.4761	0.4371	0.4019	0.3411	0.2910	0.2495	0.2149
6	0.5066	0.4556	0.4323	0.4104	0.3704	0.3349	0.2751	0.2274	0.1890	0.1580
7	0.4523	0.3996	0.3759	0.3538	0.3139	0.2791	0.2218	0.1776	0.1432	0.1162
8	0.4039	0.3506	0.3269	0.3050	0.2660	0.2326	0.1789	0.1388	0.1085	0.0854
9	0.3606	0.3075	0.2843	0.2630	0.2255	0.1938	0.1443	0.1084	0.0822	0.0628
10	0.3220	0.2697	0.2472	0.2267	0.1911	0.1615	0.1164	0.0847	0.0623	0.0462
11	0.2875	0.2366	0.2149	0.1954	0.1619	0.1346	0.0938	0.0662	0.0472	0.0340
12	0.2567	0.2076	0.1869	0.1685	0.1372	0.1122	0.0757	0.0517	0.0357	0.0250
13	0.2292	0.1821	0.1625	0.1452	0.1163	0.0935	0.0610	0.0404	0.0271	0.0184
14	0.2046	0.1597	0.1413	0.1252	0.0985	0.0779	0.0492	0.0316	0.0205	0.0135
15	0.1827	0.1401	0.1229	0.1079	0.0835	0.0649	0.0397	0.0247	0.0155	0.0099
16	0.1631	0.1229	0.1069	0.0930	0.0708	0.0541	0.0320	0.0193	0.0118	0.0073
17	0.1456	0.1078	0.0929	0.0802	0.0600	0.0451	0.0258	0.0150	0.0089	0.0054
18	0.1300	0.0946	0.0808	0.0691	0.0508	0.0376	0.0208	0.0118	0.0068	0.0039
19	0.1161	0.0829	0.0703	0.0596	0.0431	0.0313	0.0168	0.0092	0.0051	0.0029
20	0.1037	0.0728	0.0611	0.0514	0.0365	0.0261	0.0135	0.0072	0.0039	0.0021
21	0.0926	0.0638	0.0531	0.0443	0.0309	0.0217	0.0109	0.0056	0.0029	0.0016
22	0.0826	0.0560	0.0462	0.0382	0.0262	0.0181	0.0088	0.0044	0.0022	0.0012

续表

期数	12%	14%	15%	16%	18%	20%	24%	28%	32%	36%
23	0. 0738	0. 0491	0. 0402	0. 0329	0. 0222	0. 0151	0. 0071	0. 0034	0. 0017	0. 0008
24	0. 0659	0. 0431	0. 0349	0. 0284	0. 0188	0. 0126	0. 0057	0. 0027	0. 0013	0. 0006
25	0. 0588	0. 0378	0. 0304	0. 0245	0. 0160	0. 0105	0. 0046	0. 0021	0. 0010	0. 0005
26	0. 0525	0. 0331	0. 0264	0. 0211	0. 0135	0. 0087	0. 0037	0. 0016	0. 0007	0. 0003
27	0. 0469	0. 0291	0. 0230	0. 0182	0. 0115	0. 0073	0. 0030	0. 0013	0. 0006	0. 0002
28	0. 0419	0. 0255	0. 0200	0. 0157	0. 0097	0. 0061	0. 0024	0. 0010	0. 0004	0. 0002
29	0. 0374	0. 0224	0. 0174	0. 0135	0. 0082	0. 0051	0. 0020	0. 0008	0. 0003	0. 0001
30	0. 0334	0. 0196	0. 0151	0. 0116	0. 0070	0. 0042	0. 0016	0. 0006	0. 0002	0. 0001
35	0. 0189	0. 0102	0. 0075	0. 0055	0. 0030	0. 0017	0. 0005	0. 0002	0. 0001	0. 0000
40	0. 0107	0. 0053	0. 0037	0. 0026	0. 0013	0. 0007	0. 0002	0. 0001	0. 0000	0. 0000
45	0. 0061	0. 0027	0. 0019	0. 0013	0. 0006	0. 0003	0. 0001	0. 0000	0. 0000	0. 0000
50	0. 0035	0. 0014	0. 0009	0. 0006	0. 0003	0. 0001	0. 0000	0. 0000	0. 0000	0. 0000
55	0. 0020	0. 0007	0. 0005	0. 0003	0. 0001	0. 0000	0. 0000	0. 0000	0. 0000	0. 0000

附表三　年金终值系数表

期数	1%	2%	3%	4%	5%	6%	7%	8%	9%	10%
1	1. 0000	1. 0000	1. 0000	1. 0000	1. 0000	1. 0000	1. 0000	1. 0000	1. 0000	1. 0000
2	2. 0100	2. 0200	2. 0300	2. 0400	2. 0500	2. 0600	2. 0700	2. 0800	2. 0900	2. 1000
3	3. 0301	3. 0604	3. 0909	3. 1216	3. 1525	3. 1836	3. 2149	3. 2464	3. 2781	3. 3100
4	4. 0604	4. 1216	4. 1836	4. 2465	4. 3101	4. 3746	4. 4399	4. 5061	4. 5731	4. 6410
5	5. 1010	5. 2040	5. 3091	5. 4163	5. 5256	5. 6371	5. 7507	5. 8666	5. 9847	6. 1051
6	6. 1520	6. 3081	6. 4684	6. 6330	6. 8019	6. 9753	7. 1533	7. 3359	7. 5233	7. 7156
7	7. 2135	7. 4343	7. 6625	7. 8983	8. 1420	8. 3938	8. 6540	8. 9228	9. 2004	9. 4872
8	8. 2857	8. 5830	8. 8923	9. 2142	9. 5491	9. 8975	10. 260	10. 637	11. 028	11. 436
9	9. 3685	9. 7546	10. 159	10. 583	11. 027	11. 491	11. 978	12. 488	13. 021	13. 579
10	10. 462	10. 950	11. 464	12. 006	12. 578	13. 181	13. 816	14. 487	15. 193	15. 937
11	11. 567	12. 169	12. 808	13. 486	14. 207	14. 972	15. 784	16. 645	17. 560	18. 531
12	12. 683	13. 412	14. 192	15. 026	15. 917	16. 870	17. 888	18. 977	20. 141	21. 384
13	13. 809	14. 680	15. 618	16. 627	17. 713	18. 882	20. 141	21. 495	22. 953	24. 523
14	14. 947	15. 974	17. 086	18. 292	19. 599	21. 015	22. 550	24. 215	26. 019	27. 975
15	16. 097	17. 293	18. 599	20. 024	21. 579	23. 276	25. 129	27. 152	29. 361	31. 772
16	17. 258	18. 639	20. 157	21. 825	23. 657	25. 673	27. 888	30. 324	33. 003	35. 950
17	18. 430	20. 012	21. 762	23. 698	25. 840	28. 213	30. 840	33. 750	36. 974	40. 545
18	19. 615	21. 412	23. 414	25. 645	28. 132	30. 906	33. 999	37. 450	41. 301	45. 599
19	20. 811	22. 841	25. 117	27. 671	30. 539	33. 760	37. 379	41. 446	46. 018	51. 159
20	22. 019	24. 297	26. 870	29. 778	33. 066	36. 786	40. 995	45. 762	51. 160	57. 275
21	23. 239	25. 783	28. 676	31. 969	35. 719	39. 993	44. 865	50. 423	56. 765	64. 002
22	24. 472	27. 299	30. 537	34. 248	38. 505	43. 392	49. 006	55. 457	62. 873	71. 403
23	25. 716	28. 845	32. 453	36. 618	41. 430	46. 996	53. 436	60. 893	69. 532	79. 543
24	26. 973	30. 422	34. 426	39. 083	44. 502	50. 816	58. 177	66. 765	76. 790	88. 497
25	28. 243	32. 030	36. 459	41. 646	47. 727	54. 865	63. 249	73. 106	84. 701	98. 347
26	29. 526	33. 671	38. 553	44. 312	51. 113	59. 156	68. 676	79. 954	93. 324	109. 18
27	30. 821	35. 344	40. 710	47. 084	54. 669	63. 706	74. 484	87. 351	102. 72	121. 10

续表

期数	1%	2%	3%	4%	5%	6%	7%	8%	9%	10%
28	32.129	37.051	42.931	49.968	58.403	68.528	80.698	95.339	112.97	134.21
29	33.450	38.792	45.219	52.966	62.323	73.640	87.347	103.97	124.14	148.63
30	34.785	40.568	47.575	56.085	66.439	79.058	94.461	113.28	136.31	164.49
40	48.886	60.402	75.401	95.026	120.80	154.76	199.64	259.06	337.88	442.59
50	64.463	84.579	112.80	152.67	209.35	290.34	406.53	573.77	815.08	1 163.9
60	81.670	114.05	163.05	237.99	353.58	533.13	813.52	1 253.2	1 944.8	3 034.8

期数	12%	14%	16%	18%	20%	24%	28%	32%	36%	
1	1.0000	1.0000	1.0000	1.0000	1.0000	1.0000	1.0000	1.0000	1.0000	
2	2.1200	2.1400	2.1600	2.1800	2.2000	2.2400	2.2800	2.3200	2.3600	
3	3.3744	3.4396	3.5056	3.5724	3.6400	3.7776	3.9184	4.0624	4.2096	
4	4.7793	4.9211	5.0665	5.2154	5.3680	5.6842	6.0156	6.3624	6.7251	
5	6.3528	6.6101	6.8771	7.1542	7.4416	8.0484	8.6999	9.3983	10.146	
6	8.1152	8.5355	8.9775	9.4420	9.9299	10.980	12.136	13.406	14.799	
7	10.089	10.730	11.414	12.142	12.916	14.615	16.534	18.696	21.126	
8	12.300	13.233	14.240	15.327	16.499	19.123	22.163	25.678	29.732	
9	14.776	16.085	17.519	19.086	20.799	24.712	29.369	34.895	41.435	
10	17.549	19.337	21.321	23.521	25.959	31.643	38.593	47.062	57.352	
11	20.655	23.045	25.733	28.755	32.150	40.238	50.398	63.122	78.998	
12	24.133	27.271	30.850	34.931	39.581	50.895	65.510	84.320	108.44	
13	28.029	32.089	36.786	42.219	48.497	64.110	84.853	112.30	148.47	
14	32.393	37.581	43.672	50.818	59.196	80.496	109.61	149.24	202.93	
15	37.280	43.842	51.660	60.965	72.035	100.82	141.30	198.00	276.98	
16	42.753	50.980	60.925	72.939	87.442	126.01	181.87	262.36	377.69	
17	48.884	59.118	71.673	87.068	105.93	157.25	233.79	347.31	514.66	
18	55.750	68.394	84.141	103.74	128.12	195.99	300.25	459.45	700.94	
19	63.440	78.969	98.603	123.41	154.74	244.03	385.32	607.47	954.28	
20	72.052	91.025	115.38	146.63	186.69	303.60	494.21	802.86	1 298.8	
21	81.699	104.77	134.84	174.02	225.03	377.46	633.59	1 060.8	1 767.4	
22	92.503	120.44	157.41	206.34	271.03	469.06	812.00	1 401.2	2 404.7	
23	104.60	138.30	183.60	244.49	326.24	582.63	1 040.4	1 850.6	3 271.3	
24	118.16	158.66	213.98	289.49	392.48	723.46	1 332.7	2 443.8	4 450.0	

续表

期数	12%	14%	16%	18%	20%	24%	28%	32%	36%	
25	133.33	181.87	249.21	342.60	471.98	898.09	1 706.8	3 226.8	6 053.0	
26	150.33	208.33	290.09	405.27	567.38	1 114.6	2 185.7	4 260.4	8 233.1	
27	169.37	238.50	337.50	479.22	681.85	1 383.1	2 798.7	5 624.8	11 198	
28	190.70	272.89	392.50	566.48	819.22	1 716.1	3 583.3	7 425.7	15 230	
29	214.58	312.09	456.30	669.45	984.07	2 129.0	4 587.7	9 802.9	20 714	
30	241.33	356.79	530.31	790.95	1 181.9	2 640.9	5 873.2	12 941	28 172	
40	767.09	1 342.0	2 360.8	4 163.2	7 343.9	22 729	69 377	207 874	609 890	
50	2 400.0	4 994.5	10 436	21 813	45 497	195 373	819 103	3 338 460	13 202 094	
60	7 471.6	18 535	46 058	114 190	281 733	1 679 147	9 670 301	53 614 945	285 780 109	

附表四　年金现值系数表

期数	1%	2%	3%	4%	5%	6%	7%	8%	9%	10%
1	0.9901	0.9804	0.9709	0.9615	0.9524	0.9434	0.9346	0.9259	0.9174	0.9091
2	1.9704	1.9416	1.9135	1.8861	1.8594	1.8334	1.8080	1.7833	1.7591	1.7355
3	2.9410	2.8839	2.8286	2.7751	2.7232	2.6730	2.6243	2.5771	2.5313	2.4869
4	3.9020	3.8077	3.7171	3.6299	3.5460	3.4651	3.3872	3.3121	3.2397	3.1699
5	4.8534	4.7135	4.5797	4.4518	4.3295	4.2124	4.1002	3.9927	3.8897	3.7908
6	5.7955	5.6014	5.4172	5.2421	5.0757	4.9173	4.7665	4.6229	4.4859	4.3553
7	6.7282	6.4720	6.2303	6.0021	5.7864	5.5824	5.3893	5.2064	5.0330	4.8684
8	7.6517	7.3255	7.0197	6.7327	6.4632	6.2098	5.9713	5.7466	5.5348	5.3349
9	8.5660	8.1622	7.7861	7.4353	7.1078	6.8017	6.5152	6.2469	5.9952	5.7590
10	9.4713	8.9826	8.5302	8.1109	7.7217	7.3601	7.0236	6.7101	6.4177	6.1446
11	10.3676	9.7868	9.2526	8.7605	8.3064	7.8869	7.4987	7.1390	6.8052	6.4951
12	11.2551	10.5753	9.9540	9.3851	8.8633	8.3838	7.9427	7.5361	7.1607	6.8137
13	12.1337	11.3484	10.6350	9.9856	9.3936	8.8527	8.3577	7.9038	7.4869	7.1034
14	13.0037	12.1062	11.2961	10.5631	9.8986	9.2950	8.7455	8.2442	7.7862	7.3667
15	13.8651	12.8493	11.9379	11.1184	10.3797	9.7122	9.1079	8.5595	8.0607	7.6061
16	14.7179	13.5777	12.5611	11.6523	10.8378	10.1059	9.4466	8.8514	8.3126	7.8237
17	15.5623	14.2919	13.1661	12.1657	11.2741	10.4773	9.7632	9.1216	8.5436	8.0216
18	16.3983	14.9920	13.7535	12.6593	11.6896	10.8276	10.0591	9.3719	8.7556	8.2014
19	17.2260	15.6785	14.3238	13.1339	12.0853	11.1581	10.3356	9.6036	8.9501	8.3649
20	18.0456	16.3514	14.8775	13.5903	12.4622	11.4699	10.5940	9.8181	9.1285	8.5136
21	18.8570	17.0112	15.4150	14.0292	12.8212	11.7641	10.8355	10.0168	9.2922	8.6487
22	19.6604	17.6580	15.9369	14.4511	13.1630	12.0416	11.0612	10.2007	9.4424	8.7715
23	20.4558	18.2922	16.4436	14.8568	13.4886	12.3034	11.2722	10.3711	9.5802	8.8832
24	21.2434	18.9139	16.9355	15.2470	13.7986	12.5504	11.4693	10.5288	9.7066	8.9847
25	22.0232	19.5235	17.4131	15.6221	14.0939	12.7834	11.6536	10.6748	9.8226	9.0770
26	22.7952	20.1210	17.8768	15.9828	14.3752	13.0032	11.8258	10.8100	9.9290	9.1609
27	23.5596	20.7069	18.3270	16.3296	14.6430	13.2105	11.9867	10.9352	10.0266	9.2372

续表

期数	1%	2%	3%	4%	5%	6%	7%	8%	9%	10%
28	24. 3164	21. 2813	18. 7641	16. 6631	14. 8981	13. 4062	12. 1371	11. 0511	10. 1161	9. 3066
29	25. 0658	21. 8444	19. 1885	16. 9837	15. 1411	13. 5907	12. 2777	11. 1584	10. 1983	9. 3696
30	25. 8077	22. 3965	19. 6004	17. 2920	15. 3725	13. 7648	12. 4090	11. 2578	10. 2737	9. 4269
35	29. 4086	24. 9986	21. 4872	18. 6646	16. 3742	14. 4982	12. 9477	11. 6546	10. 5668	9. 6442
40	32. 8347	27. 3555	23. 1148	19. 7928	17. 1591	15. 0463	13. 3317	11. 9246	10. 7574	9. 7791
45	36. 0945	29. 4902	24. 5187	20. 7200	17. 7741	15. 4558	13. 6055	12. 1084	10. 8812	9. 8628
50	39. 1961	31. 4236	25. 7298	21. 4822	18. 2559	15. 7619	13. 8007	12. 2335	10. 9617	9. 9148
55	42. 1472	33. 1748	26. 7744	22. 1086	18. 6335	15. 9905	13. 9399	12. 3186	11. 0140	9. 9471
期数	12%	14%	16%	18%	20%	24%	28%	32%	36%	
1	0. 8929	0. 8772	0. 8621	0. 8475	0. 8333	0. 8065	0. 7813	0. 7576	0. 7353	
2	1. 6901	1. 6467	1. 6052	1. 5656	1. 5278	1. 4568	1. 3916	1. 3315	1. 2760	
3	2. 4018	2. 3216	2. 2459	2. 1743	2. 1065	1. 9813	1. 8684	1. 7663	1. 6735	
4	3. 0373	2. 9137	2. 7982	2. 6901	2. 5887	2. 4043	2. 2410	2. 0957	1. 9658	
5	3. 6048	3. 4331	3. 2743	3. 1272	2. 9906	2. 7454	2. 5320	2. 3452	2. 1807	
6	4. 1114	3. 8887	3. 6847	3. 4976	3. 3255	3. 0205	2. 7594	2. 5342	2. 3388	
7	4. 5638	4. 2883	4. 0386	3. 8115	3. 6046	3. 2423	2. 9370	2. 6775	2. 4550	
8	4. 9676	4. 6389	4. 3436	4. 0776	3. 8372	3. 4212	3. 0758	2. 7860	2. 5404	
9	5. 3282	4. 9464	4. 6065	4. 3030	4. 0310	3. 5655	3. 1842	2. 8681	2. 6033	
10	5. 6502	5. 2161	4. 8332	4. 4941	4. 1925	3. 6819	3. 2689	2. 9304	2. 6495	
11	5. 9377	5. 4527	5. 0286	4. 6560	4. 3271	3. 7757	3. 3351	2. 9776	2. 6834	
12	6. 1944	5. 6603	5. 1971	4. 7932	4. 4392	3. 8514	3. 3868	3. 0133	2. 7084	
13	6. 4235	5. 8424	5. 3423	4. 9095	4. 5327	3. 9124	3. 4272	3. 0404	2. 7268	
14	6. 6282	6. 0021	5. 4675	5. 0081	4. 6106	3. 9616	3. 4587	3. 0609	2. 7403	
15	6. 8109	6. 1422	5. 5755	5. 0916	4. 6755	4. 0013	3. 4834	3. 0764	2. 7502	
16	6. 9740	6. 2651	5. 6685	5. 1624	4. 7296	4. 0333	3. 5026	3. 0882	2. 7575	
17	7. 1196	6. 3729	5. 7487	5. 2223	4. 7746	4. 0591	3. 5177	3. 0971	2. 7629	
18	7. 2497	6. 4674	5. 8178	5. 2732	4. 8122	4. 0799	3. 5294	3. 1039	2. 7668	
19	7. 3658	6. 5504	5. 8775	5. 3162	4. 8435	4. 0967	3. 5386	3. 1090	2. 7697	
20	7. 4694	6. 6231	5. 9288	5. 3527	4. 8696	4. 1103	3. 5458	3. 1129	2. 7718	
21	7. 5620	6. 6870	5. 9731	5. 3837	4. 8913	4. 1212	3. 5514	3. 1158	2. 7734	
22	7. 6446	6. 7429	6. 0113	5. 4099	4. 9094	4. 1300	3. 5558	3. 1180	2. 7746	

续表

期数	12%	14%	16%	18%	20%	24%	28%	32%	36%	
23	7.7184	6.7921	6.0442	5.4321	4.9245	4.1371	3.5592	3.1197	2.7754	
24	7.7843	6.8351	6.0726	5.4509	4.9371	4.1428	3.5619	3.1210	2.7760	
25	7.8431	6.8729	6.0971	5.4669	4.9476	4.1474	3.5640	3.1220	2.7765	
26	7.8957	6.9061	6.1182	5.4804	4.9563	4.1511	3.5656	3.1227	2.7768	
27	7.9426	6.9352	6.1364	5.4919	4.9636	4.1542	3.5669	3.1233	2.7771	
28	7.9844	6.9607	6.1520	5.5016	4.9697	4.1566	3.5679	3.1237	2.7773	
29	8.0218	6.9830	6.1656	5.5098	4.9747	4.1585	3.5687	3.1240	2.7774	
30	8.0552	7.0027	6.1772	5.5168	4.9789	4.1601	3.5693	3.1242	2.7775	
35	8.1755	7.0700	6.2153	5.5386	4.9915	4.1644	3.5708	3.1248	2.7777	
40	8.2438	7.1050	6.2335	5.5482	4.9966	4.1659	3.5712	3.1250	2.7778	
45	8.2825	7.1232	6.2421	5.5523	4.9986	4.1664	3.5714	3.1250	2.7778	
50	8.3045	7.1327	6.2463	5.5541	4.9995	4.1666	3.5714	3.1250	2.7778	
55	8.3170	7.1376	6.2482	5.5549	4.9998	4.1666	3.5714	3.1250	2.7778	